BAYERISCHE AKADEMIE DER WISSENSCHAFTEN

BAYERISCH-ÖSTERREICHISCHES WÖRTERBUCH
II. Bayern

BAYERISCHES WÖRTERBUCH (BWB)

Herausgegeben
von der
Kommission für Mundartforschung
Bearbeitet von Josef Denz, Edith Funk,
Anthony R. Rowley, Andrea Schamberger-Hirt
und Michael Schnabel.

Heft 17 (9. Heft des 2. Bandes)
[*Fleisch*]*bock – Boxhamer*

Oldenbourg Verlag München 2012

Bibliografische Information der Deutschen Nationalbibliothek

Die Deutsche Nationalbibliothek verzeichnet diese Publikation in der Deutschen Nationalbibliografie; detaillierte bibliografische Daten sind im Internet über http://dnb.d-nb.de abrufbar.

© 2012 Oldenbourg Wissenschaftsverlag GmbH, München
Rosenheimer Straße 145, D-81671 München
Internet: oldenbourg.de

Das Werk einschließlich aller Abbildungen ist urheberrechtlich geschützt. Jede Verwertung außerhalb des Urheberrechtsgesetzes ist ohne Zustimmung des Verlages unzulässig und strafbar. Das gilt insbesondere für Vervielfältigungen, Übersetzungen, Mikroverfilmungen und die Einspeicherung und Bearbeitung in elektronischen Systemen.

Satz: Schmucker-digital, Feldkirchen bei München
Druck und Bindung: Grafik+Druck, München
Gedruckt auf alterungsbeständigem säurefreiem Papier

ISBN 978-3-486-70497-6

GOGGOLORI

Aus der Werkstatt des Bayerischen Wörterbuchs

"GOGGOLORI" erscheint zusammen mit den einzelnen Heften des Bayerischen Wörterbuchs. Die Redaktion stellt darin einige der Themen der bairischen Wortforschung nochmals in lockerer und allgemein verständlicher Form dar und kommentiert sie. Sie berichtet zudem über Tätigkeiten und Bestrebungen auf dem Gebiet der Mundartpflege und Mundartforschung in Bayern.

Die vierzehnte Nummer von GOGGOLORI setzt den in den bisher erschienenen Heften eingeschlagenen Weg fort und stellt Themen und Fragen aus dem Bereich bairische Dialekte und bairischer Wortschatz in lockerer Form dar.

Ötztaler Mundart – immaterielles Kulturerbe Österreichs

Im Jahr 2010 hat die österreichische UNESCO-Nationalagentur den Dialekt des Tiroler Ötztals in ihr Verzeichnis des Immateriellen Kulturerbes aufgenommen. In der Begründung wird angegeben:

"Die Ötztaler Mundart stellt das stärkste und am meisten prägende Element der lokalen Identität der Bevölkerung des Ötztales dar. Sie blickt auf eine rund 900-jährige Tradition zurück. Durch den Gebrauch der Ötztaler Mundart in der Familie, am Arbeitsplatz, in der Schule und bei offiziellen Anlässen (in Gemeinderatssitzungen etc.) wird diese von einer Generation an die nächste weitergegeben. Nicht nur bei Erwachsenen, sondern gerade auch bei Kindern und Jugendlichen im Schulalter ist eine starke Neigung zur Kommunikation im Ötztaler Dialekt vorhanden. Wäh-

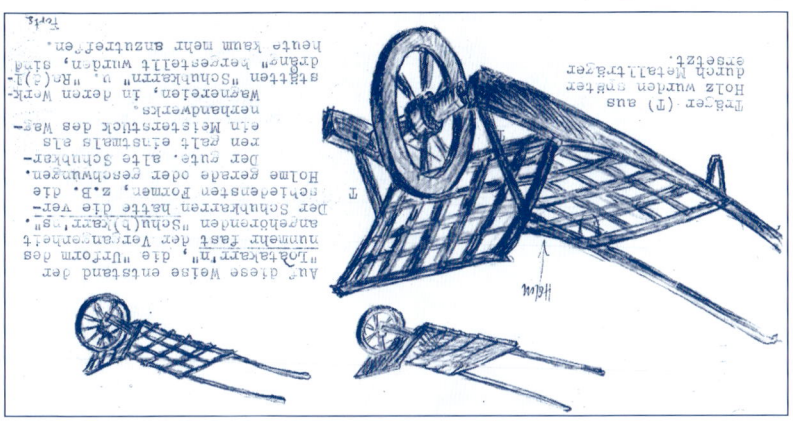

Schukarrn aus Dachau

rend alte Bezeichnungen für nicht mehr verwendete landwirtschaftliche Arbeitsgeräte abhanden kommen, werden im Gegenzug dazu ständig neue Wörter in das Repertoire des 'Ötztalerischen' aufgenommen."

Bairisch in Bildern

Die Sammler des Bayerischen Wörterbuchs haben im Laufe der Jahre eine große Menge Zeichnungen als Veranschaulichungshilfen an die Redaktion geschickt. Im Wörterbuch kann nur ein Bruchteil dieser oft mit größter Sorgfalt gezeichneten und beschrifteten Zeichnungen verwendet werden. In dieser Nummer von GOGGOLORI zeigen wir eine kleine Auswahl an solchen Illustrationen der Sammler.

Anschrift der Redaktion:

Prof. Dr. A. R. Rowley
Bayerisches Wörterbuch
Kommission für Mundartforschung
Bayerische Akademie der Wissenschaften
Alfons-Goppel-Straße 11
(vormals Marstallplatz 8)
80539 MÜNCHEN

Tel.: (089) 23031-1178
(Sekretariat)
Fax: (089) 23031-1100
e-mail: post@kmf.badw.de
Schauen Sie unter www.bwb.badw.de vorbei!

Bayerisches Wörterbuch

Bisher erschienen:

Band I: A – Bazi
(enthält die Hefte 1-8)
2002. 812 Seiten mit 1.538 Spalten
ISBN 978-3-486-56629-1

Band II: Be – Boxhamer
(enthält die Hefte 9-17)
2012. 896 Seiten mit 1.772 Spalten
ISBN 978-3-486-70703-8

Einbanddecken:

Band I:
ISBN 978-3-486-56664-4

Band II:
ISBN 978-3-486-58143-0

Herausgegeben von der Kommission für Mundartforschung der Bayerischen Akademie der Wissenschaften.

Das Werk erscheint jährlich in 1 – 2 Heften. Je 8 oder 9 Hefte ergeben einen Band, zu dem später Einbanddecken geliefert werden. Geplant sind insgesamt 10 Bände.

Orts- und Quellenverzeichnis nach dem Stand des 1. 7. 1993
1995. 105 Seiten.
ISBN 3-486-56055-7

© Oldenbourg Wissenschaftsverlag, Abteilung Geisteswissenschaften, Rosenheimer Straße 145, D-81671 München

---

Ja, ich bestelle

Bayerisches Wörterbuch
☐ Band I: A – Bazi
2002. 812 Seiten mit 1.538 Spalten, Leinen € 198,– ISBN 978-3-486-56629-1

☐ Band II: Be – Boxhamer
2012. 896 Seiten mit 1.772 Spalten, Leinen € 198,– ISBN 978-3-486-70703-8

☐ Einbanddecke zu Band I Leinen, € 24,80 ISBN 978-3-486-56664-2

☐ Einbanddecke zu Band II Leinen, € 24,80 ISBN 978-3-486-58143-0

☐ zur Fortsetzung ab Band III, Preis pro Heft € 19,80 (statt € 24,80 bei Einzelbestellung)

☐ Johann Andreas Schmeller: Bayerisches Wörterbuch.
7. Neudruck der von G. Karl Frommann bearb. 2. Ausgabe München 1872-77. Mit einer wissenschaftlichen Einleitung zur Ausgabe Leipzig 1939 von Otto Mauser und mit einem Vorwort von Otto Basler.
2008. 2 Bände, Leinen im Schuber. 1.703 Seiten. € 99,80 ISBN 978-3-486-58520-9

Name

Anschrift

Ort/Datum   Unterschrift

Vertrauensgarantie: Ich weiß, dass ich diese Bestellung innerhalb von 10 Tagen schriftlich beim Oldenbourg Wissenschaftsverlag, Postfach 801360, 81613 München, widerrufen kann. Zur Wahrnehmung der Frist genügt die rechtzeitige Absendung des Widerrufs. Den Bezug der Fortsetzungshefte kann ich jederzeit durch eine formlose Nachricht an den Verlag beenden. Ich bestätige hiermit diesen Hinweis durch meine 2. Unterschrift.

Ort/Datum   2. Unterschrift

BAYERISCHE AKADEMIE DER WISSENSCHAFTEN

BAYERISCH-ÖSTERREICHISCHES WÖRTERBUCH
II. Bayern

BAYERISCHES WÖRTERBUCH (BWB)

Herausgegeben
von der
Kommission für Mundartforschung
Bearbeitet von Josef Denz, Edith Funk, Bernd Dieter Insam,
Anthony R. Rowley, Andrea Schamberger-Hirt, Hans Ulrich Schmid
und Michael Schnabel.

Band II
be – Boxhamer

Oldenbourg Verlag München 2012

Band II enthält die Hefte 9–17, erschienen 2003 bis 2012.

Bibliografische Information der Deutschen Nationalbibliothek

Die Deutsche Nationalbibliothek verzeichnet diese Publikation in der Deutschen Nationalbibliografie; detaillierte bibliografische Daten sind im Internet über <http://dnb.d-nb.de> abrufbar.

© 2012 Oldenbourg Wissenschaftsverlag GmbH, München
Rosenheimer Straße 145, D-81671 München
Internet: oldenbourg-verlag.de

Das Werk einschließlich aller Abbildungen ist urheberrechtlich geschützt. Jede Verwertung außerhalb des Urheberrechtsgesetzes ist ohne Zustimmung des Verlages unzulässig und strafbar. Das gilt insbesondere für Vervielfältigungen, Übersetzungen, Mikroverfilmungen und die Einspeicherung und Bearbeitung in elektronischen Systemen.

Satz: Schmucker-digital, Feldkirchen bei München
Druck und Bindung: Grafik+Druck, München
Dieses Papier ist alterungsbeständig nach DIN/ISO 9706

ISBN 978-3-486-70703-8

[**Fleisch**]**b. 1**: °*Fleischbock* „eßbarer Pilz" (Ef.) Ruhmannsfdn VIT.– **2** Steinpilz (Boletus edulis), °OB, °NB, °OP vereinz.: °*Fleischböcki* Zustorf ED; „Die Jagd nach den *Fleischböcken* ... treibt die Kinder in das Unterholz" WIETHALER Bauern Brot 95.
Suddt.Wb. IV,346.– W-38/5.

[**Fliegen**]**b.** Fliegenpilz (Amanita muscaria), °OB, °NB, °OP vereinz.: °*da schaug hi, da is a Fliagnbock* Taching LF.
W-38/5.

[**Föhren**]**b.** Dim., wie →*B*.14a, NB vereinz.: *Fearaboggal* Klinglbach BOG; „*d'fɛrabogəl* werden nun in der *hoitskistn* unter dem Herde aufbewahrt" EID Bauernhaus 18.

†[**Vor**]**b.** Knecht für den →[*Vor*]*reiter* beim Salzzug: „*der vorreiter* ... hatte einen knecht ... *vorbock* ... genannt" PANZER Sagen II,230.
WBÖ III,517.– S-73E9.

[**Vorder**]**b.** vorderer von zwei Transportschlitten, °OB, °NB, °OP vereinz.: °„*Vorder-* und *Hinterbock* beim Langholzfahren" Batzhsn PAR.
WBÖ III,517; Suddt.Wb. IV,413.– DWB XII,2,958.

[**Frauen**]**b. 1** wohl Frauentäubling (Russula cyanoxantha), °OB, °NB vereinz.: °*Frauabeke* „bläulichroter Täubling" Zustorf ED.– **2** Rotkappe (Boletus rufus): °*Frauerbock* Essenbach LA.
W-38/5.

[**Gabel**]**b.** Gabler, jägerspr.: *a Gowöbok* O'audf RO; *A Gabelbock äst auf da Wies'n* DRUCKSEIS G'sund 68.
WBÖ III,517; Suddt.Wb. IV,542.

[**Gams**]**b.** Gamsbock, OB, NB, OP vereinz.: *Gambsbog* Aicha PA; *nix g'schoss'n ȧis ȧn oa~zëgng Gámpsbok* sö.OB Bavaria I,362; *da wär a sakrischer Gamsbock oben* Elbach MB HuV 13 (1935) 88; *Speisen, mit dem Gåmbs- und Stein-Bock* HAGGER Kochb. III,1,191.
WBÖ III,517; Schwäb.Wb. III,347; Suddt.Wb. IV,558.– DWB IV,1,2,3286 (Gems-); Frühnhd.Wb. VI,877.– S-57E56f.

[**Ganter**]**b.** Unterlage (→*Ganter*) zum Holztrocknen auf dem Herd: °*Ganterbock* Pöcking STA.
WBÖ III,517.

[**Garben**]**b.** wie →*B*.13b: *Garbenböckl* „neun Garben mit einem Hut drauf" Grafenau.

[**Garn**]**b. 1** Vorrichtung zum Aufwickeln von Garn, Seil u.ä., °OB, °NB, °OP vereinz.: °*Bua, ziag an Garnbock noch* Endlhsn WOR.– **2** Gerät zum Drehen von Seilen, °OB, °NB, °OP vereinz.: °*Goambock* Schnaittenbach AM.– **3** Gestell für die Garnhaspel, °OB, °OP vereinz.: °*Garnbock* „für die Garnspule" Winklarn OVI.
DWB IV,1,1,1370.– W-38/7.

[**Geiß**]**b. 1** Tier.– **1a** Geißbock, °Gesamtgeb. vielf.: „*da Goaßbock schützt das Vieh, weil er die Krankheiten an sich zieht*" N'taufkchn MÜ; *dreimoi um an Bam umölaufa und ön koan Goasbog dönga* „hilft gegen Gähnen, Zahnweh, Schluckauf" Schönau EG; *da Goasbūk dout an Schis* Fürnrd SUL; *ob er ... an' Goaßbock mit zwoa Köpf' ... auf d' Welt kemma lassen sollt'* FRANZ Lustivogelbach 39f.; *A' Goasbock is g'stiegn Gar hoch in oan' Zorn, Hat a' Gambs wern wolln* KOBELL Schnadahüpfln 6; *geporn von ainem schäf und von ainem gaizpok* KONRADvM BdN 141,23f.; *dem gaißpock mit den vier hörnern* AVENTIN IV,473,20 (Chron.); *an Lorentzi einen gaißpockh gestochen* Auerbach ESB Mitte 17.Jh. HELM Konflikt 94.– In Vergleichen: *stinken wie ein G.* °OB, °NB, °OP, °OF vereinz.: °*der stinkt wäi a Gasbuak* Marktredwitz; *Der schdinggd wäi ä Gaaßbuug* MAAS Nürnbg.Wb. 119;– erweitert: °*der stinkt wia a Goaßbock um an Kirta* Pfarrkchn.– *Haari wü a Goasbog* „sehr haarig" Beilngries.– °*Dea is beianand wi a Goaßbock* „sehr mager" Wildenroth FFB.– *Der steht do wia a Goaßboog* Mensch mit X-Beinen Elbach MB, ähnlich WS.– *Schauen / ein Gesicht machen wie ein gestochener G.* u.ä. starr, verdutzt blicken, °OB, NB, OP, SCH vereinz.: *dör schaug drei wie an o'gschdouchiger Goasbouk* Derching FDB; *Er schaut drein ... wia-r-a abg'stochener Goaßbock* STEMPLINGER Altbayern 46; *Er macht ein Gesicht, wie ein abgestochner Geisbock* Bair.Sprw. II, Nachlese 226; *er sieht darein, wie ein abgestochener Geisbock* WESTENRIEDER Mchn 326f.;– auch: *A Stund sitzt scho da wia a obgstochna Goaßbock. Jetzt auf oamoi taat's pressirn!* Mchn.Turmschr. 93.– *er had seine Auhgen ferdret und had gelahchd wie ein Geißbogg* [meckernd] THOMA Werke V,331 (Filser).– *Jess, schneid dea Gsichta wia-r-an Pedal sei Goaßbog* Schöllnstein DEG.– *Verliebt wia a Goasbock* „sehr verliebt" Pasing M.– Ra.: *dou möcht mer a Gaßbuk wern* etwas

[*Geiß*]*bock*

ist zum Davonlaufen Lauf.– *Den G. zwischen den Hörnern kussen / busseln / schmatzen können* u.ä. mager, eingefallen sein, °OB, °NB, °SCH vereinz.: °*a so dühr sei, daß a glei an Goaßbock zwischn de Herna kussn ko* Hzhsn WOR.– *Da kann ein G. aufhinsteigen / -rennen* das Heufuder ist unordentlich geladen, OB, NB vereinz.: *då kå a Goasbokx aufisteign* Kochel TÖL.– *Der hat s Hintergstell von am Goasbok gerbt* „hat X-Beine" Aibling.– *Du redst, wen dä Goasbok näist, nå sågst: Helf dä Got, Õheä* [Großvater] „du redest immer drein" Bruck ROD.– Schnaderhüpfel: *dou hout oina gsunga, döi singt wöi niat gscheid, mia ham an Goaßbuag, wou aa a sua schreit* Wdeck KEM, ähnlich KEH.– Syn.: *Betsch(e)lein*, [*Ziegen*]*b.*, *Bokkel*, [*Geiß*]*bockel*.– **1b** Schafbock, OB, NB vereinz.: *Goasbog* Widder Neuschönau GRA.– **1c** wie → *B.*1h, °OB, °OP, °MF vereinz.: °*a Gasbuck* Weberknecht Wassermungenau SC.– **2** abwertend von Menschen.– **2a** wie → *B.*2a: *Geißbock* Irlahüll EIH.– **2b** wie → *B.*2b: *Goasbog* Iggensbach DEG; *Gāßbūk* „jmd., der üble Gerüche von sich ausströmt" BERTHOLD Fürther Wb. 64.– **2c**: *Goaßbog* „wild herumspringende, närrische Person" BINDER Saggradi 77.– **2d**: *Goaßbog* „junger dummer Kerl" ebd.– **3** Teufel, Dämon.– **3a** Teufel, auch *schwarzer G.*, OB, °NB, °OP, SCH vereinz.: °*schwarzer Goaßbock* O'hsn LAN; °*Goassbock* Laaber PAR.– Syn. → *Teufel*.– **3b** Dämon, der schmale Gänge in Getreidefeldern hinterläßt (→ [*Bilwiß*]*schneider*), OB (DAH) vereinz.: *Goasbock* Walkertshfn DAH.– **4** Schlitten.– **4a** wie → *B.*7aα: °*a Goaßböckä* „der frühere Kinderschlitten" Lenggries TÖL.– **4b** wie → *B.*7aγ: *Goasbook* „Schlitten z[um] Prügelfahren" HELM Mda.Bgdn.Ld 87.– **5** †wie → *B.*16: *Daß drinn im Schloß a Goasbock pfeift* MÜLLER Lieder 110.– **6** †Zahnzange: *Gaißbock. dentifrangibulum. forceps* KROPF Amalthea 194.

SCHMELLER I,946.– WBÖ III,517 f.; Schwäb.Wb. III,236 f.; Schw.Id. IV,1128 f.; Suddt.Wb. IV,643.– DWB IV,1,2,2803; Frühnhd.Wb. VI,629 f.; LEXER HWb. I,800.– BERTHOLD Fürther Wb. 64; BRAUN Gr.Wb. 155, 165; SINGER Arzbg.Wb. 72.– S-70L1, 10, W-37/55, 130/60.

[**Gersten**]**b.** best. Anzahl zusammengestellter Gerstengarben, MF vereinz.: *da Geaschdnbock* „fünf bis sechs Garben" Rothenstein WUG; *gęašnbekh* Mindelstetten RID nach SOB V,218.

Schw.Id. IV,1083.

[**Grammel**]**b.** wie → *B.*10b: *gramlbo^{u}gx* Althegnenbg FFB nach SBS XII,467.– Zu → *Grammel* 'Flachsbreche'.

[**Grau**]**b.** wohl Grüntäubling (Russula virescens), °OB vereinz.: °*Grauböki* Zustorf ED.

W-38/5.

[**Grün**]**b.** wie → [*Beer(lein)*]*b.*: °*Greanbock* grüne Stinkwanze Sachrang RO.

DWB IV,1,6,640, 664.

[**Gutscher**]**b.** → [*Kutscher*]*b.*

[**Gutzer**]**b.** Gestell als Teil einer Beleuchtungsvorrichtung (→ *Gutzer*): „In der Pfanne stand ein ... *Gutzerböckl*. Auf diesem verbrannte man trockenes Birkenholz" Oberpfalz 65 (1977) 113.

[**Haber**]**b.** Häuflein von gemähtem Hafer: °*Haberböck* „macht man vor dem Heimführen" Taching LF.

†[**Halm**]**b.** wie → *B.*13a: „das dreschen des letzten *Hálmbòcks*" Marktl AÖ PANZER Sagen II, 227.

[**Hammel**]**b. 1** Schaf-, Geißbock.– **1a** (verschnittener) Schafbock, °OB, °OP vereinz.: *Hamabeg* Haunswies AIC.– **1b** hornloser Schaf- od. Geißbock, °NB vereinz.: °*Hammelbock* Gögging KEH.– **2** wie → *B.*2c, °OB, °NB vereinz.: °*dea jedn Kill nåchrennd, wead Hammebog gnennd* „Schürzenjäger" Dachau.

Suddt.Wb. V,73.

†[**Hand**]**b.**: „1 kupfernes Gießfass mit einem irdenen *Handtbock* (Griff aus Ton)" Furth CHA 1604 Oberpfalz 93 (2005) 358 (Inv.).

DWB IV,2,365; Frühnhd.Wb. VII,1021.

[**An-häng**]**b.** Schlitten mit Deichsel: °*Anhängbock* Ratzing WOS.

Suddt.Wb. I,359.

[**Haus**]**b. 1** wie → *B.*1f: °*Hausbock* „zerstört Dachstühle" Mchn.– **2**: °*Hausbock* „Hausschwamm" Reisbach DGF.

Suddt.Wb. V,155.

[**Hebe**]**b.** wie → [*Dauh*]*b.*, °OB, °NB vereinz.: °*Hebbock* Eugenbach LA.

WBÖ III,518.– DWB IV,2,718.

[**Hechel**]**b.** Gestell, auf dem die Flachshechel befestigt wird: °*Hechlbock* Weilhm; „Dazu bediente man sich eines *Hechelbockes*, auf dem ein oder zwei Brettchen mit bürstenartig eingesetzten Eisenstiften angebracht waren" SAUER Arbeiten Bayer.Wd Abb.67.

†[**Heil**]**b.**: *Hailbock* „verschnittner Bock" SCHMELLER I,1077.– Zu →*heilen* 'kastrieren'.

SCHMELLER I,1077.– Schw.Id. IV,1129f.– DWB IV,2,822; Frühnhd.Wb. VII,1465.

[**Heinz(el)**]**b.**, [**Heinzen**]- **1** Heutrockengestell, °OB, °OP, °MF vereinz.: °*Heinznbock* Weißenburg; *was stehst denn mitten da wiar-r-a Hoazelbock?* STEMPLINGER Obb.Märchen II,32.– **2** wie →*B.*8dα, °OB, °NB mehrf., °OP, °SCH vereinz.: °*Hoaslbok* „zur Herstellung von Holzschuhen" Lam KÖZ; „Während sich der eine am *Hoazbock* ... zu schaffen machte" Elbach MB HuV 13 (1935) 87f.; *Hainzelbock* „Schnitzbank, Drehbank" SCHMELLER I,1138.– Auch der bewegliche Kopf daran, °NB, °OP vereinz.: °*Hoinzlbock* Fronau ROD.– **3** übertr.: °*Hoazlboog* „krumme Nase" Ebersbg.– Zu *Heinz(el)* (→*Heinrich*) 'Holzklotz'.

HÄSSLEIN Nürnbg.Id. 74; SCHMELLER I,1138.– WBÖ III, 518.– S-6508, W-38/8.

†[**Herd**]**b.** Bock einer Herde: *was ... an Viehe abgehet, das gibt nur halben Lohn, ein ... Hertt Pock sei ... frey* Kchnreinbach SUL um 1620 HARTINGER Ordnungen III,381.

Frühnhd.Wb. VII,1756.

[**Heu**]**b. 1** wie →[*Heinz(el)*]*b.*1, OB, NB, °OP, °MF, SCH vereinz.: *Haibeck* Fürnrd SUL; „Heu an Trockengestelle hängen ... *haibeg āvšdōn*" Biesenhard EIH nach SBS XII,234.– **2** wie →*B.*13d, OB, OP, MF, SCH vereinz.: *Haibek* Heuschober am Feld zum Trocknen des Heus Echenzell IN.

WBÖ III,518; Schwäb.Wb. III,1548; Schw.Id. IV,1129.– CHRISTL Aichacher Wb. 59.

[**Hinter**]**b.** hinterer von zwei Transportschlitten, °OB, °NB, °OP vereinz.: °*Hinterbock* Dingolfing.

WBÖ III,519.

[**Hirn**]**b.** wie →*B.*2d: *Hianbok* „Sturkopf" Langenhettenbach MAL.

WBÖ III,519.

[**Hirsch**]**b. 1** wie →*B.*1g, °OB, °NB, °OP, °SCH mehrf., °Restgeb. vereinz.: °*Hiaschboog* O'nrd CHA.– **2** Mistkäfer, °NB, °OP vereinz.: °*Hirschbock* Eining KEH.

DWB IV,2,1565.– W-38/9.

[**Hitz**]**b.**: *Hitzbökl* leicht reizbarer Mensch Prembg BUL.

[**Hobel**]**b.** Hobelbank: °*Hoblbock* Eining KEH; *hōblbōg* Pullach KEH nach SNiB VI,354.

[**Hoidi**]**b.**: *Hoidibock* „Schlitten" Berchtesgaden.

W-37/53.

[**Holz(en)**]**b. 1** Tier.– **1a** Zecke, °OB, °OP vielf., °Restgeb. mehrf.: °*i ziag da den Holzbock aussa* Taching LF; °*der Hund hat vui Holzböck* Langquaid ROL; „Neben dem geläufigeren *Zeck* ist ... dieser Plagegeist noch als *Holzbock* bekannt" HuV 16 (1938) 314; *Holzbock* „ricinus canibus infestus, hundslaus" SCHÖNSLEDER Prompt. c6r.– **1b** wie →*B.*1f, °OB, °NB, °OP vereinz.: °*Holzbock* „frißt Löcher in den Dachstuhl" Hohenschäftlarn WOR; „Bockkäfer: *Holzbock*" Heimat. Beil. der Kemnather Ztg 7.2.1959, Bl.475[,2].– Im Vergleich: *der schnarcht wia a Holzbock* Schwandf.– **1c** Holzwurm, °OB vereinz.: °*Holzbock* Gmund MB.– **1d** wie →*B.*1g: °*Holzbock* „Hirschkäfer" Schwandf.– **1e** wie →*B.*1h, °OP vereinz.: °*Holzbock* „Weberknecht" Weiden; *De Holzböck und de Spinnawebn ... De habts Es allsamm gnau schtudiert* DINGLER Loisach 15.– **1f** jägersprl.: *Holzböcke* „Rebhühner, welche sich in nächster Nähe des Waldes aufhalten" OB ZDW 9 (1907) 55.– **2** abwertend von Menschen.– **2a** grober, ungebildeter Mensch, °OP, SCH vereinz.: *Holzbeck* „spöttisch zu Bewohnern von Einöden" Derching FDB; *o du Holzbock!* Bayernb., hg. von L. THOMA u. G. QUERI, München 1913, 3; *Holzbock* „den man nicht von der Stelle, nicht zum Reden bringen kann" DELLING I,272; *Holzbock* „unfreundlicher wilder mensch" SCHÖNSLEDER Prompt. c6r.– Ortsneckerei: „Bergham [MB] ... *Holzböck*" BRONNER Schelmenb. 128.– **2b**: °*a so an alta Holzbock* „einer, der sich an einen anderen wie eine Zecke hängt" Schnaittenbach AM.– **3** Gestell, Vorrichtung.– **3a** wie →[*Ganter*]*b.*: °*Holzbock* Garmisch-Partenkchn.– **3b** Vorrichtung zum Einspannen od. Auflegen.– **3bα** Holzgestell, meist Sägebock, °OB, °MF vielf., °OP mehrf., °Restgeb. vereinz.: °*Hulzbuak* Nagel WUN; *Hoizbock* „zum Kurzschneiden des

[Holz(en)]bock

Brennholzes" HÄRING Gäuboden 147.– In Vergleichen: *steh net her wie ein Holzbock!* [regungslos] P. FRIEDL, Wilder Wald, Rosenheim ⁴2003, 88.– *Der is wia a Holzbock* „hat kein Gefühl" Kchnbuch BUL, ähnlich BRAUN Gr.Wb. 279.– Ra.: *der dauchet für an Holzbok* „hat X-Beine" U'rappendf CHA.– **3bβ** wie →*B.*8dα, °OP, °SCH vereinz.: °*Holzbock* „Schnitzbank" Hexenagger RID; „Pflug und Egge, dann der *Holzbock* und die *Misttrage*" Schäferei WÜM SCHÖNWERTH Leseb. 69.– Syn. →[*Schnitz*]*bank* (dort zu ergänzen).– **3bγ** wie →*B.*8dγ, °OB, NB, OP, MF, °SCH vereinz.: *Hulzabuak* „zum Schärfen der Säge" Maiersrth TIR.– **3bδ** Hackstock, °OB, °NB, °OP vereinz.: °*Holzbock* „zum Holzspalten" Kay LF.– **4** Schlitten für den Holztransport, °NB vereinz.: *im Winter aufn Hoizbog laudna* Mittich GRI.– **5**: *Hulzabuak* „eine altmodische Krawattenart" SINGER Arzbg.Wb. 109.

DELLING I,272; SCHMELLER I,1104.– WBÖ III,519; Schwäb. Wb. III,1785f., VI,2204; Schw.Id. IV,1130.– DWB IV,2, 1768; LEXER HWb. I,1330.– BRAUN Gr.Wb. 279; SINGER Arzbg.Wb. 109.– S-60G2, 62H79, W-38/10.

[**Hopfen**]**b.** Stehleiter für die Arbeit im Hopfengarten: *hopfabōg* nach I. MEISTER, Die Fachspr. der Hallertauer Hopfenbauern, Ex.masch. München 2001, 80.

[**Horn**]**b.**, [**Hörner**]-, [**Hörnlein**]- **1** wie →[*Geiß*]-*b.*1b: *Heanlbog* „Schafbock" Piegendf ROL.– **2** wie →[*Geiß*]*b.*3a: °*Hörndlbock* Teufel Berching BEI.– **3**: °*Hoarabock* „Schlitten mit Hörnern zum Ziehen" Uffing WM.– **4** †wie →*B.*20: *der feuht hornpok ist geleich dem haizzen krebs* KONRADvM Sphaera 37,18.

WBÖ III,519; Schw.Id. IV,1130.– DWB IV,1822.

[**Hummel**]**b. 1** Schaf-, Geißbock.– **1a** (verschnittener) Schaf- od. Geißbock, °OB, NB, °MF, °SCH vereinz.: °*Hummlbock* „Schafbock" Dollnstein EIH.– **1b** wie →[*Hammel*]*b.*1b, °OB, °NB, °SCH vereinz.: *Humabock* „Ziegenbock ohne Hörner" Tandern AIC; *Hummelbock* „Bock, Widder ... ohne Hörner" SCHMELLER I,1112.– **2** wie →*B.*2c, °OB vereinz.: *Hummibock* „läuft den Mädchen nach" Berchtesgaden.

SCHMELLER I,1112.– DWB IV,2,1904.– W-38/11.

[**Hunzel**]**b.** wie →*B.*8dα: °*Hundslbock* „z.B. zum Stieleschnitzen" Frauenbg PAR.– Syn. →[*Schnitz*]*bank* (dort zu ergänzen).– Zu →*hunzeln* 'basteln'.

[**Hupfen**]**b.** nur in fester Fügung: °*in den Hupfabock spannen* „jemand mit einem Stecken so fesseln, daß er nicht mehr aufstehen kann" Fronau ROD.

[**Huren**]**b.** wie →*B.*2c, °OB, °OP, °OF, MF, SCH vereinz.: *deis is a Huaraboukch* Mering FDB; *Dea oit Huanbog* QUERI Bauernerotik 193.

WBÖ III,519; Schw.Id. IV,1130.

[**Hutze(n)**]**b.**, [**Hutz**]- **1** †: *Hutzəbockelein* „stößiger Bock" SCHMELLER I,1195.– **2** wie →[*Butzen*]*b.*2, °MF, °SCH vereinz.: °*etz mach mr Hutzebock* Wassermungenau SC.– **3** †: *Hutzəbockelein* „Person, die überall anrennt" SCHMELLER ebd.– **4** wie →*B.*14a: °*Hutzabockal* „Föhrenzapfen" Ursulapoppenricht AM.– Zu →*hutzen* 'stoßen'.

SCHMELLER I,1195.

[**Kabis**]**b.** Dim., Vogelscheuche: *Gowersbeckerl* M'rgars WS; *gōwasbeke* Rattenkchn MÜ nach SOB VI,165.

[**Kapital**]**b.** kapitaler Hirsch: *Kapitalbog* Aicha PA; *A Kapitalbock äugt scho' her* DRUCKSEIS G'sund 77.

[**Schub-karren**]**b.** wie →*B.*7f: *da Schukhoanbog* Mengkfn DGF.

S-81G17.

[**Kipf**]**b.** wie →*B.*7aεiii, °OB, °NB vereinz.: °*s Kipfböckla* „Querholz des Schlittens, auf dem das Langholz aufgelegt wird" Peißenbg WM; *khipfbōg* Grafenau nach SNiB VI,110.

[**Kitz**]**b.** männliches Kitz, °OB, °NB, °OP vereinz.: *n Khitzbog schoißn* Mittich GRI.

WBÖ III,519.– Schwäb.Wb. VI,2309.– DWB V,870.

[**Klee**]**b. 1** wie →[*Heinz(el)*]*b.*1, NB, °OP, °MF mehrf., °Restgeb. vereinz.: °*Klöibuak* Poppenrth TIR; „Heutrockengestell ... *gleibog*" Mörnshm EIH nach SBS XII,232.– **2** wie →*B.*13d, NB vereinz.: *Kleebock* Heuschober am Feld zum Trocknen des Heus O'schneiding SR.

WBÖ III,519.– Schwäb.Wb. IV,466.

[**Klieb**]**b.** wie →[*Holz(en)*]*b.*3bδ: °*Kliebug* „Hackstock" Dollnstein EIH.

[**Klöppel**]**b.**: °*Klöppelbock* „Gestell für das Klöppelkissen" Cham.

[**Knie**]**b. 1** Kniebeuge, °OB, °NB, °SCH vereinz.: °*in da Kiach weat da Kniabog gmacht* Halfing RO.– Auch: *Kniabogg* „Kniefall" Tölz.– **2** nur in fester Fügung *in den K. spannen* festhalten u. züchtigen, °OB, °NB vereinz.: °*i spann di in Kniabock* „den Kopf zwischen die Knie klemmen beim Hauen" Rosenhm.– **3** Mensch mit X-Beinen: *Kniaböck* Peißenbg WM.
W-38/12.

[**Korn**]**b.** meist Dim., best. Anzahl zusammengestellter Roggengarben, °NB vereinz.: °*Koanbeckl* „zusammengestellte Garben" Langdf REG; „Eine feste Kornfuhre faßte gut 30 *Kornböckl*" SAUER Arbeiten Bayer.Wd Abb.23.
DWB V,1821.

[**Kragen**]**b.** Holzform zum Bügeln von Rockkragen, OB, NB, OP, OF vereinz.: *da Krongbuak* Thierstein WUN.
WBÖ III,519; Schwäb.Wb. IV,669.– S-37C59.

[**Kreuz**]**b. 1** Kreuzbock, jägersprl.: *Kreuzbok* O'audf RO.– **2** Bock zum Sägen von Holz: *graidsbōg* Lampoding LF nach SOB V,156.– **3** doppelt gewertetes Schafkopfspiel, bei dem die sich diagonal gegenübersitzenden Spieler zusammenspielen: °*Kreuzbock* Altensittenbach HEB; *Kreuzbock* W. PESCHEL, Bayer. Schaffkopfen, Weilheim 1990, 116.
WBÖ III,519.– DWB V,2187.– S-57E52.

[**Kummet**]**b.** Form zum Herstellen eines Kummets: *Da Kummetbock is a Hoizmodell vom Roßhois gwen, an dem a* [der Sattler] *sKummet in de richtige Form klopft hot* PINZL Bäuerin 146.

[**Kutsch**]**b.** wie →*B.*7e, °Gesamtgeb. vereinz.: *er sitzt aufn Kutschbock* Haag WS; *Saa Wei und saa Moidl hom se aaf Bänk ghockt, er am Kutschbuak, und dahi is ganga midn Schimml* HEINRICH Gschichtla u. Gedichtla 18.
WBÖ III,519; Schwäb.Wb. III,969 (Gutschen-).– DWB V,2884.– S-80F25.

[**Kutscher**]**b.**, [**Gutscher**]- dass., NB, °OP vereinz.: *Gutschabog* Aicha PA.
WBÖ III,519.

[**Latsch(en)**]**b. 1** alter Gamsbock: *Latschbok* O'audf RO; „Der frühe Morgen hat der Birsche auf den Feisthirsch oder einem einsiedlerischen *Latschenbock* gegolten" ALLERS-GANGHOFER Jägerb. 82.– Ortsneckerei für die Einwohner von Knappenfd TS: „Im Pechschnaiter Hochmoor, einem … Latschengebiet, hausen die *Knappenfelder Latschenböck*" HAGER-HEYN Dorf 306.– †Auch: „Der Gemsbock wird in den baierischen Alpen auch *Lātschbock* genannt, weil er sich gern in dem *Lātschach*, d.h. dem Krummholz aufhält" J. M. SCHOTTKY, Bilder aus der südd. Alpenwelt, Innsbruck 1834, 218.– **2** Steinbock, nur scherzh. übertr. Torfstecher: „Nach dem in den Latschen hegenden Steinbock nannte ihn der Volksmund gerne *Latschenbock*" HAGER-HEYN ebd. 184.
SCHMELLER I,1543.– WBÖ III,519.– RASP Bgdn.Mda. 99.

[**Leit**]**b.** Leitbock einer Herde, im Vergleich *stinken wie ein L.* u.ä. °OB vereinz.: °*der stinkt als wia a Loatbock* Garmisch-Partenkchn.
Schw.Id. IV,1131.

[**Leut(s)**]**b. 1** dass.: *Leitsbock* „Bock oder Hammel für eine ganze Herde" Schnaittenbach AM.– **2** wie →*B.*2b, °OB, °OP vereinz.: °*Laitsbuag* „übelriechender Mensch" Tirschenrth.– Auch: *Laitsbog* „unanständiger Mensch" Stadlern OVI.
W-38/13.

[**Loh**]**b.** Feldegerling (Psalliota campestris): °*Lohböck* „Wiesenchampignon" Hzhsn VIB.

†[**Marstaller**]**b.** Knecht für den →*Marstaller* beim Salzzug: „der … *marstaller* … hatte einen knecht … *marstallerbock* genannt" PANZER Sagen II,230.

[**Ge-mein**]**b. 1**: *Gmoibuak* „der gemeindliche Ziegenbock" SINGER Arzbg.Wb. 77.– **2** wie →*B.*2c: °*Gmoabock* „Schürzenjäger" Fürstenstein PA.

[**Melk**]**b.** Melkschemel, OP vereinz.: *Melkbock* Sattelpeilnstein CHA.

[**Menscher**]**b.** wie →*B.*2b: °*Menscherbock* „stinkender, unreinlicher Mensch" Zwiesel REG.

[**Mist**]**b. 1** Schubkarren für Stallmist, °NB (BOG), °OP (CHA, ROD) mehrf., OB vereinz.: °*Mistbock* „zum Ausschieben von Stallmist" Wiesenfdn BOG; *misbōg* Kchaitnach REG nach SNiB VI,176.– **2** Giftpilz: °*Mistbock* (Ef.) Ruhmannsfdn VIT.
WBÖ III,519f.; Schwäb.Wb. VI,2579.

[Mitter]bock

[**Mitter**]b.: °*Mitterbökl* „mittleres Querholz am Obergestell des Schlittens" Kohlgrub GAP.

[**Muttel**]b. wie →[*Hammel*]b.1b: °*Muddlbok* „hornloser Schaf- oder Ziegenbock" ebd.– Zu →*Muttel* 'hornloses Tier'.

Schwäb.Wb. IV,1849; Schw.Id. IV,1131.

[**Oster**]b. wer an Ostern zuletzt aufsteht, °OB, °OP vereinz.: °*Eostabok* Burghsn AÖ.

W-38/14.

[**Rädlein**]b. wie →*B.*7b, °OB (v.a. SO) vielf., °NB vereinz.: *dea Wagn gackst dahea wia a ausgleischta Radlbock* „wie ein ausgeleierter Schubkarren" Inzell TS; „einem Gehilfen, der die Soden mit dem *Radlbock* auf das Trockenfeld schafft" Zwiebelturm 9 (1954) 241.

SCHMELLER II,51.– WBÖ III,520.– DWB VIII,44 (Rad-).– RASP Bgdn.Mda. 123.

[**Ramm**]b. wie →[*Prell*]b.2: *Rammbock* „zum Einrammen der Grundpfeilerstämme in den Flußboden" Passau; *Rammbock* G. SOJER u. a., 1500 Wörter Ruhpoldinger Mda., Ruhpolding 2008, 33.

DWB VIII,76.

[**Reh**]b. **1** Rehbock, Gesamtgeb. vielf.: *Reachbock* Hohenpeißenbg SOG; *Räibuak* Thierstein WUN; *Dou is a Bü(l)d drin mit aran Raichbock und an Kreiz zwischn de Heana drina* Wdkchn BEI BÖCK Sitzweil 59; *wier er d'Thür aufmacht ... Schaugt aus die Làber* [Blätter] *von 'ran Rèchbock A G'wichtl außa* GUMPPENBERG Loder 10; *rehpok* Tegernsee MB 11.Jh. StSG. III,33,67f.; *das Rechböckl aber müst beym Altar/ als ein schuldigs Danck-Opffer verbleiben* SELHAMER Tuba Rustica II,355.– Schnaderhüpfel: °*owa da Rähbock hot Gwichtl und da Rähbock hot Hoa, owa äitz han meine Gsangl aus, äitz is aus und is goar* Brennbg R.– **2** Echter Gelbling (Cantharellus cibarius): °*Rehbeggal* „Pfifferlinge" Ergolding LA.– **3**: *Rehbog* „Zuchthaus" (Ef.) Reisbach DGF.

WBÖ III,520; Schwäb.Wb. V,247; Schw.Id. IV,1131.– DWB VIII,556f.; LEXER HWb. II,358; Gl.Wb. 476.– BRAUN Gr.Wb. 485.– S-57E40, 58K120.

[**Roll**]b. **1** wie →*B.*7b, °OB, °NB vereinz.: °*Roibog* „Schubkarren mit Kiste" Dachau.– **2** Rollwagen im Sägewerk: °*Rollbock* „schiebt den Stamm in die Säge" Weiden.

Schw.Id. IV,1131.– W-38/15.

[**Roller**]b. scherzh. Auge: *Mit sein unschulden blaua Rollabockalan blinzlts da Bou oa* HEINRICH Gschichtla u. Gedichtla 75.

[**Rot**]b. wie →[*Frauen*]b.2: °*Roudbögge* „Rotkappe" (Ef.) Pfarrkchn.

†[**Rülz**]b.: *Rülzbock* „lustige, das Schäkern liebende Person" Werdenfels SCHMELLER II,87.– Zu →*rülzen* 'schäkern'.

SCHMELLER II,87.– Schwäb.Wb. V,477.

[**Ge-rüst**]b. Gerüstbock, OB, °NB, OP vereinz.: *Gristbog* Aicha PA.

WBÖ III,520.– DWB IV,1,2,3781.– S-65C2ᶠ.

[**Säge**]b., [**Sage**]- **1** wie →[*Kreuz*]b.2, °MF vielf., °OB, °OP mehrf., °NB, OF, SCH vereinz.: *Sogbok* Mehring AÖ; *Sebog* Söllitz NAB; *Da Wastl setzt se af'n Seegbogg* SCHWÄGERL Dalust 183.– In Vergleichen: *Füße haben / dastehen wie ein S.* X-Beine haben, OP, MF, °SCH vereinz.: *douschtöi wöi a Sägbūk* Solnhfn WUG.– *Dea schnarcht wei a Sechbūk* Fürnrd SUL.– **2** übertr. Mensch mit X-Beinen, X-Beine.– **2a** wie →[*Knie*]b.3, OP, MF vereinz.: *Sechbock* Lauterhfn NM.– **2b** wie →*B.*4: *der hat Sägböck* „hat X-Beine" Schloppach TIR.– **3** wie →[*Feil(en)*]b., OB, °NB, °OP vereinz.: °„der Sägefeiler trug den *Sågbock* von Haus zu Haus" Malching GRI.

WBÖ III,520; Schwäb.Wb. V,532; Schw.Id. IV,1132.– DWB VIII,1649.– BERTHOLD Fürther Wb. 211.

[**Salz**]b. Satanspilz (Boletus Satanas): °*Salzböck* Schwindkchn MÜ.

†[**Unter-satz**]b. wohl Gestell zum Auflegen: *3 Untersatzbökl* Tölz 1800 StA Mchn Briefprot. 11265,fol.25ʳ (Inv.).

[**Sau**]b. **1**: °*Saubock* Mensch, der unschöne Redensarten führt Augsburg.– **2** Holzgestell zum Aufhängen eines geschlachteten Schweins: *Saubog* U'höft EG.– **3** wie →[*Mist*]b.2, °OB, °NB vereinz.: °*Sauböck* „giftige Schwammerl" Pauluszell VIB.

WBÖ III,520.

[**Schaf**]b. wie →[*Geiß*]b.1b, °MF vielf., °OB, °NB mehrf., OP, OF vereinz.: *an Schafbock d Haut azoign* Hengersbg DEG; *Schaoufbuk* Weimershm WUG; *Schååfboog* STA L. POELT, CH. PEUKER, Apfiblià u. Zuάwiziάgậ, Pöcking

2010, 39; „*Hámml* ... unterschieden vom gehörnten, uncastrierten Widder, welcher *Schâfbock* genannt wird" östl.NB SCHMELLER I, 1106.– In Vergleichen: °*bockig wia a Schafbock* „störrisch" Dorfen ED.– °*Dea schaut aus wia a gscherter Schafbock* „ist glattrasiert" O'miethnach R.– Übertr. von Menschen: °*a frisierter Schafbock* „vom Frisör aufgedonnert" Rosenhm.– Auch: verschnittener Schafbock, OB, NB, OP vereinz.: *Schafbuack* Hammel Neuhs NEW.– Hornloser Schafbock, °OB, °NB, °MF vereinz.: °*Schoufbuk* Rohr SC.

SCHMELLER I,1106, II,377.– WBÖ III,520; Schwäb.Wb. V,651; Schw.Id. IV,1132.– DWB VIII,1998.– BRAUN Gr.Wb. 532.– S-70B1.

[Schäfflein]b. wie →*B*.8dα: „Schnitzbank zum Festklemmen von Werkholz ... *šaflǝboug*" Inchenhfn AIC nach SBS XIII,164.– Syn. → [Schnitz]*bank* (dort zu ergänzen).

[Schar]b. →*Skorbut*.

[Schieb]b. wie →*B*.7b, °OB, °OP, °OF vereinz.: °*Schiebböckal* Pöcking STA; *Schöibbuak* BRAUN Gr.Wb. 564.

WBÖ III,520.– DWB VIII,2666.– BRAUN Gr.Wb. 564.

[Schieckel]b., [Schiechel]- jmd, der schielt (→*schieckeln*), OB, NB, OP, MF vereinz.: *Schiachlbock* Hengersbg DEG; *šęiglbūg* „Schimpfwort" Dietfurt WUG nach SBS II,136.

WBÖ III,520.– BERTHOLD Fürther Wb. 193.

[Schlacht]b. wie →[*Sau*]*b*.2: *Schlachtbog* Ranoldsbg MÜ.

[Be-schlag]b. 1: °*Pschlobog* „Gestell zum Aufbocken des Wagens" Rattenbg BOG.– 2 wie →*B*.8dδ: °*Pschlobog* „Untersatz für den Pferdehuf beim Beschlagen" ebd.

[Schleif]b. Gestell mit Schleifstein: „Weil aber das Schleifen in der Schupfe nicht möglich ist ... schafft man den *Schleifbock* in das *Austragsstüberl* herein" PEINKOFER Werke II,96.

[Schlei(p)f]b., [Schlepf]-, [Schlapf]- 1 Transportschlitten, Teil davon.– 1a wie →*B*.7aγ, °OB, °NB, °OP vereinz.: °*Schlapfbock* „zum Transport der Stämme aus dem Wald" Westerndf DAH.– 1b wie →*B*.7aδ, °OB, °NB, °OP vereinz.: °*Schloapfbock* „zwei vorne aufgebogene Hölzer mit Querbrettern, zum Holz ziehen" Barbing

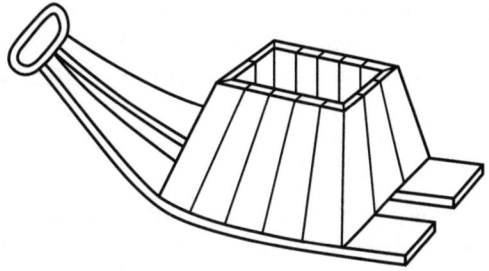

Abb. 32: *Schleipfbock* mit Kistenaufsatz (Dachau).

R.– 1c: °*Schloabfbog* „Holzschlitten mit Kistenaufsatz, um den Mist aus dem Stall auf den Misthaufen zu ziehen" Dachau.– S. Abb. 32.– 2 primitiver Einachser zum Holzziehen, °NB, °OP vereinz.: °*Schloipfbock* „drückt man die Deichsel nieder, so wird der Stamm angehoben" Ambg.– 3 wie →*B*.7h, °OB, °OP vereinz.: °*Schloapfbock* „Hebel am hinteren Ende der Langholzladung" Ramsau BGD.– 4 wie → [*Pflug*]*b*., °OB, °OP, °MF vereinz.: °*Schloipfbock* Edelshsn SOB.

W-38/16.

[Schlepp]b. 1 wie →*B*.7aγ: °*Schleppbock* „zum Langholzfahren bei Schnee" Kay LF.– 2 wie →*B*.7aδ: °*Schleppbock* „zum Herausziehen der schweren Stämme aus dem Wald" Essenbach LA.

[Schlitten]b. 1 wie →*B*.7aα: °*Schlinboggal* Dachau.– 2 wie →*B*.7aγ, °OB, °NB, °OP vereinz.: °*Schlienbock* „vorderer der beiden Fuhrwerkschlitten" Hzhsn WOR; *Füa dö langa Baama hod ma zwe Schliednböck ghod* KERSCHER Waldlerleben 129.– 3: °*Schlittenbock* „die vier schrägen Schenkel mit den Querhölzern und den Kufen ohne den Boden" Ambg.– 4 wie →*B*.7aζ, °OB, °NB, °OP vereinz.: °*aufn Schliinbock kimmt da Kipfstock von Wågn drauf un Wågnbreda* Halfing RO.– 5 wie →*B*.7aη, °OB, °NB, °SCH vereinz.: *Schlinböck* „oberes Ende der Schlittenhörner" Geiselhöring MAL.– 6 Schlittenkufe, °OB, °NB, °OP vereinz.: °„*Schlinbockerl* bei kleinen Schlitten, *Schlinkoucherl* bei großen" Steinsbg R.– 7 Platz des Lenkers eines Schlittens, °Gesamtgeb. vereinz.: °*i steig auf n Schlittnbock* „Sitz auf dem Pferdeschlitten" Eging VOF.

WBÖ III,520f.– S-81H11, W-37/49.

[*Schmier*]b.

[Schmier]b. Gestell zum Heben eines Wagens, um ihn zu schmieren, °OB, °OP, °MF, °SCH vereinz.: *Schmierbuk zun Wongschmiern* Regelsbach SC.

Schwäb.Wb. V,1002; Schw.Id. IV,1132.– DWB IX,1079.

[Schneid]b. wie →[*Kreuz*]b.2, °OB, °NB, OP vereinz.: *Schnäbock* Gleißenbg WÜM; „Sägebock ... *šnaidbōg*" Essenbach LA nach SNiB VI,266.

WBÖ III,521; Schwäb.Wb. V,1051.

[Schneider(s)]b. 1 wie →*B.*8c, NB, OP vereinz.: *Schnaidabog* Schneidertisch Aicha PA.– **2** Arbeitshocker des Schneiders: *Schneiderbock* Wasserburg.– **3** scherzh. Schneider, OB, NB, OP vereinz.: *Schneidesbuak* „Spottname" Naabdemenrth NEW; *kåin Schneida(r)sbuak mooch i niat, döi sann ma z'düa(r* BRAUN Gr.Wb. 560.– Scherzreim: *Schneiderbock flick mein Rock* Weiden.– Syn. →*Schneider*.

WBÖ III,521.– DWB IX,1271.– BRAUN Gr.Wb. 560.– S-36A5.

[Schnitz]b. wie →*B.*8dα, °OB, °OP, °SCH mehrf., °Restgeb. vereinz.: °*Schnitzboog* „zum Zaunlatten zuspitzen" Sulzkchn BEI; *šnitſbok* Raitenbuch WUG nach SBS XIII,163.

WBÖ III,521.– W-38/17.

[Schnitzel]b. dass., °OB mehrf., °NB, °OP vereinz.: °*setz di an Schnitzlbock nauf* Taching LF; *šnitſlbōg* Gündlkfn LA nach SNiB VI,356.

W-38/17.

[Schränk]b. Werkbank zum Schränken von Sägen, OB, NB, °OP vereinz.: °*Schrenkbok* „zum Sägeschärfen und -schränken" Traidendf BUL.

[Schraub]b. Schraubstock, °SCH vereinz.: *Schraufbog* Eurasburg FDB.

WBÖ III,521.

[Schrot]b. wie →*B.*1g: °*Schrotbock* Hirschkäfer Bogen.

DWB IX,1781.

[Schub]b. wie →*B.*7b, °OB, °NB, °SCH vereinz.: °„mit dem *Schubog* wurde der Mist aus dem Stall gefahren" Eschlkam KÖZ; *Schubbock* „Schubkarren" HOHENEICHER Werdenfels 59.

SCHMELLER I,204.– WBÖ III,521.– W-38/15.

[Schuler]b.: *šualabōg* „Schultasche, Schulranzen" Unterer Bay.Wald nach KOLLMER II,363.

KOLLMER II,363.

[Schuster(s)]b. Schusterschemel, MF mehrf., OB, OP vereinz.: *er sitzt aufm Schuastabok* Wasserburg; *Schoustasbog* Euerwang HIP; „darauf standen zwei *Schusterböcke*" Mimbach u. Mausdf 112.

WBÖ III,521.– S-84A2.

[Schwarz]b.: *da Schwarzbog* Gartenlaufkäfer Mittich GRI.

[Schwing]b. Gestell, über das der Flachs zum Schwingen gehängt wird: °*Schwingbock* Mauern FS.

[Sechser]b. Sechsender, OB, NB, °OP, SCH vereinz.: *a Söxabōg* Mengkfn DGF; *der rollt d'Augn wia'ra Sechsabeckl bei der Brunft* Bodenwöhr NEN Oberpfalz 68 (1980) 15; *Da steht a Fètzn-Sechserbock* GUMPPENBERG Loder 15.

WBÖ III,521.– S-57E50.

[Seil]b. wie →[*Garn*]b.2, °NB vereinz.: °*Salbock* Schönau VIT.

WBÖ III,521.

[Seiler]b. dass.: „Nach einer gewünschten Länge hängte der Seiler seinen gedrehten Faden in den Haken des zweiten, gegenüberstehenden *Seilerbockes*" KERSCHER Handwerk 48 f.

[Sitz]b. 1 wie →*B.*7e: °*Sitzbock* „Platz für den Kutscher von Personenschlitten" Hahnbach AM.– **2** wie →*B.*8c: *Sitzbock* „der Tisch hatte ein Loch, durch das der Schneider die Füße auf ein Gestell oder eine darunterliegende Platte stellte" Mchn.

†[**Spann**]**b.** Gerät zum Spannen der Armbrust: *Swelher burger der stat armbrust, pheil, spanbeche ... hin leihet einem ausmanne* [Fremden] 1310–1312 Stadtr.Mchn (DIRR) 286,13–15.

[Spieß]b. wie →*B.*1 f: „Bockkäfer ... *Spießbock*" Heimat. Beil. der Kemnather Ztg 7.2.1959, Bl. 475[,2].

WBÖ III,521; Schwäb.Wb. VI,3149.– DWB X,1,2454.

[Spießer]b. Spießer, junger Rehbock, jägersprl.: *Spiasabog* Aicha PA.

[Wagen]bock

[Spinn(en)]b. wie →*B*.1h, °OB, °NB, °OP, °SCH vereinz.: °*der fang den Spinnabock ei!* Lenggries TÖL; *Spinnbuak* WINKLER Heimatspr. 104.

DWB X,1,2506.– W-37/55.

[Stärz]b. 1 wie →*B*.7h: °„zum Holzfahren richtet man sich einen *Starzbock* her, einen Stamm mit stark abgewinkelter Wurzel, der auf der Straße schleift" Pfarrkchn.– 2: °*Starzbock* „hinteres Querholz am Schlitten, wo die *Starze*, eine Art hintere Deichsel, befestigt ist" Weilhm.

[Stech]b. Gestell, auf dem Schafe geschlachtet werden: *Stechbock* Kothigenbibersbach WUN SINGER Vkde Fichtelgeb. 157.

[Stein]b. 1 Steinbock, OB, NB, OP, SCH vereinz.: *Schtoabok* O'audf RO; *der Stoabock waar do' bloß a Goaßbock* FRANZ Lustivogelbach 90; *stein boch* Windbg BOG 12.Jh. StSG. III,33,59; *stainpöcke schön nach zobel var* FÜETRER Trojanerkrieg 78,249.– Auch Kuhname BRUNNER Heimatb.CHA 122.– 2 wie →*B*.7b, °NB (WEG) mehrf.: °*Schtoabok* Wildenranna WEG; *šdōabog* „Schubkarren" Unterer Bay.Wald nach KOLLMER II,361.– 3 wie →[*Fleisch*]*b*.2, °OB vereinz.: °*i hǎb a Stoabeckerl gfundn* Ebersbg.– 4 wie →*B*.20: „im Zeichen des *kloawachsadn Stoabocks*, also in den Wochen vom 21. Dezember bis zum 21. Januar" Altb.Heimatp. 9 (1957) Nr. 14,5; *zu Abents ... an einen Stein Bock in zeichen* Auerbach ESB 1800 Oberpfalz 99 (2011) 297; *Die namen ... der himelzaichen ... schützlein, stainpok, krug, vischlein* KONRADvM Sphaera 23,1–4.

WBÖ III,521; Schwäb.Wb. V,1711, VI,3194; Schw.Id. IV,1133.– DWB X,2,2050–2052; Frühnhd.Wb. XI,299f.; LEXER HWb. II,1163; Gl.Wb. 589.– KOLLMER II,361.– S-57E63.

[Stink]b. wie →*B*.2b, °OB, °OP vereinz.: °*Stinkbog* Rgbg; „alter Stinker: *Stinkbūk*" BERTHOLD Fürther Wb. 32.

Schwäb.Wb. V,1775; Schw.Id. IV,1133.– DWB X,2,3145.– BERTHOLD Fürther Wb. 32.

[Streif]b. wie →*B*.7aδ: °*Stroafböcki* „Schlittenkufen mit Sattel zum Langholzrücken" Taching LF.

DWB X,3,1255.

[Streu]b. Hackstock für Streu, nur in der Ra.: °*bei eng* [euch] *gibt da Strahbog a no a Mile* „wenn ein Bauer viel Milch hat" Grafing EBE.

WBÖ III,521; Schw.Id. IV,1084f.

[Stutz(en)]b., [Stützi]- 1 wie →[*Butzen*]*b*.2, °OP mehrf., °OB, °NB, °MF, °SCH vereinz.: °*geh, moch ma wieda Stutzabock* Vilzing CHA; *Stutzbockerl* Wdmünchn.Heimatbote 31 (1997) 124; „plötzlicher, kurzer Stoß ... mit dem Kopf an einen harten Gegenstand, zumal an den Kopf eines andern ... *Stutzebock*" SCHMELLER II, 800.– 2 Gebäck mit mehreren Hörnchen: „Das ursprüngliche *Stutzbockerl* sind zwei überkreuzte Teigstangen, also wie ein großes X" Schönau OVI Wdmünchn.Heimatbote ebd.; „*Stutzbockerln*, eine Art Semmelbrods in Gestalt zweyer Hörner, deren Spitzen auswärts stehen" T'nbach WÜM um 1860 ebd.– 3 wie →*B*.2d: *Stüzibock* „eigensinniger, bockiger Mensch" Ruhstorf EG; *bist a rechts Stutzbockerl* Treffelstein WÜM ebd. 125.

SCHMELLER II,800.– DWB X,4,742f.– W-37/60.

[Sünden]b. 1 Sündenbock, OB, NB, OP, SCH vereinz.: *i müast alaweil der Sündnbok sei!* Wasserburg; *Sünd'nbuak* BRAUN Gr.Wb. 71; *Sündenbock* SCHMELLER I,205.– 2 wie →*B*.2a, OB, OP vereinz.: *oida Sindnbog* „scherzhaft zum Ehemann" Haimhsn DAH.

SCHMELLER I,205, II,306.– WBÖ III,521; Schwäb.Wb. V,1959; Schw.Id. IV,1132.– DWB X,4,1143f.– BRAUN Gr.Wb. 71.– S-70L2.

[Ur]b. jägersprl.: *Uabog* „Bock mit abnormer Hirnbreite" Aicha PA.

DWB XI,3,2392.

[Waben]b. wie →[*Tafel*]*b*., °OB, °OP mehrf., °NB, °MF, °SCH vereinz.: °*Wabmbock* „zum vorübergehenden Aufhängen der Bienenwaben" Barbing R.

S-71G4, W-38/18.

[Wagen]b. 1 wie →[*Schlei(p)f*]*b*.2: °„in der aperen Zeit zieht man die Stämme mit dem *Wagenbock* aus dem Wald" Ziegelbg RO.– 2 wie →[*Schmier*]*b*.: °*Wongbuuk* „zum Schmieren der Naben" Regelsbach SC.

DWB XIII,444.

[Wasser]b.: °*Wasserbock* „niedriger, etwa drei Meter langer Schlitten zum Wasserholen" Tirschenrth.
DWB XIII,2372.

[Weber]b. wie →*B.*1h, °OP, °SCH vereinz.: °*Weberbock* Weberknecht Hiltersdf AM.
WBÖ III,521.– DWB XIII,2658.

[Weiz(en)]b. best. Anzahl zusammengestellter Weizengarben, °NB vereinz.: °*Woazböckl* M'rfels BOG.
WBÖ III,522.

[Spinn-wett]b. wie →*B.*1h: °*Spimetbock* Weberknecht Fischbachau MB.– Zu →[*Spinn*]*wett* 'Spinne'.

†[Zu-wider]b.: *Zwidəbók* „widerwärtige, übellaunige Person" SCHMELLER II,861.
SCHMELLER II,861.– WBÖ III,522.

[Wied]b. wie →[*Bauschen*]*b.*: °*Widbock* „zwei Andreaskreuze mit Querholz" Haring RO; *Wiedbock* „hier wird Reisig eingelegt und gebündelt" SCHWARZ-MIRTES Vilstal 139.

[Zecken]b. wie →[*Holz(en)*]*b.*1a: °*Zecknbock* „Zecke" Sachrang RO.

[Zeidel]b. wie →[*Melk*]*b.*, °OP vereinz.: °*Zeidlbock* Melkstuhl Cham.– Zu →*zeideln* 'melken'.

†[Zeit]b. zur Zucht reifer Bock: *Zeit-bock* SCHMELLER II,1161.
SCHMELLER II,1161.– WBÖ III,522; Schwäb.Wb. VI,3467; Schw.Id. IV,1133.– DWB XV,554.

[Ziegen]b. wie →[*Geiß*]*b.*1a: °*dea stinkt wöi a Ziengbuack* Selb; *Die Lungen von einem Ziegenböcklein gekocht und gegessen* HOHBERG Georgica II,352.
WBÖ III,522; Schwäb.Wb. VI,1194f.– DWB XV,921f.– BRAUN Gr.Wb. 916.– S-70L1.

[Zieh]b. 1 wie →*B.*7aγ, °OB vereinz.: °*Ziachbog* „zum Holztransport in den Bergen, wird hinaufgetragen" Parsbg MB.– 2 wie →*B.*7b: *Ziehbock* „Schubkarren der Holzknechte" Traunstein.
W-38/16.

[Zimmer]b. 1 Schragen, °OB, OP, OF, MF vereinz.: *Zimmerbuk* Enderndf GUN; *dsīməbōg* Schiltbg AIC nach SBS XIII,157.– 2 Zimmermannsbock: *Zimmabogg* „Käferart" Ingolstadt.
WBÖ III,522; Schwäb.Wb. VI,3484; Schw.Id. IV,1133.

[Zorn]b. 1: *Zornbock* jähzorniger Mensch G'bissendf PAR.– 2 wie →*B.*2e: *a rechta Zoanbok* leicht gekränkt Pösing ROD.
WBÖ III,522.

[Zottel]b., †[Zotzel]- 1 Mensch mit zotteligem Haar, NB mehr., °OP vereinz.: *is da Zodlbog dahoam?* Rottal; *Zozelbock* „Person mit zotichten Haaren" SCHMELLER II,1168.– Spottreim: *Zodlbog von Häschtog* [Heustock] „zu einem, der die Haare wirr und lose hängen läßt" Zandt KÖZ, ähnlich NAB.– 2 Kopf mit zotteligem Haar: *der hot an Zolbog* Nabburg.
SCHMELLER II,1166, 1168.– WBÖ III,522; Schwäb.Wb. VI,1268.– DWB XVI,133.

[Zotter]b. wie →[*Zottel*]*b.*1, NB vereinz.: *der Zodabock* „Mensch mit ungekämmtem, zerzaustem Haar" Dietersburg PAN.
WBÖ III,522.

[Zug]b. wie →*B.*7aγ: *Zugbock* „1 m breiter Kurzschlitten, mit dem man die Blöcher an den Abfuhrweg zieht" Lohbg KÖZ.
Schw.Id. IV,1133.– DWB XVI,398.   E.F.

Bock², †**Einbock**
M., Bockbier, °OB, °NB, OP, °MF, SCH vereinz.: °*heit ham ma an dunkln Bock drunga* Frasdf RO; „jede Brauerei, die einen *gesüffigen Bock* ausschenkt" LETTL Brauch 38; „*Bock mit Bockwürsten* ... ist an diesen Tagen [um Fronleichnam] ein beliebtes altmünchnerisches Frühstück" SCHMELLER I,205; „*Oanbock*, sehr fettes Bier (in München gebrautt)" NICOLAI Reise VI,Beylage 100.

Etym.: Gekürzt aus →[*Bock*]*bier*, dieses aus *Einbecker Bier*, nach der niedersächsischen Stadt *Einbeck*; KLUGE-SEEBOLD 136.

DELLING I,148; SCHMELLER I,204f.; WESTENRIEDER Gloss. 122; ZAUPSER 55.– WBÖ III,516; Schwäb.Wb. I,1246.– HELM Mda.Bgdn.Ld 37.– S-5G12ª.

Abl.: *einbeckisch*.

Komp.: [**Dienst-boten**]b. scherzh. dünnes Bier vom letzten Sud einer Maische: *Dienstbotenbock* Frauenneuharting EBE.

[**Doppel**]b. Doppelbock: °*da gibts an Doppebock, dea würfte um* Pelka FS; „Damals sei Andechs nur für *Schweinshax'n* und *Doppelbock* bekannt gewesen" SZ Starnberg 58 (2002) Nr.243,R5.

[**Josefi**]b. um den Josefstag (19. März) ausgeschenktes Bockbier, °OB, °OP vereinz.: *Josefibock* „mit erhöhtem Alkoholgehalt" Trautmannshfn NM; „heuer braut die Klosterbrauerei Reutberg [TÖL] ... wieder den aromatischen *Josefibock* ... der dann bis zum 22. März ... ausgeschenkt wird" MM 18.3.1993, 8.

[**Mai**]b. im Mai ausgeschenktes Bockbier, °OB vereinz.: °*s Märznbier is koa Maibock* Mchn; *dann gehn wir zum Maibock auf'n Keller* Mchn. Stadtanz. 15 (1959) Nr.35,5.

[**Märzen**]b. im März gebrautes Bockbier, °OB, °NB vereinz.: *da Miarznbock is a Teiföszucka und taot oan a Haus und Hof voschlucka* Neukchn KÖZ; „Trost in all den tristen Tagen zwischen den Anstichen von *Weihnachts-*, *Märzen-*, *Maien-* und sonstigem lediglich periodisch wiederkehrenden *Bock*" SZ Erding 51 (1995) Nr.59,2.– Ra. im Wortspiel mit →*Bock*[1], Bed.1a: °*da Märznbock stößt* „wirft einen um" Weil LL. E.F.

†**Bock**[3], **Bocks**
M., in Flüchen: *Bock* SCHMELLER I,203.– Erweitert: *sy strafend pox zigls* [Schwanzes] *willen, nur unsere freund hart* Mchn 1398 OA 8 (1847) 24; *Pox krafft, es ist erlogen* Landshut um 1523 Flugschriften zur Ritterschaftsbewegung des Jahres 1523, hg. von K. SCHOTTENLOHER, Münster 1929, 70.

Etym.: Entstellt aus →*Gott*; PFEIFER Et.Wb. 1032 f.
SCHMELLER I,203 f.– Schwäb.Wb. I,1242–1246, VI,1670; Schw.Id. IV,1123, 1963.– DWB II,281, VII,2040; Frühnhd.Wb. IV,881 f.; LEXER HWb. I,321. E.F.

Pocke
F. **1** Blase, Bläschen auf der Haut, NB, °MF vereinz.: *Bogan im Gsicht und auf da Nosn* Hengersbg DEG; *Pocke* „Blatter, Blase, Geschwür" SCHMELLER I,381.
2 Pl., Krankheit, meist mit Blasenbildung.– **2a** Pocken, °Gesamtgeb. vereinz.: *Boggn* Pollenfd EIH.– **2b** Windpocken, °OB, °OP, MF vereinz.: *Pogn* Rothenstein WUG.– **2c** Masern: °*Bockern* U'pfaffenhfn FFB.– **2d** Kuhpocken, NB, °MF vereinz.: *Pocken* Weihmichl LA.– **2e**: *Pockn* „Bräune, schwere Rachenerkrankung bei Schweinen" Preith EIH.

Etym.: Aus nd. *Pocke*; PFEIFER Et.Wb. 1022.
SCHMELLER I,381.– WBÖ III,522; Suddt.Wb. II,487.– DWB II,204, VII,1964 f.; Frühnhd.Wb. IV,710 f.; LEXER HWb. II,281.– S-26O32, M-240/7–9, W-31/50.

Abl.: *pockicht*.

Komp.: [**Aas**]p. Pl., Pocken der Schafe: *Aaspockn* Finsing ED.

[**Kuh**]p. Pl., wie →*P.*2d, °OB, OP vereinz.: *Kuhpockn* Wdsassen TIR.
DWB V,2581.

[**Schaf**]p. Pl., wie →*P.*2b, °NB vereinz.: °*Schafpocken* Kchbg PAN.
DWB VIII,2044.

[**Spitz**]p. Pl. **1** dass.: *Spitzpockn* Kolbermoor AIB.– **2** wie →[*Aas*]*p*.: *Spitzpockn* Finsing ED.
DWB X,1,2645.

[**Stein**]p. Pl., wie →[*Aas*]*p*.: *Steinpockn* „Ausschlag bei Schafen" ebd.
DWB X,2,2035.

[**Wind**]p. Pl., wie →*P.*2b, °OB, °NB, °OP, °MF vereinz.: *Windpockn* Wutschdf AM.
DWB XIV,2,316. E.F.

bockeinen, -ern
Vb., nach Geißbock riechen, °OP (v.a. N) vielf., °OF, °MF vereinz.: °*in wechan Schtoll bist denn du g'wen, weilst goar so bockeinst?* Hahnbach AM; *buageina* BRAUN Gr.Wb. 71; *bock-ein-en* SCHMELLER Mda. 424.– Auch unangenehm riechen: °„ein unsauberer Mensch *bockeint*" Allersbg HIP.
SCHMELLER I,93.– WBÖ III,523; Suddt.Wb. II,486.– BRAUN Gr.Wb. 71, 113.– W-39/1. E.F.

Bockel
M. **1** Tier.– **1a** Geißbock, NB, OP, OF, MF vereinz.: *Bockl* Grafenau.– Syn. →[*Geiß*]*bock*.– *B. tusch / hutz* u.ä. Spiel, bei dem man die Köpfe leicht zusammenstößt, °OP vereinz.: °*Kinder spuln Bockltus* Mötzing R;– Ausrufe dabei u.a.: °*Bockl, bockl dusch!* Braunrd ROD.– **1b** Kater, OP, MF vereinz.: *Bokl* Freihung AM; *Bockl*

Thonlohe PAR DWA XIII,K.6.– Syn. →*Kater*.– Als Tiern. OP, MF vereinz.
2 störrischer Mensch: *bockl* N. KILGERT, Glossarium Ratisbonense, Regensburg 2008, 46.
3 Fahrzeug, Teil davon.– **3a** Schlitten.– **3aα** Kinderschlitten, °OB, °OP, °MF vereinz.: °*Bockl* „kleiner eiserner Schlitten mit schmalen Kufen" Schwandf; *bogl* Bieswang WUG nach SBS X,31.– **3aβ** kurzer Transportschlitten, bei zwei Schlitten hinterer Schlitten, °OB, °OP, °MF vereinz.: °*da Bockl* „zum Holzfahren im bergigen Hochwald" Hirnsbg RO; *bogl* „für einen Gaul zum Ziehen" Langenalthm WUG SBS XIII,371.– **3aγ** Schleife, Kufen mit Querbalken: °*Bockl* Helena NM.– **3b** kleine Lokomotive, Lokalbahn, °OB, NB, °OP, °OF, °MF vereinz.: *Bokl* „Rangierlokomotive" Fürstenfeldbruck; °*öitz is vöiara, daou wiad da Bockl bal kuma!* Kchnthumbach ESB; *Da Lokomotivfihrer hot an Sepperl scho vo weiten gsehn und hot an Bockl bremst* Pertolzhfn OVI BÖCK Sitzweil 215.– **3c** Kutschbock: *richts ner n'Müller affi af sein Bockl* Oberpfalz 60 (1972) 313.– **3d** Stange zum Lenken od. Bremsen hinten am Schlitten, °OB, °NB, OP vereinz.: °*Bockl* „Holzblock am hinteren Ende der Langholzfuhre, der am Boden nachschleift" Hirschling MAL.
4: *Bockl* „ein wackliger Gegenstand" SINGER Arzbg.Wb. 39.
5 Kinderkreisel: „Wenn man das Stöckchen rasch zur Seite zieht, bringt die Schnur den *Bockl* in schnelle Umdrehung" SCHEMM Dees u. Sell 24.– Syn. →*Kreisel*.
6 Gestell, Vorrichtung.– **6a** Gestell zum Auflegen od. Aufhängen, OP vereinz.: „hinter dem Ofen in der *Höll* ist ein *Bockl*, um Töpfe abzusetzen" Etzenricht NEW.– **6b** Getreidesense, Korngestell daran.– **6bα** Getreidesense mit Korngestell: *bokl* Schwifting LL nach SBS XII, 328.– **6bβ** Korngestell an der Getreidesense: *bokl* Schöffelding LL nach ebd. 332.
7 Schemel.– **7a** Hocker, OP, MF vereinz.: *Bockl* Sitz, auf dem der Melker beim Melken sitzt Pfreimd NAB.– **7b**: *Bockl* Fußbank Ehenfd AM.
8 best. Spinnrad: °*Flachsrupfa afm Bockl* Neunburg.
9 best. Anzahl zusammengestellter Getreidegarben, Heuhaufen.– **9a**: *Boggl* „zehn bis zwölf Garben zum Trocknen auf dem Feld zusammengestellt" Weiboldshsn WUG.– **9b** Heuhaufen: *Bockl* „auf dem Feld zum Trocknen" ebd.
10 †Bult: *Pockeln* „die hervorragenden *Cyperaceen*-Rasen zwischen Pfützen" O. SENDTNER, Die Vegetations-Verhältnisse Südbayerns, München 1854, 713.

<small>WBÖ III,523; Schwäb.Wb. I,1242, VI,1670; Schw.Id. IV, 1137 (Böckel); Suddt.Wb. II,486.– DWB II,204.– BRAUN Gr.Wb. 55; SINGER Arzbg.Wb. 39.– W-38/28.</small>

Komp.: [**Bier**]b.: *da Böiabokl* „Ständer zum Auflegen der Schankbierfässer" Naabdemenrth NEW.

[**Drei**]b.: °*Dreibockl* Schafkopf zu dritt Süß AM.

[**Duß**]b., [**Dutz**]- leichtes Zusammenstoßen der Köpfe im Spiel, °OP, °SCH vereinz.: °*eitz hams amerl, amerl duzbockl g'schpült, bis s Pläan oganga is* Nittenau ROD.– Ausruf dabei: °*hoppla, Dußboggl* Gundelshm DON.

[**Geiß**]b. wie →*B.*1a: *Gåsbockl* „männliche Ziege" Eschenbach.
<small>Schwäb.Wb. III,236.</small>

[**An-häng**]b.: °*Anhängbockl* „hinterer Schlitten beim Transportschlittengespann" Ensdf AM.

[**Heu**]b. **1** Heutrockengestell, °OP, MF vereinz.: *Haibockl* Weiboldshsn WUG.– **2** wie →*B.*9b, OP vereinz.: *Haipokl* „Heuhaufen" Schönthal WÜM.

[**Holz**]b. Holzgestell, OP vereinz.: *Hulzboggl* Wildeppenrd OVI.

[**Horn**]b. wie →[*Duß*]b.: °*Hornbockl* „an Stirn oder Schläfe stoßen" Schwandf.
<small>Schwäb.Wb. III,1822.</small>

[**Hutze(n)**]b., [**Hutz**]- **1** Anstoßen, Zusammenstoßen mit dem Kopf.– **1a** Anstoßen, Zusammenstoßen mit dem Kopf allg., °OP, °MF vereinz.: °*wenn ma Hutzabockl macht, gits a Hoan* Kchnthumbach ESB; *die Böckla ... rumms, homs Hutzbockl gmacht* SCHEMM Stoagaß 79.– **1b** wie →[*Duß*]b., °OP, °OF, °MF mehrf., °OB vereinz.: °*den ma a bißl Houzabockl spüln* Sulzkchn BEI; *n Hutzabockl machn* SINGER Arzbg.Wb. 109.– Ausruf dabei: *Hutzerbockl* Röthenbach LAU; „*Hutzèbockl*! Beim *Anhutzen* gebraucht" VOGT Sechsämter 66.– **2** Schnippen an die Stirn, °OB vereinz.: °*Huziboggl* „den Mittelfinger mit dem Daumen an die Stirn schnellen lassen" Dachau.– **3** Zapfen von Nadelbäumen.– **3a** Kiefernzapfen, °OP vereinz.: °*Hutzerbockl* Neukchn SUL.– Syn. →[*Föhren*]*zapfen*.– **3b** Fichtenzapfen: °*Hutznbockl* Königstein

SUL.– **4** †scherzh. unruhige Person: *Huzebokel* HÄSSLEIN Nürnbg.Id. 52.– Zu →*hutzen* 'stoßen'.

HÄSSLEIN Nürnbg.Id. 52.– SINGER Arzbg.Wb. 109.– W-37/60, 38/31.

[**Katz(en)**]**b.** wie →*B*.1b, °OP (v.a. AM, BUL, SUL), °MF (v.a. HEB) vielf.: °*der Kåzzaboggl* Thalhm HEB; *Katzabockl* Edelsfd SUL Der Eisengau 24 (2005) 105.

[**Klee**]**b.** wie →[*Heu*]*b*.1, °OP, MF vereinz.: *Kläibockl* Steinlohe WÜM.

[**Korn**]**b. 1** wie →*B*.6bα: *kχoarəbokl* Entraching LL nach SBS XII,331.– **2** wie →*B*.6bβ: °*Korabockl* „Bogen aus Holz oder Draht" Dettenschwang LL; *kχǫərəbokl* Wessobrunn WM nach SBS ebd.

[**Kragen**]**b.** Holzform zum Bügeln von Rockkragen: *Krognbockl* Weilhm.

[**Kreuz**]**b.**: *Kreuzbockl* gekreuzte Tischfüße Kulz NEN.

[**Melk**]**b.** Melkschemel, °OP vereinz.: *Mälkboggl* Miesbrunn VOH; *D'Mare ... Stüllt 'n Melkbockl hi'* SCHWÄGERL Dalust 104.

[**Mist**]**b.** wie →*B*.2: *mistbockl* „Sturkopf" N. KILGERT, Glossarium Ratisbonense, Regensburg 2008, 46.

[**Musikanten**]**b.** erhöhter Platz für die Musikanten, °OP vereinz.: °*Musikantnbockl* Sulzbach-Rosenbg; „während sich an der Stirnseite der *Musikantenbockel* mit der Musik befand" Edelsfd SUL Der Eisengau 24 (2005) 82.

[**Roller**]**b. 1** wie →*B*.5, °OF vielf.: °*Rollabockl treim* Arzbg WUN; „Der *Rollerbockl* ist ein Kreisel ... ein etwa 10 cm hoher Holzkegel" SCHEMM Dees u. Sell 24.– **2**: °*deanan houts d Rollabockl assatriebm* „scherzhaft für Augen" Wdsassen TIR.– **3**: *Rollabock'l* „schusseriger (auch draufgängerischer) Mensch" Sechsämterland BRAUN Gr.Wb. 505.

BRAUN Gr.Wb. 505; SINGER Arzbg.Wb.190.

Abl.: [*roller*]*bockeln*.

[**Säge**]**b.** Bock zum Sägen von Holz, °OP vereinz.: °*Sechbockl* „Gestell, auf das man das Holz legt" Stulln NAB; *sēbokl* nach DENZ Windisch-Eschenbach 233.

DENZ Windisch-Eschenbach 233.

[**Schaf**]**b.** Schafbock, OP, MF vereinz.: *Schoufbockl* Lieritzhfn HEB.

[**Schieb**]**b.** Schubkarren, °OP vereinz.: *Schöibockl* Reichenau VOH.– Syn. →[*Schub*]*karren*.
W-38/15.

[**Schlitten**]**b. 1** vorderer von zwei Transportschlitten: °*da Schliinpokl* Parsbg MB.– **2** wie →*B*.3d: °*Schlinbokl* „eine Stange hinten zum Lenken" Fischbachau MB.

[**Schub**]**b.** wie →[*Schieb*]*b*.: °*Schubbockl* Kohlbg NEW.

[**Schuster**]**b.** Arbeitshocker des Schusters, OP vereinz.: *Schoustaboggl* Winklarn OVI.

[**Spinnen**]**b.** Weberknecht, °OP vereinz.: °*da Spinnabockl* Falkenbg TIR.

[**Stutz(en)**]**b.** wie →[*Duß*]*b*., °OP vereinz.: °*jetz homa Stutzabockl gmacht* Töging BEI.– Ausruf dabei: °*Hammel, Hammel, Stutzbockl* Ambg.

Abl.: [*stutz(en)*]*bockeln*.

[**Zeidel**]**b.** wie →[*Melk*]*b*.: °*Zeilbockl* Winklarn OVI.– Zu →*zeideln* 'melken'.

[**Zorn**]**b.** jähzorniger Mensch, °OP vereinz.: *Zoanboggl* Hessenrth KEM.   E.F.

-bockel

N., nur in: [**Ge**]**b.**: °*der hout a Gebockl* „geht langsam" Aicha SUL.

Schwäb.Wb. III,131.   E.F.

bockeleinen

Vb., nach Geißbock riechen: °*bockleina* Kemnathen PAR.   E.F.

bockeln, -ö-

Vb. **1** brünstig sein (von Ziege od. Schaf), °OB, NB, MF vereinz.: *Goas böcklt* Prackenbach VIT; *dei boglt* Dietfurt WUG nach SBS XI,338.– Auch: *bokln* Liebesspiel der Katzen Dietldf BUL.

bockeln

2 nach Ziege od. Schaf, unangenehm riechen, schmecken.– **2a** nach Ziege od. Schaf riechen, °OB vielf., °NB, °OP, °MF, °SCH mehrf., OF vereinz.: °*wo warsdn scho wieda, weisd a so boggäsd?* Dürnbach MB; °*pfui Deifö, wia der begged!* Ergolding LA; °*du beklst net schlecht heint* Kottingwörth BEI; *da Max hat bockld wia die Pest* S. BILLER, Garchinger G'schichtn, Garching 1996, 39; *bock·ln* „nach dem Bock, der Ziege, der Ziegenmilch riechen" Altmühltal DMA (FROMMANN) 7 (1877) 401.– **2b** unangenehm riechen, °OB, °NB, °OP, °MF vereinz.: °*der böcklt* „er wechselt seine Wäsche nicht" Straßkchn SR; *beckln* „f. jmd., der extrem nach Schweiß stinkt" N. KILGERT, Glossarium Ratisbonense, Regensburg 2008, 46; *böckeln, muffeln, faulen* ZVVkde 3 (1893) 442.– **2c** unangenehm schmecken (von Fleisch, Milch), °OB, °NB, °MF vereinz.: °*d Milch bockelet* Landsbg.

3 stoßen.– **3a**†: *Bokeln* „aus Ungeduld überall anstosen" HÄSSLEIN Nürnbg.Id. 52.– **3b** im Spiel.– **3bα** die Köpfe leicht zusammenstoßen, °OB, °NB, MF vereinz.: °*di Kinder böggen* Pfarrkchn.– **3bβ** mit verschränkten Armen auf einem Bein hüpfend gegeneinanderstoßen, °OB, °OP vereinz.: °*bockln* Schwandf.

4 sich auf best. Art bewegen, stolpern, stürzen.– **4a**: *bockeln* „springen wie ein Bock" SCHLAPPINGER Niederbayer II,88.– **4b** wakkeln, sich hin- u. herbewegen, °NB, °OP, °OF, °MF vereinz.: °*bockl niat sua min Stöl!* Kemnath; *bockln* „krumm stehen, von einer Seite auf die andere fallen" SINGER Arzbg.Wb. 39.– **4c** sich schwankend od. hoppelnd fortbewegen, °Gesamtgeb. vereinz.: °*da Schlittn bocklt* „weil die Fahrbahn uneben ist" Weilhm; *da bockelt auch schon ein junges Häslein ... dem Felde zu* ALLERS-GANGHOFER Jägerb. 54.– **4d** langsam, schwerfällig gehen, fahren, °OB, °NB, °OP, °SCH vereinz.: °*da oid Moar bogglt aa scho recht* Weildf LF; *pokln* „humpeln" SCHWEIZER Dießner Wb. 152.– Übertr.: °*der bocklt* „braucht für eine Sache zu lang" Mainburg.– **4e** straucheln, stolpern, °OB mehrf., °NB, °OP vereinz.: *iatz bin ö üba an Stoa bokklt* Asenkfn MAL; „Zu Stolpern sagen wir ... *driwáboggln*" Garching AÖ Oettinger Land 19 (1999) 258.– **4f** hinfallen, stürzen, °NB, °OP vereinz.: °*der is bocklt* Laaber PAR.

5 sich biegen, krümmen (von reifem Getreide), °OB, °NB, °OP, °MF vereinz.: °*d'Gerstn bocklt scho* Edelshsn SOB; *bock·ln* „überreif sein, so dass die Ähren ... herabgebogen sind" Altmühltal DMA (FROMMANN) 7 (1877) 401.

6 schmollen, bocken, NB, °OP, °MF vereinz.: °*er sagt nix möi, er bocklt* Solnhfn WUG; *bokln* „den Beleidigten spielen" DENZ Windisch-Eschenbach 114; *bock·ln* „zürnen, trutzen" Altmühltal DMA ebd.– Auch griesgrämig sein: °*heut bogglst du n ganzn Tåg scho* Innernzell GRA.

7: *der tuat bockln* „benimmt sich wie ein Bauer" Dachau.

8 Getreide zusammenstellen, zusammentragen.– **8a** Garben zum Trocknen zusammenstellen, °NB mehrf., °OB, °OP vereinz.: °*jazt derfma böckln afanga, a Gwitter kommt!* Passau; „Erst wenn der Waldlerbauer das *geböckelte* ... Korn mit dem Daumen aus den Ähren streifen konnte ... wurde es in den Stadel gefahren" SAUER Arbeiten Bayer.Wd Abb.23.– **8b** zu Häuflein zusammentragen od. -schieben, °OB vereinz.: °*doan ma'n böckin* „den Hafer, der nicht zu Garben gebunden wird" Taching LF; *begen* Chieming TS nach SOB V,213.

9: °*der hot a scho öfta böcklt* „war in Rebdorf [EIH] inhaftiert, Kundensprache" Traunstein.– S. *Bock*[1],Bed.11a.

HÄSSLEIN Nürnbg.Id. 52.– WBÖ III,523f.; Schwäb.Wb. I,1247, 1251; Schw.Id. IV,1138; Suddt.Wb. II,486f.– DWB II,204.– BERTHOLD Fürther Wb. 25; DENZ Windisch-Eschenbach 114; KOLLMER II,316.– S-70D5, L4, W-38/20f., 24.

Komp.: **[hin-an]b.** unpers., wie → *b.*4 f: °*den hats schea nabocklt* Brunnen SOB.

[um-ein-ander]b., [üm-]- wie → *b.*4c, °OB, °OP, °OF vereinz.: °*schauts nea den Bsuffan o, wöi a umanandabocklt* Nabburg; *umananda*[r] *pokln* „buckelig und hüpfend gehen" SCHWEIZER Dießner Wb. 152.

WBÖ III,524.

[auf]b. 1 auf einen Wagen od. Schlitten legen, °OB vereinz.: °*aufböckln* „Baumstämme auf einen Schlitten wuchten" Marquartstein TS.– **2** aufprallen: „Natürlich hat er wieder gestockt und seinen Hintermann *aufbockeln* lassen!" Altb.Heimatp. 54 (2002) Nr.17,25.– **3** Getreide zusammenstellen, zusammentragen, Heu aufhängen.– **3a** wie → *b.*8a, °OB, °NB, °OP, OF vereinz.: °*s Troi müaß ma aufbockln* Dietfurt RID; *ā̊vbekln* „Kornmandl aufstellen" nach KOLLMER II,37.– **3b** wie → *b.*8b: °*aufböckeln* „das in Schwaden liegende Getreide auf Häufchen legen" Perchting STA.– **3c** (Heu) auf Trockengestelle hängen, °OP vereinz.: °*'s Heu aufbockln* Rgbg.– **4** refl., sich auflehnen, aufbegehren,

°OB vereinz.: °*aubockeln möcht si oaner!* Brunnen SOB.
WBÖ III,524; Schwäb.Wb. VI,1537; Suddt.Wb. I,496.– Kollmer II,37, 312.

[**der**]**b. 1**: *dabockelt* „heftig gestoßen" Maxhütte BUL.– **2** unpers., wie →*b.*4f: °*den hots dabogglt* Marching KEH.

[**ver**]**b.**: °*der Baum is ganz vabogglt!* verkrüppelt, knorrig Wettstetten IN.
Schw.Id. IV,1138.

[**geiß**]**b.**: °*dea goaßbocklt* „riecht nach Geißbock" Weilhm.

[**da-her**]**b. 1** wie →*b.*4c, °OB, °NB, °OP, °SCH vereinz.: °*der muaß an Mordsrausch ham, wia der daherbockelt!* Reut PAN; *tahear-pokln* Schweizer Dießner Wb. 152.– **2** wie →*b.*4d, °OB, °NB, °OP vereinz.: °*der bocklt daher wia a alta Ma* „recht langsam" Schwandf.

[**hin**]**b. 1** wie →*b.*4c: °*hibockln* Peterskchn MÜ.– **2** auch unpers., wie →*b.*4f, °NB, °OP mehrf., °OB, °MF, °SCH vereinz.: °*den håds sauwa hibogged* Dachau; °*er is asgrutscht und hibocklt* Pertolzhfn OVI.– **3** sich hinkauern, °OB, °NB vereinz.: °*hibockln* „in alten Kirchenbänken, wo man weder richtig knien noch sitzen konnte" Taching LF.– Auch: °*hinbockln* „sich hinlümmeln" Kohlbg NEW.
W-38/22.

Mehrfachkomp.: [**da-hin**]**b. 1** wie →*b.*4b: °*der Kegl bocklt dahi* „er torkelt, es ist noch nicht sicher, ob er umfällt" Mintraching R.– **2** wie →*b.*4c, °OB, °NB mehrf., °OP vereinz.: °*geh ko i a nimmer, bocklt gråd a so dahi* Sallach MAL.– **3** wie →*b.*4d, °OB, °NB, °OP, °MF vereinz.: °*schau na nur o, wia der dahibocklt* „langsam und schwerfällig geht" Ismaning M.

[**hutzen**]**b.** wie →*b.*3bα, °OP vereinz.: °*Mama, touma hutzerbockln* scherzhaftes Zusammenstoßen der Köpfe Erbendf NEW.– Zu →*hutzen* 'stoßen'.

[**roller**]**b.** mit dem →[*Roller*]*bockel*,Bed.1 spielen: *Rollerbockln* Schemm Stoagaß 7.

[**zu-sammen**]**b.** wie →*b.*4f, °OB, °NB vereinz.: *zambockln* hinfallen Weihmichl LA.
WBÖ III,524.

[**sturz**]**b.**: °*sturzbockln* Purzelbaum schlagen Rottenburg.

[**stutz(en)**]**b.** wie →*b.*3bα, °OP, MF vereinz.: *döi hom mit iri Khöbf stutzbocklt* Wettelshm GUN.

[**über-und-über**]**b.** unpers., wie →*b.*4f: °*den hat's übadübabocklt* „er ist hingefallen" U'zeitlarn EG.

[**um**]**b. 1** wie →*b.*4e: °*umbockln* „straucheln" Neusorg KEM.– **2** auch unpers., umfallen, kippen, °OB, °NB, °OP, °MF vereinz.: °*den håds umbogged* Dachau; °*Obacht geben, vorne is oana umbocklt!* Kallmünz BUL.– **3** ein Fahrzeug zum Umkippen bringen, °OB, °NB vereinz.: °*daß' ma ja net umbockelts!* O'ergoldsbach ROL.
WBÖ III,524; Schw.Id. IV,1138.

[**unter**]**b.**: °*unterböckln* „einen Schlitten unter den Stamm schieben" Marquartstein TS.   E.F.

bocken[1], -ü-, †-ö-
Adj. **1** †vom Bock stammend: *böcken* „vom Bock" Schmeller I,203; *Man sol auch kain puckeins noch gaysseins flaysch unter den pencken verkauffen* Eichstätt 1319 MB L,153, 31f.; *nim pückengaißflaisch und schneids lang* 15./16.Jh. ZDA 14 (1869) 178 (Tegernseer Angel- u. Fischb.).
2 aus Ziegenleder, °OB, NB vereinz.: °*a pikane Hosn* „Lederhose" Wettstetten IN; *1 Lideres Claidt, alß 1 Pückhes wammes* M'rfels BOG 1641 BJV 1962,208.
Schmeller I,203.– WBÖ III,524; Schwäb.Wb. I,1249.– DWB II,205; Frühnhd.Wb. IV,711 f.; Ahd.Wb. I,1484.– S-70L3.

Komp.: †[**stein**]**b.** vom Steinbock stammend: *auch sprechent dy maister das gens vnslid vnd stain pukein vnslid ... auch wol genomen mag werden* Windbg BOG 1505 Cgm 4543,fol.154ʳ (Arzneib.).
Frühnhd.Wb. XI,299.   E.F.

bocken[2], -ö-
Vb. **1** in der Brunst sein (von Ziege od. Schaf).–
1a brünstig sein, °Gesamtgeb. vielf.: *d Goaß bogd* Echenzell IN; *s Schof boukt* Derching FDB; *bogα* Dettenhm WUG nach SBS XI,338; *bocken* „nach dem Bocke oder Widder verlangen" Schmeller I,204.– **1b** sich begatten, OB, NB, °OP vereinz.: *boka* Aicha PA; „Wenn die Thiere aufnehmen, heißt es ... bey Schaf und

bocken

Geiß *bocken"* Bärnau TIR SCHÖNWERTH Leseb. 95.– Sprichw.: *Da Teufl nôth Goas zum Bocken, wenns niat will!* „Es giebt schlechte Jagd, wenn man die Hunde dazu tragen muß" OP ZAUPSER 90, ähnlich °WEN.– Reim: *Hochgelobt, d Goas håd boggd!* „Ausruf der Verwunderung oder Freude" Reisbach DGF.– Übertr. von Menschen, OB, °NB vereinz.: *boggn* Mchn.– Syn. →*coire*.

2 nach Bock, unangenehm riechen: °*dös bockt* Volkergau SC; *bocken* „stinken wie ein Bock" SCHMELLER I,204.

3 stoßen.– **3a** einen Stoß versetzen, stoßen: *bogga* „stoßen wie ein Bock" Mittich GRI; *Er wollt doch nur der Bläß ein Kleeheu vorgeben, daß sie ... beim Melken net so bockt und stößt* Altb.Heimatp. 6 (1954) Nr.36,7; *bocken* „wie ein Bock stoßen" SCHMELLER ebd.; *Dan hebt sich auff der gas ... Ein pöcken und herwider-puffen* SACHS Werke IV,240,6f.– **3b** im Spiel die Köpfe leicht zusammenstoßen: °*bocka* „endet meist mit Weinen" Gangkfn EG.– **3c** Ostereier gegeneinanderstoßen, Osterbrauch, OP, °MF vereinz.: °*bockn* Neunhf LAU.

4 springen, stürzen.– **4a** †: *bocken* „Bocksprünge machen, herumspringen" SCHMELLER ebd.– Übertr.: *Bocken* „Schåckern. Weil der Bock gerne hůpft und scherzet" ZAUPSER 17.– **4b** unpers., hinfallen, stürzen: °*mi hods boggd* Ramsau BGD.

5 störrisch, bockig sein.– **5a** nicht weitergehen, störrisch stehenbleiben (von Tieren), OB, NB, OP vereinz.: *da Esl bokt* Wasserburg; *Do derf a Kua ned bocka, sinst kimmt ma nimma hoam* WILDFEUER Kchdf.Ld 30.– Übertr. nicht mehr (störungsfrei) funktionieren, °NB vereinz.: °*d Buttermaschin bockt* Reisbach DGF; *seit acht Tag, do bockt da Prater [Uhr]* Altb.Heimatp. 5 (1953) Nr.41,3.– **5b** schmollen, bocken, °Gesamtgeb. vielf.: °*lassn no bocka, der kimmt scho selm wieda* Anzing EBE; °*ea boggd scho den ganzn Doug* Buch LA; °*der ißt heit nix, der bockt mit sein Mong* Weiden; *alle ham se umeghockt, Wal z'erscht da Matthiasl a weng bockt* SCHWÄGERL Dalust 109; *bocken* „von Kindern, schmollen" SCHMELLER I,204.– In fester Fügung: °*der bockt und mockt* „ist widerspenstig" Rgbg.– Ra. im Wortspiel mit →*Bock*[1],Bed.1a: *die Alt soll bocka, so lang, bis's Hörndl kriagt* CHRIST Werke 773 (Madam Bäurin).

6: °*des bockt mi aber* „macht mich verdrießlich" Tirschenrth.

7 einen Fehler machen: *bocka* Passau; *bocken* SCHMELLER ebd.

8 mähen, zusammenstellen, zusammentragen, v.a. von Getreide.– **8a** (Getreide) mähen, °OB, °MF, °SCH vereinz.: °*s Droad bogga* (Ef.) Dachau; *pokχα* „Getreide mähen" nach MOSER Staudengeb. 31.– **8b** zum Trocknen zusammenstellen, °OB, °SCH vereinz.: °*jatz miass' ma no Mandl bocka* „Getreidegarben zusammenstellen" Bruckmühl AIB; „Beginnen die Halme [des Flachses] allmählich faulig zu stinken, werden sie aus dem Wasser geholt, auf die Wiese gestreut oder *gebockt*" HuV 14 (1936) 292; *bocken* „mehrere Flachsbüschel, Torfstücke u. drgl. so aneinander stellen, daß sie sich gegenseitig aufrecht halten, und so in der Luft besser trocknen" SCHMELLER ebd.– **8c** zu Häuflein zusammentragen od. -schieben, °OB vereinz.: °*bocka* „bei Hafer und Gerste" Steinhögl BGD.

9 einen Wagen od. Schlitten mit dem →*Bock*[1], Bed.7h lenken: *bokχǝ* Steingaden SOG nach SBS XIII,183.

10 Rauhreif haben, OB, NB vereinz.: *jetzt bokkand 'Bam* Haunzenbergersöll VIB.

11 unpers., im Kartenspiel einen →*Bock*[1], Bed.18a haben: °*bei dem hat's bockt* Brunnen SOB.

DELLING I,86; SCHMELLER I,204; ZAUPSER 17.– WBÖ III, 525f.; Schwäb.Wb. I,1248f.; Schw.Id. IV,1082, 1085f., 1133–1135; Suddt.Wb. II,487.– DWB II,204f.; Frühnhd.Wb. IV,712; LEXER HWb. I,320, III,Nachtr. 95; Ahd. Wb. I,1250.– BERTHOLD Fürther Wb. 25f.; BRAUN Gr.Wb. 55; DENZ Windisch-Eschenbach 114; KOLLMER II,68; SINGER Arzbg.Wb. 39.– S-70L6, N4, 6, 76I6, K49, 102C39, M-167/8, W-23/50, 38/23.

Komp.: [**ab**]**b. 1** sich biegen, krümmen (von reifem Getreide): °„überreife Gerste ist *abockt*" Kasing IN.– **2** ein Wagengestell vom →*Bock*[1], Bed.7aζ entfernen: °„den Schlitten *auf-* und *abockn*" Heilbrunn TÖL.

WBÖ III,525; Suddt.Wb. I,15.

[**an**]**b. 1**: °*i bin obockt* „an etwas gestoßen" Pertolzhfn OVI.– **2** anecken, Unwillen erregen, °OB, °OP, °MF vereinz.: °*mit der Predigt is da Pfarra aber o'bockt* „ins Fettnäpfchen getreten" Hohenpeißenbg SOG; *anbocken* „unrecht ankommen" SCHMELLER I,204.– **3** mit jmdm schmollen, nicht mehr reden, °OB vielf., °NB, °OP, °MF vereinz.: *i woaß it, warum mi der of amol so obockt, i ho eam nix to* Perchting STA; °*warum bockst mi denn o?* Straßkchn SR; *Zur Straf hat s' 'n na drei Tag anbockt* Kochel TÖL HuV 13 (1935) 187.– **4** †reizen, provozieren: *ein stinkender jüde, der uns an böcket* BERTHOLDvR I,323,12f.

SCHMELLER I,204.– WBÖ III,525; Schwäb.Wb. I,179; Suddt.Wb. I,322, IV,1086.– LEXER HWb. I,58.– S-70L7, W-37/37.

[auf]b. 1 aufbocken, °Gesamtgeb. vielf.: °*zerst ham ma d Lok aufbockt, nacha sama mitm LKW drunter g'fahrn* Inzell TS; °*wennst n Wogn wüllst schmian, moust zerscht afbocka* Schnaittenbach AM; *i ho ma Auto scha afbockt* „zur Einwinterung" Schönwd REH.– **2** ein Wagengestell auf den →*Bock*[1],Bed.7aζ setzen, °OB, °NB, °OP vereinz.: °*aufbockn* Seifriedswörth VIB.– **3**: °*aufbocka* „den Schlitten beladen" Fischbachau MB.– Übertr.: °*döi hot oba aufbockt* „ist schwanger" Haselmühl AM.– **4** eine Last (mit Hebel) in die Höhe heben, °OB mehrf., °Restgeb. vereinz.: °*i pack jetzt den Sog, na hilfst man aufbockn* „mit einem Ruck heben" Anzing EBE.– **5** stapeln, aufeinanderlegen, °OB, °OP vereinz.: °*s Hoiz aafbogga* Rgbg.– **6** zusammenstellen, zusammentragen, aufhängen, v.a. von Getreide, Heu.– **6a** wie →*b.*8b, °OB, °OP, °MF mehrf., °Restgeb. vereinz.: °*d'Mandl san scho afbockt* Pertolzhfn OVI; °*"aufboggd* wird der Torf" Augsburg; *āvbogd* Bieswang WUG nach SBS XII,366.– **6b** wie →*b.*8c, °OB, °SCH vereinz.: °*"*Gerste und Hafer werden nicht gebunden, sondern *aufbockt*" St.Leonhard LF; *auvbokχɘ* O'schondf LL nach SBS XII,351.– **6c** Heu auf Trockengestelle hängen, °OP mehrf., °Restgeb. vereinz.: °*aafbockn* Schönwd REH; *aovboka* Angkfn PAF nach SOB V,311.– **7**: °*der Hȧcht hot afbockt* „der Habicht hat sich auf einem Baum niedergelassen" Neunburg.– **8** z.T. refl., sich auflehnen, aufbegehren, °OB, °NB vereinz.: °*dua de ned gar a so aufbocka* Dachau.– **9**: °*aubokcha* „Schreien der Kuh, wenn sie krank ist" Todtenweis AIC.

WBÖ III,525; Schwäb.Wb. I,366; Schw.Id. IV,1082, 1086; Suddt.Wb. I,496.– ²DWB III,441; Frühnhd.Wb. II,346.– W-38/24f.

[aus]b. aufhören zu schmollen, °NB, MF vereinz.: *so, hȧst ausbockt, du Bogschell, du mistöga* Kchbg PAN; *Bis der Krieg gar is, werds nachher scho amal ausbockt habn, ös bollische* [sture] *Weibsbilder überanand* CHRIST Werke 523 (Rumplhanni).

Suddt.Wb. I,583.

[dützi]b. wie →*b.*3b: °*diziböcka* Ismaning M.

Schwäb.Wb. II,521 (dutzen-).

[ein]b. wie →*b.*5b: °*unsa Bua, wenn eam was net außigeht, na tuat a eibocka* Halfing RO.

[ver]b. 1 starrköpfig sein od. werden, auf etwas beharren, OB, NB, OP vereinz.: *recht vabüffȧt und vabockt sei* Hengersbg DEG; *verbocken* „halsstärrig und gleichgiltig werden" SCHMELLER I,204; *Da Max steht da und is vastockt, zletzt knurrta schließle ganz vabockt* Weilhm H. STAUDINGER, Zw. Hakenkreuz u. Sternenbanner, Glonn 1999, 340.– **2** in der Entwicklung zurückbleiben: „*De Sei wern nix!*" *Und de san aa wirkle vabockt ... bliem* Bittenbrunn ND BÖCK Sagen Neuburg-Schrobenhsn 28.– **3** falsch machen, verpfuschen: °*des host gscheit vabockt* O'schleißhm M; *verbockng* BERTHOLD Fürther Wb. 239.

SCHMELLER I,204.– WBÖ III,526; Schwäb.Wb. II,1080; Schw.Id. IV,1086, 1136; Suddt.Wb. IV,121f.– BERTHOLD Fürther Wb. 239; BRAUN Gr.Wb. 739.– S-70L8.

[nach]b. 1 wie →*b.*9, °OB, °NB, °SCH vereinz.: „beim Langholztransport muß einer *nachbocka*" Kay LF; „Steuern einer Langholzfuhre ... *nōxbokχɘ*" Peiting SOG nach SBS XIII, 182f.– **2** nachträglich, nachhelfend festbinden, °OB, °SCH vereinz.: °*nachbocka* „Halterungsketten und -seile einer Ladung nachspannen" Scheyern PAF.– **3**: °*der Baum liegt noch zu nieder, da muß no nachbockt wern* „höher aufgebockt werden" Ziegelbg RO.– **4** †einen Fehler nachmachen: *Sobald es bey der Obrigkeit, dem Adam, gefehlt war, sobald bockten die Untergebenen nach* BUCHER Werke IV,104.

W-38/26.

[nachhin]b. wie →*b.*9, °OB vereinz.: °*nȧchebogga* „im Winter auf engen Bergwegen mit dem Bock lenken" Dachau.

[zu-sammen]b. 1 mit den Köpfen zusammenstoßen, °OB vereinz.: °*die hom zambockt* Polling WM.– **2** wie →*b.*8c: *zambocka* „Getreide, Stroh oder Heu auf Haufen werfen" Teisendf LF; *tƒȧmboka* ebd. nach SOB V,212f.

[stutzen]b. wie →*b.*3b: °*stutzabocka* O'viechtach.

[um]b. 1: °*"*im Winter wurde ein Wagen auf Schlittenkufen *umbockt*, ummontiert" Haselbach BUL.– **2** umschichten, umladen, °OB vereinz.: °*Torf umboka* Bayersoien SOG.– **3** auch unpers., umfallen, kippen, °OB, °NB, °SCH vereinz.: °*wenn da Schlien umbockt is, na hoaßts olarn und wieda frisch auflegn* Pöcking STA; °*dean hots umboggt* Augsburg; *umbockn* „mit dem Schlitten umwerfen" Ramsau BGD Bergheimat 10 (1930) 42.– **4** ein Fahrzeug zum Um-

[um]bocken

kippen bringen, °OB vereinz.: °*der hot umbockt* Ainring LF.

WBÖ III,526; Schwäb.Wb. VI,84; Schw.Id. IV,1135.– Rasp Bgdn.Mda. 152.– W-38/27.

†[**zu**]**b.** wie →*b.*3a: *mit seinen Hórnern auff ihn ganz gewaltsam ... hat zugepocket* Hueber Granat-apfel 363. E.F.

Bockenschin, Buckskin

N., Gewebe-, Stoffart, OB, NB vereinz.: *Buckskin „glattes Tuch"* Mchn; *Mara pautlárynn chaufft ... daz plab pokosyn umb 50 g.* 1383 Runtingerb. II,56; *die Scheffmairin 13 denarios fur I viertayl poggenschin* Mchn 1453 Das Lererb., bearb. von I. Schwab, München 2005, 77.

Etym.: Aus it. *boccac(c)ino*, türkischer Herkunft; Spätma.Wortsch. 51.

Schmeller I,207, 381.– Schwäb.Wb. I,1266 (Bogensch(e)in), 1497 (Büchsenschein).– DWB II,478 (Büchsenschein); Frühnhd.Wb. IV,733; Lexer HWb. III,Nachtr. 95. E.F.

Bocker, -ö-

M. **1** †Eber, jägersprl.: *Aus der Fert, eine Bache gegen den Becker unterscheiden zu kónnen, wollen einige behaupten* Ch.W. v.Heppe, einheimisch- u. auslándischer Wohlredender Jáger, Regensburg 1763, 52.

2 jmd, der einen Wagen od. Schlitten mit dem →*Bock*[1],Bed.7h lenkt: *bokχar* Steingaden SOG nach SBS XIII,183.

3: °„wenn man mit dem *Bocka*, Glasschusser, einen der kleinen Schusser trifft, gewinnt man alle" Kchnthumbach ESB.– Syn. →*Schusser*.

4 trotziger, störrischer Mensch, °OB, NB vereinz.: °*dös ischt und bleibt a Bokkar* Peiting SOG.

Schmeller I,205.– WBÖ III,526; Schwäb.Wb. I,1250; Schw.Id. IV,1086, 1136.

Komp.: [**Auf**]**b.**: °„der *Aufbocker* stellt die Getreidegarben zum Trocknen zusammen" Ingolstadt.

[**Nach**]**b.** wie →*B.*2: *Nochbocka* „Starzer" Peiting SOG. E.F.

bockerln, -ö-

Vb. **1** nach Bock, unangenehm riechen, °OB, °OP vereinz.: °*der bockalt scho a so, daß da s Mongwossa kimmt* Ismaning M.

2 sich holpernd fortbewegen: °*bis da Zug den Beag auffi bogalt* Tegernbach MAI; *bokaln* „holpernd, stolpernd gehen, laufen, fahren" Kollmer II,68.

3: *bockerln* auf der Eisbahn (ohne Schlittschuhe) gleiten Frauenzell R.

WBÖ III,526; Schw.Id. IV,1136.– Kollmer II,68.

Komp.: [**tusch**]**b.** im Spiel die Köpfe leicht zusammenstoßen: °*duschbockerln* Fronau ROD. E.F.

bockern, -ö-

Vb. **1** nach Bock, unangenehm riechen, °OB, °NB, °OP vereinz.: °*der Kerl bockerat, als wenn er beim Goaßbock gleng war* Ramsau BGD.

2 Ostereier gegeneinanderstoßen, Osterbrauch: °*pockern* „das Ei, das zuerst bricht, gehört dem Gegenspieler" Neustadt.

WBÖ III,526; Suddt.Wb. II,488.– DWB II,205. E.F.

Bocket

F.(?) **1**: *Pocketle* „zum Trocknen zusammengestellte Torfbeige" Peiting SOG.

2: „Haufen, die beim Zusammenschieben der weggemähten Getreidereihen entstehen ... *bokχədlə*" O'schondf LL nach SBS XII,356.

Schwäb.Wb. I,1250, VI,1670f. E.F.

bocketzen, -ö-, †-enzen

Vb. **1** nach Bock, unangenehm riechen, °OB, °NB, °OP vereinz.: °*der boketzt wia da Bock um Allerheiligen* Kay LF; *bockenzen, bockezen* „stinken wie ein Bock" Schmeller I,204; *indem es ... ziemlich bockentzet* O. Schreger, Speiß-Meister, Neudr. von 1766, Kallmünz 2007, 82.

2: °*bökezn* „nach dem Bock schreien, von der brünftigen Geiß" Cham.

3 schmollen, bocken, °OB vereinz.: °*bocketzn* Steinhögl BGD.

Schmeller I,204.– WBÖ III,526; Suddt.Wb. II,488.– DWB II,205; Frühnhd.Wb. IV,712; Lexer HWb. I,321.– S-70L4, 11, W-39/1.

Komp.: †[**an**]**b.** reizen, provozieren: *der die liute an bokezet* BertholdvR I,270,25.

Schmeller I,204.– Lexer HWb. I,58. E.F.

pockicht

Adj., pockennarbig, °NB, °OP vereinz.: °*der hot a pockats Gsicht* Straßkchn SR.

DWB II,205, VII,1966. E.F.

bockig, -icht

Adj. **1** †wohl aus Bocksleder: *Ircinus .i. caprinus ... pőchig* Indersdf DAH 1419 Voc.ex quo 1378.

2 brünstig (von Ziege od. Schaf), °OB, °NB mehrf.: *d'Goaß is bocki* Walchensee TÖL; *bocke* „nach dem Bock verlangende Ziege" JUDENMANN Opf.Wb. 27.
3 störrisch, schmollend, griesgrämig.— **3a** störrisch, widerspenstig, °OB, °NB, °OP, MF vereinz.: *a bockige Antwort* Rosenhm; *bockata Esl* Hengersbg DEG; *wia er mit am windschiefn Heiligenschein auf am bockatn Roß sitzt* DITTRICH Kinder 110.— In Vergleichen *b. wie ein Kälblein / Esel / Schafbock* u.ä. °OB, °NB vereinz.: °*der Kerl is bockig wia a Stierkaibe* Dorfen ED; *Oan otreibn müassn wia a bockigs Kaiwi* WAGNER Zuwanderung 7.— **3b** schmollend, °OB, °NB, °OP, °MF vereinz.: *sei net so bocki!* „hör auf zu schmollen" Wasserburg; *bóggəd* KUFNER Freutsmoos 95.— **3c** griesgrämig, OB, NB, °OP vereinz.: *bockat* Hallbergmoos FS.
4 schlecht gepflügt, mit Böcken (→*Bock¹*, Bed.19b), °OB, °NB vereinz.: °*der Acker is bokkert* O'schleißhm M.

WBÖ III,527; Schwäb.Wb. I,1250f.; Schw.Id. IV,1136f.; Suddt.Wb. II,489.— DWB II,205.— BRAUN Gr.Wb. 55.— S-70D6, L5, N5, W-164/43. E.F.

bockisch, -ö-
Adj. **1** brünstig (von Ziege od. Schaf), NB vereinz.: *s Schåf is bokösch* St.Oswald GRA; *bokχiš* Schwifting LL nach SBS XI,338.— Auch: *bokesch* „männernarrisch" LF H. MÜLLER, So wead gredd, Laufen ³2009, 11.
2 störrisch, schmollend, griesgrämig.— **2a** störrisch, widerspenstig, °OB, NB, MF vereinz.: °*a bockischa Mensch* „stur" Hirnsbg RO; *boggisch* „Störrisch wie ein Bock" CHRISTL Aichacher Wb. 217.— **2b** schmollend, °OB, °NB, °OP, MF, SCH vereinz.: °*wenn no mei Weib koa so bockische Duarl* [dumme Frau] *wa, döi sagt oft a halbe Wocha nix* Wiefelsdf BUL; *bockisch* „schmollend" SCHMELLER I,204.— **2c** griesgrämig: *bockisch* Frieshm R.
3 im Kartenspiel einen →*Bock¹*,Bed.18b habend: °*bischd no beggisch?* „kannst du noch stechen?" Dachau.

SCHMELLER I,204.— WBÖ III,527; Suddt.Wb. II,489.— DWB II,205; Frühnhd.Wb. IV,712; LEXER HWb. III, Nachtr. 95; Ahd.Wb. I,1250.— CHRISTL Aichacher Wb. 217.— S-70L5.

Komp.: †[**holz**]**b.** prüde: *Die Jungfrau ware auch von keiner Holtz-böckischen Art* MOSERRATH Predigtmärlein 172.

Schw.Id. IV,1130.— DWB IV,2,1768. E.F.

Bockler, -ö-
M. **1**: °*alta Boggler* „einer, der sich schwankend fortbewegt" Walleshsn LL.
2 jmd, der Getreidegarben zum Trocknen zusammenstellt, °OB, °NB vereinz.: °„die Garben werden vom *Böckler böcklt*" Kumrt WOS.

SCHMELLER I,204.— WBÖ III,527; Schwäb.Wb. I,1251; Schw.Id. IV,1085, 1138.— Frühnhd.Wb. IV,738.— W-38/24.

Komp.: [**Ge-treide**]**b.** Korngestell an der Getreidesense: °*Troadboggler, Koaraboggler* Walleshsn LL. E.F.

bocksen, schlagen, →*pochsen*.

Bockshamer, †Bu-
M., best. Zwiefacher, OB, °NB, MF vereinz.: °*auf gehts, Musikantn, spai ma an Boxhammer* Hohenau WOS; „Der alte *Bockshammer*" NB Bavaria I,997; „Besonders verpönte man gewisse Tänze, welche durch schamlose Bewegungen Ärgernis erregten, so den *Schleifer* oder *Buxheimer*" 1741 Kollektaneen-Bl. Neuburg 50 (1886) 64f.

Etym.: Herkunft unklar. Nach SCHMELLER I,200 von einem ON.
SCHMELLER I,200.

Abl.: *bockshamerisch*. E.F.

bockshamerisch
Adj., nach Art des →*Bockshamer: s'Bärberl tanzt gar so schön, Mueß alles poxhammrisch gehn* STURM Lieder 82.— Als Subst. best. Zwiefacher (→*Bockshamer*): *Boxhammerisch* Perlesrt WOS; „*Boxhamerisch* (Zwiefacher)" Nottau PA E. SCHÜTZENBERGER, H. DERSCHMIDT, Spinnradl. Unser Tanzb., Dritte Folge, München 1974, 8.

SCHMELLER I,200. E.F.

Podagra, -grab, -gram
N., †F. **1** (Fuß-)Gicht, °OB, °NB, °OP vielf., °MF, SCH vereinz.: *håst leicht s Podögråb, dast a so daherzepöst* „zögerlich dahergehst" östl.OB; *s Potögra kriang netta* [gerade] *dö fein Leut, dö lauta Hendl und Antn össnt* Hengersbg DEG; *s Bodigro plogt n* Cham; *Du kriagst no' s Podagro Daß D' glangst* BECK Bauernbluat 104; „In diesem Jahre verspürte ich ... das Erstemal das *Podag(r)a*" nach 1882 H. FREILINGER, Notizen, Bemerkungen von Kajetan Schwertl über

Lebensverhältnisse u. Zeitgeschehen, Straubing 1999, 44; *ist guot ... für der füez und der pain giht, daz podagra haizt* KONRADvM BdN 409,33–35; *hat grosen schmerzen schür degliches dag geliten ann pote grab* 1632 HAIDENBUCHER Geschichtb. 85; *Im Hui ist er* [der Teufel] *in Füssen da Und fuchsts mitn Podagra* STURM Lieder 45.– Spruch: *stått an båchan Hendl, iß an Åckahendl* [Kartoffel], *und an Knödl füar a Taubm. Statt da Weiflåsch pack an Wåßakruag und von Podögråb hast gwiß dei Ruah* Altötting.– Auch Rheuma, °OB, NB, °OP vereinz.: °*dea håts Podegrob* Marktl AÖ; *Podagra* SCHILLING Paargauer Wb. 100.
2 übertr.– **2a**: °*der hot s Podagrau* Hexenschuß Schnaittenbach AM.– **2b**: °*Podagra* „Altersbrand" N'höcking LAN.– **2c**: *Bodigra* „Diarrhö" EIH.

Etym.: Mhd. *pôdâgrâ* stn., aus lat. *podagra*, gr. Herkunft; DUDEN Wb. 2955.

Ltg: *bōdαgrǫ* u.ä., auch *-grǫu* OP (dazu EIH), *-grǭb* u.ä. OB, NB, *-gruα* (AIC), *-grǭm* (FFB, TS), *-grǭn* (EBE), *budαgrǭ* (WM).

SCHMELLER I,382.– WBÖ III,528; Schwäb.Wb. I,1254f.; Schw.Id. IV,1020; Suddt.Wb. II,491.– DWB VII,1966f.; Frühnhd.Wb. IV,713f.; LEXER HWb. II,281.– KOLLMER II,66; SCHILLING Paargauer Wb. 100.– S-32A33.

Abl.: *Podagraber, podagrisch, Podagrist*. E.F.

Podagraber
M. **1**: *Podögraba* „Mensch mit Podagra" Altötting.– Im Vergleich *daherkommen / -schliefen wie ein P*. langsam od. schwerfällig gehen, OB, NB vereinz.: *daherkimst gneta* [genau] *wia a Podögråba* Tann PAN.– Übertr.: *der Podögråba* „Spottname für einen unsympathischen Menschen" ebd.
2: *Bodögråba* „Füße eines Podagrakranken" Reisbach DGF.
3: *Bodögråba* „große, warme Filzschuhe für Gichtkranke" ebd.

DWB VII,1967 (Podagrämer). E.F.

Podagraxel
N.: *s Podökraxl* „scherzhaft für Podagra" Inngau.

Etym.: Scherzh. Weiterbildung von →*Podagra*. E.F.

†podagrisch, -gra(m)isch, -granisch
Adj. **1** podagrisch: *ein achtzig järiger/ blinder/ Podagramischer Herr* HUND Stammenb. I,99; *über ein Laitter hinauff steigen, seye für die Kinder gefährlich, für alte und Podagrische Füß gar nit* MOSER-RATH Predigtmärlein 197.
2 durch Podagra hervorgerufen: *Strümpffe, welche die Podagraische Schmertzen trefflich linderen* O. SCHREGER, Speiß-Meister, Neudr. von 1766, Kallmünz 2007, 103.

SCHMELLER I,382.– Schwäb.Wb. I,1255; Schw.Id. IV,1020.– DWB VII,1967; Frühnhd.Wb. IV,714. E.F.

Podagrist
M., Podagrist, OB, OP vereinz.: *Podachrist* „Gichtleidender" Naabdemenrth NEW.

DWB VII,1967. E.F.

Boden, -em
M. **1** Erdreich, °Gesamtgeb. vielf.: °*a tåuda Bom* „Erde unter der Humusschicht" Westerndf St.Peter RO; °*wo Brönnössl wochsn, då is a guata Bohn* Wimm PAN; *midem Bouda kasch nix macha* Mering FDB; *Der Acker hat an hirtn Bodn* MEIER Werke I,96 (Elend); *Du kunnt'st halt vierzehn Tag mit der Saat wart'n, daß si der Bod'n setzat* THOMA Werke II,30 (Magdalena); *Wan ... München auf hertem podem leit, und davon muoz man hie aecker vast mysten und tungen* 1347 Stadtr.Mchn (AUER) 120; *auff den faulen sauren Bŏden/ da kein fruchtbar Hochholtz ... wechst* Landr.1616 739.– Ra. *auf guten B. fallen* u.ä. positiv aufgenommen werden, OB, NB vereinz.: *auf guatn Bom fålln* Burghsn AÖ.– Syn. →*Erde*.
2 Grundfläche, untere Ebene, °OB, °NB vielf., °OP mehrf., °Restgeb. vereinz.: °*dreib an Pfei in Bodn und häng de Goaß o* Pörnbach PAF; *der Jagdhund suacht allweil am Bon dahi* Pfaffenbg MAL; *wirf dei Braot neat afn Buan owe!* Neukchn VOH; *daß am Bodn 'was lebendi' werd, Dees hat der Jaaga jetza deutli' g'schpürt* KOBELL Ged. 46; *Der Michl ... schaut am Buan oi* SCHEMM Neie Deas-Gsch. 99.– In festen Fügungen: *zu B. nach unten, nieder*: *ts Bodn kemma* „fallen, stürzen" Kochel TÖL; *zu Boden sitzen* SCHÖNSLEDER Prompt. G8ʳ;– auch in Ra. (s.u.).– †*Zu B. reißen / niederwerfen* niederreißen, zerstören: *alle zimer zu poden gerissen* AVENTIN IV,1166,23f. (Chron.).– (*Bis*) *in den B. einhin* u.ä. sehr, in hohem Maße, °OB, NB vereinz.: °*si duat mir an Bodn eini load* Reit i.W. TS.– In →*Grund u. B.* dass.– Ra.: *zu B. gehen* besiegt werden, °OB, °NB, °OP vereinz.: °*da is ea zBom ganga* „hat aufgegeben" Schleching TS.– *Zu B. gehen / auf den / zu B. kommen / in den B. hineingehen* (wirtschaftlich) zugrunde

gehen, °OB, °NB, °MF vereinz.: °*di Altn ham grackert und gspart, aber da Jung is schnell auf n Boom kema* Malching GRI; *z' Bo'nge~* „zu Grunde gehen" südl.OB SCHMELLER I,212; *künigin Alexandria verwas das ... herzogtum neun jar ... pald's an ein weib kümbt, so wil's zu poden gên* AVENTIN IV,731,20–22.– Zu B. gehen / in den B. (hinein)gehen / -schliefen / -wachsen u.ä. alt u. gebrechlich werden, auf den Tod zugehen, °Gesamtgeb. vereinz.: °*mei God, geit dea en Bodn nei!* Gungolding EIH; *Ålt Leit wåks'n in Bua(d'n ei(n'* BRAUN Gr.Wb. 70.– *Mür khearn undern Boun* „wir Alte sind überflüssig" Derching FDB.– *Zu B. gehen* sterben, °OB, °MF vereinz.: °*der is z'Bodn ganga* „tödlich verunglückt" Pipinsrd DAH;– Syn. →*sterben.*– °*Dår kint heint wida amal niad za Buan* „kommt nicht zur Ruhe" Schönwd REH.– °*Då ziagts ma an Boun wegch* „ich weiß nicht mehr ein noch aus" Hochdf FDB.– *Wie aus dem B. heraus(gewachsen)* u.ä. plötzlich, unerwartet, OB, MF vereinz.: *wei as n Budn raus wie vom Himmel gefallen* Langenalthm WUG.– *In den B. hineintreten / -schlagen* verdammen, verwünschen, MF vereinz.: *oin in Bodn neitretn* O'eichstätt EIH.– *Den B. küssen* hinfallen, stürzen, OB, NB vereinz.: *der hat da Boda kusst* Kinsau SOG.– *I wollt, i war unterm Boden* „ich wollte, ich hätte nichts mit der Sache zu tun" Aibling.– *In den B. hineinschliefen / versinken* sich (vor Scham) verkriechen: „*in Boda neischliafa* könnte man, wenn man nichts mit einer Angelegenheit zu tun haben will" Türkenfd FFB; *Ich ho ma denkt, i mou in'n Bua'n vasink'n, sua ho i mi g'schaamt* Wir am Steinwald 3 (1995) 139.– *Es hot n Bodn niedertretn müaßn* „Mädchen, das keinen Tänzer findet" Nandlstadt FS.– *Jmdn brennt der B.* jmd ist eitel: *Öha, de brennt da Bodn!* HALTMAIR G'rad mit Fleiß 25;– auch: *er kimmt daher, wia wenn der Bodn brinnt* Partenkchn GAP.

3 best. Fläche im Freien, Gebiet.– **3a** Grundstück, Grundbesitz, °OB, NB, OP vereinz.: *an Boda mitkriagn* „einen Acker als Heiratsgut" Schongau; *Fundus predium. grunt. bodom* Schäftlarn WOR 12.Jh. StSG. III,335,38; *alles erb vnd gůt an gründen póden vischwaiden vnd andern Rentten vnd gůlten* Burghsn AÖ 1434 FREYBERG Slg I,311.– Auch in festen Fügungen: →*Grund u. B.* – →*Stock u. B.*– **3b** Hoheitsgebiet, nur in der Ra.: °*jetzt geh i scho a Monat af deutschm Bon* „meine Sohlen sind durchgelaufen" Mchn, ähnlich WOR.– **3c** ebene Fläche.– Häufig als Fln., ON u. Örtlichkeitsname.– **3cα** ebene, meist hochgelegene (Wiesen-)Fläche, °OB vereinz.: *Bela* Plateau Kochel TÖL; *Boden* „Wiese, so auf der Ebene liegt" HÄSSLEIN Nürnbg.Id. 52.– **3cβ** Hochtal, OB vereinz.: *Bodarl* „enges, von Bergen eingeschlossenes Tal" Staudach (Achental) TS; „Nachdem der erste *Boden*, ein Hochtal unter dem Schrofen des eigentlichen Herzogstandes erreicht war" SPRINGORUM Baiern 102.

4 Fläche od. oberer Raum in einem Gebäude.– **4a** Fußboden, °OB mehrf., °Restgeb. vereinz.: °*heit mou i en Bon bin* „Fußboden legen" Eschlkam KÖZ; °*i mou an Bun zamwischn* Kchnthumbach ESB; *Am Bodn drunt spielt da kloanste Bua* DINGLER bair.Herz 119; *Bo'm, Bo'n* „die wagrechte Scheidewand eines Hauses, die ... für den Raum über ihr ... Boden ... ist" SCHMELLER I,210; *hab ich dem Vlrich Zymerman zalt hat den vnderen Poden jn der Kirchen gelegt* 1481 Frsg.Dom-Custos-Rechnungen I, 380; *von Undterschidlichem Holz gemachte böden im Saal* Hohenaschau RO 1685 JAHN Handwerkskunst 64.– Übertr. in der Ra.: *i leg ma an ganz an frischn Bōm* „ich miste den Stall aus" Rottal, ähnlich Dachau.– **4b** Zimmerdecke, °OB, °NB vereinz.: °*der Bodn in der Stubn is scho ganz schwarz* Pittenhart TS; „Bey den Bauern im Eigelwald (zwischen Müldorf und Trosberg [TS]) ist *de' Bo'm* oder sind *'Bö'me'* ganz schwarz angestrichen" SCHMELLER I,211; *hab Ich mit Maister Tobiaß Mell ... vmb Ain Däfferten Boden ... gedingt* Wasserburg 1589 Heimat am Inn 8 (1988) 214 (Inv.).– Auch in festen Fügungen *oberer / öberer B.* OB, NB vereinz.: *owana Bōn* Kchbg REG.– **4c** oberer, v.a. erster Stock, °OB, °NB, °OP, MF vereinz.: °*geh en Bon nauf und holma mein Mantl* Edelshsn SOB; *De Vawandtn und Bekanntn senn am Buan aaffe und ham Abschied gnumma va dean Taoutna* SCHMIDT Säimal 21 f.; *Voarn Kammern am Buad'n heraß staid da Baüeri und iran Kindarn sein Bedd* Bärnau TIR SCHÖNWERTH Leseb. 75; *So ist auch Miller vorhabens den mittern Poden böszer Zuerheben* 1617 MHStA HL Freising 611,fol.200ʳ.– †Auch in fester Fügung: *S'Haus haod near oan Stuakwerk, d'Staign fayard glei am intarn Buad'n* Bärnau TIR SCHÖNWERTH Leseb. 69.– Ra.: *dea draud se bån Doch niad am Bun affe* „ist sehr feige" Fürnrd SUL.– Kinderv.: *S'rumplt am Buan; schäina Moidla san druam. Ham Spitzreck oa; – ham allzsamm koin Moa!* FÄHNRICH M'rteich 254.– **4d** Dachboden, Stockwerk darin, °Gesamtgeb. vielf.: *mir deahnt Wösch driggern*

Boden

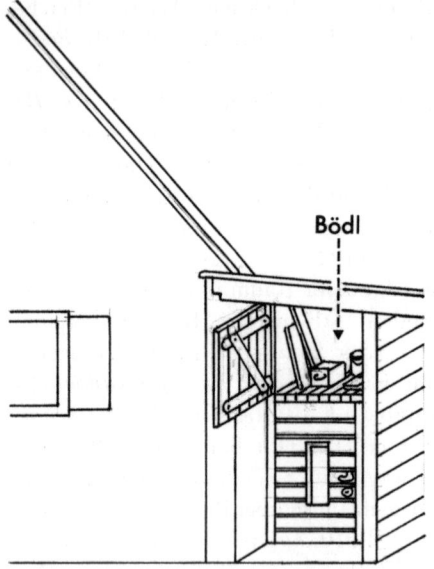

Abb. 33: *Bödl* 'Verschlag für Gerümpel' (Ismaning M).

Abb. 34: *Böml* 'freistehender Getreidespeicher' (Wildenranna WEG).

aufen Bohn drom Passau; °„*afs iwascht Bi'l kommt feuchtes Heu zum Trocknen*" Kchnthumbach ESB; *wos göit in Budn naf und trabt nit?* „*der Rauch*" Simmelsdf LAU; *a Haifl Troaid aam Bua'n und im Stol a g'sunde Kouh* KRAUS lusti 54; *Da Stodl haod oba drey Biad'n, d'Schupf'n haod an eidas oin Buad'n* Bärnau TIR SCHÖNWERTH Leseb. 75; *das Rathhaus zum Stein ... hat ... zween Böden im Dachwerk* Hilpoltstein 16.Jh. VHO 20 (1861) 232; *Aufm Bodn* „*im letzten Stockwerke, unterm Dache*" OP ZAUPSER 17.– Auch in festen Fügungen: *hoher / höherer B.* °NB vereinz.: *houa Bon* U'frohnstetten DEG.– (*Dar*)*oberer B.* u.ä. °NB vielf., °OB, °OP, OF mehrf., °MF vereinz.: °*an Obanbom laufan Meis umanand* Wimm PAN; *da ewan Bodn* Wdau VOH; *owa Budn* Regelsbach SC; *Wöi die Maich* [Margarete] ... *hoimkinnt, häjerts an Deas am üawern Buan druam krama* SCHEMM Neie Deas-Gsch. 102; *ein kind von 7 jahren thatte einen gefährlichen fall von dem oberen boden herunter* 1736 Mirakelb. Aunkfn 106.– **4e** Flur im Obergeschoß, °NB, °OP, MF, SCH vereinz.: °*Bodn* „*Gang im ersten Stock und Dachboden*" U'traubnbach CHA; *an bōn dåm* Pollenfd EIH nach SOB V,15.– **4f** meist Dim., Kammer, Verschlag im oberen Stockwerk od. im Dachraum, °OB, °NB, °OP, °SCH vielf., °MF mehrf., °OF vereinz.: °*Bödl* „*für alte Möbel, Kisten, Zeitungen, Holz*" Ismaning M; °*an Bömö obm hant no a poa Schaub Strou* Neukchn a.Inn PA; °*öiz krakl ma aufs Bel naf* Sulzkchn BEI; „*Als er das Bömel* [Bodenkammer über den Ställen] *erreicht hatte*" MEIER Werke I,71 (Elend); *daß die paurs leuth die khnecht und mentscher zusamben auf ainen poden ... legen* Straubing 1700 HELM Obrigkeit 114.– S. Abb. 33.

5 freistehender Getreidespeicher: °*Böml* „*ein kleines Blockhaus auf Mauerwerk*" Wildenranna WEG.– S. Abb. 34.

6 untere Fläche, unterer Teil, Unterseite, °OB, °NB mehrf., °OP, °SCH vereinz.: °*s Schmoiz is so schö klår gwen, daßd an Bon gsehn host an groußn Schmoizhofm* Lenggries TÖL; *am Bom hats n a wenig gsengt* „*ist der Kuchen etwas angebrannt*" Hzkchn VOF; *Ein Boden in ein Kinderbett gemacht* 1860 PURUCKER Auftragsb. 184; „*In den Siedlungen des ... Bayerischen Waldes sind meist nur solche Holzschuhe gebräuchlich ... die hölzerne Böden ... haben*" SIEBZEHNRIEBL Grenzwaldheimat 88; *Ad fundum zipodame* Tegernsee MB um 1070 StSG. I,614,25; *daz man von dem podm des Shevffes geben sol vierzehen phennig* Julbach PAN 1291 Corp.Urk. II,655,24f.; *Item vmb bŏdem in die vass zu bessern* Mchn 1417 MHStA Fürstensachen 1323,fol.9ᵛ.– Ra.: (*dem Faß / Hafen / Himmel*) *den B. aus*(*hin*)- / *ein*(*hin*)- / *durchschlagen / -hauen / -stoßen* u.ä. empörend, unerhört sein, °OB, °NB, °OP vielf., °MF, °SCH mehrf.: °*mit deiner Dummheit hast an Haferl an Bodn eigschlågn* Schleching TS; °*der is so bled, daß an Haferl an Bon aushaut* Hausen KEH; °*des räisd in Fos in Boun naus* Rohrbach ND;– auch: *da ist* (*dem Faß / Himmel / mir*) *der B. durchgefallen / darauß* u.ä. °OB, °NB mehrf.: °*da foit do* *scho an Himmi da Bom durch, wia der daherliagt!* Garching AÖ; *Es ist ja doch dem Faß der Boden nicht aus* Baier.Sprw. II,217;– *das (Faß) hat keinen B. mehr* u.ä. °OB vereinz.: °*do hots Fassl wirkle koan Bon nimma* Rechtmehring WS.– °*Den haben's dem Haferl den Bodn eigschlagn* „etwas Schlimmes angetan" Viechtach.– *Da ist dem Land / Himmel / der Welt der B. aus / ein* u.ä. etwas hat die äußerste Stufe einer negativen Entwicklung erreicht, °OB mehrf., °NB, °OP vereinz.: °*wenn de Jung wos sogt, na is bo da Oidn oiwei glei an Himme da Bom aus* Weildf LF; *Himmeldunner – – da is ja 'm Land der Bod'n aus –!* MEIER Werke I,119 (G'schlößlbauer); *zugen mit grossem volk wider die Römer ... da ward dem scherz der poden aus: die Römer zeprachen all ir stet* AVENTIN IV, 399,17–19 (Chron.); *Was krånkst dich so sehr, Als wenn dem Himmel der Boden aus wår* BUCHER Charfreytagsprocession 161.– °*Bei der is da Bodn durch* „sie kann keine Kinder bekommen" Schönbrunn LA.– †: *einem auf den Boden sehen* „einen durchschauen, gebraucht bes. bei Abschätzung der Vermögensverhältnisse" SCHLICHT Bayer.Ld 525.– *Keinen B. haben / kriegen* u.ä. nie genug bekommen, °OB, °NB, °OP, °SCH vereinz.: *der Ruach* [Geizhals] *kriagt koan Bohn* Passau; *Bài deàrà hǫd s Fàssl kôan Boon* „unersättlich" KAPS Welt d.Bauern 91; „Von einem Vielfraß, einem Geitzhalse sagt man: *Er hat keinen Boden*" DELLING I,87;– auch: *(bei) jmdm / da ist der B. durchgefallen / -gebrochen / -gedreht* u.ä. °OB, °NB, °OP vereinz.: °*wos der ois frißt, den is ja direkt da Bodn durgfoin!* Arnstorf EG.– †: *der teifel hab den pfaffen, die so geizig sein wie er seie, den poden ausgestoßen* [unersättlich gemacht] Hengersbg DEG 1623 HELM Obrigkeit 272.– Auch: „Der gewölbte Teil [einer Pelzhaube], der als *Bodn* bezeichnet wird, ist meist aus Goldbrokat mit bunten Seidenblumen" GAP, STA SHmt 42 (1953) 93.

7 Fach, Fachboden, OB, SCH vereinz.: *da Bon Teil der Mühlradfächer* Ascholding WOR; *1 groß almrein* [Schrank]*, im ersten poden ettlich pucher, im andern poden leuchter und zingeschir* Rgbg.Judenregister 138.

8 Lauffläche der Kegelbahn: *da Bon* Metten DEG.

9 †Grund, Zettel eines Gewebes: *4 balikin* [Seidenstoffe] *mit grozzer grüner matery* [Ornament] *auf rotem podem* 1383 Runtingerb. II,49; *Rott gmosierte Samete spänische Khutten, auf ainem leibfarb adlesen Poden* Mchn 1627 MHStA GL fasc.2737/755,fol.94^v (Inv.).

10 auch N., †Schiff: *Getauchte Böden, lære Böden* „geladene, leere Salzschiffe" SCHMELLER I,211; *Carina podā* Tegernsee MB 11.Jh. StSG. II,654,2; *So derselb pode geraumbt ist ... So soll man ... nach den achttagen khain khauffmannschafft mer lassen auflegen* Rgbg 1425 VHO 49 (1897) 53; *die leere Bŏden* Mchn 1615 LORI Bergr. 401.– Auch †Floß: *Wie der bodem oben in dem Sunderga wirt angeslagen also sol man in hie kauffen* Mchn 1464/1465 Cgm 544,fol.49^r.

11 †Gefäß, Faß: *swaz ŏles an dem podem ... belibt, daz ist sin* Pfründe Geisenfd 436; *Wer die b[ena]nten wein hŏher schencket, der muß ... von ydem bodem II gulden zu wandel geben* 1441 Stadtr.Ambg I,259.

12 verstärkendes Erstglied in Komp., z.B. *-dick, -dumm, -dünn, -gut, -hart.*

Etym.: Ahd. *bodam,* mhd. *bodem, -n* stm., germ. Wort idg. Herkunft; KLUGE-SEEBOLD 136.

Ltg, Formen: *bō(d)n* u.ä. OB, NB, OP (dazu EIH, HIP, WUG; FDB), *-ū-* nördl.OP, MF, *-ua-* nördl.OP, OF, *bōdə* u.ä. westl.OB, SCH, *bōm, -o-* östl.OB, östl.NB.– Dim. *bē(d)l(α)* OB, NB, OP (dazu EIH, HIP; FDB), *-dαl* (ED), *bēdαlα* (GAP, SOG; EIH, FÜ, GUN; A), *bĭdl* OP (dazu HEB), *-iα-* nördl.OP, OF, *bēndl* u.ä. OB, NB (dazu R, ROD), *bīn(d)l* (ESB; LAU), *bēml, -e, -αl* u.ä. NB (dazu AÖ, LF, MÜ, TS), *bedαlα* (WUG), *bōme* (PA, WOS).

DELLING I,87; HÄSSLEIN Nürnbg.Id. 52; SCHMELLER I,210–212; ZAUPSER 17.– WBÖ III,529–533; Schwäb.Wb. I,1255–1259; Schw.Id. IV,1020–1029; Suddt.Wb. II, 492 f.– DWB II,208–214, XI,3,1509; Frühnhd.Wb. IV,714–719; LEXER HWb. I,321; WMU 273 f.; Ahd.Wb. I,1243–1245.– BERTHOLD Fürther Wb. 32; BRAUN Gr.Wb. 70, 699; CHRISTL Aichacher Wb. 84; DENZ Windisch-Eschenbach 114; KOLLMER II,68, 319; KONRAD nördl.Opf. 7; LECHNER Rehling 162, 251; MAAS Nürnbg.Wb. 94; RASP Bgdn.Mda. 32; SINGER Arzbg.Wb. 44, 243.– S-15E1, 17C1, 58K100, 60H44, 65R1, 79A5, 94C17, G1, 96B25 f., 29, 104B14, C16, E6, 106F11, M-9/7, 27/34, FM-32, W-16/10, 37/24, 38/33–35, 67/34, 79/52, 102/34, 122/11 f., 127/14, 145/14, 221/40.

Abl.: *bodigen, Bödmer, Bödnel, bodneln, bodnen*[1]*, bodnen*[2]*, bodnerig, bodnerisch, bödnern, bodnersig, bodnig.*

Komp.: [**Acker**]**b. 1** Erdreich eines Ackers, OB, NB, OP, OF vereinz.: *Aggabuan* Bärnau TIR.– **2** Ackerland, °OB, NB, OF vereinz.: *Ackabuadn* Arzbg WUN.

WBÖ III,533; Schw.Id. IV,1025; Suddt.Wb. I,228.– [2]DWB I,1425.

[**Bach**]**b.** Boden im Backofen: *da Båchbodn muaß dobbelt sei, damit d Hitz länga hoit* Tölz.

[*Balken*]boden

[**Balken**]**b.**: *Boikabodn* Dachraum über der Wohnung Fischerdf DEG.

[**Bett**]**b.** Teil des Bettgestells, auf dem die Matratze liegt: *Betbom* Staudach (Achental) TS.
WBÖ III,533.– LEXER HWb. I,243.

[**Pfannen**]**b.** Boden einer Bratpfanne, nur im Vergleich: *schwarz wia a Pfannabodn* „von dunkler Gesichtsfarbe" Zell RID.
Schwäb.Wb. I,1011.

[**Blind**]**b.** Blindboden: °*Blindbodn* Zwiesel REG.
Schw.Id. IV,1031.

[**Bretter**]**b.** Bretterboden, NB, OP vereinz.: *Bredabon* Nottersdf NEW; *Du, Bretterbodn, hör ned mein Schritt, af dass dei Holz ned s'Redn ofangt* W. WEISS, Shakespeare in Bayern – u. auf Bair., Passau 2008, 188.
WBÖ III,533; Schwäb.Wb. I,1410.– Frühnhd.Wb. IV, 1099.

[**Bürl**]**b.**: *Bidlboon* „kleiner Zwischenboden im Heustadel, auf der Almhütte, meist ober dem Stall" HELM Mda.Bgdn.Ld 100.– Zu →*Bürl* 'Dachboden in der Scheune'.
RASP Bgdn.Mda. 28.

[**Dach**]**b.** Dachboden, °OB, °NB, OF, °MF vielf., Restgeb. mehrf.: *an Dachbodn omand* Rattenkchn MÜ; *n Dåchbom ainöstöwan* Mittich GRI; *am Dachboden schlafen* nach 1882 H. FREILINGER, Notizen, Bemerkungen von Kajetan Schwertl über Lebensverhältnisse u. Zeitgeschehen, Straubing 1999, 14; „daß man *egàs* (frühers) *'s Breoud viazäa Dòg und mäa én Dòbom om ... àf dà Breoudram om kohd hòd*" Heimat Sonnen 117.
WBÖ III,533f.; Suddt.Wb. III,26.– ²DWB VI,35.– BRAUN Gr.Wb. 95; CHRISTL Aichacher Wb. 84.– S-92F13, M-229/1.

[**Tanz**]**b. 1** Tanzboden, °Gesamtgeb. vielf.: °*putz di, wasch di, kampe di recht sche, nacha derfst mit mir auf'n Tanzbod'n geh!* Mchn; °*i loß ma mei Deanal nöt vom Tanzbodn verjogn* Winkel DEG; *Tanzbuen* Wunsiedel; *Då hånd zwoa jungé Leut ââ'm Tanzbodn 'gangà* REG R. HALLER, Frauenauer Sagen, Münster u.a. 2002, 59; *I hör' die Trompetn Von Tanzbod'n raus* KOBELL Ged. 116; *Hab ich die Taferne wider aufmauren lassen ... gewinnt 2 stüben 2 kamer ... obenauf ain Tanzpoden* Sattelpeilnstein CHA 1571 VHO 57 (1905) 30; *mit allerhand groben ... Zotten ... an Haingarten/ in Wirths-Håuseren/ auf dem Tantz-Boden ... die ... Jugend ... verführen* SELHAMER Tuba Rustica I,270.– **2** scherzh. übertr.– **2a**: *Danzbon* Flur im ersten Stock des Bauernhauses Mchn.– **2b** großer Hosenboden, OB, NB vereinz.: *Herrgott, håst ma du an Tanzbom eigmacht a d'Hosn, daß zwoa Bräumoasta Plåtz hättn dreimal Tann* PAN.– **2c** Glatze, nur in der Ra.: *där buzt an Tanzbodn füan Laushirtn* Hzkchn MB.– **2d** †in fester Fügung: *A dúpfelta Tanzboden* „pockengrubiger Mensch" ZAUPSER Nachl. 15.
SCHMELLER I,211; ZAUPSER Nachl. 15f.– WBÖ III,534; Schwäb.Wb. II,57; Schw.Id. IV,1031f.; Suddt.Wb. III,72.– DWB XI,1,1,121; Frühnhd.Wb. V,157.– BRAUN Gr.Wb. 642; CHRISTL Aichacher Wb. 49, 82.– M-70/2.

[**Taub(en)**]**b.** Taubenschlag im Dachboden: °*Taubnbial* Tirschenrth; „Tauben ... wäscht man ... ehe man sie in den Taubenschlag, das *Daubürl*, einläßt ... die Füße" Bärnau TIR SCHÖNWERTH Opf. I,353.
WBÖ III,534; Suddt.Wb. III,101.– DWB XI,1,1,170.

[**Tegel**]**b.** tegelhaltiger Boden, OB, OP vereinz.: *Deglbon* „für Ziegel" Meßnerskreith BUL.

[**Tenn(en)**]**b.**, [**Tenns**]- **1** Tenne, OB, NB, SCH vereinz.: *Tenndbodn* Roßbach EG; *Dånsboon* „aus 6–8 cm starken Holzbohlen" HELM Mda. Bgdn.Ld 49.– **2** Stockwerk über der Tenne, OB, NB, OP vereinz.: *Tenabon* „Heuboden" Niklasrth MB.
WBÖ III,534; Schwäb.Wb. VI,1735; Suddt.Wb. III,150.– DWB XI,1,1,254.– RASP Bgdn.Mda. 43.– M-275/13.

[**Diel(en)**]**b. 1** wie →[*Bretter*]*b.*: *Dülbodn* „Holzboden" O'nzell WEG.– **2** wie →*B.*4b, NB (v.a. WEG, WOS) mehrf.: *da Dübom* Zimmerdecke O'diendf PA.– **3** Boden im Dachboden, Dachboden.– **3a** Fußboden im Dachboden: *dübom* „Boden des oberen Raumes, d.i. über der Bauernstube" Unterer Bay.Wald nach KOLLMER II, 323.– **3b** wie →[*Dach*]*b.*, OB, NB vereinz.: *am Dielnbon hot se amoi oana aufghengt, seiddem gehts um* Valley MB; *Der Boar schafft im Tüllboden* Bayerwald 27 (1929) 167.
WBÖ III,534; Schwäb.Wb. VI,1749; Schw.Id. IV,1031; Suddt.Wb. III,201.– ²DWB VI,945f.– KOLLMER II,323.

[**Torf**]**b.** Torfboden, OB, OP, OF vereinz.: *dös is nu lauta Doarfbom* östl.OB.
DWB XI,1,1,886.

[Tram]b., [Träme]- Zimmerdecke aus Balken, NB vereinz.: *Trȧbon* Rinchnach REG; *drạimbon* „hölzerne Zimmerdecke mit Balken" KOLLMER II,91.

WBÖ III,534; Schw.Id. IV,1032; Suddt.Wb. III,298.– KOLLMER II,91.

[Ge-treide]b. 1 für Getreideanbau geeigneter Boden, OB, OP vereinz.: *bei ins in Gebürg ham ma koan guatn Droatbom net* Staudach (Achental) TS; *da der traidtboden oder felder ... doch mitlmessig seyen* FRIED-HAUSHOFER Dießen 25f.– 2 Raum in einem Gebäude (zum Lagern von gedroschenem Getreide).– 2a Dachboden, °Gesamtgeb. vielf.: *alles Samatroad wird am Troadbodn umgschäufelt, daß da Wurm net neikimmt* Dachau; °*Trabudn* „Dachboden im Haus, für Getreidekörner" Rohr SC; °*Droadboun* „Dachboden, sogar in der Kirche" Eismannsbg FDB; *a paar Maunzerl* [Palmkätzchen] *vom Palmboschn kemma an Troadbodn eini, daß da Blitz net zündt und d' Mäus net scho'n* Hochld-Bote 5 (1949) Nr.83,3; *Üaba dean Buad'n is da ... Droaidbuad'n fir's drosch'n Droaid* Bärnau TIR SCHÖNWERTH Leseb. 75; *ain Gebäude mit 6 Gemächern aufgemauert, oben darauf drei schöne Traidpöden auß Holz gemacht worden* Sattelpeilnstein CHA 1571 VHO 57 (1905) 29; *So lang Trayd auf dem Trayd-Boden gelegen/ must man solches den Armen vertheilen* SELHAMER Tuba Rustica II, 191.– Auch in fester Fügung: °*der üwa Troaibun* „oberster Boden im Haus, aber nicht für Getreide, da dort nur lose Bretter liegen" Kchnthumbach ESB.– 2b Kammer od. Abteilung, OB, °NB, °OP, SCH vereinz.: °*Troibödl* „kleiner Bretterverschlag über dem Stall" Kemnathen PAR.– Auch Vorratskammer, OB, NB, MF vereinz.: *Droabon* Hohenkammer FS.– 3 wie →*B*.5, OB, °NB, OP, SCH vereinz.: *Troadbon Getreidekasten als freistehender Bau* Wallerfing VOF.

SCHMELLER I,211.– WBÖ III,534; Schwäb.Wb. VI,1771; Suddt.Wb. III,344f., IV,763.– DWB IV,1,3,4476, XI,1, 2,99; Frühnhd.Wb. VI,1736.– BRAUN Gr.Wb. 667f.; DENZ Windisch-Eschenbach 270; SINGER Arzbg.Wb. 44f.

[Dresch]b. wie →[*Tenn(en)*]*b*.1, NB, OP vereinz.: *Dräschbuan* Glasern NEW; *Den ganzen Winter wieder aufn Dreschbodn außegfrieren!* CHRIST Werke 682 (Madam Bäurin).

WBÖ III,534; Suddt.Wb. III,357.– DWB II,1401.

[Trucken]b., [-ü-]- Dachboden zum Trocknen von Getreide, Wäsche u.ä., °NB vereinz.: °*Tru-*

gaböml „als Schlafraum für die Knechte in der Scheune" Passau.

WBÖ III,534 (Trücker-); Schwäb.Wb. II,417.– DWB XI,1, 2,752 (Trocken-).

[Truhen]b. wie →[*Ge-treide*]*b*.2b, °NB (PA) mehrf.: °*da Knecht schlaft an Truhabom drom* Neukchn a.Inn PA.

†[Dübel]b. mit Dübeln verbundene Holzdecke: *Da werden s· halt zum Dippelboden lauter alte Bamer genommen haben* SCHMELLER I,529.

SCHMELLER I,529.– WBÖ III,534f.; Suddt.Wb. III,433.– DWB II,1199.

[Dung]b. Ladefläche des Dungwagens, OP, OF vereinz.: *da Dummbuan* Wildenrth NEW.

WBÖ III,535; Suddt.Wb. III,459.

[Dunkel]b., †[-ü-]- humusreicher, dunkler Boden, NB, OP vereinz.: *dös is a richtinga Dunklbodn* Cham; *Dünkelboden* „das gute, fette, dunkle, an der Donau, hauptsächlich zwischen Regensburg und Straubing gelegene Erdreich" WESTENRIEDER Gloss. 114; *Dunkelboden* SCHRANK Flora I,3.– Auch †Gäuboden, Landschaftsname.– Zum Bestimmungsw. vgl. SCHMELLER I,516f.

SCHMELLER I,210, 516; WESTENRIEDER Gloss. 114.– S-17C20.

[Tür]b. Türschwelle, °OB, °NB, °OP vereinz.: °*fall net übern Türbodn!* Aschau MÜ.

W-38/41.

[Egart]b. als Wiese genutztes Grundstück in der Egartenwirtschaft (→*Egart*): „Heuwiese ... *ēgədbōdə*" Steingaden SOG nach SBS XII,22.

[Eher]b. wie →[*Blind*]*b*.: *erbom* „Fehlboden" Unterer Bay.Wald nach KOLLMER II,479.– Wohl zu *Eher* (→*Ähre*); anders KOLLMER ebd.

KOLLMER II,326.

[Erd]b. 1 wie →*B*.1, OP mehrf., OB, NB, MF vereinz.: *da Äiabuan rudschd ge Dol* „ins Tal" Floß NEW; *Na is der Erdbodn guat gwen, daß (d') Bama wocksnd* Traidersdf KÖZ BJV 1954,201; *Hat's Eis der Erdbodn a schon außagschwitzt* C. v.GUMPPENBERG, „Da bsunderne Ring", Landshut 1867, 99; *hat dise teg geregnet und ist der Erthpoten zimblich lindt vom ungewither gewest* POSCHINGER Glashüttengut Frauenau 33.– 2 wie →*B*.2, OB, NB, °OP vereinz.: *daou howe in Äiabon eigschaud, daß mi*

[Erd]boden

neamads kennt hot Altfalter NAB; *A Wunder is's, bal ... 's Klosta steht, Und net vosinkt in Erdbodn nein* C. v.GUMPPENBERG ebd. 70; *Dös is a Unweda ... as drischt as Troaid aam Ea'-buad'n doa* [hin] Wir am Steinwald 5 (1997) 153.– In fester Fügung: „bis man den Leib des oder der Verstorbenen *untern Öiherbodn* [beerdigt] *ghatt hout*" Kohlbg NEW Die Arnika 36 (2004) 13.– Ra.: *in den E. hineintreten / -wünschen* verdammen, verwünschen, OB, OP vereinz.: *den kunnt i glei in Erdbodn neiwünschn* U'menzing M.– *Er hat an Erbodn küßt* er ist hingefallen Rinchnach REG.– *Sich in den E. verkriechen* sich (vor Scham) verkriechen: *i kunt mi in Erdbodn verkriechn* „ich will mit der Sache nichts zu tun haben" N'motzing SR; *Ich tät mich ja in 'n Erdbod'n verkriechen* THOMA Werke VII,395 (Münchnerinnen).– *Der steigt, wia wann in da Erdbodn brennat* eingebildet dahersteigen Rinchnach REG, ähnlich BOG.– *Der is net werd, daß'n da Eadbon dragd* „zu nichts nütze" Regen, ähnlich Baier.Sprw. I,62f.– **3** †Erde, Welt: *Wei une Harget d' Landa ve'n ganzn Eiabud'n votält haut* AM Bavaria II, 214.– **4** wie →*B.*4a: *Erdbodn* Fußboden in der Stube Wenzenbach R.

WBÖ III,535; Schwäb.Wb. II,775; Schw.Id. IV,1029; Suddt.Wb. III,739.– ²DWB VIII,1647f.; LEXER HWb. I,682.– BRAUN Gr.Wb. 120; DENZ Windisch-Eschenbach 131; KOLLMER II,100.

[**Falz**]**b.** **1** †: *Falzboden* „Boden mit überfalzten Brettern" SCHMELLER I,717.– **2**: *Faizbon* „Zimmerdecke aus gefalzten Brettern" Chamerau KÖZ.

SCHMELLER I,717.

[**Faß**]**b.**, [**Fäßlein**]- Boden eines Fasses, °OB, °NB, °OP vereinz.: °*teama an Faßlbodn eibeißn lossn* den Boden in das Faß eintreiben Pöcking STA.

WBÖ III,535; Schwäb.Wb. II,965f.– ²DWB IX,164; LEXER HWb. III,35.

[**Fehl**]**b.**, [**Pf-**]- wie →[*Blind*]*b.*, °OB, °NB, °OP, SCH vereinz.: *an Pfeibom driwalöng* Mittich GRI; *50 St. Dachlatten zum Veilboden* Auerbach ESB 1868 Oberpfalz 99 (2011) 301; *Als Kölladeck how i ... a Balk'nlag mit Faalbuad'n g'legt* Wir am Steinwald 4 (1996) 46; *ain Fahlpoden gelegt, und hierzue erkhaufft werden miessen 27 gemaine Prödter* Kapfelbg KEH 1722 H. WAGNER, Weinberg u. Steinbruch des Herrn, Kapfelberg 1985, 131.

SCHMELLER I,703.– WBÖ III,535; Suddt.Wb. IV,79.– KOLLMER II,220; RASP Bgdn.Mda. 52.

[**Feld**]**b.** **1** wie →[*Acker*]*b.*1: *Feldbom* Hiesenau PA.– **2** wie →[*Acker*]*b.*2: *Feldbodn* „im Gegensatz zu Wald und Wiese" Haimhsn DAH.

Schw.Id. IV,1030.

[**First**]**b.** oberster Dachboden, °OB, °OP vereinz.: *Firschtpom* Altenau GAP.

[**Fletz**]**b.** **1**: *Fletzbodn* Fußboden im Hausflur Haag WS.– **2** wie →*B.*4e, °NB mehrf.: °*Fletsbon* Pirka VOF; *Na hamma am Fletzbodn obm* (oberer Flur über dem Fletz) *gschlaffa* KÖZ, VIT BJV 1954,200.– **3** Kammer im ersten Stock, NB vereinz.: *Flötzbodn* „Stüblein über dem Fletz" Loitzendf BOG; *vletzbon* KOLLMER II,68.– **4** Balkenlage, auf der das Mahlwerk der Mühle ruht, OB vereinz.: *da Fletzbom* Staudach (Achental) TS.

WBÖ III,535; Suddt.Wb. IV,361.– S-106F30.

[**Frei**]**b.**: °*Freibom* „Freiplatz beim Fangenspiel, auf dem man nicht gefangen werden darf" Fürstenstein PA.

[**Fuß**]**b.** wie →*B.*4a, °OB, °OP mehrf., °Restgeb. vereinz.: *Fuaßbomm leing* Staudach (Achental) TS; °*öitz louße mein Foußbon a bal wieda nei bina* [legen] Nittenau ROD; *Glaabst du konnst an ganzn Fuaßbodn zammahaun ha?* Altb.Heimatp. 58 (2006) Nr.29,25; *Eine Leiste in den Fußboden der Schlafstube eingesetzt* 1864 PURUCKER Auftragsb. 181; *Wan kain Fuesboden under den Kampfrödern* [Kammrädern] *befunden würdt* Erding 1606 ZILS Handwerk 109.

WBÖ III,535f.; Schwäb.Wb. II,1896; Schw.Id. IV,1030.– ²DWB IX,1359.– BRAUN Gr.Wb. 144.– S-92B2, D3, M-63/3.

[**Futter**]**b.** Lagerraum für Viehfutter, meist über dem Stall, MF mehrf., OB, NB, °OP vereinz.: *Fuattabodn* Roßbach EG; *voudəbūdn* Bieswang EIH nach SBS VIII,38; *A Knead haod amal Holm gschnid'n am Fouttabuad'n* Bärnau TIR SCHÖNWERTH Leseb. 189.

WBÖ III,536; Schwäb.Wb. II,1901; Suddt.Wb. IV,536.– DWB IV,1,1,1077.

[**Gang**]**b.** fachsprl.: „*Gangboden* = Vorrichtung zum Abschluß des *Verhangs* [der Vorrichtung zum Aufhalten des Triftholzes]" BRUNNER Heimatb.CHA 157.

†[**Gast**]**b.** Schiff eines Fremden: *auf eim gastpodem in der Tunaw* Passau 1400/1401 VHN 44 (1908) 96.

Rechtswb. III,1191.

[**Gersten**]**b.** Raum zum Keimen der Braugerste u. zum Lagern von Malz: „daß der Mälzer ... auf den *Gerstenboden* ... muß, wo eine Temperatur von 10 bis 6 und weniger Graden herrscht" E. HECKHORN, H. WIEHR, München u. sein Bier, München 1989, 68; „Die Gerste kann vom *Gerstenboden* ... in die *Weike* (Weiche, Weicheplatz) herabgelassen werden" B. SCHARL, Beschreibung der Braunbier-Brauerey, München 1814, 52.

DWB IV,1,2,3737.

[**Glüh**]**b.** fachsprl. **1**: „Damals hatte ein Ofen [Brennofen für Porzellan] zwei Abteilungen. Oben war der *Glühboden*" FÄHNRICH M'rteich 79.– **2** Abteilung in der Porzellanfabrik, wo der Brennofen steht: °*dej oawad aam Glöihbuan* Windischeschenbach NEW.

†[**Gotts**]**b. 1** wie →*B*.2: *ein grosser erdpidem* [Erdbeben] ... *verwarf der Teutschen her und schlueg die haufen ... dernider zu gotspoden* AVENTIN IV,394,30–395,3 (Chron.).– **2** wie →[*Erd*]*b*.3: *Die Obrigkeit noch jemandt auff dem Gottsboden kondtens erretten* Deggendf 1604 J. SARTORIUS, Von dem hochwürdigen Sacrament/ deß wahren Fronleichnambs Christi, Straubing um 1630, 103.

SCHMELLER I,960.– Frühnhd.Wb. VII,116.

[**Gras**]**b. 1** Grasboden: „*Rasen(stück) ... Grosboden*" Neumarkt PREINL Neumarkt 39; „*Das Dach ... geht gegen die Wetterseite fast bis zum Grasboden hernieder*" Vohenstrauß SCHÖNWERTH Leseb. 62; *fangt an mit ihren lahmen Händen nach allen Mächten sich an dem Graßboden einzuhalten* HUEBER Granat-apfel 180.– **2** Wiese, °OB, NB vereinz.: °*der Baur hot mehra Feldbau ols Grosbodn* Perchting STA; *grāsbōn* „Wiesengrund" nach SCHWEIZER Dießner Wb. 103; *die darin liegenden Äckerl oder Grasboden* 1743 BREIT Verbrechen u. Strafe 113.

Schwäb.Wb. III,797.– DWB IV,1,5,1948.

[**Grummet**]**b.** Dachraum in der Scheune zum Lagern von Grummet, °OP vereinz.: °*öitz krakl ma aufs Grammatbedl* Sulzkchn BEI.

Suddt.Wb. IV,921.

†[**Guld**]**b.** goldener Grund, Zettel eines Gewebes: *ain rots seyden mesgewat ... hat ain guld poden, dor auff ain crucifix* Laufen 1513 I. BAUER u.a., Forschungen zur hist. Volkskultur, München 1989, 242 (Inv.).

[**Haar**]**b.** Haarboden, OB, NB, OP mehrf., Restgeb. vereinz.: *da Hoabodn is oft grindi und sHoa dün* Hengersbg DEG; *Hauabun* Leupoldsdf WUN.– Übertr. Kopfhaare, OB, NB, OP, SCH vereinz.: *i hãũ n dinna Horboᵘda* Mering FDB.

WBÖ III,536; Schwäb.Wb. III,1171.– DWB IV,2,25.– S-6E1.

[**Hafen**]**b.**, [**Häfelein**]-, [**Hefen**]- Boden eines Kochtopfs, OB, NB, OP vereinz.: *da Hofabuan* Naabdemenrth NEW.

[**Halm**]**b.**, [-ä-]- Raum für Viehfutter über dem Stall od. im Obergeschoß des Stadels, °westl.OP, °MF mehrf.: °*Holmbial* „Häckselkammer" Erbendf NEW; *haembōn* Pollenfd EIH nach SOB V,19; *eine Bodenkammer nebst Halmboden* Allg. Anzeiger für das Königreich Bayern 17 (1849) 183.

[**Haus**]**b. 1** wie →[*Dach*]*b.*, MF vielf., °NB, °OP, OF mehrf., OB vereinz.: *Hasbon* Raum für das gemahlene Getreide Kchbg REG; °*bei uns hot se da Knecht am Hausbödl afghenkt* Haselmühl AM; „*Hausboden* ... sowohl als Trockenboden, als auch zur Aufbewahrung von Getreide- und Futtervorräthen" Die Bayer. Landbötin 14 (1843) 837; *in dean Schroank am Hausbuan haout aa nix mäja Plootz!* SCHMIDT Säimal 108; *Hauß Poden* „Dachraum für Getreide" Steingaden SOG 1606 Lech-Isar-Ld. 12 (1936) 87 (Inv.).– **2** wie →*B*.4e, OF mehrf.: *Hausbuern* Wölsau WUN; *Hausbua(d)n* „Flurraum im ersten Stockwerk des Hauses" SINGER Arzbg. Wb. 96.– **3** wie →*B*.4f: *'Dirn', de hammant am Ha(u)sbodn en oan' zwieschläfringa Bet gschlaffa* Teisnach VIT BJV 1954,199.

WBÖ III,536; Suddt.Wb. V,155.– BRAUN Gr.Wb. 245; SINGER Arzbg.Wb. 96.

[**Heu**]**b.** Heuboden, °Gesamtgeb. vielf.: *der Nazl is vom Haibodn åwigfoin* Wasserburg; °*Haibömi* „kleiner Raum unterm Dach" Passau; °*Haabial* „Abteilung fürs Heu" Windischeschenbach NEW; „*sah der knecht auf dem heuboden zur dachlucke heraus*" Moosburg FS PANZER Sagen I,63; *Bloß wird holt de Jagd all Tog aaf d Nacht aafm Heibodn drobn gmacht* Neustadt Wirtshauslieder Opf. 117; *Meinetwegen kann er sich*

[*Heu*]*boden*

auf den Heuboden begraben lassen MEIDINGER Verfall 48.– Ra.: °*der mit seim Heubodn im obern Stock* „von jemandem ohne Verstand" Tittmoning LF.– *Der hot's Schwimma am Heibo'n glernt!* „er ist ein unbeholfener Mensch" JUDENMANN Opf.Wb. 147.– *Dees lafft af kåin Haabua)d'n üm!* [ist kaum zu glauben] BRAUN Gr.Wb. 223.

WBÖ III,536; Schw.Id. IV,1030.– DWB IV,2,1277; Frühnhd.Wb. VII,1996.– BRAUN Gr.Wb. 223; CHRISTL Aichacher Wb. 53; LECHNER Rehling 211.– S-93G13, M-12/43.

[**Hoch**]**b.**, [**Höh**]- **1** wie →*B.*4b, °OB, °NB, °OP vereinz.: °*Hehbon* Zimmerdecke Dachau; *Hehbom* „Decke über der Stube" MILLER Lkr.Wegscheid 19.– **2** wie →[*Dach*]*b.*, °NB (v.a. Bay. Wald) vielf., °OB, °OP vereinz.: *Houbom* „Dachboden" Abtsdf LF; °*am Houbon om* Neurandsbg BOG; „Nach der Prozession wurden von den Birken *Astl* ... auf den *Houbodn* ... gelegt" KREUZER Rinchnachmündt 43.– **3** wie →*B.*4e, OB, NB vereinz.: *Houchbodn* „Dachbodenflur" O'audf RO.– **4** wie →[*Fletz*]*b.*3, °NB vereinz.: °*Höhbodn* „Zimmer im Obergeschoß" Straßkchn SR.

WBÖ III,536.– KOLLMER II,158, 335.– S-92F17, W-38/34.

[**Hohl**]**b. 1** wie →[*Blind*]*b.*: °*Hoibodn* Autenzell SOB.– **2**: *Hohlbon* Raum unter einer Treppe Hauzenstein R.

WBÖ III,536.

[**Höll**]**b.**: °*Hölbodn* „Platz zwischen Ofen und Zimmerwand" Kay LF.

[**Holz**]**b. 1** Waldboden, (ehem.) Waldgrund.– **1a** † für Forstwirtschaft geeigneter Boden: *an den orten/ da kein fruchtbarer Holtzboden/ noch ainicher künfftiger Holtzwachs zu hoffen ist* Landr.1616 737.– **1b** Waldgrundstück, Wald, OB, NB vereinz.: *Hoizbon* Lichtenhaag VIB; *ain Holzpoden ... darinnen maistens Veichten* Bärnham WS 1614 Heimat am Inn 12 (1992) 265; „ein *Zubaugütl* ... besteht aus drei Feldern ... und aus einem *Holzboden*" Vogtarth RO 1781 Inn-Oberland 19 (1934) 33.– **1c**: *Holzboun* durch Rodung gewonnenes Ackerland Buchbach MÜ.– **2** Fußboden od. Zimmerdecke aus Holz.– **2a** wie →[*Bretter*]*b.*: *hūltſboun* „Boden aus Holzbrettern" nach LECHNER Rehling 217.– **2b** Holzdecke: *Hoizbom* Neukchn LF.– **3** Raum zum Lagern von Holz, °NB, OP, MF vereinz.: °*Holzbömi* „kleiner Raum unterm Dach" Passau.

Schwäb.Wb. III,1786; Schw.Id. IV,1030.– DWB IV,2, 1769.– CHRISTL Aichacher Wb. 87; LECHNER Rehling 217.

[**Hopfen**]**b. 1** † für Hopfenanbau geeigneter Boden: „ein sandiger Lehmboden als der günstigste *Hopfenboden*" O. SENDTNER, Die Vegetations-Verhältnisse Südbayerns, München 1854, 602.– **2** Raum im Dachboden zum Trocknen von Hopfendolden, °OB, NB, OP, MF vereinz.: *Hopfabudn* Ottersdf SC; *wia der mit ihra aufn Hopfabon naufgeh woid* SCHWEIGER Hopfazupfa 61; „stürzte ... vom *Hopfenboden* auf die Tenne herab" Freisinger Tagbl. 64 (1868) Nr. 242[,2].

Schwäb.Wb. III,1803.

[**Hosen**]**b.** Hosenboden, °OB, NB, °OP, °OF vereinz.: °*dir moue an neia Huasabuan eisetzn* Schönwd REH; *Iich homa gschwind ma Schreibheft zwischan Huasabuan eigschdeckt* Der Erzähler vom Selb- und Egertal. Beil. zum Selber Tagbl. 1950,Nr.14[,2].– Ra.: *an Huas'nbua(d'n awäng stråffa oa(n'zöiha* „etwas strenger vorgehen" BRAUN Gr.Wb. 276.

WBÖ III,536f.; Schwäb.Wb. VI,2212.– BRAUN Gr.Wb. 276.– S-41C9.

[**Hüll**]**b.** wie →[*First*]*b.*: °„*da Hüjbodn* liegt direkt unter dem Dach" Brunnen SOB.– Zu →*Hüll* 'Dachboden'.

[**Hutzel**]**b.**: °*Hutzlbödl* „kleiner abgesonderter Teil des Dachbodens, wo gedörrte Holzbirnen gelagert werden" Kallmünz BUL.

†[**Jes**]**b.** Decke eines Raumes aus verputztem Schilfrohr: *zur Conservierung des Rohr- oder Jes podens am Langhaus* Kapfelbg KEH 1722 H. WAGNER, Weinberg u. Steinbruch des Herrn, Kapfelberg 1985, 131.– Bestimmungsw. unklar.

[**Kalk**]**b.** Kalkboden, OP mehrf., OF vereinz.: *mia hom halt koin Koolchbuan* Wildenrth NEW; „die Pflanze liebet einen *Kalchboden*" SCHRANK Flora II,166.

Schwäb.Wb. VI,2254.– DWB V,65.

[**Kammer**]**b. 1** Fußboden in der Kammer, OB vereinz.: *undam Koumaboun* an der Decke des Zimmers Garmisch.– **2** wie →[*Dach*]*b.*: *Kammerbon* Speicher des Hauses Trasching ROD.– **3** Raum über der Kammer, NB vereinz.: *Kammerbom* „Zimmer über der Schlafkammer" Mauth WOS; „in den *Kammabodn*, den Schlafraum über der *Kamma"* St.Englmar BOG VHN 93 (1967) 36.

Schwäb.Wb. V,116.

[**Kasten**]b. wie →[*Ge-treide*]b.2a, SCH (ND) vielf., OB vereinz.: *Kaschdnbon* Haunswies AIC; „Dachboden über dem Wohnhaus ... *khå̂ịnboun"* Ergertshsn ND nach SBS VIII,16; *Kastnbodn* „Getreidespeicher" STA 1861 OA 121 (1997) 144.

Schwäb.Wb. VI,2273.

[**Kegel**]b. wie →*B*.8: *Keglbodn* Mittelladen der Kegelbahn Maiersrth TIR.

[**Kies**]b. Kiesboden, OB, NB, OP, SCH vereinz.: *Kiisboun* Derching FDB.

Schwäb.Wb. IV,421.– DWB V,688.

[**Knechten**]b. Kammer des Knechts: °*Knechtnböml* „über dem Stall" Ratzing WOS.

[**Korn**]b. 1 für Roggenanbau geeigneter Boden, OB, NB, OP, SCH vereinz.: *a gouda Koanbuun* Fürnrd SUL.– 2 wie →[*Ge-treide*]b.2a, Gesamtgeb. vereinz.: *Kuanbon* Arrach KÖZ; „der Stall für das Kleinvieh mit dem *Kornboden* darüber" LF LENTNER Bavaria Voralpenld 18; „Dachboden ... *kxǫa͡rbouⁿ"* Partenkchn GAP nach SOB V,18 f.

WBÖ III,537; Schwäb.Wb. IV,638.– DWB V,1821; LEXER HWb. I,1682.– S-100A7.

[**Kot**]b. Fußboden aus Erde (→*Kot*), OB vereinz.: *Koutbom* „beim Backofen" östl.OB.

[**Kugel**]b. wie →*B*.8: *Kuglbuan* Mittelladen der Kegelbahn O'diendf PA.

[**Kühe**]b. Raum über dem Kuhstall, °OB, NB vereinz.: *Küahbom* Heuraum über dem Viehstall Dfbach PA.

WBÖ III,537.

[**Kunden**]b. wie →[*Knechten*]b.: °*Kundnbom* Ruhmannsdf WEG.

†[**Land**]b. landwirtschaftlich genutzter Raum um eine Stadt: *Landboden/ oder Landschafft/ zur Stadt gehörig. ager, gri. territorium* F.X. KROPF, Amalthea Germanica & Latina, Dillingen 1735, 328.

SCHMELLER I,210.– WBÖ III,537; Schwäb.Wb. VI,2421.

[**Lauf**]b. wie →*B*.8: *Laufbodn* Mittelladen der Kegelbahn Schrobenhsn.

[**Läuter**]b.: *Laitabon* „durchlässiger Einsatz im Maischbottich zum Bierbrauen" Reisbach DGF.

Frühnhd.Wb. IX,488.

[**Leim**]b. 1 Lehmboden, °OB, °NB, OP mehrf., Restgeb. vereinz.: *Loambon* „schwerer, fruchtbarer Boden" Haimhsn DAH; *da Loambuan, wöi ma'n in Woldsachsn hom, is a mogara Buan* Wdsassen TIR.– 2 Fußboden aus gestampftem Lehm, OB, NB, OF vereinz.: *Loam- oder Ziaglbodn* Umgebung des Backofens Kochel TÖL; *Ganz frejers is a Loambodn (Lehmschlag) draf kemma, si(n)st waar d' Stubm z' koit gwen* KÖZ BJV 1952,27.

WBÖ III,537; Schwäb.Wb. IV,1149.– DWB VI,545 (Lehm-).– S-28A10 (Lehm-).

[**Letten**]b., †[**Lett**]- wie →[*Leim*]b.1, °OB, OP vereinz.: °*so a Lettnbodn!* Ramsau BGD; „Jedes Ackerfeld, das ... nicht von starkem Lehm oder *Lettboden* ist, taugt zum Tabakbau" J.E. FÜRST, Lehr- u. Exempel-B., Passau ²1821, 247.

Schwäb.Wb. IV,1192.– DWB VI,792.

[**Mahl**]b. Mühlenraum mit dem Mahlwerk: *Wenn dir's d'Monie wirklich g'schafft hat, im Mahlbod'n ummerz'wirtschaft'n* MEIER Werke I,206.

[**Malz**]b. wie →[*Gersten*]b., °OB, NB vereinz.: *Måjdsbodn* Reisbach DGF; „An den meisten Orten wird das Malz vom *Malzboden* durch einen *Malzreiter* ... herabgelassen" B. SCHARL, Beschreibung der Braunbier-Brauerey, München 1814, 78.

SCHMELLER I,211.– WBÖ III,537; Schwäb.Wb. IV,1430f.– DWB VI,1514.

[**Mehl**]b. Raum zum Aufbewahren von Mehl, NB, OP vereinz.: *da Mäibodn* „in der Bäckerei" Tann PAN.

[**Ge-mein**]b. Allmende, OB vereinz.: *Gmoabodn* Ohlstadt GAP.

[**Melk**]b., [**Melch**]- Stelle auf der Alm, wo gemolken wird: „schotterten wir den vernäßten Platz vor dem Wassergrand hinten am *Melchboden* auf" H. SILBERNAGL, Almsommer, Miesbach 2002, 29.

WBÖ III,537.

[Moor]boden

[**Moor**]**b.** Moorboden, °OB, NB, MF vereinz.: *Moorbodn* „leichter Boden" O'nzell WEG.

DWB VI,2517.

[**Moos**]**b.** dass.: *Mosbon* „bei guter Behandlung sehr ertragreich" Haimhsn DAH; „sumpfiges, nasses Land ... *mōsbōn*" Weilhm nach SBS XII,36–38.

DWB VI,2521.

[**Mühl**]**b. 1** wie →[*Fletz*]*b.*4, OB, OP vereinz.: *da Mühlbon* Ascholding WOR.– **2**: „Erdgeschoß der Mühle ... *s drǫid hǫd-α-r-αm milbōn herind khǫd*" nach HÖCHSTETTER Müllerhandwerk 49.– Auch: „beliebiges Geschoß des Mühlengebäudes ... *b'milbēn dsamkhiαn*" nach ebd.– **3**: °*Mühlbödl* „Gang in der Mühle entlang der Mauer" Treidling ROD.– **4** wie →[*Mahl*]*b.*: *Meibodn* Rinchnach REG.

WBÖ III,538; Schwäb.Wb. IV,1786.– DWB VI,2636; LEXER HWb. I,2222.– S-106F31.

[**Ober**]**b.**, [**Öber**]- **1** †Mutterboden: „Das Alluvium ist ... so beträchtlich, dass dem *Oberboden* die Mengtheile, woraus der Untergrund ... besteht, fehlen" A. SCHNIZLEIN, A. FRICKHINGER, Die Vegetations-Verhältnisse der Jura- u. Keuperformation in den Flussgeb. der Wörnitz u. Altmühl, Nördlingen 1848, 291.– **2** Zimmerdecke, s. *oberer B.* (→*B.*4b).– **3** Dachboden, s. *oberer B.* (→*B.*4d).

WBÖ III,538; Schwäb.Wb. V,10.– DWB VII,1083.

[**Ge-rieder**]**b.** wie →[*Heu*]*b.*, °OB vereinz.: °*Kriadabon* „Heulagerplatz über dem Stall" Degerndf RO; „Damit steigt sie die Leiter hinauf und zum *Kriadaboden*" CHRIST Werke 516 (Rumplhanni).– Zu →[*Ge*]*rieder* 'dass'.

[**Riem(en)**]**b. 1** wie →[*Bretter*]*b.*, °OB, °NB, °OP, °OF vereinz.: °*Reambon* Taching LF; *Reamâ:boon* „in Küche und Stube" CHRISTL Aichacher Wb. 87.– **2** wie →[*Holz*]*b.*2b, °OB, °NB, °OP, °SCH vereinz.: *an Reambom aimåucha* Mittich GRI.– Zu →*Riem(en)* 'Brett'.

Schwäb.Wb. V,343.– CHRISTL Aichacher Wb. 87.– W-38/34.

[**Riemling**]**b.** wie →[*Holz*]*b.*2b, °OB (BGD) vielf.: °*Reamlingbodn* „Holzdecke der Bauernstube" Ramsau BGD; „die niedere, mit dem frischgeputzten *Riemlingboden* überdeckte Stube" ANGERER Göll 56.– Zu →*Riemling* 'Balken'.

WBÖ III,538.– W-38/34.

[**Rohr**]**b. 1** wie →[*Jes*]*b.*, °nö.NB vielf., OP vereinz.: °*Roabon* „mit Schilfrohr benagelt und mit Mörtel beworfen" Lam KÖZ; *Aufn Rohrbodn summand d' Floing* PEINKOFER Mdadicht. 14; *einen neuen Rohrpoden von Stockhatorarbeith mit glatten gesimbsen aufziechen* Kapfelbg KEH 1720 H. WAGNER, Weinberg u. Steinbruch des Herrn, Kapfelberg 1985, 127.– **2** wie →[*Diel(en)*]*b.*3a: *hroabom* „Fußboden des Raumes über der Bauernstube" Unterer Bay.Wald nach KOLLMER II,337.

KOLLMER II,337, 537.

†[**Roß**]**b.** Dachraum über dem Roßstall: *bis auf den 1. Dez. seindt auf den Rosspoden 30 Pierth* [Bündel] *Spän khomen* 1690 POSCHINGER Glashüttengut Frauenau 63.

WBÖ III,538.

[**Rot**]**b.**, [**Röte**]- rötliche Erde, OP vereinz.: *Röitbon* zähe rötliche Erde Beratzhsn PAR.

Schwäb.Wb. VI,2838.

[**Rüttel**]**b.** bewegliches Sieb in der Windfege: °*Ritlbodn* „in der Windmühle" Aicha SUL.

[**Sand**]**b.** Sandboden, OP mehrf., Restgeb. vereinz.: *Sondbun is blaus gout füa Ärdepfl* Leupoldsdf WUN.

WBÖ III,538; Schwäb.Wb. V,576.– DWB VIII,1762.

[**Sau**]**b.** Raum über dem Schweinestall: °*Saubodn* Wettstetten IN.

[**Schar**]**b.** Trog zum Zerkleinern von Futterrüben: *šoabon* nach KOLLMER II,263; *Scharboden* „Bretter, zu einer Art Behälter zusammengefügt, in welchem Rüben klein geschroten werden" Bay.Wald SCHMELLER II,445.

SCHMELLER II,445.– Schwäb.Wb. V,697.– KOLLMER II,263.

[**Schaub**]**b.** Dachboden zum Lagern von Garben, NB vereinz.: *Schaubbodn* „über dem Stall" Spechting WEG; *Schabboden* HÄRING Gäuboden 168.

WBÖ III,538.

†[**Schmalz**]**b.** fruchtbarer Boden: „sein ... *Schmalzboden* ... spendet Jahr um Jahr ein saftigeres *Magenpflasterl* in's Haus" SCHLICHT Bayer.Ld 530; *auff einem fruchtbaren Schmaltzboden gebawet* HUEBER Granat-Apfel 69.

[Schneid]b. Raum, wo Viehfutter geschnitten wird, °OB, °OP, °MF vereinz.: °*Schneidbiedl* „wo mit der Häckselmaschine Heu und Stroh geschnitten wurde" Gunzendf ESB; „Vom Stall geht eine *Rusel* [Rohr] zum *Schneidboden* hinauf" BUCHNER Ndb.Sagen 58.
WBÖ III,538.– DWB IX,1249.

[Schrot]b. **1** Raum mit Balkon (→*Schrot*), Boden eines Balkons.– **1a** Geschoß od. Kammer mit Balkon, °NB vereinz.: °*Schreotbom* „früher oft Knechtekammer" Ruhmannsdf WEG; *Schroudbod'n* „Boden, der zum Balkon führt" HÄRING Gäuboden 173.– **1b**: °*a Schroutbon* „Bretterboden der Altane" Pfarrkchn.– **2** Raum od. Abteilung auf dem Dachboden, wo Getreide geschrotet wird, °OB, °NB, °OP vereinz.: °*Schroutbodn* „Teil der Scheune, wo die Schrotmühle stand" Hahnbach AM.– **3** wie →[*Schar*]b., °OB, °NB, °OP, °MF, °SCH vereinz.: °*Schroadbodn* „Kasten auf zwei Schragen" Klingen AIC; „Rüben ... in einem zerlegbaren Bretterkasten (*Schrôtboden*) ... klein hacken" SCHMELLER II,612.– Auch: °*Schrotbodn* „Schublade unter der Rübenmaschine, in die der Rübenschrot hineinfällt" Kay LF.– **4**: „*Schrotboden* ... Das in der Schroterei gemahlene Malz wurde hier gesammelt" E. HECKHORN, H. WIEHR, München u. sein Bier, München 1989, 101.
SCHMELLER I,211, II,445, 612.– DWB IX,1781.– W-39/4.

[Schupfen]b. Dachboden in einem Schupfen, NB, °OP vereinz.: °*der Korb is am Schupfabidl* Ursulapoppenricht AM; *S'Hei is ... am Schupfnbiad'n* Bärnau TIR SCHÖNWERTH Leseb. 75.
WBÖ III,538f.

[Schütt]b. **1** wie →[*Ge-treide*]b.2a, OB, NB, OP vereinz.: *Schitbodn* Waidhs VOH; *šībōm* Weildf LF nach SOB V,241.– **2** wie →*B.*5, OB, OP vereinz.: *Schidbun* freistehender Bau G'nsterz TIR.
SCHMELLER II,489.– WBÖ III,539; Schw.Id. IV,1031.– DWB IX,2105.– BRAUN Gr.Wb. 573.– S-93H1.

†[Schwelk]b., [Schwell]- Raum zum Trocknen von Malz: *das Bräuhaus mit Malz und Schwellboden* Neue Münchener Ztg (Morgenbl.) 2 (1857) 202; *das Maltz ... wird ... auf den Schwelckboden gebracht* HOHBERG Georgica II, 95.– Zu →*schwelken* 'welken'.
DWB IX,2484.

†[Schwell]b. Boden aus Schwellen: „für den neuen *Schwellboden*, worauf die Kirchenstühle gesetzt wurden" Pöttmes AIC 1747/1748 E. KRAUSEN, Die Kirchen zu Pöttmes (Lkr. Aichach), Schongau 1956, 43.

[Seiher]b.: *Seichabodn* Seihboden beim Mostelschaff O'audf RO.

[Soler(er)]b. **1** wie →*B.*4c: °*Sojabon* „erster Stock" (Ef.) Wolfsbach LA.– **2** wie →[*Dach*]b.: *Soiererbodn* Speicher des Hauses Attenhsn LA.– **3** wie →*B.*4e: *Sojererbodn* Hausflur im ersten Stock Tondf LA.– Zu einer Nebenf. von →*Söller*.

[Ge-sott]b. wie →[*Schneid*]b., °NB, °OP vereinz.: °*Gsotbödl* „Abteilung über dem Stall, wo die Häckselmaschine stand" Wiesenfdn BOG; *Gsodboden* „wo das *Gsod* hergestellt und aufbewahrt wird" SCHLICHT Bayer.Ld 515; *sched* [*gleich*] *steigt der Vater aufs Gsodbödel hinauf* SIEBZEHNRIEBL Grenzwaldheimat 270; „Auf dem *Gsodt Boden*" Furth CHA 1779 Oberpfalz 94 (2006) 224.– Zu →[*Ge*]*sott* 'kleingeschnittenes Viehfutter'.

[Spiegel]b. wie →*B.*4b: *Spiaglbodn* Decke des Zimmers Amsham PAN.

[Spitz]b. wie →[*First*]b., °OB, °NB, °OP, °MF vereinz.: *Spizbon* „nur bei Platzmangel mit Stroh belegt" Marching KEH; „Unter dem Dache ist 1 Zimmer, 2 Kammern und 1 *Spitzboden* angebracht" Regensburger Wochenbl. 5 (1815) 85; *daaßa am Spitzbuan druam a Spülzeichauto ... van Wegschmeißn bewahrt haout* SCHMIDT Säimal 140.
Schwäb.Wb. VI,3156.– BRAUN Gr.Wb. 70, 600f.; SINGER Arzbg.Wb. 221.

[Stadel(s)]b. **1** wie →[*Tenn(en)*]b.1, OB, °NB, °OP, °MF vereinz.: *Stodlbodn* Freihung AM.– **2** wie →[*Tenn(en)*]b.2, OB, NB, OP, MF vereinz.: *Stådlbodn* Dachraum im Stadel Fürstenfeldbruck; *Am Stodlbiad'n san Gar und s'Strao* Bärnau TIR SCHÖNWERTH Leseb. 75.– **3**: °*Stodlbon* „eigener Raum im Dachboden des Stadels für allerhand altes Geraffel" Schwandf.
Schwäb.Wb. V,1616.

[Stall]b. **1** Fußboden im Stall: °*Stoibom* Inzell TS; *šdoiboᵘn* Wulfertshsn FDB nach SBS VIII,56.– **2** Raum über dem Stall, °NB (v.a. N), OP mehrf., Restgeb. vereinz.: °*Stallböndl* Deg-

[Stall]boden

gendf; *aschdatt daaß er ödd Möddn ganga waar, hod a sö an Schdoijboon afföglegt* Frauenau REG HALLER Rauhnacht 38.

WBÖ III,539.– DWB X,2,1,609.– BRAUN Gr.Wb. 70; KONRAD nördl.Opf. 7; SINGER Arzbg.Wb. 44, 228.

†[**Staub**]**b.** wohl bühnenartiger Boden in der Mühle zum Auffangen des Staubmehls: *Es sollen auch die ... Staub Poden ... abgeschafft sein* 1578 BREIT Verbrechen u.Strafe 64.

DWB X,2,1,1094.

[**Stein**]**b. 1** steiniger Boden, OB, NB vereinz.: *Stoabom* Mittich GRI.– **2** mit Steinen od. Steinplatten belegter (Fuß-)Boden, °OB vereinz.: °*schtrumpfsockad* [nur in Socken] *brauchst auf dem koitn Schtoabohn ned geh, wast de dä glei vakayst* Siglfing ED; *aufm Stoabodn war sonst des Krüagerl a kaputtganga* M. WEBER, Die Kinder von Weidachwies. Aschauer Lausbubengeschichten, o.O. 2002, 55.

WBÖ III,539.– DWB X,2,2,2052.

[**Stoß**]**b.** wie →[*Schar*]*b.*: °*Stoaßbodn* „Kasten zum Rübenhacken" Eging VOF.

Schwäb.Wb. VI,3222.– DWB X,3,482.

[**Stroh**]**b.** Abteilung für Stroh im Stadel, °OP vereinz.: °*Strohbedl* Bodenwöhr NEN; *Stroh- u. Heuboden* nach 1882 H. FREILINGER, Notizen, Bemerkungen von Kajetan Schwertl über Lebensverhältnisse u. Zeitgeschehen, Straubing 1999, 34.

Schwäb.Wb. VI,3238.– DWB X,3,1650.

[**Stuben**]**b.**, [**Stüblein**]-, †[**Stub**]- **1** Fußboden in der Wohnstube, °OB, °NB vielf., °Restgeb. mehrf.: °*neilö hob i an Stumbon auf dö Knia putzn müaßn, sovui Drög hams' ma eidrong* T'nbach PA; °*heit hama an Stumbon bint* „gelegt" O'viechtach; *Wenn's wachlt und gfrert Und da Straßnmo d' Straßn Wia r an Stumbodn a'schert* [abkratzt] Bayerwald 24 (1926) 287; *den Kopf auf den Stuben poden also auf: vnd nider gestossen, das es Pumppert* 1730 StA Mchn Hofmark Amerang Pr.16,fol.225ʳ.– **2** wie →*B.*4b, OB, NB vereinz.: *Stumbon* Zimmerdecke Höhenmoos RO.– †Auch in fester Fügung: *Die obern Stuben-Böden mögen ... mit Tischlerwerck/ als Gips ... ausstaffiret ... werden* HOHBERG Georgica I,34.– **3** Kammer über Wohnstube od. Küche, NB, OP vereinz.: *Stumbuan* „hier wird das Mehl aufbewahrt" Friedersrth NEW; „in die *owa Stum* oder den *Stumbodn*, also den Schlafraum über der Küche" St.Englmar BOG VHN 93 (1967) 36.– **4** wie →*B.*4 f: °*Stüböböhm* „Räume unterm Dach zum Aufbewahren von altem Hausgerät" Passau; *šdiwebon* „Raum über dem Hausflur, dem Stall, dem Altenstübchen" nach KOLLMER II,68.

WBÖ III,539; Schwäb.Wb. V,1891.– DWB X,4,172.– BRAUN Gr.Wb. 622.

[**Sütt**]**b.** wie →[*Schneid*]*b.*, NB, OP vereinz.: *Sidbuan* „Futterkammer, meist über dem Rinderstall" Floß NEW.– Zu →*Sütt* 'kleingeschnittenes Viehfutter'.

[**Über**]**b. 1** wie →*B.*4b, °OB, °NB, °OP vereinz.: °*Iwabon* Hirnsbg RO.– **2** wie →[*Dach*]*b.*: °*Überbodn* „in der Scheune der Raum unterm Dachstuhl" Hohenschäftlarn WOR.

W-38/34.

[**Walzen**]**b.** wie →[*Mahl*]*b.*: *Walznbodn* Mahlkammer Pfarrkchn.

[**Was**]**b.** Rasenstück, OP, SCH vereinz.: *Wosbun* Deinschwang NM; *wōsbōn* nach FUNK Irgertshm 26.

Schwäb.Wb. VI,460.– DWB XIII,2212.

[**Wechsel**]**b.**: °*Wechslbodn* „Wiese, die ab und zu umgebrochen wird, um Kartoffeln anzubauen" Ettal GAP.

[**Weiß**]**b.** verputzte Decke eines Raumes, °OB, °NB, °OP, °SCH vereinz.: °*an Weißbodn streicha* Taching LF; *Ausbesserung des durch ... starke Regengüsse schadhaft gewordenen Kirchendachs und Weißbodens* Kapfelbg KEH 1795 H. WAGNER, Weinberg u. Steinbruch des Herrn, Kapfelberg 1985, 147.

Schwäb.Wb. VI,3396.

[**Weiz(en)**]**b.** für Weizenanbau geeigneter Boden, Gesamtgeb. vereinz.: *a guatr Woaznboun* Derching FDB; „Lochhausen [M] ... Hier ist der beste *Waizenboden*" Geogr.Statist.-Topogr. Lex. II,203.

WBÖ III,540.– DWB XIV,1,1,1330.– S-100A7.

†[**Welk**]**b.** wie →[*Schwelk*]*b.*: *Schwelk- oder Welkboden* B. SCHARL, Beschreibung der Braunbier-Brauerei, München ³1843, 179.

DWB XIV,1,1,1384.

[**Wies**]b. wie → [*Gras*]b.2, °OB, NB vereinz.: °*Wiesboda* Schongau; „Die Rennbahn ... halb Straße, halb *Wiesboden*" Landshuter Ztg 13 (1861) 640.

Schwäb.Wb. VI,3430.– DWB XIV,1,2,1602f.

[**Zeuger**]b. wie → [*Dach*]b.: *Zoigabon* Speicher des Hauses Martinshaun LA.

DWB XI,857 (Zeug-). E.F.

Bödenling, †**Büdeming**
M. 1: °*Bödnling* „Blinddarm" Ramsau BGD.
2 †Bauchfell: *Omentum budeminc* Aldersbach VOF 12.Jh. StSG. III,75,18 f.

Etym.: Ahd. *buthiming*, mhd. *bodeler, budeminc* stm., aus mlat. *botellus, budellus* 'Bauch, Darm, Wurst'; Schw.Id. IV,1020.

SCHMELLER I,212.– Schwäb.Wb. I,1264 (Bodler); Schw.Id. IV,1020 (Bodler, Bodmer).– Frühnhd.Wb. IV,723 (bodler); LEXER HWb. I,321 (bodeler), 377; Ahd.Wb. I,1477. E.F.

Podex
M., Gesäß, OB, NB vereinz.: *Bodex* Mchn.– Ra.: *lek mö ön Bodeks, håst moang a no ebbs!* „laß mich in Ruhe!" Aicha PA.– Syn. → *Arsch*.

Etym.: Aus lat. *podex*; KLUGE-SEEBOLD 710.
WBÖ III,541; Schwäb.Wb. VI,1673.– DWB VII,1967.–
S-77C14. E.F.

Bodi, unterer Teil von Hemd od. Jacke, → *Bottich*².

bodigen
Vb.: °*bodign* „zu Boden zwingen" Rosenhm.– Übertr.: °*bodign* „jemanden erniedrigen" (Ef.) ebd.

Schw.Id. IV,1032. E.F.

Boding → *Bottich*¹.

Podium
N. 1 Podium, bühnenartige Plattform, °Gesamtgeb. vereinz.: °*de hockan am Podium drom und spejn auf* Hirnsbg RO.
2 erhöhter Arbeitsplatz des Schusters: *a Packl Z'rissne* [Gebäck] *... bauts dem Seppn ... vor d'Füaß hi und aufs Podium* Altb.Heimatp. 6 (1954) Nr.11,3.

Etym.: Aus lat. *podium*; PFEIFER Et.Wb. 1022.
Fremdwb. II,569 f.

Komp.: [**Musik**]p. Podium für Musikanten, °OB, °NB vereinz.: °*Musipodium* Neukchn a. Inn PA. E.F.

†**Bödmer**
M., Boden einer Kopfbedeckung: „Pelzhaube aus Otterfell. Die Cylinderform ist nach vorn durchbrochen, um den goldgestickten Boden, *Bömer* ... zu zeigen" Altötting Bayerld 3 (1892) 407.

WBÖ III,542 (Podner); Schw.Id. IV,1032 f.– DWB II,218. E.F.

†**Bödnel**
M.: „Statt derselben [Brautkrone] wird auch der *Bendel* allein getragen, eine Art runden, drey Finger hohen Käppchens, mit schwarzen Spitzen, Glasperlen und Flinserln besetzt" Fronau ROD SCHÖNWERTH Opf. I,83.

SCHMELLER I,211. E.F.

bodneln, -meln, -ö-
Vb. 1: °*bonän* „nach Boden, Erde riechen" Fischbachau MB.
2 zu Boden ringen, °NB (v.a. SO) mehrf., °OB, °OP vereinz.: °*den hab i bömelt!* Fürstenstein PA.– Übertr. bändigen: °*der wollt si absolut net bemen lassn* Thanning WOR.
3: *Ham-mà bomed* „den Boden [eines Gefäßes mit Heidelbeeren] bedeckt" KAPS Welt d.Bauern 130.
4: °*bemön* „saufen, sich einen Rausch antrinken" Kumrt WOS.

WBÖ III,542.– W-38/36.

Komp.: [**auf**]b.: °*aufbömin* „einen Fleck aufnähen" Malching GRI.

[**zu-sammen**]b. über den Haufen rennen: °*a Goas bemet oan zam* Dfbach PA. E.F.

bodnen¹, -men
Adj., am Boden, unten befindlich, °NB mehrf., °OB, °OP vereinz.: °*auf da bonan Seitn is s Brot åbrennt* Halfing RO; °*die bomane Rindn is z'schwoaz* Simbach EG.

WBÖ III,543 (bodnern). E.F.

bodnen², -men, -ö-
Vb. 1 zu Boden ringen, °OB, °NB vereinz.: °*den bem i leicht!* H'schmiding WOS.

bodnen

2 mit einem Fußboden versehen, (einen Fußboden) legen.– **2a** mit einem Fußboden versehen, °OB, °NB, °OP vereinz.: °*bei ins teans d Stum böna* Fischbachau MB.– **2b** (einen Fußboden) legen, °OB, °NB vereinz.: °*nu miaßns owa eascht bema* Mittich GRI.
3 (ein Gefäß) mit einem Boden versehen, als Gefäßboden einlegen.– **3a** (ein Gefäß) mit einem Boden versehen, °OB vereinz.: °„*ein Faß bema*" Kay LF.– **3b** †als Gefäßboden einlegen: *vmb tieln zů bödemen in die gelter* Mchn 1417 MHStA Fürstensachen 1323,fol.9ᵛ.
4 mit einem Flicken versehen: °*d Muatta muaß dene Buam scho wieda d Hosn boma* Hirnsbg RO; *laiχa bema* „einen Fleck auf ein Leintuch setzen" nach BRÜNNER Samerbg 105.

SCHMELLER I,212.– WBÖ III,540; Schwäb.Wb. I,1264; Schw.Id. IV,1032; Suddt.Wb. II,496.– DWB II,218; Frühnhd.Wb. IV,723.– RASP Bgdn.Mda. 24.– W-38/37.

Komp.: [**auf**]**b.** wie →*b.*4, °OB, °NB vereinz.: °„wenn der Hinterteil der Hose hin war, *is a von da Muadda wieder aufbömd wordn*" Pfarrkchn; „Einen Fleck aufsetzen ... *aufbema*" BRÜNNER ebd.

W-38/38.

[**ein**]**b. 1** mit einem Fußboden versehen, (einen Fußboden) legen.– **1a** wie →*b.*2a, °OB, °NB vereinz.: °*d Stum eibema* Ampfing MÜ.– **1b** wie →*b.*2b: °*bei uns wird heit da Fuaßbom eibemt* „gelegt" Reut PAN.– **2** wie →*b.*3a: °„wenn ein Tiegel einen neuen Boden bekommt, wird er *eibömt*" Passau; *aiböma* LF H. MÜLLER, So wead gredd, Laufen ³2009, 3.– **3** wie →*b.*4, °OB, °NB vereinz.: °*d Hosn eiböma* Erharting MÜ.

WBÖ III,540.   E.F.

bodnerig, -merig
Adj., am Boden, unten befindlich, °OB, °NB, °OP vereinz.: °*i mecht di Bomerign* „die unteren Spielkarten" Garching AÖ; *En dera Kistn hand lautar Épfen; dé bomaringa hand Schpetépfe und dé hearinga hand Friarepfe* FEDERHOLZNER Wb.ndb.Mda. 38.

WBÖ III,542.– KOLLMER II,69.– W-38/40.   E.F.

bodnerisch
Adj. **1** am Boden, unten befindlich, °OB vereinz.: °*da bonarische Schdog* „der ebenerdige" Dachau; *Derselm han d' Heiser oastecki gwen, afn bodnerischn Stock is glei 's Doch kemma* KÖZ BJV 1952,32.

2 im Dachboden befindlich: °*bodnerischer Stock* „Dachwohnung" Traidendf BUL.

W-38/39.   E.F.

bödnern, -mern
Vb. **1** zu Boden ringen: °*der håt'n bömat* Pokking GRI.
2 einen Fußboden legen, °OB, °NB vereinz.: °*da Zimmerer håt heut bemat* Thanning WOR.
3: *be(d)nan* „Bödeneinlegen bei Holzschächtelchen" RASP Bgdn.Mda. 24.

RASP Bgdn.Mda. 24.

Komp.: [**ein**]**b. 1** mit einem Fußboden versehen, einen Fußboden legen.– **1a** mit einem Fußboden versehen: °*d' Stubn wird nei eibemat* Passau.– **1b** wie →*b.*2: °*da hama nei ei'bemat* „Fußboden gelegt" ebd.– **2**: °*eibeman* „bei Töpfen oder Kannen den Boden erneuern" ebd.– **3**: °*eibeman* „einen Flicken auf die Hose setzen" ebd.   E.F.

bodnersig, -mersig
Adj., am Boden, unten befindlich, °NB (v.a. Bay.Wald) mehrf.: °*i mag dös Bomasö von die Dampfnudln am liaban* Fürstenstein PA.

Etym.: Abl. von →*Boden* in Anlehnung an Zusammenrückungen wie →*untersich* 'unten'.

W-38/40.   E.F.

bodnig, -mig, -ö-, bodnenig, -icht, -bödig
Adj., am Boden, unten befindlich, °OB, °NB mehrf.: °*i mecht a Schnittl vo da bonanödn Seitn* Ismaning M; °*dö bomö Mil is dö schlechta* Aigenstadl WOS; *bone Stoa* „Bodenstein, Unterstein der Glasurmühle" L. GRASMANN, Die Hafner auf dem Kröning u. an der Bina, Straubing 2010, 381; *di bomingǝn* „die in einer grössern Menge unten befindlichen" Passau SbMchn 1887,2.Tl 409.

WBÖ III,543; Schw.Id. IV,1032.– KOLLMER II,69.– S-37C43, 104B20, 106F35, W-32/6, 38/40 f.

Komp.: [**kessel**]**b.** eben abgeschnitten od. abgehackt, fachsprl.: *köstlböni* „mit waagrechtem Schnitt, beim Baumfällen" O'audf RO; „der stehenbleibende Baumstock ... sollte *kesselbödig* sein, also wie ein Kesselboden aussehen" HAGER-HEYN Dorf 152.   E.F.

Poet
M. 1 Dichter: *Do sitz i iaz ois kloana Poet, mecht so gern übermittln, um wos ma geht* M. RIEDLBERGER, D' Hoffnung bleib', Aichach o.J., 28; *davon die alten poëten auch schreiben singen und sagen* AVENTIN IV,186,14 f. (Chron.).
2 †Leiter der städtischen Lateinschule: *Ordnung der Poeten schuel wie es yetziger Poet In allen classibus halten soll* Mchn 1560 WESTENRIEDER Beytr. V,214.

Etym.: Aus lat. *poeta*; PFEIFER Et.Wb. 1022.

Schwäb.Wb. I,1264.– DWB VII,1969; Frühnhd.Wb. IV, 723 f.; LEXER HWb. II,281.

Abl.: *Poeterei*.

Komp.: †[**Stadt**]**p.** wie → *P.*2: „Neben den beiden deutschen Schulen errichtet der Rat im Jahre 1478 eine Poeten- oder Lateinschule ... An der Spitze der Lateinschule steht der *Stadtpoet*" WETZEL Ämter 86.

DWB X,2,1,490. E.F.

†Poeterei
F., städtische Lateinschule: „die sogenannte *Poeterei* oder lateinische Schule" 1478 H. STAHLEDER, Chron. der Stadt München, München 1995, I,468.

DWB VII,1970 f.; Frühnhd.Wb. IV,725; LEXER HWb. II, 282. E.F.

Boeuf à la mode, Biflamod
N., Sauerbraten, °OB, NB, OP vereinz.: *°a rass Nagal kead eini ins Bifflamodd* Ebersbg; „Keine Ahnung von *Böflamott*, Reiberdatschi ... oder Lüngerl mit Knödel" MM 8./9.5.1999, J5; „was ihr heute nach den Knödeln gegessen habt, das ist ... ein ganz gesundes sauberes appetitliches *Biflemod*" SCHLICHT Bayer.Ld 136; *ein Buflamode ... ist freylich was für den Leib* BUCHER Pferderennen [IV].

Etym.: Aus frz. *bœuf* 'Rind' u. *à la mode*; Fremdwb. I,90.

Fremdwb. I,90.– BERTHOLD Fürther Wb. 22. E.F.

Pofel[1], wertlose Sache, dummes Gerede, → *Bafel*[1].

Pofel[2] → *Pöbel*.

pofeln[1], dumm, unsinnig reden, → *bafeln*[2].

pofeln[2]
Vb., ein drittes Heu machen: *bouvln* M'nwd GAP nach SOB V,272.

Etym.: Zu frühnrom. **bovale* 'Heimweide (der Rinder)'; vgl. DWEB III,471.

WBÖ III,545 f.; Schw.Id. IV,1043.

Komp.: [**ein**]**p.** dass.: *eibouvln* ebd. nach SOB ebd. E.F.

pofeln[3], wallen, → *poppeln*[2].

pofen[1], geifern, speicheln, → *bafen*[1].

pofen[2], schlafen, → *bafen*[3].

Bofist → [*Fohen*]*fist*.

-böge
F., nur im Komp.: [**Knie**]**b.** Kniekehle, OB, °NB vereinz.: *dö Ada laft unta da Kniabög durchö* Valley MB.– Abl. zur Wz. von → *biegen*; WBÖ III,548. A.S.H.

Bogeisel, Ziegelstein, → *Guckeisel*.

bögeln, -ü-
Vb. **1** bügeln, glätten, striegeln.– **1a** bügeln.– **1aα** bügeln, plätten, °OB, °NB, °OP vielf., Restgeb. mehrf.: *°wenn d'Küah oda d'Roß net soacha kenna, na werns am Kreuz obn mitam hoaßn Begleisn beglt* Halfing RO; *dös Bögln bringt khoa Geid* Mittich GRI; *bigln* Vohenstrauß; *Iatz bögel mir mein Frack!* EBERL Neui Kräutl 128; *I beglt grod d Manahemada* Mchn. Turmschr. 61; *einem Schneider-Gesellen/ so ein Tuch pöglete* M. DALHOFER, Miscellanea, Bd 2, München 1701, 587.– In festen Fügungen *geschniegelt* (→ *schniegeln*) / *gestriegelt* (→ *striegeln*) *und gebügelt* herausgeputzt.– Ra.: *°des git se mitn Bigln, hout da sell alta Waldsassna Schneida gsagt, wöi as Huasntirl hint eigmacht hout* Wdsassen TIR, ähnlich °EBE, BAUER gut bayer. 131.– **1aβ** durch Bügeln formen, OB, NB, OP vereinz.: *Fåidn bögln* Simbach PAN.– **1b** flach drücken, glätten.– **1bα** flach, platt drücken: *a böglda Schnai* Arrach KÖZ; „Mit einem Stück Holz, das an einer Eisenstange befestigt ist ... wird das Glas zur Tafel geglättet ... *glåtbîgln*" nach DÜRRSCHMIDT Bröislboad 27.– Ra.: *Schnee bügln* „Ski fahren" Germering

bögeln

FFB.– **1bβ** mit einer Bürste glätten, °OB, °NB, °OP vereinz.: °*mitn Kratzer gstrieglt und dann mit da Birstn bieglt* Pertolzhfn OVI; „Alles hilft zusammen, die Tiere noch einmal zu *bügeln* und zu striegeln" Bichl TÖL SHmt 43 (1954) 63.– **1c** striegeln, °OB, °NB, °OP, °MF, °SCH vereinz.: °*jetzt mua i d'Viecher biegln* „gut striegeln" Brunnen SOB.
2 übertr.– **2a** †: „Oberhalb Abbach [KEH] ... liegt ... die Teufelskanzel ... ein loch ... durch welches mit kreuzweh oder leibschaden behaftete durchschlofen, oder durchgezogen wurden. dieses ... nennt man *bögeln*" PANZER Sagen II,56.– **2b** schmierig, schmutzig machen: *dös Hemad is böglt* Mittich GRI.– **2c** bereinigen, in Ordnung bringen, v.a. in fester Fügung *gerade b.*, °OB, °NB, °OP vereinz.: °*des böiglma scho wieda grod* Schnaittenbach AM.– **2d** heftig zurechtweisen, °OB, °NB, °OP vereinz.: °*den hob i ganz schö bögelt* Wiesenfdn BOG.– **2e** schlagen, verprügeln, °OB, °NB, °OP vereinz.: *wart, i böglt dö* Peiting SOG.– **2f** Geschlechtsverkehr ausüben, ä.Spr., in heutiger Mda. nur im Komp.: *hingegen aber Er ihrern ersten Ehemann ... ins Niderlandt geschickht, derentwillen beede thaill bereits miteinander Pöglet haben* 1722 StA Mchn Hofmark Amerang Pr.16, fol. 71ʳ.– Syn. →*coire*.
3: °*mia gehn zum Bögeln* „Mähen mit einer Getreidesense mit Korngestell" Rehling AIC.

Etym.: Wohl Abl. von →*Bogen* bzw. →*Bug* 'Falte'; WBÖ III,549.

DELLING I,88; SCHMELLER I,217; WESTENRIEDER Gloss. 55; ZAUPSER Nachl. 45.– WBÖ III,549f.; Schwäb.Wb. I,1267; Schw.Id. IV,1070; Suddt.Wb. II,717f.– DWB II,219, 496; LEXER HWb. I,322.– BRAUN Gr.Wb. 47f., 71; DENZ Windisch-Eschenbach 118; KOLLMER II,533.– S-39E40ᵃ, 42, M-46/35, W-46/13.

Abl.: *Bögler, Böglerei, Böglerin, Böglung*.

Komp.: [**ab**]**b. 1** wie →*b.*1aα, OB, OP vereinz.: „ein Kleidungsstück *obögln*" Stadlern OVI.– **2** übertr.– **2a** wie →*b.*2b: *'s Hânttua âbbögln* Mittich GRI.– **2b**: *man muaß sein Teil abbügln jedn Tag* „seine bestimmte Arbeit leisten" Mchn.– **2c** refl.: *i hab mi abbüglt gnua* „abgeplagt" ebd.– **2d** stehlen, wegnehmen: °*des host abböglt* Günzlhfn FFB.

WBÖ III,550; Suddt.Wb. I,15.– ²DWB I,93.– S-39E42ᵃ.

Mehrfachkomp.: [**her-ab**]**b. 1** wie →*b.*2d, °OB, °SCH vereinz.: °*den hou i richti robeglt* Mammendf FFB.– **2** wie →[*ab*]*b.*2d: °*tua de letztn net a no robögln* „vom Weinstock" Brunnen SOB.

– [**hin-ab**]**b. 1** wie →*b.*2d, °OB vereinz.: °*den hams nobiglt* Uffing WM.– **2** wie →[*ab*]*b.*2d: °*wo hoscht denn des Trum wieda nobeglt?* Perchting STA.– **3** (v.a. im Kartenspiel) besiegen, verlieren lassen.– **3a** besiegen: °*dia Kindr hob i abr naböglt* Walleshsn LL.– **3b** (ein Spiel) verlieren lassen: °*des Solo homa eam nobiglt* Tandern AIC.– **4** nur in fester Fügung: °*deam hab i's naböglt* „falsch gespielt, ohne daß er es gemerkt hat" Rehling AIC.

[**abher**]**b. 1** wie →*b.*2d, °OB, °OP vereinz.: °*den hob i da owabeglt* „die Meinung gesagt" O'viechtach.– **2** wie →[*ab*]*b.*2d: °*dös hâw i eam âwabegld* Essing KEH.– **3** (im Kartenspiel) stechen: °*der ko wos awabögln* Schönbichl FS.

WBÖ III,551.

[**abhin**]**b. 1** wie →*b.*2d, °OB mehrf., °NB, °OP vereinz.: °*den hob i sauba owibiglt, wiara se aufmanndln wollt!* Starnbg.– **2** zusammenschlagen, niederprügeln, °OB vereinz.: °*i tua di abibigln* Taching LF.– **3** wie →[*ab*]*b.*2d, °OB, °NB vielf., °OP vereinz.: °*wenn as net so hergiebt, na wer is eahm owibegln* Kchseeon EBE; °*da Hias hot eahm an Fuchzgmarkschei abiböglt* Straßkchn SR; *oibegln* LF H. MÜLLER, So wead gredd, Laufen ³2009, 68.– Auch heimlich verschwinden lassen, °OB, °NB vereinz.: °*„eine Spielkarte beim Ausgeben awiböglt"* Pleinting VOF.– **4** vertuschen, °OB vereinz.: °*do dafahrscht nix, dees werd awibiegelt und aus is* Starnbg.– **5** scheitern lassen, zunichte machen: °*sein Antrag owibegln* Pertolzhfn OVI.– **6** (v.a. im Kartenspiel) besiegen, verlieren lassen, stechen.– **6a** wie →[*hin-ab*]*b.*3a, °OB vereinz.: °*den hob i sauba obibeeglt* „beim Kegelscheiben" Anzing EBE.– **6b** wie →[*hin-ab*]*b.*3b, °OB, °NB vereinz.: *dös Spui hobn ma iam awibeglt* O'schleißhm M.– **6c** wie →[*abher*]*b.*3, °OB, °NB, °OP vereinz.: °*dö As ham ma eahm schö awöbüglt* Schönbrunn LA.

WBÖ III,551; Suddt.Wb. I,73.– W-38/45.

[**auf**]**b. 1** aufbügeln, striegeln.– **1a** durch Bügeln wieder glätten, aufdämpfen, °OB, NB, OP vereinz.: *'s Hemad frisch aufbögln* Mittich GRI; *Aa wenn i dei Gsicht dreimoi noß aufbüglt, gengan deine Foitn doch net raus* Altb.Heimatp. 54 (2002) Nr.11,24.– **1b** wie →*b.*1c, °NB, °OP vereinz.: °*afbigln* Kelhm.– **2** übertr.– **2a** herausputzen: °*d'Houzadroß wan aufbeglt* Dachau.– **2b** wie →*b.*2c: °*aufbügln* „in Ordnung bringen" Ihrlerstein KEH.– **2c** wie →*b.*2d, °NB, °OP ver-

einz.: °*den soll ma amål wieda richtig afbiegln* „ihm die Leviten lesen" Rgbg.– **2d** wie →*b*.2e, °OB, °OP vereinz.: °*den hams schö afbeglt* „durchgehaut" Neunburg; *aufbīgln* „schlagen, verhauen, verprügeln" BERTHOLD Fürther Wb. 10.

WBÖ III,551; Schwäb.Wb. VI,1537.– ²DWB III,449.– BERTHOLD Fürther Wb. 10.– S-39E42ª.

[aus]b. 1 bügeln, durch Bügeln entfernen, ausbeulen.– **1a** wie →*b*.1aα, OB, °NB, °OP, SCH vereinz.: '*s Gwantar asbögln* Zandt KÖZ; „die Wåsche ... *ausbógeln*" DELLING I,40.– Ra.: *dem sein Hian tat a 's Ausbögln noat* „er hat schon Runzeln auf der Stirn" Herrnthann R, ähnlich OB, NB vereinz.– **1b** durch Bügeln entfernen, OB, NB, OP vereinz.: *Pfoötn ausbögln* Aicha PA; „Falten *ausbógeln*" DELLING ebd.– Ra.: *låß da daine Hianfåidn ausbögln!* Simbach PAN, ähnlich OB, SCH vereinz.– **1c** ausbeulen, eine Delle entfernen, °OB, °OP vereinz.: °*die Seges* [Sense] *ho i fein ausböglt* Perchting STA.– **2** übertr.– **2a** wie →*b*.2c, °OB, °NB, °OP vereinz.: °*den howi seine Fehler ausbögln helfa* Fronau ROD; *aasbiig'ln* „eine verfahrene Angelegenheit wieder in Ordnung bringen" BRAUN Gr.Wb. 19.– **2b** wie →*b*.2e, °OP vereinz.: °*n Max hama ausbüglt, daß da Staub gflogn is* Wiefelsdf BUL.– **2c** wie →[*abhin*]*b*.5: °*den hob i ausbegld* „den Anschlag vereitelt" Aicha PA.

DELLING I,40.– WBÖ III,550f.; Schwäb.Wb. I,456; Schw. Id. IV,1070; Suddt.Wb. I,585.– ²DWB III,991.– BRAUN Gr.Wb. 19.– S-39E42ª.

[ausher]b. 1 durch Bügeln entfernen, ausbeulen, glätten.– **1a** wie →[*aus*]*b*.1b, °OB, °NB, °OP vereinz.: °*aus dem guatn Gwand d'Wachstropfn aussabögln* Ramsau BGD.– Reim im Wortspiel mit Bed.2 fα: °*drah di um und loa di o, daß i deine Foitn aussabögln ko* „Androhung von Schlägen" Thanning WOR.– **1b** wie →[*aus*]*b*.1c, °OB, °NB, °OP vereinz.: °*dö Dulan hab i wieda sauba außaböglt vo meim Auto* Winklsaß MAL.– **1c**: °*aussabögeln* „den Estrich durch einen Feinstrich ausgleichen" Erharting MÜ.– **2** übertr.– **2a** wie →*b*.2c, °OB, °NB, °OP vereinz.: °*dös hast jaz vermasselt, i solls wieda aussabögln* Schönbrunn LA.– **2b** abgewöhnen, °OB, °NB vereinz.: °*mei liaba Bua, i werd dia dein Dickschädl ausabögln* Kammer TS.– **2c** refl., sich herausreden, von einem Verdacht befreien, °NB vereinz.: °*mechst di wieda außerbögln!* Reut PAN.– **2d** aus einer Situation heraushelfen, °OB, °NB vereinz.: °*den ham ma glücklich aussabügelt* Heilbrunn TÖL.– **2e**: *aussabegln* „lobend herausstreichen" Prien RO.– **2f** schlagen, prügeln.– **2fα** wie →*b*.2e, °OB vereinz.: °*den håm ma åwa a so aussabegld, dås as Mai ghoin håd* Dachau.– **2fβ** herauswerfen, -prügeln, °OB, °NB, °OP vereinz.: °*di werd i glei assabögln, wennst niat kumst* Nabburg.

WBÖ III,551; Suddt.Wb. I,605.– S-39E42ª, W-38/44.

[aushin]b. 1 wie →[*aus*]*b*.1c: °*aussiböglin* „aus einem verbogenen Blech" Nußdf RO.– **2** übertr.– **2a** wie →*b*.2c: °*des muaßt wieda aussiböglin* „in Ordnung bringen" ebd.– **2b** hinauswerfen, -prügeln, °OB, °NB, °OP vereinz.: °*döi were glei assebegln* „spielende Kinder aus der Scheune" Pertolzhfn OVI.

[durch]b. 1: *durch dö Bånk durbögln* „durch die wulstige Naht hindurchbügeln" Mittich GRI.– **2** vollständig, fertig bügeln, OB, OP vereinz.: *an ganzn Rock durchbegln* Wasserburg.– **3**: °*böglt das Blech durch* „schlag es vollständig flach" Halfing RO.– **4** wie →*b*.2e: °*den hab i scho durchbüglt* „geschlagen" Herrnwahlthann KEH.

WBÖ III,551.– S-39E42ª.

[ein]b. 1 wie →*b*.1aß, OB, NB, OP vereinz.: *dö Brust einbügln* Rdnburg.– **2**: *t Steak aibögln* „durch Bügeln eindringen lassen" Mittich GRI.

WBÖ III,551; Suddt.Wb. III,570.– ²DWB VII,483.– S-39E42ª.

[ver]b. 1: „durch Bügeln verderben ... *Döi Bluus'n håust gånz vabiiglt!*" BRAUN Gr.Wb. 738.– **2** wie →*b*.2e: °*den ho i richti verbieglt* Burggriesbach BEI.– **3** Part.Prät.: °*dea Kerl is ganz vobieglt* störrisch, eigensinnig Sachrang RO.

WBÖ III,551; Schw.Id. IV,1070; Suddt.Wb. IV,125.– DWB XII,1,180.– BRAUN Gr.Wb. 738.

[glanz]b. gestärkte Wäsche bügeln, OB, NB vereinz.: *glånzbögln* Aicha PA.

[her]b. 1 wie →*b*.1c, °OB, °NB, °MF vereinz.: °*den Gaul wer i jez herbigln* Wildenroth FFB.– **2** übertr.– **2a** wie →[*auf*]*b*.2a: °*des homa herbieglt aufn Glanz* „gut hergerichtet" Tandern AIC.– **2b** wie →*b*.2d, °OB, °NB vereinz.: °*vo dem lassat i mi no herbögln!* O'ammergau GAP.– **2c** wie →*b*.2e: °*i bögl dir dein Hintern richti her, wennst koa Ruah et gibsch* Brunnen SOB.

[hin]b. 1: °*hibeglt* „glatt hingekämmt" Schaufling DEG.– **2** übertr.– **2a** wie →*b*.2c, °OB, °OP vereinz.: °*des wern ma scho hibigln* Walchensee TÖL.– **2b** wie →*b*.2d, °NB, °OP vereinz.: °*den*

[hin]bögeln

hama scho hiebüglt Klardf BUL.– Auch: °dem hob is amol richti hinbiglt „gehörig die Meinung gesagt" Eschenlohe GAP.

[hinter]b. 1 wie →b.2d, °OB vereinz.: den håni åwa andascht hintaböglt Mchn.– 2 trinken, saufen, °OB, °OP vereinz.: °der hat einige Maß hintabüglt Schwandf.

W-46/12.

[hint(er)hin]b. 1 wie →b.2d, °OB, °NB, °OP vereinz.: °an Hias håms neili bein Wiat aso hintarebegld, daß a Pfotzn ghoitn håd Dachau.– 2 wie →[abhin]b.2: °den hob i gscheit hintreböglt „k.o. geschlagen" Straßkchn SR.

[knie]b., mit auffälligen Kniebewegungen od. vorstehenden Knien gehen, →[knie]bügeln.

[nieder]b. 1 flach bügeln, drücken.– 1a flach bügeln, OB, NB, OP vereinz.: d'Nåd niedaböglnAicha PA; So a Schneider, der könnt ihr mit sein Bögleisn dee Warzn niederbögln, dee wo sie im Gsicht hat QUERI Polykarpszell 9.– 1b wie →b.1bα, °OB, °NB vereinz.: °'s Gwitta hods Troad ganz niederböglt Peterskchn MÜ.– 2 übertr.– 2a wie →b.2d, °OB vielf., °NB, °SCH mehrf., °Restgeb. vereinz.: °i bin niederböglt worn wia kloana Bua Pittenhart TS; °dea haod n niedabieglt Traidendf BUL; die andern ham den Gnad'n Herr Landrichter gar nimmer kennt, weil er … net wia sunst … die Bauern niederbögelt hat FRANZ Lustivogelbach 16.– 2b wie →[abhin]b.2, °OB, °NB, °OP vereinz.: °den homa oba niedabüglt „niedergeprügelt" Kohlbg NEW.– 2c wie →[hin-ab]b.3a, °OB, °OP vereinz.: °den hab i niederböglt „besiegt" Reichenhall.

WBÖ III,551.– DWB VII,752.– S-39E42ª, W-46/12.

[zu-sammen]b. 1 wie →[durch]b.2, OB, NB, OP vereinz.: jatzt is äüs sauba zamböglt Altötting.– 2 übertr.– 2a wie →[auf]b.2a: °der is awa zambiegelt und gschdriegelt „kommt nobel daher" Scheyern PAF.– 2b wie →b.2d, °OB vielf., °NB mehrf., °Restgeb. vereinz.: °mei, hot mi da Moasta zambügltPörnbach PAF; °gestern hat mei Mo aufdraht, du den hawe schö zamböglt Schönbrunn LA; daß a si von sein Voda aso zammbögln laßt HELM Mda.Bgdn.Ld 242.– 2c wie →[abhin]b.2: oan z'sammbügln „zusammenschlagen, daß er sich nicht mehr rühren kann" Mchn.– 2d wie →[abher]b.3: °bögl'n zam! „stich ihn!" Eitting MAL.– 2e trans., wie →b.2f: oanö zambögln Aicha PA.

WBÖ III,551.– RASP Bgdn.Mda. 162.– S-39E42ª.

[her-unter]b. 1 wie →b.2d, °OB, °NB, °OP vereinz.: °den wer i amoi richti runtabigln Weilhm.– 2 wie →b.2e, nur in fester Fügung: °eam oane runterbögln „eine Ohrfeige geben" Pöttmes AIC.– 3 wie →[hin-ab]b.3b: °den homa oans runterbügelt „ihn sein Solo verlieren lassen" Monhm DON.– 4 wie →[ab]b.2d: °runtabögelt „unerlaubt weggenommen" Pipinsrd DAH.

[hin-unter]b. wie →b.2d, °SCH vielf., °OB vereinz.: °den hob i nuntabiglt Ried FDB.

[unthin]b. dass.: °undebiegln Tirschenrth.

[weg]b. 1 wie →[ab]b.2d: °der hod eam wos wegböglt Rottenburg.– 2 wie →[hinter]b.2: Der håut da gesta(r)n woos weegbüglt „der trank gestern sehr viel" BRAUN Gr.Wb. 821.

WBÖ III,551.– BRAUN Gr.Wb. 821.   A.S.H.

Bogen, Boge

M. 1 gebogene Linie, Biegung, °MF mehrf., OB, NB, °OP, SCH vereinz.: d'Straßn get in Bong um an Beag rum Fürstenfeldbruck; 's Bluad mächt a Beigla Derching FDB; ə~n Bogng schlagng „(vom Wild, Jagdhunden) von der Richtung ihres Laufes ablenken und auf einem Umweg an dem Stand der Schützen vorüberlaufen" M'nwd GAP SCHMELLER I,216; Des Lebkuachahaus hot … a Haustür mit am rundn Bogn ghabt SZ Freising 54 (1998) Nr.297,17; pretzen von nachmel … süllen oben einen slechten [einfachen] pogen haben 1365 Stadtr.Mchn (DIRR) 433,19–21.– In festen Fügungen: in / mit →Bausch und B. im ganzen.– Über den →Bausch und B. machen unordentlich arbeiten.– Ra.: (um jmdn) einen (großen) Bogen machen u.ä. jmdn meiden, OB, OP vereinz.: um den moch i an großn Bogn Donaustauf R; An gråuß'n Buag'n mäch'n BRAUN Gr.Wb. 71.– †: einen Bogen ziehen gegen einen „einen mit grobem Hochmuth, abwärts ansehen" WESTENRIEDER Gloss. 53 f.– †: Ueber das Böglein treten, springen „figürl. einen Fehltritt, Fehlgriff thun, über die Schnur hauen" SCHMELLER I,216.

2 gewölbtes Tragwerk über einer Öffnung, OB, NB, °OP, SCH vereinz.: °dea is mit sein Fouhwerk åm Buang higfoarn Neuhs NEW; einen All Kohv gemacht … miet einen bogen über der thür

versehen 1805 PURUCKER Auftragsb. 199; *arcum poco* 8./9.Jh. StSG. I,152,4; *solui dem Steffan Mawrer hat die Pogen an der rechten Seitten des Chors ... hoher außprochen zum Liecht* 1488 Frsg.Dom-Custos-Rechnungen I,589; *Es solle niemand in seines Nachbarn aigen Maur ... mit Trämen/ Kästen/ Bögen/ Behaltern ... Löcher brechen* Wachtger.Ordng Rgbg 23ʳ.– Pl. auch Arkaden, Bogengang, °OB, °NB vereinz.: °*undda de Behng* Wasserburg; *Durch die Bögen ... in d' Martinskircha?* Landshut BRONNER Bayer.Land 222.

3 Bogen zum Abschießen von Pfeilen, MF vielf., SCH mehrf., Restgeb. vereinz.: *a Bogn zum Pfeilschiaßn* Ottendichl M; *Bung* Rasch N; *Den Bogn spanna is an anderne Kunst* O'pframmern EBE SZ Ebersberg 54 (1998) Nr.171,2; *Arcus ... bogo* Aldersbach VOF 12.Jh. StSG. III,161, 3; *Vil manger iagt ân* [ohne] *bogen* HADAMARvL 106,424; *Auch ler ich in wol mit den pogen schiessen* FÜETRER Trojanerkrieg 41,70.– In fester Fügung *jmdn in den B. spannen* u.ä. festhalten u. züchtigen, °OB vereinz.: °*dea schbannd sein' Buam richti in Bong eini* Dachau.– Ra. *den B. überspannen* u.ä. zu weit gehen, übertreiben: °*der håt an Bogn überspannt* Rgbg; *Man muß den Bogen nicht zu hoch spannen* O. SCHREGER, Speiß-Meister, Neudr. von 1766, Kallmünz 2007, 29.– Sprichw.: °*wenn ma'n Bogn z'stoark spannd, noa bricht a Weiden*, ähnlich AVENTIN I,180,16 f. (Türkenkrieg).– Auch: *da Bong* „Bogen der Armbrust" Klinglbach BOG.

4 Henkel, Griff, Haken.– **4a** Henkel, gebogener Griff, °OB, °NB, °OP mehrf., °MF, °SCH vereinz.: *da Bong vom Böglåsn* Zandt KÖZ; °*dea Krou hot koan Bong* Cham.– **4b** Halte- u. Führungsbogen an der Holzegge, OB, NB, OP, SCH vereinz.: *Bogn* Höll WÜM.– **4c**: °*Bong* „Kleiderhaken" Zustorf ED.

5 Getreidesense, Korngestell daran, Sensenstiel.– **5a** Getreidesense mit Korngestell: °*Bong ban stehadn Troad* Langenpreising ED; *beigla* „leichte Ausführung einer Gestellsense für die Getreideernte, vor allem von Frauen benützt" LECHNER Rehling 162.– **5b** Korngestell daran: °*Beigla* Todtenweis AIC; *bouɡə* Merching FDB nach SBS XII,331.– **5c** Sensenstiel: °*'s Begla* Wintershf EIH; *bēglə* Biesenhard EIH SOB V,276 f.

6 Vorrichtung zum Heutragen, °OB vereinz.: °„*das Heu kommt in ein Netz, das oben zusammengebunden und mit dem Bogn weggetragen wird*" Kay LF.– S. Abb. 35.

7: °*Boga* „Holzbogen mit zwei Seilen zum Zusammenstreifen des Heus auf Bergwiesen" O'ammergau GAP.

8 Stirnjoch, °SCH vielf., °OB (v.a. NW) mehrf., °NB, OP, °MF vereinz.: *Bong* Wolnzach PAF; *Bögn* Hagenhill RID; *bouŋ* Rennertshfn ND nach SBS XIII,309.– Syn. → *Joch.*

9 Kufe.– **9a** Schlittenkufe, v.a. gebogenes Ende davon, °OB vereinz.: *Bogn* Eching FS.– **9b**: *Bong* „Kufe zum Schaukeln der Kinderwiege" Aicha VOF.

10 gebogene Holzstrebe: °*Biagn* „bei kleinen Dachfenstern" Kohlbg NEW; „*Die Stoagambs* [Schiff beim Salzzug] *bekamen haltbarere Bögeln, etwa 15 cm voneinander*" Laufen Zwiebelturm 6 (1951) 173; *von Machung eines neuen Pogens zum Strohestuehl* [Vorrichtung zum Strohschneiden] *fünffzehen Kreuzer* Irlbach SR 1765 HARTINGER Ordnungen III,378.

11 †Gerte mit Schlinge zum Vogel- od. Wildfang: *haben ... Landrichter ... allen herzogischen geboten zu jagen, und erlaubt Bögeln aufzurichten* 1491 BLH X,352; *Mit Zäunen, Bögen, Mäschen und andern gerichten dem Wildpret nachstehen* 1747 HEUMANN Opuscula 704.

12 Bogen für ein Streichinstrument: °*una Lehra haout min Buang* (Geigenbogen) *aa zougschlong* Windischeschenbach NEW; *Vor ain neu guettes Violin, dem Pogen* N'aschau RO 1691 JAHN Handwerkskunst 465.

13 Papierbogen, OB, NB, MF, SCH vereinz.: *an Bong Babia* Preith EIH; *solch lumpiger paar Gräten* [Geld] *wegen kunnt er nicht noch einen neuen Bogen schöns Papier verschmieren* CHRIST Werke 369 (Mathias Bichler); *Bogng* „Der Bogen Papier" SCHMELLER I,216; *nim ain pogen papir* Tegernsee MB Mitte 15.Jh. A. BARTL u.a., Der „Liber illuministarum" aus Kloster Tegernsee, Stuttgart 2005, 182; *man halte zu solchen wichtigen conceptten ein aignes von etlich bögen pappier zusammen gehöfftes rapular* FRIED-HAUSHOFER Dießen 13.– Auch †Druckplatte: *So hab er in .j02 Exemplar .2. Pög*[en] *Khupffer getruckht für yeden Pogen khupffer .5.d* Mchn 1578 MHStA Kurbayern Hofkammer 29,fol.51ʳ.

14 Abschnitt einer Treibjagd, jägerspr., °OB, °NB, °OP vereinz.: *dös is a guata Bogn, do müaßn vui Hosn folln* Pfaffenbg MAL; *Nach dem letzt'n Bog'n geht dann Treiba', Hund und Jagersmann G'radenwegs dem Wirthshaus zua* DREHER Schußzeit 46; „*ein Leiterwagen ... ist von Bogen zu Bogen mitgefahren*" LETTL Brauch 170; *einen ordenlichen Reuers ... in*

Bogen

welchem nit allein die Bógen/ vnd alle Gemerck angezaigt Landr.1616 778.
15 †Himmelsgewölbe: *Darûmb ist der pog der neht lenger danne der pog des tags, und nach der pogen gestalt kurtzent sich die tag über die neht* KONRADvM Sphaera 42,4–6.

Etym.: Ahd. *bogo*, mhd. *boge* stm., germ. Bildung zu →*biegen*; KLUGE-SEEBOLD 137.

Ltg: *bō(g)ŋ*, *-o-* u.ä., *-ǫu-* u.ä. SCH (dazu FFB, GAP, MB; EIH), *-ū-*, *-u-* OP, MF, *-ua-* OP, OF, *bōgǝ* westl.OB (dazu A, DON, FDB), *-ǫu-* (LL; DON), *bōg* (FS).– Pl. mit Uml., dazu vereinz. *bēŋan* (PA), ferner gleichl. mit Sg. v.a. bei [*Ellen*]b.– Dim. *bēŋal* (PA), *bēglα* u.ä. SCH (dazu AIC; EIH).

SCHMELLER I,216; WESTENRIEDER Gloss. 53 f.– WBÖ III,551–553; Schwäb.Wb. I,1265–1267, VI,1673; Schw.Id. IV,1060–1064; Suddt.Wb. II,497.– DWB II,218 f., 222; Frühnhd.Wb. IV,726–729; LEXER HWb. I,322; WMU 274, 2563; Ahd.Wb. I,1247 f.– BERTHOLD Fürther Wb. 33; BRAUN Gr.Wb. 47, 71; CHRISTL Aichacher Wb. 148; LECHNER Rehling 162.– S-57C93, 65F10, 11d, e, 66A41, C41, 45, 91C29, M-145/9, W-38/46.

Abl.: *bogen, -bögig, Bogner*.

Komp.: [**Augen**]b. Augenbraue, OB, NB, OP, OF vereinz.: *mit seine Augnbögn siagt er grad hea wia a Nochteul* Hengersbg DEG.– Syn. →[*Augen*]*braue*.

Suddt.Wb. I,572.– DWB I,804; Frühnhd.Wb. II,824.– S-13B6.

[**Pfeil(er)**]b. wie →*B*.3, OB, °NB mehrf., OP, MF vereinz.: *Pfaibong* Arrach KÖZ; *Pfalabong* Wdmünchen; *Was machma-r-iatz heint? An Pfeilbogn?* HALLER Dismas 126.

WBÖ III,553; Schw.Id. IV,1066.– DWB VII,1658.

Mehrfachkomp.: [**Pfitsche(n)-pfeil**]b., [**Pfitze-**]- dass., OP, °OF, MF vereinz.: °*Pfitschapfaalbuang* Selb.

[**Bild(er)**]b. Bilderbogen, OB, NB, SCH vereinz.: *Bejderbogn* Passau.

DWB II,16.– S-92E45.

†[**Brätzen**]b. Bratschenbogen: *ainen Neuen Prätzzen Bogen ... dem Lazaro Pichler* N'aschau RO 1691 JAHN Handwerkskunst 465.

[**Pfeil-büchsen**]b. Bogen der Armbrust (→ [*Pfeil*]*büchse*): *Pfeilbüchsnbogn* Kchnbuch BUL.

[**Butter**]b. bogenförmiges Mürb- od. Blätterteiggebäck: *Gansjung mit Budaböng* Kötzting; *zwei Eierweckl und einen ganz mürben Butterbogen* PEINKOFER Werke I,246.

[**Draht**]b. Korngestell aus Draht an der Getreidesense: °*Dråhbong* Paunzhsn FS.

WBÖ III,554.– DWB II,1329.

[**Ge-treide**]b. 1 wie →*B*.5a: „Getreidesense ... *drōebēglǝ*" Biesenhard EIH nach SBS XII, 330.– 2 wie →*B*.5b: °*Troadbogn am Senswarb* Endlhsn WOR.

[**Triumph**]b.: *Driumfböng* „geschmückte Bögen, zu Fronleichnam an den Wegen errichtet" Zandt KÖZ.

WBÖ III,554.– DWB XI,1,2,705 f.

[**Egel**]b., Ellbogen, →[*Enkel*]b.

[**Egge(n)**]b., [**Eiden**]- wie →*B*.4b, OB, NB, OP, MF vereinz.: *Arnbogn* Ittling SR; *Ichbing* Graben WUG.

WBÖ III,554; Schwäb.Wb. VI,1799 f.

[**Ell(en)**]b., [**Eller**]- **1** Ellbogen, °Gesamtgeb. vielf.: °*spreiz di net gor a so nei mit dein Öabogn* Polling WM; °*i ho mi an Ellabong ogschdessen, daß mi glei elegdrisiad hod* Neufraunhfn VIB; °*der hat ma in Illbong einigrennt* Schwandf; *an uijαbou̯ŋ nēišdǫαfn* Harthsn FDB nach SBS II,96; *Ulnas ellinpogvn* Rgbg 11.Jh. StSG. II, 438,30; *mit chôppfen* [Schröpfköpfen] *an den ellpogen lassen* 1392 Runtingerb. II,24; *an beeden Öhlpogen ... ein ablengliches Loch ... gestochen* Kemnath 1696 Wir am Steinwald 2 (1994) 69 (Prot.).– In fester Fügung *mit dem / den E.* rücksichtslos, gewaltsam, OB vereinz.: *der stupft sö a mitn Eujbogn durch* „setzt sich rücksichtslos für seine Pläne ein" Altötting; *dös sell hoaß i net wart'n, wann ma'r an Vata mit die Ellabog'n wegschiab'n möcht* THOMA Werke VI, 357 (Wittiber).– Ra.: *den / die E. brauchen / zu leihen nehmen* u.ä. rücksichtslos vorgehen, °OB, °OP mehrf., °NB, °OF vereinz.: °*wannst da ebbs daroacha wäist, muaßt schå d'Äibong z'leing nemma* Thurmansbang GRA;– °*bon Ellnbogn gehts hirt af* „der setzt sich durch" Böbrach VIT;– *fia wåus håst den zwoa Oibong!* „setz dich doch durch!" Mittich GRI.– °*Der hot si d'Ellnbogn z'leiha gnomma* „er hat sich angestrengt" Michelsneukchn ROD, ähnlich EG.– *Am (tenken / linken) E. schlecht / zu wenig hören* u.ä. (geistig) schwerfällig, ungeschickt sein, °OB, °NB mehrf., °OP, °MF, °SCH vereinz.: °*dea heat an denggn Eibong z'wenig, mit den koscht ned vui ofanga* Dachau;– auch auf eine Aufforderung nicht reagieren, sie überhören, °OB, °NB,

°OP vereinz.: °*am denggn Ellabong schlecht hörn* Vilzing CHA.– *Aus dem E. schütteln / beuteln / schwitzen* u.ä. ohne Mühe bewerkstelligen, OB, NB, OP vereinz.: *i ko's a net aus'n Ellabogn schwitzn* Mchn.– *Dös khast da vam Oiboing außazoing* „von mir bekommst du nichts" Mittich GRI.– *Er koa mi'm Ellbuagn niat in'n Taschn* „er hat kein Geld" Wdsassen TIR.– *Dem stenand Åiböng hint aussö* „er scheut die Arbeit" Mengkfn DGF.– *Ön Eibong möa ham as wiaran åndana r ön Khōbf* „blitzgescheit sein" Aicha PA.– Sprichw.: *schbiza Ellnbogn, schbizes Kinn, schdeggt da Deife nein mal drin* „über einen bösen Charakter" Mchn.– **2** Unterarm, OB, OP vereinz.: *Ejabong Gosseltshsn* PAF.– Auch in fester Fügung: *am untan Ölbogn* Etzenricht NEW.– **3** †Elle, Längenmaß: *Das sext wunderwerk ... ist sibenzig elpogen hoch gewesen* AVENTIN IV,314,7–9 (Chron.); *ein eiserer 3 Ellenbogen von der Erde erhobener topf* A. CRAMMER, Heiliges, u. gottseliges Eichstädt, Eichstätt 1780, 37.

Ltg: Bestimmungsw. *ęl*- u.ä. OB, NB, OP, OF, *il*- (MB; SAD, TIR), im Vokalisierungsgeb. *ęi*-, *ǫi*- u.ä. OB, NB (dazu WÜM), *ē*- u.ä. (BGD, LF, TS; REG, WEG, WOS), *ui*- (WS), ferner *ęln*- u.ä. (ED, M, PAF, SOG; DGF, LA; NEN, NEW, TIR; SC), *ęla*- u.ä. OB, NB, OP, MF, SCH, *ila*- u.ä. (AM, KEM, PAR, SAD), im Vokalisierungsgeb. *ęin*- u.ä. (ED, M, SOG, STA; PA), *ęia*-, *ǫia*- u.ä. OB (dazu MAL, SR; FDB), *uia*- u.ä. (M, PAF; FDB), *ia*- (PAF).

WBÖ III,554; Schwäb.Wb. II,695f.; Schw.Id. IV,1064f.; Suddt.Wb. III,689.– ²DWB VII,1235f., 1238; LEXER HWb. I,539; Ahd.Wb. III,264f.– BRAUN Gr.Wb. 118.– S-33B28–30, M-67/28, W-57/50, 145/55.

[**Enkel**]**b.**, [**Egel(ein)**]- wie →[*Ell(en)*]*b.*1, °OB mehrf., °NB, °SCH vereinz.: °*mitn Eglbogn hob ihn eingstößn* Zustorf ED; *ein deu maus* [Wunde] *oberhalb dez engelpogen* 1328 Frsg. Rechtsb. 18–20.– Ltg: Bestimmungsw. *ēgl*- u.ä. OB (dazu GRI, LA, MAL, VIB), *eŋ(g)l*- (ED, GAP, TÖL, WM).– Dim. *ēgla*- (A).

SCHMELLER I,111.– WBÖ III,555.– DWB III,486.– S-33B28, W-38/47.

†[**Feil**]**b.** feinzahnige Bügelsäge des Schlossers: *1 Feil Bogen* Wunsiedel 1684 SINGER Vkde Fichtelgeb. 225.

[**Fickel**]**b.** wie →*B.*12: *Figlbogn* SCHWÄBL altbayer.Mda. 40; *Der Figkelbogen* „Fiedelbogen" SCHMELLER I,689; „*Unb 2 neue Figl Pögen zu einer Prazzen und Trompamarina 24x ... Bratsche und Trumscheit*" N'aschau RO 1693 JAHN Handwerkskunst 466.– Zu →*fickeln* 'hin- u. herbewegen'.

SCHMELLER I,689.– Schwäb.Wb. II,1467.– BRAUN Gr.Wb. 134.

[**Fidel**]**b.** dass.: *Fie(d'lbuag'n* „Violinbogen" BRAUN Gr.Wb. 134; *vor 2 Neue Fidlpögen 30x* N'aschau RO 1690 JAHN ebd. 465.

WBÖ III,555; Schwäb.Wb. II,1469; Suddt.Wb. IV,272.– ²DWB IX,473; LEXER HWb. III,335.– BRAUN Gr.Wb. 134.

[**Fitz(e)**]**b. 1** wie →*B.*3, nur in festen Fügungen u. Ra.– In festen Fügungen: *in den F. spannen* festhalten u. züchtigen, °OP vereinz.: *wart nea, i spann di scho in den Vizebogn* „Drohung" Pfreimd NAB.– °*Er hat ihm den Fizebogn anglegt* „den Kopf beim Rangeln unter den Arm geklemmt" Zwiesel REG.– Ra.: °*i bin gspannt wie a Fitzbogn* „voller Erwartung" Jachenau TÖL.– **2** wie →*B.*12: °*Fizebogn* „Bogen der Baßgeige" Schnaittenbach AM.

Suddt.Wb. II,312 (Pfitze-).– W-38/3.

[**Flitz**]**b.** wie →*B.*3, nur in der Ra.: *gespannt wie ein Flitzbogen* [voller Erwartung] SCHLAPPINGER Bilder 12.

Schwäb.Wb. II,1574 (Flitsch-); Schw.Id. IV,1065 (Flitsch-).– ²DWB IX,652; LEXER HWb. III,406.

[**Gras**]**b.** Grassense: *grōsbēglə* Biesenhard EIH nach SBS XII,330.

Schwäb.Wb. III,797; Schw.Id. IV,1065f.– DWB IV,1,5, 1939.

[**Häfelein**]**b.** Henkel einer Tasse: °*der Haferlbogn* Aidenbach VOF.

†[**Hand**]**b. 1** mit der Hand zu spannender Bogen zum Abschießen von Pfeilen: *auch gehört den snalz kracher knal und rauschen der hantpogen* AVENTIN IV,394,23 (Chron.).– **2** wie →*B.*12: *Man well Ime ... geg[en] gebürender bezallung Eiben Holz zu Hand Pögen eruolg[en]* [zukommen lassen] 1597 MHStA Kurbayern Hofkammer 132,fol.151ʳ.

Schwäb.Wb. III,1109; Schw.Id. IV,1066; Suddt.Wb. V,79.– DWB IV,2,365; Frühnhd.Wb. VII,1021; LEXER HWb. I, 1172.

[**Hennen**]**b.**: °*Hennabogn* Sitzstange für Hühner Starnbg.

[Heu]bogen

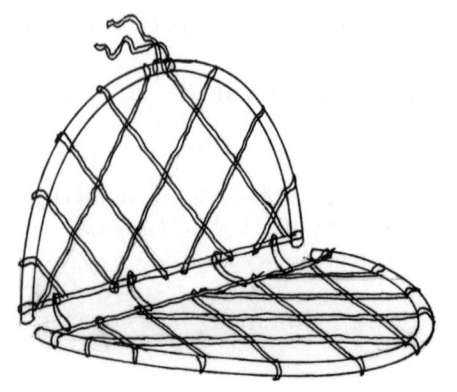

Abb. 35: *Heubogen* 'Vorrichtung zum Heutragen' (Aicha PA).

[**Heu**]b. wie →*B*.6, °OB, °NB, °OP vereinz.: °*Haibögn* „darin Heu auf dem Nacken heimgetragen" Aicha PA.
WBÖ III,555.– W-38/50.

[**Himmel**]b., †[**Himmels**]- 1 Regenbogen, OB, NB vereinz.: *Himöbong* Drachselsrd VIT; *hi-me-boŋ* nach KOLLMER II,537.– Syn. →[*Regen*]-b.– 2 †wie →*B*.15: *Der Engel nahm den Zirkel vom Himmelsbogen* Neuenhammer VOH SCHÖNWERTH Opf. II,130; *mit welcher die ewige Weißheit den Umbkraiß deß Himelsbogen durchsuchet* HUEBER Granat-apfel 131.
WBÖ III,555; Schwäb.Wb. VI,2171.– DWB IV,2,1343, 1350.– KOLLMER II,537.

[**Hirn**]b. wie →*B*.8: °*Hirnbogn* „Stirnjoch mit Seegras und Leder gepolstert" Pöttmes AIC.
WBÖ III,555.

[**Jagd**]b., †[**Jaids**]- wie →*B*.14, °OB, °OP, °OF vereinz.: °*Jagdbuang* Selb; *Verwilligit worden ... in dem ... iberreiteramdt Päning, ein Jaitspogen, gegen Jerlicher Verreichung* 1698 MHStA F.A. Fasz.433 Nr.1698,fol.47ʳ.

[**Joch**]b. 1 wie →*B*.8: °*Jochbogn* „bei Rindern" Rohrenfels ND.– 2 Querverbindung oben an den Wagenleitern: *jūxbūᵍŋ* Bieswang EIH nach SBS XIII,290.– 3 wie →[*Augen*]b.: *Jochbögen* Ingolstadt.
DWB IV,2,2331.

[**Kessel**]b., [**Kestel**]- Henkel eines Kessels, OB mehrf., NB, OP, SCH vereinz.: *Köstlbogn* Greising DEG.
WBÖ III,555; Schwäb.Wb. IV,352; Schw.Id. IV,1066.– S-92C18, M-18/16, 292/37.

[**Knie**]b.: °*Kniebogn machn* „Kniebeugen machen" Endlhsn WOR.

[**Knödel**]b. jägersprl. 1 scherzh. Mahl nach der Treibjagd, °OB, °NB, °OP, °SCH vielf., °Restgeb. vereinz.: °*jetza kommt dös Schöna vo da Jagd, da Knödlbogn* Pfarrkchn; °*gestern war mei Vata beim Knödlbogn* Cham; *Beim Knôd'lbog'n da bin i' z' Haus* DREHER Schußzeit 43; *Knedlbogn* „Wirtshausessen nach der Treibjagd" JUDENMANN Opf.Wb. 95.– Auch Brotzeit während der Treibjagd, °OB, °NB, °OP vereinz.: °*Knödlbogn* „zwischen zwei Trieben gibt es Würste" Tacherting TS.– 2 scherzh. letzter Abschnitt der Treibjagd, °OB, °NB, °OP vereinz.: °*Knödlbogn* N'bergkchn MÜ.
W-38/49.

[**Kreuz**]b. Rippe im Kreuzrippengewölbe, ä.Spr.: *die Mödel zu den Kreutzpogen ... pracht vnd die Kreutzpogen ... geslagen* 1480 Frsg. Dom-Custos-Rechnungen I,395.
Schw.Id. IV,1066.– DWB V,2187.

[**Kuh**]b., [**Kühe**]- wie →*B*.8, °MF, °SCH vereinz.: °*Kouhbung* Wettelshm GUN; „Stirnjoch für einen einzelnen Ochsen ... *khuəbouŋ*" Burghm ND nach SBS XIII,309.

†[**Laub**]b. laubgeschmückter Reifen beim Schäfflertanz: *Die Schaflerknecht formiren mit ihren Laubbôgen, deren sie sich beym gewöhnlichen Tanz bedienen, Triumphporten* BUCHER Charfreytagsprocession 25.
WBÖ III,555; Schw.Id. IV,1066.

[**Mandel**]b. bogenförmiges Mandelgebäck: *Mandlbögn* „aus Zucker, Eidotter, Eischnee, Mehl und fein geschnittenen Mandeln" Passau; *Mandelbôgen* HUBERINN Kochb. 490.
WBÖ III,555f.; Schwäb.Wb. VI,2517.

[**Maus**]b. Gerte mit Schlinge zum Fangen von Mäusen: °*Mausbogn* Sachrang RO.

[**Nudel**]b. 1 Nudelbrett, °OB, °NB, °MF vereinz.: °*Nullbong* G'holzhsn RO.– 2 Nudelholz: °*Nudlbogn* „Nudelwalze" Steinhögl BGD.
W-38/48.

[**Ochs(en)**]b. wie →*B*.8, °nw.OB mehrf., NB, °OP, °SCH vereinz.: *Ogsnbong* Willprechtszell AIC; *okʃnboŋ* Herrnsaal KEH nach SNiB VI,44.– Ra.: °*dem dad ma gscheida an*

Ochsnbogn olegn! scherzhaft von einem dummen Menschen Brunnen SOB.

WBÖ III,556.

[**Rechen**]b. Strebe am Rechen zw. Querholz u. Stiel, °OP, °MF vereinz.: °*Rechnbung* Regelsbach SC.

WBÖ III,556; Schwäb.Wb. VI,2768 f.; Schw.Id. IV,1066.

[**Regen(s)**]b. Regenbogen, °Gesamtgeb. vielf.: *'s hot an schön Regnbogn ghabt* Haag WS; *da Rengbong, dort khanst goidenö Schissal findn* Mittich GRI; *wo da Regnbogn niedergeht, is a Kufa voll Geld* Cham; *Wians ausn Hoiz nauskeima san, homs an Reingbong ... gsehng* Waidhfn SOB BÖCK Sagen Neuburg-Schrobenhsn 179; *Der Regenbogen* SCHMELLER II,70; *Arcus rega nbogo* 11.Jh. StSG. II,673,9; *der welieht auf* [aufwölbt] *den regenpogen der wirt vil dike petrogen* Aldersbach VOF Ende 13.Jh. Clm 2649,f.44ᵛ; *den 11. Juni ... seindt alhier ... 2 Sunne gesehen worden sambt ainen Regenpogen so in der mitten ein Creuz gehabt* Wiefelsdf BUL 1577 Oberpfalz 75 (1987) 41.– Syn.: [*Regen*]*baum* (dort zu ergänzen), [*Himmel(s)*]*blühe,* [*Himmel(s)*]*b.,* [*Himmel*]*brucke,* [*Himmel*]*tor,* [*Wasser*]*galle,* [*Himmel*]*ring,* [*Himmel*]*rose.*– †Übertr. best. Edelstein: *Iris haizt der regenpog. der stain ... wirft ... schœn varb an die wend, die des regenpogen varben geleichent* KONRAD v M BdN 450, 17–20.

SCHMELLER II,70.– WBÖ III,556; Schwäb.Wb. V,236 f.; Schw.Id. IV,1067.– DWB VIII,516–518; LEXER HWb. II,374; WMU 2597; Gl.Wb. 476.– BRAUN Gr.Wb. 498.– S-83B40, M-70/5.

[**Reitel**]b. wie →[*Rechen*]*b.,* °OB, °OP vereinz.: °*Roadlbogn* „aus Draht" Thanning WOR.

[**Ried**]b. Querscheit, das die Deichselarme verbindet: °*Ritboga* Geltendf FFB.– Zu →*Ried* 'Kurve'.

[**Riedel**]b. 1 wie →[*Rechen*]*b.,* °OP, °MF vereinz.: °*da Ritlbogn roicht vom Recha durchn Stül und wieda zruck zum Recha* Schnaittenbach AM.– **2**: °*Rütlbogn* „Querholz des Rechens, in dem die Zinken stecken" Kay LF.– Zu →*Riedel* 'Geflecht, Riegel'.

[**Rund**]b. Rundbogen, OB, NB, OP vereinz.: *a Rundbogn, a Spitzbogn, a Flachbogn* „Bogenarten" O'audf RO.

DWB VIII,1507.– S-65F11a.

[**Rütlein**]b. **1** wie →[*Rechen*]*b.,* °OB, °NB, °OP vereinz.: °*Röitlbogn* „Weidenrute, die man durch ein Loch im Rechenstiel zieht und deren Enden man in das Rechenhaupt steckt" O'wildenau NEW.– Auch: °*Riatlbogn* „aufgespaltenes, unteres Ende des Rechenstiels" Kohlgrub GAP.– **2** wie →*B.*5b: °*Riatlbogn* Walleshsn LL.

W-38/52.

†[**Sattel**]b. Holzbogen des Sattels: *Arceolv satilpogo* Rgbg 11./12.Jh. StSG. III,623,16; *den Wein sol eer an dem Satlpogn fuern* Seeon TS 1440 MB II,164.

WBÖ III,557.– DWB VIII,1825; LEXER HWb. II,613 f.; Gl.Wb. 509.

[**Schellen**]b. Halsbogen für die Kuhglocke, MF (v.a. HEB) mehrf., °OB, OP vereinz.: *Schellnbing* „Holzbögen mit kurzen Lederriemen, an denen die Schellen hängen" Fürnrd SUL; *Schellabung* Kammerstein SC; „*Schellenbögen* bogenförmig gekrümmte Hölzer" Frasdf RO HuV 15 (1937) 221.

Schwäb.Wb. V,762; Schw.Id. IV,1067 (Schell-).– S-53C1, M-171/16.

[**Scher**]b. Gerte mit Schlinge zum Maulwurfsfang: °*Schärbogn* Sachrang RO.

[**Ge-schirr**]b. wie →*B.*8: *Gscheabeng* Echenzell IN.

WBÖ III,557.

†[**Schlag**]b. wie →*B.*11: *sol niemanden ... auff die Vogltrenck mit dem Schlagbogen/ zeitlicher dann vom ersten Julij an/ außzugehen ... gestattet werden* Landr.1616 789.

DWB IX,336.

[**Schlauder**]b. wie →[*Joch*]*b.*2: *šlaudəbouɡə* Kissing FDB nach SBS XIII,291.

[**Schleif**]b. wie →*B.*4b: *an der Beeteratn* [Beetegge] *die Schleifbogen* Wolnzach PAF.

Schwäb.Wb. V,923.

[**Schlitten**]b. wie →*B.*9a, OB, NB, OP vereinz.: *Schlinbögn* oberes Ende der Schlittenhörner Laberweinting MAL.

Schw.Id. IV,1067.– M-18/20.

[**Schneider**]b. wie →[*Knödel*]*b.*2: *Schneidabogn* „letzter Abschnitt einer Treibjagd, bei dem man hofft, noch etwas zu erlegen" Chiemgau.

Schw.Id. IV,1067.

[*Schnell*]bogen

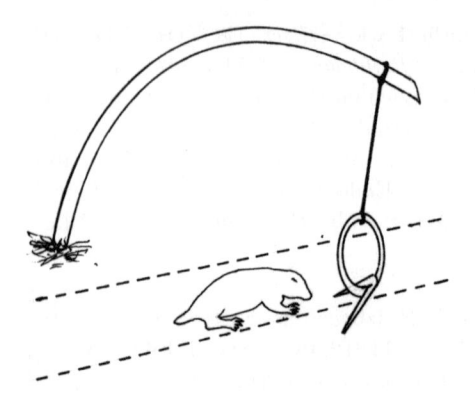

Abb. 36: *Schnellbogen* 'Gerte mit Schlinge zum Fangen von Maulwürfen' (Kchnthumbach ESB).

[**Schnell**]**b.** Gerte mit Schlinge zum Fangen von kleineren Tieren, °OB, °NB, °OP, °MF, °SCH vereinz.: °*Schnoibong* „zum Hasenfangen" Rehling AIC; °*Schnellbung* „bei Berührung schnellt der Maulwurf aus dem Boden hoch" Kchnthumbach ESB.– S. Abb. 36.– Auch: °*Schnellbogn* „Holzgehäuse mit Drahtschlinge darin zum Mäusefang" Tandern AIC.

WBÖ III,557; Schw.Id. IV,1067.– W-38/51.

[**Schwib**]**b.**, †[**Schwiel**]-, [**Schwieg**]-, [**Schwind**]-, [**Schwing**]- **1** Schwibbogen: *Am Schwibbuagn stäiht d Jaouhazahl* 1752 HEINRICH Gschichtla u. Gedichtla 80; *Schwin-Bog'n* HOHENEICHER Werdenfels 59; *(Fornicem) .i. suipogon* O'altaich DEG 10.Jh. StSG. I,406,5; *die zwo figur ölperg und gefencknuß im switpogen* Dok. Mchn.Familiengesch. 274; *Das Gesims und der Schwingbogen fangen zu sinken an* Pullenrth KEM 1748 Wir am Steinwald 7 (1999) 41.– **2** †Brückenbogen: *ein pruck … het zwainzig groß mächtig pfeiler unden, darauf auch neunzehen schwindpogen* AVENTIN IV,848,27–30 (Chron.).– **3** †übertr. Biegung eines Wasserlaufs: *Nu lag ain Zipffel* [der Wiese] *in ainem Swibugen, da hiet das Wasser durch ainen ganzen Wasen gewaschen* Beuerbg WOR 1436 MB VI,452.

SCHMELLER II,615f.– WBÖ III,557; Schwäb.Wb. V,1285; Schw.Id. IV,1068.– DWB IX,2609f., 2653; LEXER HWb. II,1370; WMU 1729f.; Gl.Wb. 618.

[**Sens(en)**]**b. 1** wie → *B.*5a: °*Sa^nsbong* „Sense mit Bügel aus Eisen" Albaching WS; *se^igəsbou̯ŋ* Althegnenbg FFB nach SBS XII,331.– **2** wie → *B.*5b, °OB vereinz.: °*Sästbong am Sästwall* „gebogene Haselnußgerte an der Getreidesense" Rechtmehring WS; „dünne Äste von Weiden oder Fichten, daraus wird … *se^igəsbou̯ŋ*

… gemacht" Althegnenbg FFB nach SBS XIII,17.

†[**Spriegel**]**b.** Spriegel: *an einer Schössen* [Chaise] *… ein neuen Sprügel bogen* 1844 PURUCKER Auftragsb. 145.

[**Spritz**]**b. 1** Schutzblech: *Schbrizbogn* „Kotflügel" Reisbach DGF; „das Schutzblech am Rad *Spritzbogen*" SCHLAPPINGER Niederbayer II, 54.– **2** Henkel an der Gießkanne (→*Spritze*): °*Spritzbogn* Schönbrunn LA.

WBÖ III,557.

[**Stirn**]**b.** wie →*B.*8, °OB, OP, SCH vereinz.: *Stirnbogn* Schönhfn R.

WBÖ III,557.– DWB X,2,3199.

†[**Well**]**b.** Schlagwerkzeug der Tuchwalker u. Hutmacher: *ein wel pogen* Wasserburg 1419 Voc.ex quo 1099.

DWB XIV,1,1,1394.

†[**Woll**]**b.** dass.: *schlueg im einer das hirn ein mit einem wolpogen* AVENTIN IV,792,32f. (Chron.).

Schwäb.Wb. VI,939; Schw.Id. IV,1069.– DWB XIV,2, 1316f.; LEXER HWb. III,971.

[**Zecker**]**b.** Henkel eines Korbs: °*Segabogn* Schönau VIT.– Zu →*Zecker* 'Handkorb'.

[**Zug**]**b.** wie →*B.*8: °*Zugbogn* „gebogenes Holz mit Riemen für die Hörner" Fahlenbach PAF.

A.S.H.

bogen

Vb., im Bogen fließen, stark bluten, ä.Rechtsspr., nur Part.Präs.: *pogentzplůt* Landshut 1183 Urk.Schäftlarn 12; *Swer einen man wundet, der pogenden wunden sein vil oder wenich* 1310–1312 Stadtr.Mchn (DIRR) 258,19f.

Rechtswb. II,401.– SCHMELLER I,216; WESTENRIEDER Gloss. 54.– WBÖ III,557f.; Schwäb.Wb. I,1265f.; Schw.Id. IV,1069.– DWB II,219; Frühnhd.Wb. IV,729; LEXER HWb. I,322; WMU 274; Ahd.Wb. I,1246. A.S.H.

bogetzen

Vb. **1** in zwei Tönen zurufen: °*so greisle braugschd a ned bogazzn* Dachau; *selbander bogatzen* „Durch Gesänge … sich in großer Entfernung von einem Berge zum andern … unterhalten" BGD Der Neue Teutsche Merkur vom Jahre 1801, hg. von C.M. WIELAND, Weimar 1801, III,84.

2: °*bogetzn* „jodeln" Ainring LF.

3: °*bogetzn* „auf der Alm juchzen" Inzell TS.
Etym.: Wohl onomat. E.F.

-bögig
Adj., nur im Komp.: [**ein**]**b.**: °*a Kuah is eibögi* „ihre Rückenlinie hängt durch" O'ammergau GAP. A.S.H.

Bögler, -ü-
M., Bügler, OB, OP, SCH vereinz.: *der Begler* Wasserburg.
Schw.Id. IV,1070.– S-39E43.

Komp.: [**Knie**]**b.**, jmd, der mit vorstehenden Knien geht, → *-bügler*. A.S.H.

Böglerei, -ü-
F. 1 Bügeln, OB, NB, OP vereinz.: *mit da Böglerai 's Geid vedean und an Gsund ruinian* Mittich GRI.
2: *Biglarei* „Geschäft, in dem man bügeln lassen kann" Mchn.
Suddt.Wb. II,718.– S-39E43. A.S.H.

Böglerin, -ü-
F., Büglerin, OB, NB, OP, SCH vereinz.: *sie is a Wascherin und Beglerin* Wasserburg; *Büglerin in einer Erdinger Wäscherei* SZ Erding 56 (2000) Nr.38,5.
WBÖ III,558; Schwäb.Wb. I,1267; Schw.Id. IV,1071; Suddt.Wb. II,718.– S-39E43. A.S.H.

†Böglung
F., Geschlechtsverkehr: *habe sye sich doch zu deren Bezahlung sowenig iemahls bekhent, als wenig zwischen ihnen die fürgebne Pöglung beschechen* 1722 StA Mchn Hofmark Amerang Pr.16, fol.71ᵛ. A.S.H.

†Bogner, -ö-
M., Bogen-, Armbrustmacher: *Erlinger der pogner ... hat verdient v s. x d. an den armbrosten* 1.H.14.Jh. Rgbg.Urkb. I,747; *In den Umbgang Corporis Christi ... Lebzelter ... Poltzmacher vnd Pogner* Mchn 1563 OA 13 (1852) 60.
SCHMELLER I,216; WESTENRIEDER Gloss. 54.– WBÖ III,558; Schwäb.Wb. I,1267; Schw.Id. IV,1069.– DWB II,222; Frühnhd.Wb. IV,732 f.; LEXER HWb. I,322; WMU 274.– S-66C43, 109/605. A.S.H.

Bogoner, Schweinerasse, → *Bakonyer*.

Pograd, -gerad, Pu-, Pong(r)ad, Puger(er)
F., M. (TÖL). 1 Schlafstelle, v.a. in der Holzknecht- od. Almhütte, °südl.OB vielf.: °*hob's a da Hüttn ou* [auch] *an etle Buga dinna?* Grainau GAP; *Lusti, mir Holzknecht, die Bograt voll Flöh* Ruhpolding TS KIEM obb.Volksl. 285; „Die Bo~grád ... der Holzknechte ... besteht aus zwey als Kopf- und Fuß-Enden am Boden liegenden Baumstämmen und einer Lage Moos oder Heu zwischen denselben" SCHMELLER I,986.– Auch Schlafraum, OB vereinz.: *Bonkrad* „Schlafstube in der Almhütte" Staudach (Achental) TS.
2: „Der Badstubenraum enthält einen ... Ofen und eine Bretterbühne (*Bograd* genannt) ... [darauf] der Badende ... auch der zu dörrende Flachs gelegt" BGD Bayerld 49 (1938) 104.
Etym.: Aus slow. *pógrad* m. 'Gerüst an der Wand, das als Bett dient', F. in Angleichung an dt. F. auf *-ede*; WBÖ III,559.
Ltg: *bōgrɑd* u.ä. (BGD, LF, MB, RO, TS), *bõ-, bon-* u.ä. (MB, RO, TS), *bōgɑrɑd* (AIB, BGD, MB, RO), *būg(ɑ)rɑd* (MB), *bōgɑrɑ* (AIB), *bū-* (RO), *båŋkɑd* (TS), *būgɑ* (GAP, TÖL).
SCHMELLER I,217, 245, 251, 986.– WBÖ III,559; Schwäb.Wb. I,1510.– DWB VII,1961 f. (Pocherte).– HEIGENHAUSER Reiterwinklerisch 5; RASP Bgdn.Mda. 32.– S-92D27.

Komp.: [**Heu**]**p.**: °*Heubuger* „Schlaflager aus Heu" Garmisch-Partenkchn. A.S.H.

-bogsel
M.(?), nur im Komp.: [**Ellen**]**b.** Ellbogen: °*Ellabogsl* Schnaittenbach AM; *ęlǝnpok's'ǝl* Eichstätt WEBER Eichstätt 66.
Etym.: Wohl Kontamination aus → *[Ellen]bogen* u. → *Pochs* 'Stoß'.
W-38/47. A.S.H.

-bogsen
M.(?), nur im Komp.: [**Ellen**]**b.** Ellbogen: °*Ellnbogsn* Brunnen SOB; *ölɑboksǝn* Eichstätt nach WEBER ebd. 77.
Etym.: Wohl Kontamination aus → *[Ellen]bogen* u. → *Pochs* 'Stoß'.
W-38/47. A.S.H.

Bogungerer, Gurke, → *Guckumer(er)*.

Böhemer, Bergfink, → *Böhmer*[1].

bohetzen, juchzen, → *pochetzen*.

Bohle

F., Bohle, °NB, °OP, °MF vereinz.: °*Bouln* „zum Belegen einer Brücke" Kallmünz BUL; *d Bulln* „ein starkes Brett, eine Balkenunterlage" SINGER Arzbg.Wb. 45; *Bole. oder prett* Voc.Teutonico-Latinus ci[v].

Etym.: Mhd. *bole*, germ. Wort unklarer Herkunft; KLUGE-SEEBOLD 137.

SCHMELLER I,231.– Schwäb.Wb. I,1271; Suddt.Wb. II, 498.– DWB II,223; Frühnhd.Wb. IV,742; LEXER HWb. I, 323.– BRAUN Gr.Wb. 73; SINGER Arzbg.Wb. 45 f.

Komp.: [**Bruck(en)**]**b**. Brückenbohle, °OB, OP, °MF vereinz.: *Bruckbolln* Kolmbg CHA.

[**Ge-rüst**]**b**. Bohle eines Gerüsts, °OB, °NB vereinz.: °*Gristbeun* Langdf REG; *Zu 150 Stamb Gristbohlen seind 75 fuhren nötig* Dalking CHA 1734 Oberpfalz 75 (1987) 90.

[**Wind**]**b**.: °*d'Windboin* „Windbretter am Giebel" Grafenau. A.R.R.

Böhm → *Böhme, Böhmen*.

Böhmake

M., meist abwertend. **1** Bewohner Böhmens, °Gesamtgeb. vereinz.: *dö Böhmaken mit eahnerne Birnköpf* Kötzting; *De Bemakn hom d'Kirchagloggn owa* Kchbg R BÖCK Sitzweil 92.– Im Vergleich: *der spricht wia Böhmak* „unrichtig, wie ein Fremdsprachiger" Marktl AÖ.– Spottv.: *Böhmack, Böhmack, hast in d'Hosen kackt, hättst net einekackt, waadst koa Böhmack!* K. EISCH, Grenze, München 1996, 203, ähnlich °DEG.– *Böhmak, Böhmak quak, quak, quak, Um an Kreizer Schnupftawak, Um an Kreizer hom ma koan, Geht da Böhmak wiedrum hoam* ObG 10 (1921) 193.– *Böhmak! Um ein' Kreuzer ein' Tubak, Um ein' Kreuzer ein Pfeffer, Wird da Böhm sei' Lebta(g) nimma größer* Bay.Wald BRONNER Bayer.Land 325.– Ortsneckerei: *Böhmaken* „Bewohner von Rattenberg" Haselbach BOG.– Auch: deutschsprachiger Bewohner Böhmens, °OB, °NB vereinz.: °*im Zug han vorm Kriag viele Bömakn gsessn* Geiselhöring MAL; *Böhmack* „allgemein abwertend, von Böhmerwaldler" H. SCHNEIDER, Bair. gschimpft, München 1991, 13.– Slawe, °OB, °NB vereinz.: °*Bämack* Wasserburg; *Bämack* „Schimpfwort, das vor allem die Osteuropäer und Tschechen meint" BINDER Saggradi 17.

2 jmd, der undeutlich od. schwer verständlich spricht, °NB vereinz.: *Bemagg* „einer, der kauderwelscht" Lichtenhaag VIB; *beimǫk* „Mensch, der in fremder, unverständlicher Sprache spricht" nach DENZ Windisch-Eschenbach 115.

3 falscher, eigensinniger Mensch.– **3a** falscher, hinterhältiger Mensch, OB, °OP vereinz.: °*des is a Böimak* Neumarkt.– **3b**: „Man schimpft auch einen Dickschädel … schlechthin einen *Böhmak*" Bay.Wald ObG 10 (1921) 193.

4: *Bemaken* „Bettelmusikanten" Willing AIB.

WBÖ II,810; Schwäb.Wb. I,1267 f.; Suddt.Wb. II,498.– BRAUN Gr.Wb. 35; DENZ Windisch-Eschenbach 115.
A.R.R.

böhmakeln

Vb. **1** mit tschech. Akzent sprechen, °OB, °NB vereinz.: °*böhmakln* Langquaid ROL; *wunderschön böhmaklt hat er* DITTRICH Kinder 162.

2 dt. Böhmerwalddial. sprechen, °OB, °NB vereinz.: °*bämaggln* Wasserburg.

3 undeutlich od. schwer verständlich sprechen, NB, °OP vereinz.: °*wäi dea böimakld – und is scho so old* Rötz WÜM.

4 Kristallglas verzieren, fachsprl.: „*Barockeln* oder *Böhmakeln*, kunstbeflissen und aufwendig Glas zu machen" HALLER Geschundenes Glas 54.

WBÖ II,810; Suddt.Wb. II,498. A.R.R.

Böhme, Beham, †-heim

M. **1** Bewohner Böhmens, °NB mehrf., OB, OP, MF vereinz.: °*da kemman Böhm zum Hopfazupfa* Langquaid ROL; *wea nimmt nix mit, wås ångnäglt is? – da Bemm* sö.OP; *Beim Weiden* BzAnthr. 6 (1885) 137; *A Bäham wird a Lump oder a Musikant* FÄHNRICH M'rteich 160; *Boemi Beheima* Aldersbach VOF 12.Jh. StSG. III, 131,61; *ein Schrecken der Behaimb* HUND Stammenb. I,117.– In Vergleichen: *rön wiara Bem kauderwelschen* Aicha PA, ähnlich REG.– *Der hät si aufspiln mögn s wia Böhm!* Raitenhaslach AÖ.– *Er schnarcht wöi a Bäim* „kräftig" Griesbach TIR.– *Der ist eiskalt im Glauben wie ein Böhm* ObG 10 (1921) 194.– Abwertende Sprüche: *Trau, schau, wem, nur koan Böhm* ebd.– *A Böhm und a Stier Is oa Viah* [Böhmen sind starrköpfig] Bay.Wald ebd. 193.– *A Behm is a Behm, und wennstn neunmoi in Schmoiz umkäast* Metten DEG.– Auch deutschsprachiger Bewohner Böhmens: *s is håld a Bäim* „eingeheiratet von jenseits der Grenze" Stadlern OVI; „Als *Böhm*' bezeichnen die Bayern nicht nur die tschechischen Wallfahrer … sondern auch die *Passauergänger* aus den deutschen

Grenzdörfern Böhmens" R. KUBITSCHEK, Allerlei Bayer. u. Böhm., Winterberg o.J., 44.
2 jmd, der undeutlich od. schwer verständlich spricht, OB, NB vereinz.: *du Bähm, röd deitlicher!* Passau.
3 abwertend.– **3a** Dieb: *Langfinger, Böhm* Passau.– **3b**: *a Böhm falscher Mensch* Berchtesgaden.– **3c** dummer, ungeschickter od. ungebildeter Mensch, NB, OP vereinz.: *a so a Böhm ungeschickter Mensch* Spechting WEG.
4 wandernder Musikant, OB, NB, OP vereinz.: *Böhma M'nwd* GAP.
5 †Haubendrossel: *solches Voglwerch/ außgenommen der Crametsvögel/ vnd Behaimel* Landr. 1616 789.
6 Mühlstein aus böhm. Stein, OB, NB vereinz.: *Böhm Lindbg* REG.
7 ungepflügter Streifen, krumme Furche im Akker, OB, °NB, OP vereinz.: *„a Beham entsteht, wenn der Pfluag net åbeißt"* Hiesenau PA.

Etym.: Ahd. *bêheima* st.Pl., mhd. *bêheim*, vgl. lat. *Boihemum* (Tacitus) 'Wohnsitz der Boier'; WBÖ II, 806.
Ltg: *bẹ̄m* u.ä. OB, NB, *bẹim* u.ä. OP (dazu KÖZ; HEB), vereinz. *bẹam* (TIR), *bẹiɑm* (WUN), auch *bẹm* (EBE, FFB); daneben in Bed.7 *bẹ̄hɑm* (AÖ; GRI, PA, PAN; CHA, R).
SCHMELLER I,188 f.– WBÖ II,806–809; Schwäb.Wb. I,737, 1267; Schw.Id. IV,1092 f.; Suddt.Wb. II,499.– DWB II,224; WMU 2560; Gl.Wb. 44.– BRAUN Gr.Wb. 35; DENZ Windisch-Eschenbach 115; SINGER Arzbg.Wb. 30.– S-18F1f.

Abl.: *Böhmake, böhmakeln, böhmeln, Böhmen, Böhmer[1], Böhmer[2], Böhmin, böhmisch*.

Komp.: **[Powidl]b.** wie →*B*.1: „Wegen ihrer Vorliebe für das Zwetschkenmus ... *Powidlböhm*" ObG 10 (1921) 193.
WBÖ II,809.

[Fidel]b. wandernder Geiger: „Mitunter kehrte auch einmal ein *Fiedlböhm* im Dorf zu ... und geigte" HAGER-HEYN Dorf 200.

[Kies]b. wie →*B*.1: „spöttisch ... *Kiesböhm*, weil sie einen Schädel haben, so hart wie Kies" ObG ebd.

[Für-saum]b.: „die Zuwanderer aus dem deutschsprachigen Böhmerwald (= *Vürsaumböhm*)" HALLER Glasmacherbrauch 18.
WBÖ II,810.

[Stock]b. 1 Böhme, der durch u. durch Tscheche ist, NB, OP, MF vereinz.: *a Stockböhm* Passau; „Kurzwaren verkaufte der *Slowak* [PN] ... War ein *Stockböhm*" FÄHNRICH M'rteich 38; *Stock-Böhm* „der keine andere, als seine Sprache versteht" SCHMELLER II,729.– Im Vergleich *wie ein S. mundfaul*: °*heind bissd åwa wida wia Schdoggbemm! A jeds Warddl muaßma da außagizln* Ebersbg.– **2** abwertend.– **2a** mundfauler, schweigsamer Mensch, °OB, NB, °OP, MF vereinz.: *red oder scheiß Buagstam, Stockböhm!* Partenkchn GAP; „*Stockböhm* = stummer Mensch" SCHLAPPINGER Niederbayer II,39.– **2b** wie →*B*.3c, NB vereinz.: *Stokböm Piegendf* ROL.– **2c** eigensinniger Mensch, OB, MF vereinz.: *Schtukböim* Hersbruck.
SCHMELLER II,729.– WBÖ II,810; Schwäb.Wb. V,1784.

[Werg]b. in der Ra.: °*daheakumma wöi a Weagböim* „unordentlich gekleidet" Windischeschenbach NEW.
A.R.R.

böhmeln
Vb. **1** mit tschech. Akzent sprechen: *er böhmelt* ObG 10 (1921) 193.
2: *bemön* kauderwelschen Kreuzbg WOS.
3 (im Kartenspiel) schummeln, °OB, °NB vereinz.: °*dua fei net bemen!* Weildf LF.
WBÖ II,811; Suddt.Wb. II,499.
A.R.R.

Böhmen, Böhm, †Beheim
N., Böhmen, Ländername: °*döi mit die Tanzbärn san aas Bäim kumma* Neuhs NEW; *då is àmoj à Bedlwei herausst g'wën, von Behm ausser* REG R. HALLER, Frauenauer Sagen, Münster 2002, 73; *wai Baim scho neinmol Wold gwest is und neunmal Wis'n und Feld* Bärnau TIR SCHÖNWERTH Leseb. 192; *daz vrlivge* [Krieg] ... *gein dem kvneg evon Bêheim* Kiefersfdn RO 1267 Corp.Urk. I,154,19 f.; *als dise zu Winterberg in Bôham diente* HUEBER Granat-apfel 174.– Ra.: „Eine noch heute bei Geldbedarf geläufige Redensart lautet: *da muß ich ins Böhmen fahren*" Bayerwald 74 (1982) 94.– °*Saa dout's wos af da Wölt und in Bäim!* „Ausruf des Erstaunens" Neuhs NEW.
SCHMELLER I,189.– WBÖ II,811; Schwäb.Wb. I,1267; Schw.Id. IV,1092; Suddt.Wb. II,499.– BRAUN Gr.Wb. 35; DENZ Windisch-Eschenbach 115; SINGER Arzbg.Wb. 30.
A.R.R.

Böhmer[1], Böhemer
M., Bergfink, °OB, °NB vereinz.: °*Böhämer Kreuth* MB.
SCHMELLER I,188 f.– WBÖ II,811; Schwäb.Wb. I,1268; Schw.Id. IV,1093.– DWB II,224.– W-38/54.
A.R.R.

†**Böhmer**[2]

Adj., unflekt., böhmisch: *aus dem bechmar Land* Passau 1555 Universitätsbibliothek Heidelberg Cod. Pal. Germ. 686,fol.3ᵛ. A.R.R.

Böhmin, †**Beheim-**

F., Böhmin: *Bist' leicht a kloane Böhmin?* MEIER Werke I,39 (Elend); *Sein hausfrau ist gewesen Laodamia, ein Behamin* AVENTIN V,366,19 f.

Suddt.Wb. II,498.– DWB II,224. A.R.R.

böhmisch, †**beheim-**

Adj. **1** aus Böhmen stammend, Böhmen zugehörig, NB, OP mehrf., OB vereinz.: *af da bemöschn Granitz* Iggensbach DEG; *de bäimischn Musekantn* Wdthurn VOH; „*was tragscht a War? ... an böhmischen Haar* (Werg)" M'nwd GAP 1.H.19.Jh. BRONNER Sitt' 75; *die Böhmischen* „die Bewohner Böhmens" DENZ Windisch-Eschenbach 115; *swas Pemischer wegen ... und wagen von Ungern ... um lon herfurent* Rgbg vor 1361 Forschungen z.Kultur- u.Litgesch. 14 (1906) 120 (Zolltarif); *do sy aber je außlendische vnnd sonnderlichen beheimische Tuecher haben wolten* 1578 BREIT Verbrechen u.Strafe 87.– In festen Fügungen: *b.er* →*Luft* / →*Wind* kalter Ostwind.– *B.e* →*Geiß* Schreckgestalt.– *B.e* →[*Wein*]*traube* / *b.es* [*Rupf*]*hennlein* (→ -*henne*) Kartoffel.– Schnaderhüpfel: *du behmöscha Honak, du behmöscha Diab, da bös Feid hod dö sejwa von Behm außagfiat* Metten DEG.– *Du baimischa Zipfl, steig afi am Gipfl, fol owa am Grund, du baimischa Hund!* Cham.– Scherzh. Deutung der Türbeschriftung an Dreikönig (→*CMB*): *19 KMB 29: 29 böhmischa Menscha kostn 19 Kreuzer* Thanbg GRA, ähnlich OB, NB, OP vereinz.– Als M. kalter Ostwind, °NB, °OP vereinz.: °*heut burrt der Bemisch* Reisbach DGF; *Daou pfeift da Bäimisch gaach iwa, reißt nan an Bröif aas da Händd* HEINRICH Gschichtla u. Gedichtla 22; *burrd da Böhmösch* „heult der böhmische Wind" SCHLICHT Altheimld V.
2 nach böhm. Art, in Böhmen üblich, OB, °NB, OP vereinz.: *a böhmische Nasn* „mit aufwärts gerichteten Nasenlöchern" Erding; „die sogenannten *Böhmisch' Vaserl*, die ... mehr einer Henkelflasche ähneln" HALLER Geschundenes Glas 101; *kan keine Profession, ausser daß er auf dem Böhmischen Dudlsack pfeiffet* Landstreicherord. 2.– In festen Fügungen: *b.er* →*Bart* Backenbart.– *B.er* →*Pflug* Beetpflug mit asymmetrischer Schar.– *B.es* →*Bier* untergäriges, stark gehopftes Bier.– *B.e* →[*Reh*]*geiß* Hirschzunge, Semmelporling.– *B.er* →*Knopf* best. Knoten.– *B.er* →*Korb* Tragkorb.– *B.e* →*Seide* (schlechter) Faden.– *B.es* →[*Ge*]*wölbe* best. Gewölbe.– *B.e* →[*Hoch*]*zeit* Kartoffelspeise.– *B.er* →*Finger* Diebesfinger.– *B.er* →*Zirkel* Diebesgriff.– *B.* (*ein*)*kaufen* / *verhaften* u.ä. stehlen, °OB, °OP mehrf., °NB, °SCH vereinz.: °*des kost eahm nix, des hot a böhmisch eikaft* Peißenbg WM; *af bemösch khauffa* Aicha PA.– *Sich b. empfehlen* u.ä. sich heimlich davonmachen, OB, °NB, OP vereinz.: *der hat si bäimisch empfohln* Vilseck AM.– *Hot a schö bschießn beim Kartln, hot a böhmisch gspuit!* „geschummelt" Traunstein.– „unverheiratet zusammenleben ... bēimiš hausə" Ludenhsn LL nach SBS II,209 f.– „*Böhmisch betteln*" beim Pfänderspiel: derjenige, der das Pfand einlösen muß, tritt mit seiner Partnerin an die übrigen Teilnehmer ... mit dem Spruch: 'Ich bitte für mich um ein Stück Brot und für meine Frau um einen Kuß'" SCHLAPPINGER Niederbayer II, 80.– Als M.: wandernder Musikant, NB vereinz.: *die Böhmischn* „wandernde Musikanten" Prackenbach VIT.– °*Da Bäihmisch* kleiner Holzpflug ohne Räder Erbendf NEW.
3 tschechisch (von der Spr.): *böhmisch Naabdemenrth* NEW; *schreit ojjwei ebbs, wos mà nit vo'stäh kann. Wei's behmisch is* REG R. HALLER, Frauenauer Sagen, Münster 2002, 73; *macht der Tochter d' Weil sehr lang, Daß sie auf Böhmisch sang* Straubing um 1590 ERK-BÖHME II,307.– Übertr. undeutlich od. schwer verständlich sprechen, NB, OP vereinz.: *dea röt bemisch* „spricht Kauderwelsch" Kchdf PAN.
4 †als M. best. Münze: *soll er verlorn haben ein behmisch, das ist 8 d., an seinem lon* Thierhaupten ND 1475 GRIMM Weisth. VI,201.– In festen Fügungen: *b.er* →*Groschen* dass.– *B.er* →*Gulden* best. Gulden.– Sachl. vgl. H. KAHNT, B. KNORR, Alte Maße, Münzen u. Gewichte, Mannheim u.a. 1987, 39.

SCHMELLER I,189.– WBÖ II,811–813; Schwäb.Wb. I, 1268 f.; Schw.Id. IV,1093; Suddt.Wb. II,499 f.– DWB II, 224.– BRAUN Gr.Wb. 35 f.; DENZ Windisch-Eschenbach 115; KONRAD nördl.Opf. 71; SINGER Arzbg.Wb. 30. A.R.R.

Bohne

F. **1** auch M. (TS), NB meist Dim., Bohne, Pflanze u. Frucht der Saubohne (Vicia faba) od. der Gartenbohne (Phaseolus vulgaris), °Gesamtgeb. vielf.: °*a Gaschtnackerl für d'Bähna Üsee* TS; °*mir spuin ja net um Bohnerl!* „son-

dern um Geld" Vilsbiburg; °*mia hom Båhna ållawaal newan Zau ghåt* Neuhs NEW; „*fisöin ... Speisebohnen ... båu ... nur für Futterbohnen*" BRÜNNER Samerbg 90; „die gewöhnliche Kost ist *Baun, Kraut, Nudeln*" TÖL HAZZI Aufschl. II,1,40; *Faba pona* Rgbg 11./12.Jh. StSG. III,614,40; *wenn man die pôn kocht und niht rüert ob dem feur ... so plæent si minner wan* [weniger als] *sunst* KONRADvM BdN 402,19 f.; *Arbeiß ... Bonen vnd Linsen/ sollen ... zu dem grossen Zehent gerechnet werden* Landr.1616 326.– In festen Fügungen: *Tiroler B.* Feuerbohne (Phaseolus coccineus): *Tiroller Båhna* Staudach (Achental) TS.– *Blaue B.* Gewehrkugel, OB, NB, OP, SCH vereinz., ugs.: *dast fei net a blaue Bohna z'spürn kriagst* Pfaffenbg MAL.– Im Vergleich: *Lais wia Banerl* „so groß" Reisbach DGF.– Ra.: °*wer hungre is, fir dean san Bahna Mandlkern* „Hunger ist der beste Koch" Wdsassen TIR.– Übertr.: *Båhnerl* „Erbsen" Aicha PA.– °*Bohnerl* „spaßhaft für Ungeziefer" O'piebing SR.
2 Kaffeebohne, °NB vereinz.: °*er måcht sö owei aus dö Bånal a Milläsuppal* Wimm PAN; *zum Kaffee nimmst Bohnerl her* PEINKOFER Mdadicht. 63.
3 Pl., Geld, °OB, °NB, °OP vereinz.: °*de Banarln mou i zamhaltn!* Schnaittenbach AM.
4 Kotkügelchen, -klumpen.– **4a** Kotkügelchen, °OB, °NB, °OP vereinz.: °*döi läit* [läßt] *Bahnala foalln!* Kchnthumbach ESB; *Schau, daß s' ... Net hoakli is und fleißi frißt, Und daß s' viel Bohna macht, wenn s' mist!* EBERL Dörferl 98.– **4b** Kotklumpen am Rind, OB, NB vereinz.: *Böhl* Marktl AÖ; „Kotklunkern an den Beinen der Rinder ... *bȩ̄l*" nach SCHEURINGER Braunau-Simbach 193.

Etym.: Ahd. *bôna*, mhd. *bône*, germ. Wort unklarer Herkunft; KLUGE-SEEBOLD 137.
Ltg, Formen: *bǭnα, -ā̆-, -õ-* u.ä., vereinz. *bǭ, -ā̆* (ED, MB, RO, TS, WS; PA), *bā̆una* (M; CHA; GUN), ferner *bǫuna* u.ä. OB, MF, SCH (dazu EG, MAI; NEW, NM, RID), *bǫu(n)* u.ä. OB, *boiα* (RO), vgl. Lg. § 11d3, *bǭαna* (GAP, LL, SOG, WM), *-ūa-* (SOG), *bǭα(n)* (GAP, TÖL, WM).– Sg., Pl. gleichl. meist *bǭna* u.ä., vereinz. Pl. *-nαn* OB, SCH (dazu MAI, WEG; RID), *-nαx* (FFB, LL), *-na* (SOG), Sg. *bā̆u*, Pl. *-n* (MB), Sg. *bā̆(n)* u.ä., Pl. *-nα(n)* (MB, RO, TS; A), Sg. *bǫαn*, Pl. *-α* (GAP).– Dim. *bǭnαl* u.ä., daneben *-ā̆u-* (FS), *bā̆l* (NEW); nur in Bed.4 mit Uml. *bē̆(d)l* OB, NB, *bēi(α)l* NB, *bēα(nd)l* OB, NB, auch *belai* (WOR), ferner *bõi(nd)l* (BGD, MÜ, RO, WOR).

SCHMELLER I,242, 246.– WBÖ III,599–602; Schwäb.Wb. I,1287 f.; Schw.Id. IV,1310–1312; Suddt.Wb. II,500 f.– DWB II,224–226; Frühnhd.Wb. IV,772 f.; LEXER HWb. I,325 f.; Ahd.Wb. I,1258.– BERTHOLD Fürther Wb. 26; BRAUN Gr.Wb. 56; CHRISTL Aichacher Wb. 124; KOLLMER II,55; LECHNER Rehling 162.– S-57C47, 76C25, 99E9, 15, 100F1, M-7/1, 45/12, 116/7.

Abl.: *böhneln, -bohnen, bohnerln, böhnlicht.*

Komp.: [**Palm**]**b.**: *Båimbånl* „Palmkätzchen" Schwaibach DEG.

[**Perl**]**b.** wohl Zwergbohne (Phaseolus nanus, dort zu ergänzen): *Bealbå* Aicha PA.
DWB VII,1547.

[**Boden**]**b.** Zwergbohne (Phaseolus nanus, dort zu ergänzen): *Bounbåna* Derching FDB; *bo^{u}nbā̆una* Grimolzhsn SOB nach SBS VIII,345.
Schwäb.Wb. I,1259; Schw.Id. IV,1313.– DWB II,214.

[**Busch**]**b.** Zwergbohne (Phaseolus nanus, dort zu ergänzen), OB, °MF vereinz.: °*Buschbohna* Regelsbach SC; *bušbōαnα* Huglfing WM nach SBS ebd.
WBÖ III,603; Schwäb.Wb. I,1553; Suddt.Wb. II,754.– DWB II,559.

[**Dreck**]**b.** Dim., wie → *B.*4b, OB vereinz.: *Dreckbeal* Mehring AÖ.
WBÖ III,603.

†[**Sankt-Veits**]**b.** Gartenbohne (Phaseolus vulgaris): *St. Veits-Bohne* OB BzAnthr. 13 (1899) 96.
DWB XII,1,47.

[**Feuer**]**b.** Feuerbohne (Phaseolus coccineus), OB, °OP, °MF vereinz.: *Faiabana* Fürnrd SUL; *koa Körwl vull Feierbahna, Kohlrawi und Gellaroum* SCHEMM Dees u. Sell 30; *An Zaun umi hob'ms Feiabana* Bärnau TIR SCHÖNWERTH Leseb. 70.
WBÖ III,603; Schwäb.Wb. II,1457; Suddt.Wb. IV,254.– DWB III,1589.

[**Fisol(en)**]**b.** wie → [*Sankt-Veits*]*b.*, °OB vereinz.: *Fislbohna* Aich FFB.
Suddt.Wb. IV,312.

†[**Franz**]**b.** wie →[*Perl*]*b.*: *Franzbohne* OB Bz Anthr. 13 (1899) 108.
DWB IV,1,60.

[**Frosch**]**b.** Kleine Wasserlinse (Lemna minor): *Froschbaun* Willing AIB.

[**Geiß(e)**]**b.** meist Dim., Ziegenkot, °OB, °NB, °OP vereinz.: °*Goißbohna* Wald ROD; *a Schüssl*

[*Geiß(e)*]*bohne*

voi Goaßböh(n)l – is ma liaba wia du! Bayerwald 26 (1928) 91; *zerreibe etliche Geiß-Bohnen in Wein* SCHREGER Haus-Apotheke 39.

WBÖ III,603; Schwäb.Wb. III,237; Schw.Id. IV,1312; Suddt.Wb. IV,643.– DWB IV,1,2,2803; LEXER HWb. I, 801.– S-70N2.

[**Hasen**]**b.** Dim., Hasenkot, °OB, °NB vereinz.: °*Hasabeanderla* Schwaigen GAP.

WBÖ III,603; Schw.Id. IV,1312; Suddt.Wb. V,129.– DWB IV,2,535.

[**Haus**]**b.** Gartenbohne (Phaseolus vulgaris, dort zu ergänzen), °OP vereinz.: °*Hausbahna* Wiefelsdf BUL.

[**Hirsch**]**b.** Hirschkot: *Herob'n konn'st lieg'n seg'n: Hirschpeandl'n* MAYER Bertlsgad'n 101.

RASP Bgdn.Mda. 79.

[**Hos(en)**]**b.** Saubohne (Vicia faba), °OB vereinz.: *Hosbahna* „werden mit der Hülse gekocht und am Tisch ausgeklaubt und gegessen" Staudach (Achental) TS; „*die vorzüglichen Akker...bohnen (Hosbaun)*" Leitzachtal 214; „*die Saubohne, die ... sammt den Hülsen ... auf den Tisch gebracht wird, weswegen sie ... Hósbau~, Hósbá~ heißt*" SCHMELLER I,242.

SCHMELLER I,242, 1180.– WBÖ III,603.– S-99E10, W-38/57.

†[**Ignaz(i)**]**b.** Samen der Ignatius-Brechnuß: „*Ignatz-Bohnen = Semen strychnos Ignatii ... gegen Epilepsie*" OB BzAnthr. 13 (1899) 103; „*Ignazibohnen ... sehr gut wider Gebrechen an Leib und Seele*" BUCHER Werke II,325.

SCHMELLER I,53.– WBÖ III,604.

[**Kaffee**]**b. 1** wie →*B.*2, OB, NB, OP, SCH vereinz.: *Kafébanal* Mengkfn DGF; *A Goaß ... Hast a Milch und glei Kaffeebohnerl aa* TH. HEINE, Kleine Bilder aus großer Zeit, München 1917, 195.– **2** scherzh. wie →*B.*4a, °OB, °NB, °OP vereinz.: °*da liegn Kafeebohna auf da Straß* Wettstetten IN.– **3** Großer Wiesenknopf (Sanguisorba officinalis): *die Kafféebahna* SINGER Arzbg.Wb. 114.

WBÖ III,604; Schw.Id. IV,1312.– DWB V,22.– BRAUN Gr.Wb. 294; SINGER Arzbg.Wb. 114.– S-99G7.

[**Kühe**]**b.** wie →*B.*4b: *khiɑbēl* Thambach MÜ nach SOB V,64.

†[**Lor**]**b.** Lorbeere: *Dissfahls soll man auch lorponnen zerstossen* BIHLER tierärztliche Rezepte Straubing 21.

Schwäb.Wb. IV,1286; Schw.Id. IV,1313.– DWB VI,1150f.

[**Maus**]**b.**, [**Mäuse**]- Dim. **1** Mäusekot, °OB, °NB mehrf.: °*da ligt ois voi Mauspöllä* Reichersbeuern TÖL; °*Mäusböll* U'hausbach EG.– Ra.: °*Mausbearl spitzn und ön Bodn einehau!* „Antwort, wenn man seine Tätigkeit nicht verraten will" Malching GRI, ähnlich °IN.– **2** auch M. (GAP, MÜ, WM), kleine Person, die sich aufspielt, in fester Fügung *aufgestelltes / -er M.lein* °OB, °NB vereinz.: °*du aufgestellter Mausbeal!* Kohlgrub GAP.– M. nach natürlichem Geschlecht.

WBÖ III,604.

[**Nasen**]**b.** Dim., eingetrockneter Nasenschleim, OB, NB vereinz.: *Nosnbeanl* Beuerbg WOR.

WBÖ III,604.– DWB VII,411.

[**Roß**]**b. 1** wie →[*Hos(en)*]*b.*, °OB, °NB mehrf., °OP, °MF vereinz.: °*de Roßbohna mua ma a de Küah vafuadan* Halfing RO.– **2** °*Roßbähna* „wurmige braune Erbsen in den Schoten" O'wildenau NEW.– **3** Dim., Pferdeapfel, °OB, °NB vereinz.: *Roßbe*ⁿ*l* Aicha PA.– Syn. →[*Roß*]*bollen*.

WBÖ III,604; Schw.Id. IV,1313.– DWB VIII,1253.– W-38/57.

[**Sau**]**b.**, [**Säue**]- **1** Wickenart.– **1a** wie →[*Hos(en)*]*b.*, °OB mehrf., °Restgeb. vereinz.: °*zwoa Towerch Saubona hob i baut* Anzing EBE; *was's da für Sortn [von Schussern] gebn hat! ... Saubohnerl und Päterl* DITTRICH Kinder 14; *Man löse die Saubohnen aus den Schaalen* HUBERINN Kochb. 97.– Im Vergleich: *bo eahm wåuchsnt Khina dahea-r-as wia t'Saubånal* Mittich GRI.– Ra.: *aus am Saubohnerl wird wieder a Saubohnerl* „Kinder werden wie ihre Eltern" Klinglbach BOG.– **1b** Futterwicke (Vicia sativa), °OB, NB, OP vereinz.: *Säubohna* Illschwang SUL.– **2** Schwarzes Bilsenkraut (Hyoscyamus niger): *Druck den Saft vom Bilsnkraut, da Saubohna ... auf a Stückerl Honigwachs* STROBL Mittel und Bräuch 17.

WBÖ III,604f.; Schwäb.Wb. V,603; Schw.Id. IV,1314.– DWB VIII,1859.– S-69B9, 99E10.

[**Schaf**]**b.**, [**Schäflein**]- **1** wie →[*Hos(en)*]*b.*: *Schafibuhna* Staudach (Achental) TS.– **2** meist

Dim., Schafkot, °NB mehrf., °OB, °OP vereinz.: °*Schoofbuana* Peiting SOG.

WBÖ III,605; Schwäb.Wb. V,651; Schw.Id. IV,1313.– S-70D2.

[**Schalen**]**b.** wie →[*Hos(en)*]*b.*: *Schoinbanal* Hengersbg DEG.

WBÖ III,605.– S-99E10.

[**Schwert**]**b.** wohl Gartenbohne (Phaseolus vulgaris, dort zu ergänzen): *Schwertbåna* Derching FDB.

Schwäb.Wb. V,1283.– DWB IX,2585.

†[**Sophien**]**b.** wie →[*Sankt-Veits*]*b.*: *Sophienbohne* OB BzAnthr. 13 (1899) 93.

Schwäb.Wb. V,1433.– DWB X,1,1750.

[**Spitz**]**b.** Gerstenkorn für Gerstenkaffee: *d' Oma ... hot d' Kaffeemühl ... außaghoit, hot d' Spitzbohna eigfüllt* GEHRKE I und der Ludwig 43.

[**Stangen**]**b.**, [**Stänglein**]- Gartenbohne (Phaseolus vulgaris, dort zu ergänzen), OB, °MF vereinz.: *Stanklbåhna* Staudach (Achental) TS; „höchstens, daß [die Männer] ... das Rankgerüst für die *Stangenbohnerl* aufstellten" EG H. LUDWIG, Neukirchen – Gesch. einer Kindheit, Eichendorf 1994, 137.

WBÖ III,605; Schwäb.Wb. V,1637.– DWB X,2,811.

[**Stecken**]**b.** Gartenbohne (Phaseolus vulgaris, dort zu ergänzen): *šdękxəbã̊unə* Petersdf AIC nach SBS VIII,344.

WBÖ III,605; Schwäb.Wb. V,1684.– DWB X,2,1349.

[**Stiefel**]**b.** Gartenbohne (Phaseolus vulgaris, dort zu ergänzen): *Stiföbånal* Aicha PA.

[**Wachs**]**b.** Wachsbohne, Gartenbohne mit gelber Schote (Phaseolus vulgaris, dort zu ergänzen), OB, NB, SCH vereinz.: *Wågsbåna* Derching FDB.

Schwäb.Wb. VI,3336.– DWB XIII,77. A.R.R.

böhneln
Vb. **1** Rispen ansetzen (v.a. vom Hafer), °OB, °NB vereinz.: °*heia benlt da Hoban früahr* Eging VOF; *Jaz bélts gràd s'Gras* FEDERHOLZNER Wb.ndb.Mda. 39.
2 Kotkügelchen ausscheiden, °OB, °NB vereinz.: °*dös Schof beelt ganz trucka* Rettenbach WS; *beiln* „Kot machen (von Hasen, Rehen, Ziegen, Schafen u. dgl.)" nach KOLLMER II,55.

3 hageln, graupeln, °OB vereinz.: *s bearlt* Kochel TÖL.

WBÖ II,605; Schwäb.Wb. I,1288; Schw.Id. IV,1315; Suddt. Wb. II,501.– KOLLMER II,55.– S-99E13.

Komp.: [**her**]**b.**: *dǫ håmɑnt d hōsn heəbeild* „hier haben die Hasen Kot gemacht" nach KOLLMER ebd. A.R.R.

-bohnen
Vb., nur im Komp.: [**aus**]**b.**: *asbohna* Bohnen enthülsen Iber AM. A.R.R.

bohnerln
Vb. **1** mit Bohnen schussern, °OB, °NB, °OP vereinz.: °*banaln* „wenn arme Kinder mit Bohnenkernen schussern" Nabburg; *Schussern, Bohnerln* POLLINGER Landshut 246.– Auch schussern allg., °OB, °NB vereinz.: *banerln* „Schusserspiel der Kinder" Passau.
2 zahlen, °NB mehrf., °OB, °OP vereinz.: °*jez host vospuit, tua no schö bohnerln* Anzing EBE; °*dannat hom sa si stad davodruckt und i hon banarln müassn* Straubing.
3 in der Ra.: °*du kannst mi bohnerln!* „gern haben" Simbach EG.

W-37/45, 38/59.

Komp.: [**aus**]**b.**: *ausbohnerln* Bohnen enthülsen Triftern PAN.

Suddt.Wb. I,583.

[**ausher**]**b.** (Geld) herausrücken, °OB, °NB vereinz.: °*tua dei Geld außabahnerln!* Taching LF; „*außerbohnerln*, seine Münzen zum Zahlen aus der Geldbörse hervorholen" SCHLAPPINGER Niederbayer II,57.– Auch: °*außabohnerln* „stückweise die Tasche entleeren" Aidenbach VOF.

[**her**]**b.** dass.: °*bohnerlt's no her, dei Geld* Pfarrkchn.– Auch: °*i kann's net herbanerln* „herschaffen" Simbach PAN.

[**zu-sammen**]**b. 1** (Kleingeld) zusammenkratzen, °OB, °NB, °OP vereinz.: °*der hat seine letztn Fünferl nu zambanerlt* Vornbach PA.–
2 zusammenzählen, -rechnen, °OB, °NB, °OP vereinz.: °*i hå da oiss augschriem, brauchschd as blous zamabånaln* Dachau; *hat sein Beutl außazog'n und s' Geld z'sammabohnalt* STEMPLINGER Obb.Märchen I,18.– Auch: °*es hat si do a bissal*

[zu-sammen]bohnerln

eps zammabanerlt „einiges ist zusammengekommen" Reut PAN.

W-38/60. A.R.R.

böhnlicht, -o-, -lig
Adj., mit Kotklumpen verschmutzt, °OB, °NB vereinz.: °*de Kuah is schö böllad* Neufraunhfn VIB. A.R.R.

bohren
Vb. **1** (ein Loch u.ä.) bohren, °Gesamtgeb. vereinz.: *midn Neiger* [Bohrer] *bohrt ma-r-a Loch* Bodenmais REG; *händ löchä drey bart* Stubenbg PAN um 1800 Bayer.Heimatschutz 23 (1927) 24; „vom Rindvieh ... *boarn* mit Hörnern im Boden" Ehekchn ND nach SBS XI, 194; *vonn zwaien wintling* [Bohrwinden] *zum rerporn zemachen* 1579 Stadtarch. Rosenhm Abt. B/A Nr.21, 171 (Rechnung).– Ra.: *dea boat koina deifdn Lecha* „der arbeitet nicht viel" KONRAD nördl.Opf. 89.– *'s Bratluach boahn* „die Braut in der Hochzeitsnacht entjungfern" Naabdemenrth NEW.
2 mit Bohrloch versehen, in der Ra.: *er haot koi dicke Breda boahrt* er hat nicht viel geleistet Altglashütte TIR.– Übertr.: *döi mächdn oin duach und duach boan* „mit stechendem Blick durchdringen" Altfalter NAB.
3 durch Bohren gewinnen, OB vereinz.: *Koi bohrn* Ascholding WOR.– Auch: *auf Pech boun* „nach Pech bohren" O'audf RO.
4 in einem Hohlraum stochern, Gesamtgeb. vereinz.: *in dö Zähnd băn* Mittich GRI; *båhrst wieda in deina Nosn!* Weiden; *hast in deiner Nasn bohrt* QUERI Pfanzelter 32.– In festen Fügungen: *Nase b.* °OB, NB, OP vereinz.: °*dua net oiwei Nosn boahn!* Garching AÖ; *Mẽi Buà boàd Nåsn* MERKLE Bair.Gramm. 66.– *Zea buan* „zwischen den Zähnen stochern" Leupoldsdf WUN.– *Auga boahra* mit den Handknöcheln in den Augenwinkeln reiben O'ammergau GAP.
5 sich mit drehender Bewegung reiben: „sich an Zäunen reiben von Kühen ... *boərə*" Dettenhfn LL nach SBS XI,184.
6 anhaltend, hartnäckig auf jmdn einreden, °OB, NB vereinz.: *er härt s Bohrn nimma auf* Haag WS; *I hà~ 's Born nét aufghört, bis ə' 's tà~ hàt* SCHMELLER I,267.
7 quälend schmerzen, OB, NB, OP vereinz.: *dös boart und frißt wia a glüats Eisn* Ursulapoppenricht AM.
8 Part.Präs.: *beorad* „geizig" Unterer Bay.Wald KOLLMER II,316.

Etym.: Ahd. *borôn*, mhd. *born*, germ. Bildung idg. Herkunft; KLUGE-SEEBOLD 137f.

Ltg: *boɑn* u.ä., auch *boɑrə* (FFB, GAP, LL, SOG; A, FDB), *buɑn* MF (dazu LF, MÜ; BOG, PAN, SR, VOF; WUN), *-ui-* (LF), daneben, vgl. Lg. § 5g7, *bǫn*, *-ō-* u.ä. (FS; GRI, PA, PAN; EIH; DON, ND), *-ū-* (WUG), *bǫnɑn* (RO). Mit Entw. wie bei mhd. *ô*, vgl. Lg. § 5g9, *boun* OB (dazu PA), *-rn* OB (dazu ND), *bouɑn* (EBE, TS), *bein* (WOR, WS), *-ęo-* (PA, WEG), *-oi-* (WEG).

SCHMELLER I,267.– WBÖ III,618–620; Schwäb.Wb. I, 1295f.; Schw.Id. IV,1505f.; Suddt.Wb. II,504.– DWB II, 227f.; Frühnhd.Wb. IV,786; LEXER HWb. II,328; Ahd.Wb. I,1265.– CHRISTL Aichacher Wb. 224; KOLLMER II,316; LECHNER Rehling 163.– S-12A32, 65R10, S3, 93O40, 95C20, 42.

Abl.: *Bohrer*[1].

Komp.: [**an**]**b. 1** wie →*b.*1, OB, OP vereinz.: *s Spundloch wird obohrt* Haag WS.– **2** wie →*b.*2, °OB, OP vereinz.: *Larch uboun* „zur Pechgewinnung" O'audf RO.– Ra.: *dea is so dumm, daß ma eam n Khobf oboan kannt* Herrnthann R, ähnlich OB, MF vereinz.;– auch *jmdm gehört das Hirn* [Stirn] *angebohrt* u.ä. °OB, NB, °OP vereinz.: °*hast jetzt 500 Mark zahlt für des Glump? Du ghörst ja obohrt!* Wettstetten IN; *Den ... gheàràd s Hiàn ã-boàd* „Der macht nur Dummheiten" KAPS Welt d.Bauern 97.– *Der is oboat* „hat Grillen im Kopf" Winzer DEG.– **3**: *oan oboan* „ausforschen, ausfragen" Mengkfn DGF.

WBÖ III,620; Schwäb.Wb. VI,1510; Schw.Id. IV,1506; Suddt.Wb. I,322.–[2]DWB II,777.– S-59C20, 65S3.

[**um-ein-ander**]**b. 1** herumbohren: *Meine Füaß doand so weh, wia wenn a Reahneiga* [Rohrbohrer] *drin umanandaboahrad* Riedlhütte GRA A. WANDTNER, Unterm Apfelbaum, Riedlhütte [2]2005, 10.– **2** wie →*b.*4, OB, OP vereinz.: *a da Nosn drin umanandbourn* Haimhsn DAH.

WBÖ III,620.

†[**auf**]**b.** wie →*b.*2: *die prugkladen aufporn* Stadtr.Mchn (DIRR) 354,3.

SCHMELLER I,267.– Frühnhd.Wb. II,347f.

[**aufhin**]**b. 1** (in die Nase) hinaufbohren, NB, OP vereinz.: *boa nu affi, bisst om aßikummst!* Neukchn VOH.– **2** wie →*b.*6: °*a den han i aufeboaht* „ich habe ihn hartnäckig befragt" Lembach GRA.

WBÖ III,621.

[**aus**]**b. 1** wie →*b.*2, OB, NB vereinz.: *der Wågner bort s Råd aus* Wasserburg.– **2** (den Lauf einer Schußwaffe) ausbohren, OB, NB, OP vereinz.:

n Lauf håd a wira nai ausbåån miaßn Mittich GRI.– **3** mit Fingern aushöhlen, NB vereinz.: *d Kinder bohrn gern s Scherzl aus* Hengersbg DEG.– **4**: *ausbouad* ausgeleiert, vom Gewinde Hohenlinden EBE.

WBÖ III,620f.; Schwäb.Wb. I,456; Schw.Id. IV,1506f.– ²DWB III,969.– S-30C22, 57C84, 81I4.

[**ein**]**b. 1** wie →*b*.1, OB, NB vereinz.: *an Schpund eiboun* „das Spundloch bohren" O'audf RO.– Ra.: *muast oiwei ön oa Loch eiboan* „immer am Gleichen herumnörgeln" Mengkfn DGF, ähnlich DEG.– **2** †durch Bohren hineinbringen: *bohre es ... in einem grienen weichholzigen bäum ein* HÖFLER Sindelsdf. Hausmittelb. 11.– **3** wie →*b*.6, °NB, OP vereinz.: °*in oan oiwei äinbohrn* Patersdf VIT.

WBÖ III,621; Schw.Id. IV,1506.– ²DWB VII,532.

[**einhin**]**b. 1** wie →*b*.1: °*da Erich houd inara boa Birkn a Lechl eiboad* Fuchsmühl TIR; *Mitn Drillbohrer howi in jeds Scheitl a Luach eibohrt* SCHEMM Die allerneistn Deas-Gsch. 8.– **2** wie →[*aufhin*]*b*.1: *bohrt a oan Drum furt an seinö Nasnlöcha einäö!* östl.OB.– **3** einreden.– **3a** wie →*b*.6, °NB, °OP vereinz.: *einebohren* „in einen dringen, bis er meinem Wunsch entspricht" Passau; *A'ni-, einiborn in Aə~n* SCHMELLER I,267.– **3b** †wohl jmdm etwas einreden: *Aə~n eppəs einiborn* ebd.

SCHMELLER I,267.– WBÖ III,621; Suddt.Wb. IV,597.

[**ver**]**b. 1** falsch bohren: „wenn die zwei Bohrlöcher eines Wasserrohrs nicht zusammentreffen, ist es *verbohrt*" Gottsdf WEG; *der kennts, koa Deikn* (Teuchel) *tuat er nit verboarn* Ohlstadt GAP KIEM obb.Volksl. 73.– **2** Part.Prät.– **2a** verbohrt, uneinsichtig, OB, °NB vereinz.: *a vaboada Keal* Gottsdf WEG; *Weil so a vabohrte Krampfhenna find ma nur selten!* Altb.Heimatp. 53 (2001) Nr.38,3.– **2b** verbissen, versessen, OB, NB vereinz.: *er is ganz verbort in die Sach* Wasserburg;

WBÖ III,621; Schwäb.Wb. II,1080; Schw.Id. IV,1507; Suddt.Wb. IV,122.– DWB XII,1,148f.; LEXER HWb. III,79.

Mehrfachkomp.: [**hirn-ver**]**bohrt** wie →[*ver*]*b*.2a: *hianvoboat* Herrnthann R.   A.R.R.

Bohrer¹

M. **1** Bohrer, Werkzeug zum Bohren, °Gesamtgeb. vielf.: *an Bohrer brauchma* Haag WS; *Buara* Kötzting; *bora* „Zur Herstellung von Sprenglöchern" HUBER Bergmannspr. 12; *8 kleine Borrer* Tölz 1800 StA Mchn Briefprot. 11265,fol.7ʳ (Inv.); *Någel/ Sail/ Hammer/ Borer* J. DREXEL, Opera Omnia, Würzburg 1662, IV, Hh1ʳ.

2 Ahle, °OB, °NB, OP, °MF vereinz.: *Boaral* Ittling SR; *Bohrer* Puchhm FFB DWA XII[, K.9].– Syn. →*Ahle*.

3 Schneeglöckchen (Galanthus nivalis): °*Bohrerln* „weil sie sich durch den Schnee bohren" Benediktbeuern TÖL.

WBÖ III,622f.; Schwäb.Wb. I,1296; Schw.Id. IV,1507; Suddt.Wb. II,504.– DWB II,228; Frühnhd.Wb. IV,787; LEXER HWb. I,327.– KOLLMER II,316.– S-93O33, W-1/5.

Komp.: [**Pflanzen**]**b.**: *Pflanznboarer* „Instrument, mit dem die Pflanzlöcher der Bäumchen gemacht werden" Derching FDB.

[**Brunn(en)**]**b. 1** Bohrer zum Brunnenbohren, OB, NB vereinz.: *Brunnbohra* Staudach (Achental) TS.– **2**: *Brunnabohra* „Brunnenmacher" Wdmünchen.

DWB II,435.– S-93K29.

[**Brust**]**b.** Bohrer, der mit der Brust gedrückt wird: *brusdbōra* Truchtlaching TS nach SOB V,164f.

WBÖ III,623.– DWB II,448.

[**Büchsen**]**b.** Bohrer zum Bohren der Radbuchse: °*Bigsnbohrer* Mchn; *Büchsenbohrer* HÄRING Gäuboden 119.

[**Hand-dauben**]**b.** Bohrer zum Bohren von Traglöchern in Holzdauben: *Handdafanboara* Neurandsbg BOG.

[**Teuch(en)**]**b.**, [**Teuchel**]- Bohrer zum Aushöhlen von Holzrohren, °OB vereinz.: °*Deikaboahra* Schlehdf WM; „*Deichen-... bohrer ...* zum Ausbohren der Soleleitungsrohre" KRISS Sitte 98; *alle 4 Buebn mit Teicherborer in der Hand* BUCHER Charfreytagsprocession 136.

WBÖ III,623; Schwäb.Wb. II,166.– DWB II,1036.

[**Drill(er)**]**b. 1** Drillbohrer, °OB, °NB, MF vereinz.: °*Drüllboarer* O'ammergau GAP; *Ich ho an Drülbohrer ghult* SCHEMM Dees u. Sell 202.– **2** Bohrwinde: *drilbǫarɑr* Rottenbuch SOG nach SBS XIII,191.

Schwäb.Wb. II,381; Suddt.Wb. III,373.– ²DWB VI,1393.

[*Eiger*]*bohrer*

[**Eiger**]**b.** wie →*B.*1: °*Eigerbohra* „Werkzeug des Korbflechters" Frasdf RO.– Zu einer Nebenf. von →*Näbiger* 'dass.'.

[**An-fangs**]**b.**: *A^nfangsboahra* „der kleinste Bohrer im Satz" Ascholding WOR.

[**Flaschen**]**b.**: *„Flaschenbohrer* für Korkzieher" SCHLAPPINGER Niederbayer II,13.

[**Hand**]**b.**, [**Hände**]- Handbohrer, OB, NB, OP vereinz.: *Håmboara* Kochel TÖL; *hęmpǫara* U'höhenstetten WOS nach SNiB VI,332.
WBÖ III,623; Suddt.Wb. V,79.– DWB IV,2,365.– S-34C44ᵃ.

[**Hiemen**]**b.** wie →[*Hand-dauben*]*b.*: *„Häimabohrer* ... zum Ausbohren der Griffdauben an Fässern und Schäffeln" SINGER Vkde Fichtelgeb. 212.– Bestimmungsw. zu einer Nebenf. von *Hiene* 'Henkel' (Wb. der obersächsischen Mda., Berlin 1994–2003, II,334).

[**Hirn**]**b.**: *Hianbora* „Instrument der Tierärzte zum Anbohren der Hirnhaut bei an Gehirnbläschen erkrankten Rindern" Schwaibach PAN.
DWB IV,2,1558.

[**Holz**]**b. 1** Bohrer für Holz, °OB, MF vereinz.: °*Hoizbohra* Aham WS.– **2** Ungleicher Holzbohrer: *Hoizbora* „Borkenkäferart" Ingolstadt.
WBÖ III,623.– DWB IV,2,1769.

[**Käse**]**b.** Bohrer zum Anbohren des Käses: *Kaasbohrer* Staudach (Achental) TS.
Schwäb.Wb. IV,245; Schw.Id. IV,1507.– DWB V,250.

[**Knie**]**b. 1** wie →[*Drill(er)*]*b.*2: *da Kniabora* „mit dem Mittelstück gedreht" Mittich GRI.– **2** von Menschen.– **2a** Quälgeist: °*Gnäiboora* „Person, die mit ihrer Fragerei anderen auf die Nerven geht" Thierstein WUN; *a Knöibohra* SINGER Arzbg.Wb. 123.– **2b** geiziger Mensch, OB, MF vereinz.: *Kniabohrer* Fürstenfeldbruck.
WBÖ III,623.– DWB V,1426.– S-78F23.

[**Leierer**]**b.** wie →[*Drill(er)*]*b.*2: *lairɑbǫara* Petersdf AIC nach SBS XIII,190.

[**Luft**]**b.**: *Luftboahra* „Bohrhammer im Bergwerk" Ascholding WOR.
WBÖ III,624.

[**Naben**]**b.** wie →[*Büchsen*]*b.*: *Nabmbohra* Hengersbg DEG.
WBÖ III,624.– DWB VII,7.

[**Nagel**]**b.**, [**Nägelein**]- Nagelbohrer, °OB mehrf., Restgeb. vereinz.: *Nachalboara* Echenzell IN; *Noglbohra* Wasserzell EIH.
Schwäb.Wb. IV,1928; Schw.Id. IV,1507.– DWB VII,264.– M-23/16.

[**Nasen**]**b. 1** jmd, der in der Nase bohrt, OB, NB, °OP vereinz.: *a Nåsnbora* Ingolstadt; *Nɔsnboara* AMAN Schimpfwb. 103.– **2**: „langweiliger und dummer Mensch. *Was wuistn mit dem Nasnboara, dem laamoaschadn ...?*" BINDER Saggradi 143.
WBÖ III,624.

[**Hasel-nuß**]**b.**: *Håslnußbora* „Rüsselkäfer, der in die Haselnuß ein Loch bohrt" Ingolstadt.
WBÖ III,624.

[**Örtel**]**b.** wie →*B.*2: °*Örtlboura* Reichersbeuern TÖL.– Zu →*Örtel* 'dass.'.

†[**Rad**]**b.** wie →[*Büchsen*]*b.*: *2 Radbohrer* Wunsiedel 1659 SINGER Vkde Fichtelgeb. 220 (Inv.).
Schwäb.Wb. V,109.

[**Rohr**]**b.** wie →[*Teuch(en)*]*b.*, OB, °NB vereinz.: *Rouhrboura* O'audf RO.
WBÖ III,624.

†[**Röhr**]**b.** dass.: *1 großer Röhr-Bohrer, 2 Riegel-Bohrer* [große Löffelbohrer] Wunsiedel 1762 SINGER ebd. 213 (Inv.).
WBÖ III,624.– DWB VIII,1129.

[**Schlangen**]**b.** Bohrer mit großen Windungen, °OB, NB vereinz.: *Schlangaboahra* „zum Bohren in Kohle" Ascholding WOR.

[**Schnecken**]**b.** Schneckenbohrer: °*Schneckabohrer* Rottenbuch SOG; *šnęknbōrə* Rennertshfn ND nach SBS XIII,187.
WBÖ III,623; Schwäb.Wb. V,1048.– DWB IX,1216.

[**Spitz**]**b.** Ahle des Schreiners zum Vorstechen des Bohrlochs, °OB, °NB, °OP, MF vereinz.: *Schpitzboura* Valley MB.– Syn. →*Ahle*.
Schw.Id. IV,1507.– DWB X,1,2576.

[**Stein**]**b.** Steinbohrer: *Stoaⁿbora* O'wildenau NEW; *Steinbohrer* KRISS Sitte 98.

WBÖ III,623; Schwäb.Wb. V,1711.– DWB X,2,2052 f.

[**Weiden**]**b.** Weidenbohrer: *a Waidnbora* „ein Schmetterling" Ingolstadt.

Schw.Id. IV,1508.– DWB XIV,1,1,580.

[**Windel**]**b.** wie → [*Drill(er)*]*b.*2: *Windlboura* Valley MB; *windlboarər* Kaufering LL nach SBS XIII,190.

Schw.Id. IV,1508.– DWB XIV,2,283.

[**Wind(en)**]**b.** dass.: *windnbuara* Zinzenzell BOG nach SNiB VI,332.

[**Zapfen**]**b.** Bohrer zum Bohren des Spundlochs, OB vereinz.: *Zapfnboura* O'audf RO.

WBÖ III,625; Schwäb.Wb. VI,3455; Schw.Id. IV,1508.– DWB XV,269.– S-65O31.   A.R.R.

Bohrer², best. Kegel im Kegelspiel, →*Paarer*.

†Boi
M., best. Wollstoff: *die Englische Poy von allerley Farben* Mchn 1626 WESTENRIEDER Beytr. IX,294.

Etym.: Aus afrz. *baie*; KLUGE-MITZKA 89.

WBÖ III,560; Schwäb.Wb. I,577 f. (Bai).– DWB II,229.

Abl.: *boien*.   A.R.R.

Boichtel
M. **1**: *Boichdl* „dicker wollener Stoff" Mchn.
2: *Boichdl* „Kleidungsstück aus *Boichdl*-Stoff" ebd.

Etym.: Herkunft unklar. Weiterbildung zu →*Boi*?
W-148/3.   A.R.R.

Poichtel, **Poidel**, grober, kräftiger Mensch, →*Leopold*.

†Boie
F., Fessel: *I. Poy. & VI. Ring pro captivis* [für Häftlinge] 1315 C. MEICHELBECK, Historia Frisingensis, Augsburg 1724–1729, II,2,149; *Diß vernam der ritter in der poye* FÜETRER Lanzelot 50.

Etym.: Ahd. *boia*, mhd. *boije*, aus lat. *boia*; Et.Wb. Ahd. II,228.

SCHMELLER I,226 f.– WBÖ III,561.– DWB II,229; Frühnhd.Wb. IV,734; LEXER HWb. I,323; Ahd.Wb. I,1248.
A.R.R.

†boien
Adj., aus →*Boi*: *einen blau-beyenen Rock* Landstreicherord. 26.

WBÖ III,561; Schwäb.Wb. V,1581.   A.R.R.

Point →*Beunde*.

Pois, Weile, kleines Stück, →*Beuß*.

boitschicht, dick, unförmig, →*bolschicht*.

Bojazz(el) →*Bajázzo*.

Pokal
M. **1**: „Pokale (*Bogai*)" HALLER Geschundenes Glas 62.
2: *Pogál* „Kaffeetasse" Fürnrd SUL.

Etym.: Aus it. *boccale* ‚Krug, Becher'; KLUGE-SEEBOLD 710.

WBÖ III,563; Schwäb.Wb. I,1269; Suddt.Wb. II,505.– DWB VII,1972 f.; Frühnhd.Wb. IV,737.   A.R.R.

Pokassin, **-sch-**, Gewebe-, Stoffart, →*Bockenschin*.

bol
1 Lockruf für Ziegen, Schafe u. Hühner, in Wiederholung u. erweitert, °NB, MF vereinz.: °*bål bål duß* Wiesenfdn BOG.
2 als M. Geißbock, °NB vereinz.: *mitn Bol-Bol bin i ganga, mitn Bol-Bol afs Äs, mitn Bol-Bol geh i nimma, da Bol-Bol hat Läs* „Kinderlied" Gotteszell VIT.– Spiel, bei dem man die Köpfe leicht zusammenstößt, Ausruf dabei, °OB, °NB vereinz.: °*Bolli bolli tusch* Bruckbg FS.

Etym.: Onomat.   A.R.R.

Polach, **-ck** →*Wallach*.

Polack
M. **1** Pole, °NB vereinz., in heutiger Mda. abwertend: °*is halt a Polak* Geiselhöring MAL; *dâ Bollagg* CHRISTL Aichacher Wb. 176; *Der Polák* SCHMELLER I,386; *meiner jungen gnedigen Fraun Capplan, ain Polagk* Landshut 1475 DORNER Herzogin Hedwig 101; „1633 waren in

Polack

Schirnding [WUN] *ettlich hundert Polleickhen quartiert"* SINGER Schacht 111.– Im Vergleich: °*ba döne gehts zua wia ba dö Polackn!* „chaotisch" Wimm PAN.– Auch: *Polack* „Tscheche" Unsernherrn IN.
2 unangenehmer Mensch, auch Schimpfw.– **2a** allg. abwertend od. Schimpfw., OB, NB, °OP vereinz.: *du Polak!* Walpertskchn DAH; *Suara Poláak, suara elenda!* SINGER Arzbg.Wb. 177.– **2b** derber, ungebildeter Mensch, OB, °NB, OP, MF vereinz.: *a rächta Pollack* Pommelsbrunn HEB; *Bollack* „derber, unkultivierter Kerl" BINDER Saggradi 31.– **2c** eigensinniger, dickköpfiger Mensch, °OB, °NB, °OP vereinz.: °*mid den Bollakn kon ma nix ofanga* Buch LA; *Bolak* KONRAD nördl.Opf. 6.– **2d** frecher Mensch, OB, NB, °OP vereinz.: *a so a Pollack* Osterhfn VOF.
3: *Bolak* schlechtes Pferd O'teisendf LF.
4: *Bolak* „Schweinerasse" Altfalter NAB.
5 Futterkartoffelsorte, OB, OP vereinz.: *rote Polackn* Wutschdf AM; *Der Polák* „Art Kartoffel" OP SCHMELLER I,386.
6 Dim., Kapaun: *a Polakl* Wasserburg; *Pollakkel* „eine verschnittene Henne" DELLING I,88.

Etym.: Abl. von *Pole.* In Bed.5 wohl volksetym. aus →*Potate* (SCHMELLER I,386), in Bed.6 aus frz. *poularde* (DELLING I,88).

DELLING I,88; SCHMELLER I,386.– WBÖ III,564f.; Schwäb. Wb. I,1270; Schw.Id. IV,1181; Suddt.Wb. II, 506.– DWB VII,1974f.; Frühnhd.Wb. IV,741.– BRAUN Gr.Wb. 468; CHRISTL Aichacher Wb. 176; KONRAD nördl.Opf. 6; SINGER Arzbg.Wb. 177.– S-75C5.

Abl.: *polacken, polackisch.* A.R.R.

polacken
Vb., auf das Gesäß schlagen: °*bolaaggn* Wasserburg; „*polacken* bedeutet: den Hintern bläuen" STEMPLINGER Altbayern 54.

WBÖ III,565; Schwäb.Wb. I,1270. A.R.R.

polackisch
Adj.: *bolaggisch* störrisch, unausstehlich Heiligenbg EG.

WBÖ III,566; Schw.Id. IV,1181; Suddt.Wb. II,506. A.R.R.

Polander
M.(?), Koriander (Coriandrum sativum): *Bolandar* Hohenpeißenbg SOG.

Etym.: Wohl Spielform von →*Koriander*, vgl. schwäb. *Olander* (Schwäb.Wb. V,53). A.R.R.

polanisch, polnisch, →*polisch.*

Polanti
M. **1** Diener, Laufbursche, NB, OP vereinz.: *da Polanti* „Ausläufer" Naabdemenrth NEW.
2 jmd, der sich ausnutzen läßt, °OB, NB, °OP vereinz.: *moanst, daß i dir an Polandi mach!* Mchn; *I bin doch der ärmste Bolandi* KOBELL-WILHELM Brandner Kaspar 145.
3: *Bollandi* „in der Gaunersprache Schutzmann" Passau.– Syn. →*Gendarm.*

Etym.: Wohl über das Rotw. aus ungarisch *bolont* 'verrückt, närrisch, albern' od. rumänisch *boland* 'Dummkopf'; vgl. L. ZEHETNER, Basst scho! Bd 2, Regensburg 2010, 46–48.– Anders MAAS Nürnbg.Wb. 87.

Schwäb.Wb. VI,1674.– BERTHOLD Fürther Wb. 26; MAAS Nürnbg.Wb. 87. A.R.R.

†Bolch
M., Fischart: *Polipus bulch* Seemannshsn EG 1466 Clm 17634,fol.202ʳ.

Etym.: Mhd. *bolch, bullich,* westgerm. Wort unklarer Herkunft; vgl. Franck's Etymologisch Woordenboek der Nederlandsche Taal, 's-Gravenhage 1949, 80f. (*Bolk*).

SCHMELLER I,233.– Schwäb.Wb. I,1270; Schw.Id. IV,1194.– DWB II,229, VII,1976; Frühnhd.Wb. IV,742; LEXER HWb. I,323. A.R.R.

-bold
M., nur in Komp.: [**Trunken**]**b.** Trunkenbold, OB, NB vereinz.: *a Trunkaboid* Staudach (Achental) TS; *der ist ein trunkenpolt von natûr* KONRADvM BdN 46,11; *Die Trunckenböld werden das Reich Gottes nicht besitzen* O. SCHREGER, Speiß-Meister, Neudr. von 1766, Kallmünz 2007, 39.– Grundw. aus dem Namenselement *-bald*; KLUGE-SEEBOLD 138.

WBÖ III,566; Suddt.Wb. III,414.– DWB XI,1,2,1396.– S-97C16.

[**Rauf**]**b.** Raufbold, OB, NB, OP, MF vereinz.: *Rafbuld* K'schwand VOH; *Raufboid* BINDER Saggradi 171.

WBÖ III,566.– DWB VIII,257. A.R.R.

Poldel, grober, kräftiger Mensch, →*Leopold.*

-poldeln
Vb., nur im Komp.: [**um**]**p.**: *umpoldln* „sich ungehobelt benehmen" Palling LF.– Abl. von *Poldel* (→*Leopold*). A.R.R.

Bolder, rundlicher Gegenstand, →*Boller.*

Bolderl → *Bollen*[1].

Poldi → *Apollonia, Leopold*.

Bole, Kater, → *Paul(us)*.

†Polei
(Genus?), Polei (Mentha pulegium): *ein guten Theil balley und guten safran* HÖFLER Sindelsdf.Hausmittelb. 36; *sô ezzent si ein kraut polai* KONRADvM BdN 128,26; *Polegium polay* Rott WS 2.H.15.Jh. Lib.ord.rer. 399,22.2.

Etym.: Ahd. *poleia* stn./swf., mhd. *polei(e)* stn., aus lat. *pulegium*; KLUGE-MITZKA 558.

WBÖ III,566 f.; Schwäb.Wb. I,1271; Schw.Id. IV,1181.– DWB II,230, VII,1976 f.; Frühnhd.Wb. IV,743; LEXER HWb. II,283; Gl.Wb. 464.

Komp.: †[**Herz**]p. dass.: *Nym ... hertz poley ains* 16.Jh. MHStA Hexenakten 50,fol.6ᵛ.

Schw.Id. IV,1181.– DWB IV,2,1258.   A.R.R.

Polemonium
P. caeruleum L. (Himmelsleiter): [*Himmels*]-, [*Jakobs*]*leiter*.   A.R.R.

†bolen
Vb. **1** werfen, schießen: *Sumelîche* [einige] *fluhen ûf die turne ... si bolten unde scuzzen* Kaiserchron. 382,16704–383,16706; *Polt man so dick* [oft] *mit schnee auf mich, der zal wurd mich ... ser verdriessen* FÜETRER Trojanerkrieg 49,110.
2 wohl Alarm schlagen: *verpitent allez polen anderhalben danne* [außer] *ze den fewren* nach 1320 Rgbg.Urkb. I,727.

Etym.: Ahd. *bolôn* 'wälzen', mhd. *boln* 'rollen, werfen, schleudern', wohl Abl. zur Wz. von →*Bollen*[1]; Et. Wb.Ahd. II,232.

SCHMELLER I,231 f.– WBÖ III,567; Schwäb.Wb. I,1271 f.; Schw.Id. IV,1177.– DWB II,223 f.; Frühnhd.Wb. IV,744; LEXER HWb. I,324; Ahd.Wb. I,1254.

Abl.: *Böller(er), böllern*.   A.R.R.

Polen, †-an
N., Polen, Ländername: °*Boin* Neufraunhfn VIB; *Zerung, so Hanns von Brandis aus Polan zu im getan hat* Landshut 1485 DORNER Herzogin Hedwig 102.– Ra.: *daou is öitza Poln offn* „da ist was los" SINGER Arzbg.Wb. 177.

Etym.: Mhd. *Polôna*, aus lat. *Polonia*; WBÖ III,567.

SCHMELLER I,386.– WBÖ III,567; Schwäb.Wb. I,1272; Suddt.Wb. II,506 f.– Frühnhd.Wb. IV,743; LEXER HWb. II,283; WMU 1400.– BRAUN Gr.Wb. 468; SINGER Arzbg.Wb. 177.

Abl.: *polisch, Polischkeit*.   A.R.R.

Polenta, -ande, Plente(n)
M., F. **1** Polenta, °OB mehrf., °NB, °OP, °SCH vereinz.: °*heid gibbs an Balende* G'holzhsn RO; „In der Frühe gibt es ... Milchsuppe, Mus oder *Polanti*" J.B. NIEDERMAIR, Glonn u. Umg., München ²1939, 269.
2 Mais, °OB, °NB vereinz.: °*an Plentn obaun* Bruckmühl AIB.
3 Brei, Mus aus Buchweizenmehl, °OB, °NB vereinz.: °*Plentn* Landau; *Der Plenten* „Muß aus Buchweizenmehl" südl.OB SCHMELLER I, 459; *Nudel und Stearz, Nocken und Blünten, Seynd der Bayer vier Elementen* 1704 DITFURT Hist.VL 1648–1756, 240 f.– Auch †Gerstenbrei: *polenta ... nym gerstn v lb linsn iii lb* Ebersbg 15.Jh. Cgm 5931,fol.203ʳ.
4 Buchweizen (Fagopyrum sagittatum): *Plentn, der* „Buchweizen" FEDERHOLZNER Wb.ndb. Mda. 168; *Der Plenten* „Buchweizen" südl.OB SCHMELLER ebd.
5: *Blendâ* „Kurz gewachsener Hafer" CHRISTL Aichacher Wb. 52.

Etym.: Aus it. *polenta*; WBÖ III,568.

Ltg: *blentn* u.ä. OB (dazu EG, GRI, VIB), *-tα* (AIC, WOR; PA), auch *bolante, -de* u.ä. (AIB, EBE, ED, TÖL, WOR; MAL), *-lentα, -dα* u.ä. (DAH, M, MB, TS, WOR; DEG, DGF, GRI, REG, WOS; FDB), *-de* (AÖ, M, RO, WOR).– Genus soweit angegeben M. OB (dazu DEG, GRI, VIB), F. (LF; PAN).

SCHMELLER I,459.– WBÖ III,568 f.; Schwäb.Wb. I,1195, 1272; Schw.Id. IV,1182; Suddt.Wb. II,507.– DWB II,104, VII,1932.– CHRISTL Aichacher Wb. 52.– S-99E30, W-34/39.

Komp.: [**Türken**]p. wie →*P.*1: *Türknplentn* Wasserburg.

WBÖ III,569.– S-100G29.

[**Schwarz**]p. **1** wie →*P.*3: °*der Schwarzplentn* Ingolstadt.– **2** wie →*P.*4: „wenn die Bienen den *Schwarzplenten* gut kriegen" Die Arbeiterin 9 (1914) Nr.4,9.

WBÖ III,569.– W-34/39.   A.R.R.

Boletus
B. badius Fr. (Maronenröhrling): [*Braun*]-, [*Tangel*]-, [*Tannen*]-, [*Eichen*]-, [*Herren*]-, [*Marone(n)*]-, [*Stein*]*pilz* (dort zu ergänzen), [*Kuh*]*pilzling, Marone*.– *B. bovinus* L. (Kuhröhrling):

Pfifferling, [Kuh]pilz, [Kuh]pilzling, [Kuh]tasche, [Kuh]tütschel, Kühling, [Kuh]lederling, [Kuh]letsche, [Kuh]schwamm(en).– B. edulis Bull. (Steinpilz): Pfunscher (zu ergänzen), Pilz, [Braun]-, [Buchen]-, [Edel]-, [Eichen]-, [Fleisch]-, [Föhren]-, [Frauen]-, [Herren]-, [Königs]-, [Kuh]-, [Mai]-, [Mies]-, [Moos(en)]-, [Stein]-, [Eichen-stein]-, [Weizen]-, [Willibald]pilz, [Stein]pilzel, Pilzling, [Braun]-, [Föhren]-, [Frauen]-, [Herren]-, [Kuh]-, [Semmel]-, [Spör]-, [Stein]pilzling, Pilzting, [Fleisch]-, [Stein]bock, Borsterer, Brauner (→braun), [Herren]brauner (→-braun), Täubling, [Grün]-, [Herren]-, [Stein]täubling, Dobernigel, Echter (→echt), [Schaf]euter, [Kuh]fotze, Guckeisel, [Ge]schlacht, [Ab]-, [Ge]schlachter (→[ge]schlacht), [Ge]schlachtling, (echter / edler / guter / wirklicher) →Schwamm(en), [Parasol]-, [Birken]-, [Braun]-, [Braut]-, [Fleisch]-, [Frauen]-, [Herren]-, [Moos]-, [Ge-schlacht]-, [Stein]schwamm(en), Schwämmerling, Steinling, Walzelein (→Walze), [Braun]walzelein (→-walze), Walzling, Weißer (→weiß), Zigeuner.– B. felleus Bull. (Gallenröhrling): [Bitter]-, [Sau]pilz, Bitterling.– B. luridus Schaeff. (Hexenröhrling): [Blau]-, [Tannen]-, [Frauen]-, [Grase]-, [Herren]-, [Hexen]-, [Roß]-, [Schuster]pilz, [Stein]pilzling, [Blau]bock, Schuster, Zigeuner.– B. luteus L. (Butterröhrling): [August]-, [Butter]-, [Kuh]-, [Schlüpferer]-, [Schmalz]-, [Schmier]pilz, [Kuh]pilzling, [Schaf]euter, [Kühe]scheißerlein (→-scheißer), Schmälzling, [Rot]stümpflein (→-stumpf).– B. pachypus Fr. (Dickfußröhrling): uneßbarer →[Stein]pilzling.– B. rufus Schaeff. (Rotkappe): Pilz, [Föhren]-, [Frauen]-, [Rot-haut]-, [Braun-herren]-, [Kapuziner]-, [Kuh]pilz, Pilzling, [Föhren]-, [Kapuziner]-, [Kuh]pilzling, Birkelein (→Birke), [Frauen]-, [Rot]bock, Täub(e)lein, [Frauen]-, [Rot]täub(e)lein, Täubling, [Frauen]-, [Rot]-, gelber [Schmalz]täubling, [Rot]gickelein (→-gikkel), [Reh]häubelein (→-haube), [Jäger]haxe, [Frauen]-, [Kapuziner]-, [Rot]-, [Zimmer]kappe, Kapuziner, [Farb-ver]kehrer, [Zimmer]mann, Rotelein, [Birken]-, [Frauen]-, [Kapuziner]-, [Rot]schwamm(en), Zigeuner.– B. Satanas Lenz (Satanspilz): [Teufels]-, [Satans]pilz, [Salz]bock, [Teufels]-, [Hexen]-, [Satans]schwamm(en).– B. scaber Bull. (Birkenröhrling): [Stauden]pfeifelein (→-pfeife), [Birken]-, [Föhren]-, [Kuh]pilz, [Birken]pilzling, Birkelein (→Birke), [Birken]bock, [Hüter]bub, [Hoch]haxe, [Rot]kappe, Kapuziner, [Birken]schwamm(en).– B. subtomentosus L. (Ziegenlippe): [Geiß]bart.– B.

variegatus Sw. (Sandröhrling): [Hirschen]-, [Sand]pilz. A.R.R.

Poli

M., Polizist, OB, OP, OF, °MF vereinz.: *der Bole Bruck* ROD; *Mir Boum ho'm d' Poli alle kennt* NIEBLER Mutterspr. 47.– Syn. →*Gendarm*.

Etym.: Kurzf. von →*Polizist*. A.R.R.

Polier, Palier(er), †Parlier(er)

M., Polier, OB, °NB vereinz.: *a guada Baliar is epps weart* Mittich GRI; *Palier* „Aufseher über Maurer und Zimmerleute" DELLING I,49; *Freili Frein ... Wei I bin a Balier* MM 21./22.6.1997, J5; *dem parlir ... fur zerung v den.* Rgbg 1459 VHO 16 (1855) 173; *mag der Wachtherr einen von den Palierern ... wol gebrauchen* Wachtger. Ordng Rgbg 8ʳ.

Etym.: Aus frz. *parlier* 'Sprecher'; PFEIFER Et.Wb. 1024.

DELLING I,49; SCHMELLER I,385.– WBÖ II,338 f.; Schwäb.Wb. I,589; Schw.Id. IV,1155 f.; Suddt.Wb. II,508.– DWB VII,1977; Frühnhd.Wb. IV,748 f.– BRAUN Gr.Wb. 468; DENZ Windisch-Eschenbach 213.

Komp.: [**Leiblein**]p.: „die Westen macht meist der jüngste Schneidergeselle, daher der Name *Laiböpalier*" östl.NB.

[**Maurer**]p. Maurerpolier, OB, NB, OP, SCH vereinz.: *a Maurabália* Sulzbach; *Jacob Garaller, und Mathias Waldhüthner beede Maurerpallier ied. 4 fl.* Mchn 1718 HIERL-DERONCO Lust zu bauen 216.

WBÖ II,339.– S-65A10.

[**Zimmer(er)**]p. Zimmererpolier, °OB, NB vereinz.: *a Zimmarapalier* Tann PAN; *der Zimmerpalier ... 384 fl.* Rott WS 1761 Heimat am Inn 10 (1990) 218.– Ra.: °*zwoa Zimmabalira geem oan Baron!* „Zimmerpoliere sind sehr eingebildet" Ebersbg.

WBÖ II,339. A.R.R.

Poliere

F., Polierwerk für Spiegelglas, fachsprl.: *in der Poliere* L. REINER u.a., Arbeitswelt der Waldglashütten, Riedlhütte ²2004, 181; „wenn jeder Hüttenmeister, der ... Tafelgläser fabriziert ... drei bis vier *Polieren ...* versorgen kann" 1804 Wdmünchn.Heimatbote 24 (1991) 37.– In heutiger Mda. als Örtlichkeitsname (°NEW).

Komp.: [**Glas**]**p.** dass.: *Gloospolia* Naabdemenrth NEW. J.D.

polieren
Vb., polieren, OB, NB vereinz.: *a Fassl polian O'audf* RO; *einen polierten Kommodkasten* PEINKOFER Werke II,19; *dar umb spricht ain rauheu videl nicht sô wol sam ain wol palierteu fidel* KONRADvM BdN 16,8f.; *24 Band zu schleiffen und zu palieren* Rott WS 1763 Heimat am Inn 10 (1990) 243.– Ra.: *Nåbl bolirn* „scherzhaft wenn man einen Schieber tanzt" Kochel TÖL.

Etym.: Mhd. *polieren*, afrz. Herkunft; KLUGE-SEEBOLD 711.

WBÖ III,571; Schwäb.Wb. I,1272; Schw.Id. IV,1183; Suddt.Wb. II,508.– DWB VII,1977f.; Frühnhd.Wb. IV,749–751; LEXER HWb. II,283.– S-108/322.

Abl.: *Poliere, Polierer*. A.R.R.

Polierer
M., Arbeiter in der →*Poliere*, fachsprl.: *Polira* „Glaspolierer bei der Spiegelglasfabrikation" Naabdemenrth NEW; „Die *Schleifer* und *Polierer* waren ständig ... dem ... Glasstaub ausgesetzt" L. REINER u.a., Arbeitswelt der Waldglashütten, Riedlhütte ²2004, 183; „Die Arbeitsleute der *Polierer*" 1804 Wdmünchn.Heimatbote 24 (1991) 38. J.D.

polisch, boll-, polnisch, †-lan-
Adj. **1** polnisch: °*dea macht schou wieda an Sche'l wöi a polnischa Ochs* Sulzbach-Rosenbg; *polisch* SCHMELLER I,386; *Die polanischen Junckfrauen* Landshut 1476 DORNER Herzogin Hedwig 101.– In festen Fügungen: *p.er* →[*Erd*]-*apfel* Futterkartoffel.– *P.e* →*Egge* best. Egge.– *P.e* →*Nuß* Walnuß.– †Subst.: „Die gewöhnlichen Tanzgattungen sind ... der schnellere Walzer und der Dreher (*Polisch*) im Zweivierteltakte" OP Bavaria II,315.
2 übertr.– **2a** widerspenstig, eigensinnig, stur, °OB, °NB vielf., °OP mehrf., °MF, SCH vereinz.: *wos host an wida fiar an bollischn Schell auf!* Glonn EBE; °*dö Kuah kimma nå nöd eispånna, dö is nå so bollisch* Wimm PAN; *Weil s'alle Tag no bollischer werd und no ohabischer* [*unverschämter*], *des Weibsbild, dees ausgschaamt!* CHRIST Werke 520f. (Rumplhanni).–
2b zornig, gereizt, °OB, °NB, °OP vereinz.: °*mach mi net bollisch!* Aschau MÜ; *bolisch* „wütend ... zornig" FEDERHOLZNER Wb.ndb.Mda.

38.– **2c** schlecht gelaunt, griesgrämig, °OB, °NB, OP, MF vereinz.: °*was bist denn heit gar so bollisch?* Starnbg; „*a Bolische* ist eine, die chronisch schlecht gelaunt ist" SCHILLING Paargauer Wb. 35.– **2d** hinterhältig, verschlagen, NB, °OP vereinz.: *Luada polnisch!* Mengkfn DGF; *bōliš* DENZ Windisch-Eschenbach 221.–
2e seltsam, sonderbar, °NB vereinz.: °*dös kimmd ma boinisch fia* Neufraunhfn VIB; *Wie pollisch, däß's oft is um d'Liab* GUMPPENBERG Loder 16.

SCHMELLER I,386.– WBÖ III,581f.; Schwäb.Wb. I,1272f.; Schw.Id. IV,1179; Suddt.Wb. II,512f.– DWB VII,1986; Frühnhd.Wb. IV,755f.– ANGRÜNER Abbach 16; BRAUN Gr.Wb. 468f.; DENZ Windisch-Eschenbach 221; KOLLMER II,67f.; KONRAD nördl.Opf. 6; SCHILLING Paargauer Wb. 35.

Komp.: [**bock**]**p.** wie →*p.*2a, OP vereinz.: *buckpollisch* Pavelsbach NM. A.R.R.

Polischkeit
F., Eigensinn: *den laßt 'Bolischkeit net aus* Wenzenbach R. A.R.R.

Politik
F. **1** Politik: *mit da Politik schaugts schlecht aus* Mchn Die Bayer'sche Landbôtin 1 (1830) 166; *die alten Krauterer hocken im Wirtshaus ... und dischkariern von der Palitik und von die Kaibipreis* STEMPLINGER Obb.Märchen II,52.
2 Taktiererei: *bolitikx* „Intrige, Ränke" FREUDENBERG Böbing 60.

Etym.: Aus frz. *politique*, gr. Herkunft; PFEIFER Et. Wb. 1024.

WBÖ III,572; Suddt.Wb. II,508f.– DWB VII,1979; Frühnhd.Wb. IV,752.

Abl.: *Politiker, politisch, politisieren*. A.R.R.

Politiker
M. **1** Politiker: °*a Boliddiga* Wasserburg; *Am politika is des egal* SZ Erding 56 (2000) Nr.186, R2.
2 schlauer, durchtriebener Mensch, °OB, °NB vereinz.: °*dös is a Politika!* Eining KEH.

WBÖ III,572; Schw.Id IV,1184; Suddt.Wb. II,509.– DWB VII,1979. A.R.R.

politisch
Adj. **1** politisch, auf die Politik bezogen: *A politische Fotzn hat er ja wia-r-a Schwert* HALLER Dismas 69.

politisch

2 †polizeilich: *Politische Straffen* Der Landtag im Herzogthum Baiern vom Jahre 1612, [hg. von J.N.G. v.KRENNER, München] 1803, 369).
3 vom menschlichen Eigenschaften.– **3a** †höflich, fein: *Ein unpolitischer Bauer, ein politischer Hofmaister* um 1700 SCHMELLER I,386 (Ch. Selhamer).– **3b** gewitzt, schlau, durchtrieben, °OB, °OP mehrf., °Restgeb. vereinz.: *balipdisch „schelmisch"* Achbg TS; °*ja mei Löiba, politisch mou ma sei!* Ambg; *Sei boliddösch und schau, dasd' bei das* [!] *Bauan in Gnadn schdehst!* Bayernb., hg. von L. THOMA, G. QUERI, München 1913, 372.– **3c** widerspenstig, eigensinnig, stur, °OB, °NB, °OP vereinz.: °*dea hout an ganz an politischn Schedl* Kchnthumbach ESB.– **3d** zornig, gereizt, °OB, °OP, °OF vereinz.: °*bi* [sei] *stad, sunsch machscht mi bolitasch!* Tandern AIC.
4: °*a bolidische Sach „heikel"* Rgbg.

SCHMELLER I,386.– WBÖ III,573; Schwäb.Wb. I,1273; Schw.Id. IV,1184; Suddt.Wb. II,509.– DWB VII,1979f.; Frühnhd.Wb. IV,752.– W-39/5.   A.R.R.

politisieren

Vb., über Politik reden, streiten, °OB, NB vereinz.: *am Stammtisch politisian* Piegendf ROL; *Warum muasst aa mit an jeden 's Politisieren ofanga* Altb.Heimatp. 58 (2006) Nr.6[,32].

WBÖ III,573; Schw.Id. IV,1184; Suddt.Wb. II,509.– DWB VII,1980f.   A.R.R.

Politiv

M. **1** Polizist, OB, OP vereinz.: *a Palidif, a Greana* Rieden WS; *A Politif will Nachts Oa'n fanga* LAUTENBACHER Ged. 56.– Syn. →*Gendarm*.
2 Flurwächter, OB vereinz.: *Politiv* Kienbg TS.– Syn. →[*Flur*]*schütz*.

Etym.: Umbildung aus →*Polizist*; Schwäb.Wb. I, 1273f.

Schwäb.Wb. I,1274.   A.R.R.

Bolitte →*Bollette*.

Polizei

F. **1** Polizei u. deren Beschäftigte, allg.verbr.: *„Bolezei, scherzhaft auch Bolezwoadrei genannt"* Wdmünchen; *D-polyzay probird ob-s-n dawischt* KUEN Bair. 68; *De Polezei jetz gsprunga kimmt, Und saoucht* SCHUEGRAF Wäldler 102.
2 †öffentliche Ordnung, Maßnahmen u. Mittel zu deren Einhaltung: *Die am Hof* [Stadtamhf R] *halten gleichwol mit prot, wein, pier, fleisch ... zimbliche policey* Straubing 1585 HELM Obrigkeit 130; *„Die Einfuhr- und Erhaltung einer regelmäßigen Policey"* W.X.A. v.KREITTMAYR, Grundriß des Allg., Dt.- u. Bayr. Staatsrechtes, München 1770, I,32.
3 †gutes Benehmen: *wider das Gsatz der Höffligkeit und gute Polizey ... deren erste Regel ist, dem Frawenzimmer nichts abzuschlagen* MOSER-RATH Predigtmärlein 182f.

Etym.: Aus lat. *politia* 'Staatsverwaltung', gr. Herkunft; KLUGE-SEEBOLD 711.

SCHMELLER I,386.– WBÖ III,573f.; Schwäb.Wb. I,1273f.; Schw.Id. IV,1184f.; Suddt.Wb. II,509.– DWB VII,1981f.; Frühnhd.Wb. IV,746f.; LEXER HWb. II,284.– BRAUN Gr. Wb. 468.

Abl.: *Polizist*.   A.R.R.

Polizist

M., Polizist, OB, NB, OP, MF vereinz.: *a Polizist* Pasing M.– Syn. →*Gendarm*.

WBÖ III,574; Suddt.Wb. II,510.   A.R.R.

Polizze

F., Bescheinigung, Quittung, °OB, °NB, °OP vereinz.: °*stell ma a Bolizn aus „Quittung für den Erhalt der Ware"* Kreuth MB; °*Politzn „Scheine, die zur Hausschlachtung berechtigen"* Mantel NEW; *Polizn* WESTENRIEDER Gloss. 437.

Etym.: Aus it. *polizza* 'Zettel, Schein', unter Einfluß von →*Bollette*; Fremdwb. II,575.

WESTENRIEDER Gloss. 437.– Suddt.Wb. II,510.– Fremdwb. II,575f.

Komp.: [**Hunds**]**b**.: °*Hundsbolitzn* „Hundesteuerquittung" Pfarrkchn.   A.R.R.

Polka

F., M. **1** Polka, °NB, OP mehrf., OB, MF vereinz.: °*beim Boika-Tânzn kriagt ma an Drahwurm* T'nbach PA; *daß ... alle Dierndln ... g'rad g'spitzt hab'n an Langaus oder a Polka mit Euch zu tanzen* PEETZ Chiemg.Volk II,90; *boika* nach WITTMANN Mchn 72.– In fester Fügung *Münchner P.* best. Art von Polka, NB vereinz.: *Mingara Polka* Iggensbach DEG.
2 Ländler, NB, OP vereinz.: *Poika Landler* Rinchnach REG.– In fester Fügung: *„Als Bayerische Polka* wird gelegentlich eine Art Rheinländer bezeichnet, im langsamen Dreivierteltakt" AIBLINGER bayer.Leben 228.

Etym.: Aus tschech. *polka* 'Polin'; PFEIFER Et.Wb. 1025.

WBÖ III,574; Schwäb.Wb. I,1274; Schw.Id. IV,1215; Suddt.Wb. II,510.– DWB VII,1985.– BRAUN Gr.Wb. 468.

Komp.: [**Tusch**]p., [**Tusch(e)lein**)]-, [**Tuscher**]- **1** Polka, bei der sich die Tanzenden gegenseitig in die Hände klatschen, NB vereinz.: *Duschpolka* östl.NB; *das Hüttenmadl und der Duscherlpolka* Bay.Wald Zwiebelturm 4 (1949) 39.– **2** best. Ländler: *Duschlbolka* Mengkfn DGF.

[**Fingerlein**]p. Polka, bei der die Tanzenden mit den Fingern gestikulieren: *Fingerlpolka* Neukchn KÖZ; *Fingerlpolka* Oberpfalz 5 (1911) 154.

WBÖ III,575; Suddt.Wb. IV,297.

[**Kreuz**]p. Polka, bei der sich die Tanzenden mit gekreuzten Händen fassen u. Kreuzschritte machen, OB, NB, OP, MF vereinz.: *Kreuzpolka* Neustadt. A.R.R.

†Poll
M. **1** feine Mehlsorte: *mit dem hat man den Poll anworden* [aufgebraucht] 1504 GEMEINER Chron. IV,91.

2 daraus gebackenes Brot: *swann der waitz giltet fünf schilling, so schol di semel haben siben march und der polle aht march* nach 1320 Rgbg.Urkb. I,729.

Etym.: Ahd. *polla* swf., mhd. *bolle* stf., aus lat. *pollen* 'feines Mehl'; WBÖ III,575.

SCHMELLER I,386.– WBÖ III,575; Schwäb.Wb. I,1274; Schw.Id. IV,1170; Suddt.Wb. II,511.– DWB VII,1985; Frühnhd.Wb. IV,753f.; LEXER HWb. I,323f.; Gl.Wb. 464.– W-39/7.

Abl.: *pollen, pöllen*. A.R.R.

-böll
N., nur in: [**Ge**]b.: °*a Geböll* dicke schwielige Haut an den Füßen M'nwd GAP. A.R.R.

Bolle(n), Stier, →*Bulle*.

bolleln, -ö-
Vb., graupeln: *bẹi̯ẹn* Königsdf WOR nach STÖR Sprachraum Mchn 968.

Komp.: [**maus**]b. dass.: *måusbolələ* Landsbg nach SBS VIII,170. A.R.R.

Bollen[1], **Bolle**
M., F. **1** rundlicher Gegenstand.– **1a** (kleine) Kugel, Knollen, Klumpen, °OB, °NB, °OP vereinz.: °*a Boin Eis* Schwaben EBE; *Aus ... Hefentoag draht er an Bolln, So wia an Oberpfälzer Knödel* EHBAUER Weltgschicht II 116; „Mehlteig, worin einige Theile zusammen kleben, und *Pollen* verursachen" WESTENRIEDER Gloss. 438; *ein hilzener Paternoster die Polln in golt eingefast* Mchn 1581 MJbBK 16 (1965) 128 (Inv.).– **1b** kugeliger Pflanzenteil, v.a. Samen(kapsel), Blüte, OB, NB mehrf., OP, SCH vereinz.: *da dröschnt Bauan d'Boin* „Leinsamen" Hengersbg DEG; *Bolln* Kleeknospe Weidenwang BEI; *beial* „Samen, die der befruchtete, weibliche Hopfen entwickelt" nach I. MEISTER, Die Fachspr. der Hallertauer Hopfenbauern, Ex.masch. München 2001, 52; „Die *Bollen* des *Fruehhars* [Flachs] geben, der Sonne ausgesetzt, den Leimsamen selbst von sich" SCHMELLER I,1145; *Poll od' knodt an einer herdtflachs* Voc.Teutonico-Latinus z.iiij^v.– Auch: *Boitala* „Fruchtzapfen der Weide" U'schneitbach AIC.– **1c** Pille, Arzneimittel, °OB vereinz.: *Boin, Beuerl* Rohr PAF; „homöopatische Medizin ... hat es ebenfalls gegeben, die sogenannten *Kigál* oder *Boiál*" Garching AÖ Oettinger Ld 19 (1999) 258.– **1d** Kotkügelchen, -klumpen.– **1dα** Kotkügelchen, °OB mehrf., °NB, °OP vereinz.: °*Bojn* Wasserburg; *Dampfade Boin lasst's hintn foin* Altb.Heimatp. 58 (2006) Nr.18,4.– **1dβ** Kotklumpen am Rind, OB, °NB, MF vereinz.: °*d'Kua hat Bejerl am Hintern* Pfarrkchn; *boin* Pfaffenhfn STÖR Region Mchn 919.– **1e** Bommel, Quaste, °OB, °NB, °OP vereinz.: °*so a schöna Bolln is auf da Haubn* Brunnen SOB; *solches schirzl ist mit ... vergulten pelleln geziert* Mchn 1580 WESTENRIEDER Beytr. V, 170.– **1f** (kleines) Hagelkorn, Graupel, °OB vereinz.: *Bejerl* Fraunbg ED.

2 krankhafte Erhöhung, Auswuchs.– **2a** Beule, Schwellung, NB, OP vereinz.: *Boin* Neuschönau GRA; *Bolln* Heideck HIP DWA V,7; *Boln ... wai Faist sua graoß* Bärnau TIR SCHÖNWERTH Leseb. 130.– **2b** Schwiele, OB, °NB vereinz.: *Boin an de Fiaß* Röhrmoos DAH.– **2c**: *Poin* „Knopper an Gabelästen der Fichte" Starnbg.

3 †wohl kugelförmiges Gefäß: *unum potum vini Wawarici, mensurae dictae* [ein Trank Baierwein, im Maß namens] *Poll* Rgbg 1281 Regesta Boica, Kulmbach 1820–1854, IV,775.

4 Kaulquappe: *Polderl* Tettenwang RID DWA V,21.– Syn. →[*Kaul*]*quappe*.

Bollen

5 Große Klette (Arctium Lappa), OB vereinz.: *Buin* Todtenweis AIC.
6 von Menschen.– **6a** kleiner untersetzter Mensch, °OB, °NB, MF vereinz.: *a kloina Bolln* O'eichstätt EIH.– **6b** grober, unfreundlicher Mensch, °OB, °SCH vereinz.: *deaffedsd scho aramoi a wengerl Zeid håm fia mi, du Boin* Ebersbg; *Du gscheada* (unkultivierter) *Boin, du gscheada!* BINDER Saggradi 30.– **6c** in Ortsneckereien: *Glonner Boin* „Spitzname für die Einwohner von Glonn [DAH]" Eurasburg FDB.– „Spottvers der Prittrichinger auf die benachbarten Winkler: *Winkler Bölla, Orsch varschwölla, Ouga wia Pfousa* [Pflaumen]*, dr Buggl voll Moosa* [Flecken]" WÖLZMÜLLER Lechrainer 131.
7 Pl., Angst, °OB, °NB, °OP, SCH vereinz.: *dea hod so vui Boin, daß a schwitzd!* Kammerbg FS; *Da Sepp wead nerwös und griagd scho Boin* S. BILLER, Garchinger G'schichtn, Garching 1996, 27a.
8: °*der hat heut Bolla!* „ist streitsüchtig" Schongau.

Etym.: Ahd. *bolla*, mhd. *bolle* 'Knospe, rundes Gefäß' swf., germ. Bildung idg. Herkunft; Et.Wb.Ahd. II,231.

Ltg, Formen: *boln, -oi-*, z.T. nicht von →*Ball(en)* zu unterscheiden, ferner *-ui-* (AIC; KEM; ND), *bolə* SCH (dazu FFB, GAP, LL, SOG), *-u-* (FFB, LL), *bolm* (ESB).– Dim. *belɑl, beiɑl* u.ä. OB, NB (dazu CHA, R, ROD; EIH), *beldɑl* (LL; R), *beid-* (SOB), *belai* (AIB, RO, TÖL), ferner *bolɑl, boiɑl*, auch *bui-* (MÜ; BOG, KÖZ), *boldɑl(ɑ)* OP (dazu LL), *boid-* u.ä. OB, SCH (dazu MAI, PA, PAN, VIB; BEI, BUL, R, RID; EIH), *buid-* (AIC), ferner *boiai* (LF), *boidai* (RO), kindersprl. *boli* (FFB).– Genus soweit angegeben meist M., vereinz. F. (SOG; A).

SCHMELLER I,232, 386; WESTENRIEDER Gloss. 54, 438.– WBÖ III,576f.; Schwäb.Wb. I,1274f.; Schw.Id. IV,1171–1173; Suddt.Wb. II,510f.– DWB II,231f.; Frühnhd.Wb. IV,753; LEXER HWb. I,324; Ahd.Wb. I,1253f.– BERTHOLD Fürther Wb. 26; BRAUN Gr.Wb. 58; CHRISTL Aichacher Wb. 138, 248, 270; KOLLMER II,67, 319; MAAS Nürnbg.Wb. 87; SCHILLING Paargauer Wb. 90.– S-85A32, 102B7.

Abl.: *-böll, bolleln, bollen, Boller, Boller(er), böllerln, bollern, Bolli, bollicht*.

Komp.: †[**Paternoster**]b. Perle des Rosenkranzes (→*Paternoster*): *gar kleine Arbeit/ als Ringl/ Paternosterpollen* Landr.1616 621.
SCHMELLER I,232.

[**Pferde**]b. Pferdeapfel, °OP vereinz.: *Pfaabolln* Naabdemenrth NEW.– Syn. →[*Roß*]*bollen*.
Suddt.Wb. II,296.

[**Distel**]b. Große Klette (Arctium Lappa, dort zu ergänzen): °*Distlbolln* Kallmünz BUL.

[**Dreck**]b. wie →*B.*1dβ, OB, °NB vereinz.: °*Dreckbeial* Tegernbach MAI; *drekhboin* Scheffau BGD nach SOB V,64.
Schwäb.Wb. II,344f.

[**Eis**]b. kleiner, runder Eisklumpen: °*iwarundiwar voia Eisboiddaln isa daheakema, so hods gwaad* Ebersbg; *Eisboidal* BINDER Bayr. 31.

[**Flachs**]b. Samenkapsel des Flachses, OB, NB vereinz.: *Flachsbulla* Lengenfd LL.
Schwäb.Wb. II,1533.– DWB III,1702.

[**Geiß**]b. meist Dim., Ziegenkot, °OB, °NB, °OP vereinz.: °*Goaßböllala* O'ammergau GAP; *die schiache Warz'n ... so groß wiar a Goaßböllei* FRANZ Lustivogelbach 42.
Schwäb.Wb. III,237; Schw.Id. IV,1173.

[**Grieß**]b. **1** †wohl Grieß, körnig gemahlenes Getreide: *griespoln, kleib* Landshut 1425 MHStA GL Landshut 60,fol.8ᵛ.– **2** wie →*B.*1f: °*Griasböllei* kleine Hagelkörner Tuntenhsn AIB.

[**Haar**]b.[1] **1**: *Haarbolln* verwirrte Knoten in den Haaren O'eichstätt EIH.– **2** Große Klette (Arctium Lappa, dort zu ergänzen): °*Hoarbolln* Sulzbach-Rosenbg.

[**Haar**]b.[2] wie →[*Flachs*]b., °OB, °NB mehrf., °OP vereinz.: *d'Hårboin auf da Bih dian* Mittich GRI; *huəbəln* Dinzling CHA nach BM I,61; „die *Hoorbolla*, die Samenkapseln des Leins" WÖLZMÜLLER Lechrainer 87; *was Sond'lich Jm gebürg die armben leidt die ... har boln vnd aüchel gemallen* 1628 HAIDENBUCHER Geschichtb. 61.– Zu →*Haar* 'Flachs'.
DELLING I,243; SCHMELLER I,232, 1145.– WBÖ III,577.– DWB IV,2,25.

[**Hasen**]b. meist Dim., Hasenkot, °OB mehrf., °NB, °OP vereinz.: °*do lieng Hosnboidala* Dietfurt RID; *Hosnbellal* JUDENMANN Opf.Wb. 82.
Schwäb.Wb. III,1210; Schw.Id. IV,1173.

†[**Hirsch**]b. wohl Frucht des Brombeerstrauchs: *Hirschbollen* G.A. PRITZEL, C.F.W. JESSEN, Die dt. Volksnamen der Pflanzen, Hannover 1882–1884, 344.– Syn. →[*Brom*]*beere* (dort zu ergänzen).
WBÖ III,577; Schwäb.Wb. III,1686.– W-37/39.

[**Hunds**]**b.**: *Hundsbollaln* „Hundekot" Ingolstadt.
WBÖ III,577; Schwäb.Wb. III,1887.

[**Käfer**]**b.**: *Kefaboin* „Käferlarven" O'audf RO.

[**Kitz(en)**]**b.**, [**Kitzlein**]- wie →*B.*1 f, °OB, °SCH vereinz.: °*Kitznbolln hot's ghaglt!* Hohenpeißenbg SOG; „Graupel ... *kxidsəbolə*" O'baar ND nach SBS VIII,172.
Schwäb.Wb. IV,431.- W-39/8.

[**Klee**]**b.** Kleeblüte, OB, °OP, SCH vereinz.: °*Kläibolm schtrupfm* Kchnthumbach ESB.
WBÖ III,577.- S-100K2.

[**Kletten**]**b.**, [**Klecken**]- **1** wie →*B.*5, °OB vereinz.: *Klettabolla* Schwabbruck SOG.- **2** Gemeine Quecke (Agriopyrum repens): *Kletta, Kleckabolla* Steingaden SOG DWA XVII,83.
Schwäb.Wb. IV,486.

[**Kot**]**b.** Klumpen aus Erde (→*Kot*), OB, NB, °MF vereinz.: *Koatboin* O'söchering WM.

[**Krampf**]**b.** Angeber, Wichtigtuer, OP, °MF vereinz.: *Krampfbolln* Pavelsbach NM; *Krampfbolln* Solnhfn WUG H. FRIEDEL, Grenzgedanken, Weißenburg 1994, 56.
BERTHOLD Fürther Wb. 119.

[**Kuh**]**b.**, [**Kühe**]- wie →*B.*1dβ, OB, °NB vereinz.: *Küabolln* Moosach M; „Kotklunkern an den Schenkeln der Kühe ... *khuɑboin*" Dietershm FS nach SOB V,64.
Schwäb.Wb. IV,805.

[**Lärchen**]**b.**: *Lärchapolla* Lärchenzapfen Peiting SOG.

[**Laus**]**b. 1** wie →*B.*5, °OB, °OP mehrf., °Restgeb. vereinz.: °*Lausbolla* Klette Schongau; *Lausbollen* Ebenrd HIP MARZELL Pfln. I,379.- Auch Samenkugel der Klette, °OB, °OP vereinz.: °*Lausboin* „die klebrigen Kugeln" Anzing EBE.- **2** Klebkraut (Galium aparine): °*Lausbolln* Sulzkchn BEI.- **3** Herbstzeitlose (Colchicum autumnale), °OP vereinz.: *Lausbolln* „die Herbstzeitlosen im Frühling" O'ndf NM.
W-38/58.

[**Lein**]**b.** wie →[*Flachs*]*b.*, OB, OP, MF vereinz.: „die *Låipoin* fallen beim Dreschen des Flachses ab" Irschenbg MB; *Laïboll·n* „Samenkapsel ... des Leins" mittl.Altmühl DMA (FROMMANN) VII,404; „Rätsel ... *Kuglrund und spitzi, wers derrat is witzi* ... (Leinbollen, die Fruchtköpfe am Flachs ...)" WINKLER Heimatspr. 74.- Ra.: „zum Abfertigen, wenn einer nichts bekommt, *du greikft ɑ lainpoln*" nach WEBER Eichstätt 76.
SCHMELLER I,232.- WBÖ III,577; Schwäb.Wb. IV,1154.- DWB VI,703; LEXER HWb. I,1924.

[**Haar-lins**]**b.** dass.: *Hårlinsbujaln* N'taufkchn MÜ.- Zu →[*Haar*]*lins* 'dass.'.

[**Maus**]**b.**, [**Mäuse**]- **1** meist Dim., Mäusekot, °OB, °OP, °SCH vielf., °NB mehrf., °OF, °MF vereinz.: °*beim Nåchban ling d'Meisbojal in da Schtum umanånda* Dachau; °*heint hob i Mausbollerla im Woiz gsehng* Eslarn VOH; *Māusbêillá'l* ANGRÜNER Abbach 58.- Ra.: °*zum Mausboiderla spitzn geh* „auf die Frage, wo man hingeht" Manching IN.- Scherzspruch: *Dés is ən andə's Korn, hàt d· Mıllerin gsagt, hàt auf Mausbələ-ln 'biss·n* SCHMELLER I,232.- **2** kleine Person, die sich aufspielt, v.a. in der Fügung *aufgestellter M.*, °OB, °SCH vereinz.: °*was willstn Du, a so a kloana Mausbolln?* Ohlstadt GAP; *auf:gsch[d]öi:dâ Maus:bui:in* „Kleine Person, die angibt" CHRISTL Aichacher Wb. 246.
SCHMELLER I,232.- Schwäb.Wb. IV,1561.- ANGRÜNER Abbach 58.- W-39/9 f.

[**Moos**]**b.** Frucht des Preiselbeerstrauchs: *Moosbullen* Kottgeisering FFB DWA X,26.- Syn. →[*Preisel*]*beere* (dort zu ergänzen).
Schw.Id. IV,1173.

[**Nest**]**b. 1** jüngster Vogel im Nest, MF (v.a. EIH) mehrf., OP vereinz.: *da Nestboin* Kottingwörth BEI.- Syn. →[*Nest*]*hocker.-* **2** jüngstes Kind einer Familie, MF vereinz.: *Neschbolln* Attenzell EIH.

[**Reh**]**b.** meist Dim., Rehkot, °OB, °NB, °OP vereinz.: °*so grouß wia Rähbellei* Heufd AIB.

[**Roß**]**b. 1** Pferdeapfel, °Gesamtgeb. vielf.: °*da Rooskefa hoaßt aso, wei a Roosboin måg* Wimm PAN; °*d'Roßbolln* Wdmünchen; *Hoffentlich tritt I ned wieda in an Roßboin* MM 20./21.9. 1997, J5; *Roßbollen* SCHMELLER I,232; *gantz warme Roß-Bollen* HOHBERG Georgica III, 608.- Syn.: [*Pferde*]-, [*Holz*]-, [*Roß*]-, [*Sau*]*apfel*, [*Roß*]*ballen*, [*Roß*]*pauke* (dort zu ergänzen), *Baunze*, [*Roß*]*baunze*, [*Roß*]*beere*, [*Roß*]*bohne*,

[*Roß*]*bollen*

[*Pferde*]*bollen*, [*Roß*]*boller*, [*Roß*]*bombe*, [*Roß*]-*popel*, [*Roß*]*botzen*, [*Pferde*]-, [*Roß*]*dreck*, [*Roß*]-*haufen*, [*Pferde*]-, [*Hafen*]-, [*Roß*]*knödel*, [*Roß*]-*knopper*, [*Roß*]*knoten*, [*Roß*]*mist*, [*Roß*]*muckel*, [*Pferde*]*nuß*, *Zürke*, [*Roß*]*zürkel*.– **2** übertr.– **2a** Pflaume, °OB, °NB, °OP, °MF vereinz.: *d'Roßboin* O'lauterbach ROL; „der ... Baum mit den *Roßboin* ... den großen süßen bräunlich-roten Pflaumen" HAGER-HEYN Dorf 79.– Syn. → *Pflaume*.– **2b** Reneklode: °*Roßpoln* Töging AÖ.– **2c** wie → [*Hirsch*]*b.*, MF, °SCH vereinz.: *Roßbolln* Mörnshm EIH; *Rossbeiln* [hs. *-boiln*] Mauern ND DWA X,7.– **2d** semmelförmiges Gebäck aus Hefe- od. Brotteig: „*Roßbolln* ... ein Wegbrot für alle Gelegenheiten" FRIEDL ndb.Kuchl 36.

SCHMELLER I,232.– WBÖ III,577; Schwäb.Wb. V,416f.; Schw.Id. IV,1174.– DWB VIII,1253.– ANGRÜNER Abbach 67; BERTHOLD Fürther Wb. 182; BRAUN Gr.Wb. 506; CHRISTL Aichacher Wb. 141; MAAS Nürnbg.Wb. 194.

[**Samen**]**b.** Samenkapsel, OB, OP vereinz.: *Samabolln* Dietldf BUL.

WBÖ III,577; Schw.Id. IV,1174.

[**Schaf**]**b.** meist Dim., Schafkot, °OB, °NB mehrf., °Restgeb. vereinz.: °*kiehr amoi dö Schafboidal zam!* Wettstetten IN; *Schoufbolln* Solnhfn WUG; *Schafboidal* BINDER Bayr. 31.

Schwäb.Wb. V,651; Schw.Id. IV,1174.

[**Schund**]**b.**, [**Schim**]- Kartoffel, v.a. rotw., OB, NB vereinz.: *Schimbolle* „Kundensprache" Traunstein; *Schumbolln* Regenstauf R ZDL 57 (1990) 48.– Zu rotw. *Schund* 'Erde'.

Schwäb.Wb. V,1189.

[**Was**]**b.**: *Wospolln* „Rasenstück in Schaufelblattgröße" Irlahüll EIH.

[**Weih**]**b.**, Palmbuschen, → [*Weih*]*palm*.

[**Werg**]**b.** Wergknäuel: *Wergbollen* Kinsau SOG Frigisingia 4 (1927) 420.

Schwäb.Wb. VI,3405. A.R.R.

Bollen² → *Ball(en)*.

bollen
Vb. **1** †Kot ausscheiden: *Das Ros bollt* SCHMELLER I,232.

2 urinieren: °*bolln* Birnbach GRI; *boln* KOLLMER II,68.

3 hageln, graupeln: °*es hat 's Bolla ogfangt* „hageln" U'ammergau GAP; „graupeln ... *bolə*" ebd. SOB VI,136f.

SCHMELLER I,232.– Schwäb.Wb. I,1276; Schw.Id. IV,1174; Suddt.Wb. II,511.– DWB II,232; Frühnhd.Wb. IV,754.– KOLLMER II,68.– S-27R13.

Komp.: [**hin-ab**]**b.**: °*der ist nabollt* „der Baum ist zu Tal gerollt" Bayersoien SOG.

[**kitzen**]**b.** wie → *b*.3, °OB vereinz.: °*jetz kitzebollets* Schongau; „graupeln ... *kxidsəbolə*" O'baar ND nach SBS VIII,172.

Schwäb.Wb. IV,431.

[**zu-sammen**]**b.** zerknittern, zusammenknüllen, °OB mehrf.: °*tuas it gar so zamabolla!* U'ammergau GAP.– Auch: °*dös Auto war ganz zambollt* „zusammengequetscht" Endlhsn WOR.

Schwäb.Wb. VI,1362. A.R.R.

†**pollen**
Vb., feines Mehl (→ *Poll*) mahlen: *pollen* SCHMELLER I,386.

SCHMELLER I,386. A.R.R.

böllen, sich hinlümmeln, → *bellen*³.

†**pöllen**
Adj., aus feinem Mehl (→ *Poll*): *der pekch sol ... machen ... pôlleins besunder ... iegleichs prot nach seinem recht ungefelschet* Mühldf Ende 14.Jh. Chr.dt.St. XV,395,26–28.

WBÖ III,578; Suddt.Wb. II,511.– Frühnhd.Wb. IV,754; LEXER HWb. I,324. A.R.R.

Boller, Bolder
F., rundlicher Gegenstand, °OP, °MF vereinz.: °*a Boidan macha* „eine Schneekugel" Dollnstein EIH; *Boldan* „Erdklumpen" PAR J. KOLLER, Dial.wb. aus dem östl. Jura, Kallmünz 2005, 14.

Komp.: [**Roß**]**b. 1**: *Roßboldan* Roßapfel Söllitz NAB.– Syn. → [*Roß*]*bollen*.– **2** Pflaume, °OP vereinz.: °*Roosboldan* Kallmünz BUL.– Syn. → *Pflaume* (dort zu ergänzen). A.R.R.

Boller(er), -ö-, Bolder
M. **1** rundlicher Gegenstand.– **1a**: *boldɒ* „Knödel" Regenstauf R nach ZDL 57 (1990) 48.– **1b** Schusser, OB, °NB vereinz.: °*Boller* Gangkfn EG.– Im Vergleich: *dera kugln d'Zacha* [Tränen] *daher so grouß wia Bola* Erding.– Syn.

→*Schusser*.– **1c**: °*Bollara* „Mäusekot" Lauterhfn NM.– **1d** Samenkapsel des Flachses, NB vereinz.: *dö Boia wern mit da Drischl åbadroschn* Mengkfn DGF.– **1e**: *an achin Bellerer Gallapfel* Kornburg SC.– Syn. →[*Gall*]*apfel*.
2: °*Boller* „Blöcherstapel" Zwiesel REG.
3 männliches Rind, OB, °NB, °OP vereinz.: °*des is a fester Boller!* „kräftiger Ochs oder Stier" Aidenbach VOF.
4 Körperteil.– **4a** Kopf: *dear håt an Böllar auf!* „einen großen Kopf" O'ammergau GAP; *bolα* O'schneiding SR nach SNiB II,30.– **4b**: *bola* „männliches Glied (nicht abfällig)" mittl.Bay. Wald KOLLMER II,486.– Syn. →*Penis* (dort zu ergänzen).
SCHMELLER I,232.– WBÖ III,578; Schwäb.Wb. VI,1675; Suddt.Wb. II,511.– DWB II,232 f.– BERTHOLD Fürther Wb. 26; BRAUN Gr.Wb. 58; KOLLMER II,68; MAAS Nürnbg. Wb. 87.– W-39/12.

Komp.: [**Fein**]**b**.: *vãibola* „gezierter, gespreizter, weibischer Mann" nach KOLLMER II,106.
KOLLMER II,106.

[**Stinker**]**b**. Wucherblume (Chrysanthemum Leucanthemum): *Stinkapulla* Tremmersdf ESB DWA V,28. A.R.R.

Böller(er)
M. **1** Böller, Schießgerät, v.a. in der Fügung *B. schießen*, °OB, °NB vielf., °OP mehrf., °Restgeb. vereinz.: °*de Bellara hod a ohlassn, daß a Freid gwen is* Nußdf RO; *am Prangadåg* [Fronleichnam] *schoößns schå ön ålla Heagodsfrua mid dö Beja* Schwaibach PAN; „bei der Wandlung an Fronleichnam *wiad Bölla gschossn*" Herrnthann R; *Owa na is da Böller kemma. Do hodses grissn!* LAUERER Wos gibt's Neis? 24; „*Böller* ... durch welche der Abgang des Eisstoßes gehörig signalisiert [wird]" 1838 MOSER Kiefersfdn 647; *3 boller* Rain SR 1547 Rgbg u.Ostb. 121 (Inv.); *eben so oft wurden auch die Pöller gelößt* Pullenrth KEM 1777 Wir am Steinwald 11 (2003) 111.– Ortsneckerei: „Ellmoosen (Aibling): *Böller*" BRONNER Schelmenb. 128.
2 †wohl Schleudermaschine: „vier Bůndel Pfeile, zwei *Pôler*" Rgbg 1343 OEFELE I,697.
Etym.: Mhd. *pôler* 'Schleudermaschine', Abl. von →*bolen*; KLUGE-SEEBOLD 138.
SCHMELLER I,231 f.; WESTENRIEDER Gloss. 55, 438.– WBÖ III,578 f.; Schwäb.Wb. I,1278; Schw.Id. IV,1180; Suddt. Wb. II,511.– DWB II,233, VII,1985 f.; Frühnhd.Wb. IV, 744 f.; LEXER HWb. I,323.– BRAUN Gr.Wb. 58.– S-5G3, W-128/32.

Komp.: [**Hand**]**b**. Böller, der in der Hand gehalten u. abgefeuert wird: „Beim *Böllern* wird aus *Hand-, Schaft-* oder *Standböllern* geschossen" SZ Fürstenfeldbruck 60 (2004) Nr.137,R3.

[**Leg**]**b**. Böller, der auf dem Boden aufliegt: „Bis zum Jahr 1936 haben Bergknappen ... bei der großen Prozession mit den *Legböllern* geschossen" IRLINGER-ROTH Bgdn.Bergknappen 60.
A.R.R.

böllerln, -o-
Vb. **1** Kotkügelchen ausscheiden, °OB, °NB, °OP vereinz.: °*böllerln* Barbing R.
2 Rispen ansetzen (vom Hafer), °NB, °OP vereinz.: °„*der Hafer puierlt*" Heilbrunn BOG.
3 hageln: °*heid hods bejerld!* Fraunbg ED.
4: °*bolerln* „bocken, schmollen" Wiesenfdn BOG.
Schw.Id. IV,1174.

Komp.: [**abher**]**b**.: °*awaboialn* herunterkollern Mainburg. A.R.R.

bollern
Vb. **1** kollern, kugeln, °OB, °NB, °OP, °MF vereinz.: °„*Erbsen bollern übern Tisch*" Hzhsn VIB.
2 rollen, wälzen, NB, °MF vereinz.: *Blöcher bollern* Passau.
3 lärmen, sich lärmend bewegen.– **3a** ein dröhnendes od. krachendes Geräusch machen, °OB, °NB, °OP, °OF vereinz.: °*des bollert heint n ganzn Dooch* „es donnert" Holenbrunn WUN.–
3b sich lärmend bewegen, °OB, °OP, °MF vereinz.: °*a Keglkugl bollert übas Brett* Kersbach LAU.
4 schütteln, erschüttern, °OB, °OP vereinz.: °*s Weiße* [Bier] *vatragt dös Boian glei garnet* Wettstetten IN; *bollern* „erschüttern" BAUERNFEIND Nordopf. 142.
5 Rispen ansetzen (vom Hafer): °*bolan* O'df AIC.
6: °*bollern* „schussern" Gangkfn EG.
7: *bolan* „harnen" KOLLMER II,68.
WBÖ III,580; Schw.Id. IV,1179; Suddt.Wb. II,512.– DWB II,233, VII,1986; Frühnhd.Wb. IV,755.– KOLLMER II,68; SINGER Arzbg.Wb. 39 f.– W-39/15.

Komp.: [**abher**]**b**. herunterkollern, °OB mehrf., °NB, °OP vereinz.: °*d'Äpfe san d'Leitn åwabollat* Taching LF.
W-39/15.

[**abhin**]b. 1 hinunterkollern, °NB, °OP vereinz.: °*er is üba d'Stöich owibollat* Nabburg.– 2 hinunterrollen lassen: *übern Berg hamas åwibollert* Ziegelbg RO.

[**um-ein-ander**]b. 1 Lärm machen, herumtoben, °OB, °NB, °OP, °MF vereinz.: °*bollats niat allaweil am Bodn umananda* Hahnbach AM.– 2 herumkugeln, durcheinanderpurzeln, °OB, °OP, °MF vereinz.: °*die Äpfl san umanandabollert* Michelsneukchn ROD.– 3 herumstoßen, °OB, °NB, °SCH vereinz.: °*wenst dös aso umanandabollast, wird's glei hi sei* Mallersdf.– 4 wie → b.4, °NB, °OP vereinz.: °*den hats ganz schej umanandabollad* Neustadt.
W-39/15.

[**auf**]b. zu einem Stapel zusammenrollen, NB, °OP vereinz.: °„Baumstämme *aufbollern*" Pielenhfn R.

[**der**]b. 1 durch Stoßen beschädigen, °OB, °OP vereinz.: °*net de Äpfi derbollern!* Aschau MÜ.– 2 zerknittern, zerknüllen, °OB, °NB vereinz.: °*i woas net, worum mei Gwand so daboiat is* Fischbachau MB.

[**zu-sammen**]b. 1: °*zwoa Auto san zamabollert* „zusammengeprallt" Tirschenrth.– 2 zerknittern, zerknüllen, °OB, °NB, °OP vielf., °MF, °SCH vereinz.: °*so a zammbollats Hemad ko do i net oziagn* Starnbg; °*dös kåma kaam lesn, wei's aso zåmabollat is* Schönbrunn LA.
Schwäb.Wb. VI,1362.– W-39/14.   A.R.R.

pollern → *poltern*.

böllern
Vb. 1 mit dem Böller schießen: °„an Fronleichnam wird *böllert*" Fichtelbg BT; „zehn Schützen, die in die Luft *böllern*" SZ Starnbg 66 (2010) Nr.3,R4; „Das Pulver zum *Pöllern* zahlte unsre Kirche" Pullenrth KEM 1777 Wir am Steinwald 11 (2003) 111.
2: °*da hats ganz sche beillat* „gekracht" Marching KEH.
WBÖ III,580; Schw.Id. IV,1180.– DWB VII,1986.– S-5E12.   A.R.R.

Bollette, -itte, †-ike
F., Bescheinigung, Quittung, °OB, NB, °OP, °OF vereinz., z.T. veralt.: °*san allsam Schuus scho in der Bollettn eitragn?* „im Berechtigungsschein für die Teilnahme am Preisschießen" O'ammergau GAP; *Polleten* „Begleitschein bei Sendungen" (Ef.) Passau; *Pollett'n / Polett'n* BRAUN Gr.Wb. 468; „für jede bey einem Mautamte ... vorgenommene Behandlung *Polleten* abzufodern" Neue Zoll- u. Mautordnung für die Churpfalzbaier. Provinzen Baiern, Neuburg, u. der obern Pfalz, [München 1804], 17; *Wer on besunder erlaubnus und poliken weck zug, het den kopf verworcht* AVENTIN V,140,4f. (Chron.); *deme, so diese Gelder führet, eine Politten mitzugeben* Mchn 1754 LORI Münzr. III,366.
Etym.: Aus it. *bolleta*; WBÖ III,580.
DELLING I,88; SCHMELLER I,386f.; WESTENRIEDER Gloss. 438.– WBÖ III,580f.; Schwäb.Wb. I,1277; Schw.Id. IV, 1182; Suddt.Wb. II,512.– DWB VII,1979; Frühnhd.Wb. IV,745f.; LEXER HWb. II,284.– BRAUN Gr.Wb. 468.– W-39/6.

Komp.: †[**Passier**]b. Passierschein: *gegen Aushändigung der Paßierpoliten an den Inspectorem* Mchn 1748 LORI Lechr. 547.

†[**Tor**]b. Passierschein für ein Stadttor: *Thôr-Politten* SCHMELLER I,387.
SCHMELLER I,387.

[**Maut**]b. Zollbescheinigung: *Mautpolett'n* „Beleg für bezahlte Zollgebühr" OP BRAUN Gr.Wb. 468; *auff der erthailten Mautt-Politen angemörkt* Zollordnung von Churfürst Carl Albrecht a. 1733, A2ʳ.
SCHMELLER I,387.

†[**Metzger**]b. wohl Konzession für Metzger: „Im März erhalten die Metzger ... die *Metzgerpollitten* ausgehändigt" Rgbg 1635 VHO 49 (1897) 153.

†[**Salz**]b. Frachtschein für Salz: *mittelst der zurückbringenden neuen Salzpolliten* 1772 Sammlung der Kurpfalz-Baier. ... Landes-Verordnungen, hg. von G.K. MEYR, München 1784, 888.
Schwäb.Wb. VI,2873.– Rechtswb. XI,1459.

[**Schieß**]b. Berechtigungsschein für die Teilnahme am Preisschießen, °OB, °OP vereinz.: °*Schiaßpolettn* Eschenlohe GAP.   A.R.R.

Bolli
M. 1 männliches Rind, NB, °OP vereinz.: °*du host a fests paar Bolle an dem Wong dro* Wiefelsdf BUL.

2 Schafbock, NB vereinz.: *Bolö* Drachselsrd VIT; *bole* nach KOLLMER II,68.– Ausruf im Spiel: *bole duʃ!* „für Kleinkinder, wenn sie scherzhaft mit dem Kopf zusammenstoßen" nach ebd. 412.
3: „Kater ... *boli* ... Kinderwort" Hohenpeißenbg SOG nach SBS XI,468.
4 von Menschen.– **4a** dicker, kräftiger Mensch, °OP vereinz.: °*a fester Bolli* Kallmünz BUL.– **4b** sturer, grober Mensch, °OP, MF vereinz.: *Bole* „büffelhafter Bursche" Utzenhfn NM; *bole* „eigensinniger, trotziger Mensch" nach KOLLMER II,68.

Schwäb.Wb. I,1276.– KOLLMER II,68.– W-39/12. A.R.R.

bollicht, -ig, -ö-
Adj. **1** klumpig, knotig, knorrig.– **1a** mit Klumpen durchsetzt, °OB, °NB, °OP, °MF vereinz.: °*d'Suppn derf net bollat sa* Cham; *a boiads kxoad* [Erde] Dießen LL nach SBS XII,95.– **1b** zu Knötchen verfilzt: °*do hob i an ganzn Streen boiati Haar beim Kampin ghabt* Fischbachau MB.– **1c** knorrig, °OB, °NB vereinz.: °*da kannst beim Stockkliam was dalem, wanst a so am bollign Deifi hast* Winklsaß MAL; *bollicht* „knoticht, knollig" SCHMELLER I,232.
2 dick, auftragend, °OB, °NB, °OP, °SCH vereinz.: °*mit zwoa Wolljackn bin i arg bollet anzogn* Hzkchn MB; °*stopfte Strümpf dö san ma vej z'boiat* Tegernbach MAI.
3 geschwollen, schwielig.– **3a** geschwollen, °OB, °NB, °OP vereinz.: °*da Michl hot ganz bollate Händ* Wiefelsdf BUL.– **3b**: *a bollige Haut* „schwielig" Wielenbach WM.
4 kugelig, rund: *die Hurlnußstaudn ... werd bollert und buschert* ORFF Welttheater 89 (Astutuli).
5 stumpf, °OB, °NB, °OP vereinz.: °*d'Schneid is ganz bollat* Taching LF; °*a boiade Hagga muaß außigschliffa wern* Pfarrkchn.
6: °*do koma nix ausrichtn, dös Zeich is so bollet* „das Werkzeug ist zu unhandlich" Fronau ROD.
7 von Menschen u. Tieren.– **7a** plump, schwerfällig, °OB, °NB, °OP vereinz.: °*dös is a bolleter Kerl* U'haching M.– **7b** dick, unförmig, °Gesamtgeb. vereinz.: °*dös Moil is bollet* „mollig" Thalmannsfdn WUG.– **7c** starrköpfig, stur, streitsüchtig, °OB, °NB, °OP, °MF vereinz.: °*dös is an extra Bolleta!* Mallersdf.
8: °*die Aufgab is bollig* „schwierig" Abens FS.

SCHMELLER I,232.– WBÖ III,578; Schwäb.Wb. I,1278f.; Schw.Id. IV,1171, 1174; Suddt.Wb. II,512.– DWB II,233.– W-39/16–18.

Komp.: [**fein**]**b**.: *vãibolɑd* „schöntuerisch" nach KOLLMER II,106.

KOLLMER II,106. A.R.R.

böllicht, mit Kotklumpen verschmutzt, → *böhnlicht*.

Bollus
M. **1**: *Bollus* „gepolsterte Pelzjacke" Kay LF.
2: °*dös is a so a Bollus* „dicker, unförmiger Mensch" Neumarkt.
Etym.: Herkunft unklar.
W-39/19. A.R.R.

Boln → *Palm*.

polnisch → *polisch*.

bolschicht, -tsch(g)-, boitschicht
Adj. **1** dick, auftragend, unförmig, °OP, °OF vereinz.: °*den bolschatn Rock moch i gar niad* Hahnbach AM; °*des is ma za boitschat* Thiershm WUN; *Sura alts boltschats Ding is gaoua niat schäi* SINGER Arzbg.Wb. 40.
2: *boltschat* „pausbäckig" ebd.
Etym.: Wohl Abl. von österr. *Poltsch* 'Tölpel', unklarer Herkunft; WBÖ III,583.

WBÖ III,583.– BRAUN Gr.Wb. 469; DENZ Windisch-Eschenbach 115; SINGER Arzbg.Wb. 40. A.R.R.

Polster(er)
M., N. **1** Polster, Auflage, °Gesamtgeb. vielf.: *Bölschta* „Polster des Ochsenjochs" Kochel TÖL; °*am bessan stinkts ma, daß d'Katz bo da Nacht owei af unsane Boista vo da Terrassngarnitur schloft* Langdf REG; *Polsta* „Unterbett der Wickelkinder in der Wiege" Beratzhsn PAR; „Männlich gebraucht ... *boiʃtɑ*" nach WITTMANN Mchn 71; *3 pet ... 1 polster, 2 chůss* 1371 Rgbg.Urkb. II,389; *4 geschraußte pettstaten mit iren ... lig- und deckhpöthen, khüsß und pölstern* 1603 SbMchn 1910, 5.Abh. 18 (Inv.).– Im Vergleich: *dea håud Båckng wöi Bolsta* Pausbacken Naabdemenrth NEW.– Übertr.: *dea hät a so zwoa Pöistal dran ön Gsicht* „zwei fette Wangen" Herrnthann R.
2 Kissen, v.a. Kopfkissen, °OB (außer W), °NB, °OP (außer W) mehrf.: *m Boösstar aⁿzuing* „überziehen" Zandt KÖZ; *a Papierl ... des han ih znacht dem Kind in Poister äni tou mejßn* Riedl KÖZ BJV 1953,28; *Ceruical ... pollster*

Polster(er)

Tegernsee MB 1468 Lib.ord.rer. 223,14; *Er ... legte an Statt deß Bolsters ein lärs Fäßlein unter den Kopf* MOSER-RATH Predigtmärlein 210.
3: *as Boista* Unterlage des unteren Mühlsteins Staudach (Achental) TS.
4 Dim., Flaschenstöpsel, °OB, °OP vereinz.: °*do ghert na a Pölstal drauf* Schönbichl FS.
5 Stirnjoch für Ochsen: „Ochsengeschirr ... *baiſtal*" Train KEH nach SNiB VI,44.– Syn. → *Joch*.
6 †best. Mehlspeise: *gebackene Mehlspeiß ... bölsterl oder hasenörl* Asbach GRI 1740 MHStA KL Asbach 60, 100.
7: °*s Boisdal* „Venushügel" Ebersbg.
8: *Boista* „Schwiele" Mittich GRI.
9 von Menschen.– **9a** Dim., Tölpel, °NB vereinz.: °*a Pölsterl* Kelhm.– **9b**: °*Pölsterl* „Neckname für kleinen Menschen" Deusmauer PAR.– **9c** Schimpfw. für Frau: *daß mi i außasparrn lassen muaß von so an Polster!* CHRIST Werke 582 (Rumplhanni).

Etym.: Ahd. *polstar*, mhd. *polster, b-*, germ. Wort idg. Herkunft; PFEIFER Et.Wb. 1025 f.
Ltg: *bolſta, -oi-* u.ä., auch *-ſta* u.ä. westl.OB, SCH (dazu GRA, PA; EIH, WUG), *-öl-* (TÖL), vgl. Lg. § 5d2, vereinz. *bolſɑ* u.ä. (LA; SC), *bulſta* (GAP), *buiſtɑ* u.ä. (AIC; PA), *bolſtɑrɑ* (NAB).

SCHMELLER I,388.– WBÖ III,584f.; Schwäb.Wb. I,1279f.; Schw.Id. IV,1220; Suddt.Wb. II,513.– DWB II,234, VII, 1986f.; Frühnhd.Wb. IV,756f.; LEXER HWb. I,324; WMU 274; Ahd.Wb. I,1254f.– BRAUN Gr.Wb. 469.– S-16B6, 55/56, 63B12, 92E14, 106F36, M-69/18, 104/6, W-39/21.

Abl.: *polstern*.

Komp.: †[**Bank**]**p.** Sitzpolster für eine Bank: *pankpólster und pankchůzzen* 1364 Rgbg.Urkb. II,263; *Teppich vnd Pannckhpölster* Rgbg 1637 VHO 81 (1931) 43.
WBÖ III,585; Schwäb.Wb. VI,1587.– LEXER HWb. III,Nachtr. 41.

[**Bögel**]**p.** Polsterunterlage zum Bügeln, OB, NB vereinz.: *Böglpoösta* östl.NB.
WBÖ III,585.

[**Buben**]**p.** Mädchen, das gern mit Buben spielt, °NB, °OP vereinz.: °*Boumabolster* Mintraching R.

[**Buckel**]**p.** Polsterunterlage zum Tragen von Lasten auf dem Rücken: *Buglboista* Dfbach PA.
Suddt.Wb. II,704.

[**Tauf**]**p.** Taufkissen: „folgende Gegenstände entwendet ... 3 *Kopfpolster* ... ein *Taufpolster*" Passavia. Ztg für Niederbayern 3 (1843) 432; „Kaum ist ein Kind zur Welt gekommen wird es ins *Tafpolster ei(n)g(e)-wickelt*" SIEBZEHNRIEBL Grenzwaldheimat 247.
WBÖ III,585.

[**Dirnlein**]**p.** Bub, der gern mit Mädchen spielt, °NB, °OP vereinz.: *a Deandlerpolster* Pfaffenbg MAL.– Auch: *Deandlaboisda* Courschneider Sengkfn R.

[**Trag**]**p.** Polsterunterlage zum Tragen von Lasten, OB, NB, OP vereinz.: *Drogböistal* Nandlstadt FS.
WBÖ III,585; Suddt.Wb. III,291.

[**Ei(er)**]**p. 1** (mit Semmel vermischtes) Rührei od. Omelett nur aus Eiern, °westl.OB, °OP, °SCH vereinz.: *Oarabolschdr* „Eier mit Semmeln in Schmalz" Derching FDB; „einen sogenannten *Eierpolster* von Semmeln und Eiern" Königlich-Baier. Intelligenzbl. 14 (1809) 219; „*ǫaboiſta* Rührei, in heißem Schmalz gebacken" Schiltbg AIC nach SBS X,343.– **2**: °*Eierpolster* „Spiegeleier" Thanning WOR.– **3** Pfannkuchen, °OB vereinz.: °*i mach da an Oaboischda fürs Gradalian* Dachau.
Schwäb.Wb. II,567.– W-39/20.

[**Fätsch**]**p.** Steckkissen für Säuglinge: „eingemacht, wie ein Wickelkind in den *Fatschpolster*" Bay.Wald Altb.Heimatp. 9 (1957) Nr. 23,6.– Zu → *fätschen* 'wickeln'.
WBÖ III,585.

[**Feder**]**p.** Federkissen, OB, NB vereinz.: *a Fedapoista* Haag WS.
WBÖ III,585; Suddt.Wb. IV,73.– S-92E16.

[**Fenster**]**p.** Polster am Fenster zum Schutz vor Zugluft, nur im Scherzreim: *Fönstabojsta, schneizn sojst da!* Reisbach DGF.
WBÖ III,585; Suddt.Wb. IV,110.– DWB III,1525.

[**Fläuen**]**p.** mit Haferspreu (→ *Fläue*) gefüllter Polster: „Die Matratze ... nannte man, entsprechend ihrer Füllung ... *vlainboiſta*" nach BRÜNNER Samerberg 113.
WBÖ III,585.

[**Glanz**]**p.** Bügelkissen des Schneiders, OB, NB, OP vereinz.: *der Glanzbolsta* Beratzhsn PAR.

†[**Glöckel**]p. Klöppelkissen: *Der Glögkelpolster* SCHMELLER I,972.– Zu einer Nebenf. von →*Klöppel*.

SCHMELLER I,972.– WBÖ III,585.– DWB V,1234 (Klöppel-).

[**Roß-haar**]p. mit Roßhaar gefüllter Polster, OB, NB vereinz.: *a Roßhoapoösta* „als Keilpolster" Aicha PA.

WBÖ III,585.– S-92E16.

[**Haupt(en)**]p. **1** Kopfkissen, °OB, NB, OP vereinz.: °*i brauch blos oan Hapmboista* Garching AÖ; *ös* [ihr] *zwöa derfts enk* [euch] ... *gscheit auswaschn, sunst fahrts mit an schwarzn Hauptnpolster ins neue Jahr eini!* GERAUER Bauerntisch 68; *Das Hâuptenpolster* SCHMELLER I,1143; *schaff ... iegleicher* [Tochter] *einen hauptpolster* 1349 Rgbg.Urkb. I,675; *ein Liegbett, Hauptpolster, Teppich* 1619 Chron.Kiefersfdn 372.– **2** Kopfkeil, OB, NB vereinz.: *Haupnpoista* Aspertsham MÜ.

SCHMELLER I,1143.– WBÖ III,585; Schwäb.Wb. VI,2120; Suddt.Wb. V,149, 151.– DWB IV,2,624; LEXER HWb. I,1352.

[**Heu**]p. mit Heu gefüllter Kopfkeil, OB, NB vereinz.: „der *Haiboista* kommt unters Leintuch" Staudach (Achental) TS.

[**Holz**]p. **1** Polsterunterlage zum Tragen von Holz: *Hoizpoistal* Geiersthal VIT.– **2**: *Holzpolster* Kanapee Traunstein.

[**Joch**]p. Jochpolster, °OB, NB, OP vereinz.: °*Jopoista* Landschellenbg BGD.

WBÖ III,585f.– S-64H15.

[**Keil**]p. wie →[*Haupt(en)*]p.2, OB vielf., NB, OP mehrf., MF, SCH vereinz.: *Khailpulschter* Partenkchn GAP; *Kalpolsdara* Nabburg.

WBÖ III,586.– M-269/6.

[**Kopf**]p. **1** Kopfkissen, °OB, NB vielf., OP mehrf., OF, SCH vereinz.: °*des Kopfboista ko ma hiwuzln wia ma wui* Siglfing ED; *üwa den Kopfbolsda därfe bal a weis Üwazöhl macha* Altfalter NAB; *de Ziachn* [Überzüge] *vo de Kopfpolschta san umadum voll schwarze Fleckn* WM Bayerld 49 (1938) 31; „*Der Kopfpolster ...* hatte einen Ueberzug von blauen Gingan" Ingolstädter Wochenbl. 53 (1854) 67.– Scherzh.: *moast i gib dar an Khobfboista å?* „Zurückweisung, wenn sich einer auf einen andern legen oder lehnen möchte" Mettenhsn LAN, ähnlich OB, NB, OP vereinz.– **2** wie →[*Haupt(en)*]p.2, OB, OP, MF mehrf., Restgeb. vereinz.: *Khoobfbolsda* Nabburg; *Kopfbolschta* O'eichstätt EIH.– **3** Polsterunterlage zum Tragen von Kopflasten, OB, NB, OP vereinz.: *a runds Kopfpolsterl* Tettenweis GRI.

WBÖ III,586; Schwäb.Wb. IV,623.– DWB V,1778.– BRAUN Gr.Wb. 344.– S-92E15.

[**Kürben**]p. Dim., Polsterunterlage zum Tragen eines Rückentragkorbs (→*Kürbe*), NB, OP vereinz.: *Kirmboisterl* Haselbach BOG.

[**Matratzen**]p. wie →[*Haupt(en)*]p.2, OB, NB, OP, MF vereinz.: *Matraznpolster* Ingolstadt.

[**Miest**]p. Moospolster: °*üba linde Miasdboistal und diarre Grosbischl* Reichenhall.– Zu *Miest* (→*Mies*) 'Moos'.

[**Nadel**]p. meist Dim., Nadelkissen, NB vereinz.: *Nolpoistal* Iggensbach DEG; *'s Nadlpolsterl* BAUER Oldinger Jahr 55.

WBÖ III,586.

[**Ochsen**]p. Dim. **1** Polster des Ochsenjochs: °*Oxnbeistal* Neurandsbg BOG; „2 Paar Ochsenjoche, und 4 *Ochsenpolster*" Eichstätter Intelligenzbl. 6 (1824) 494.– **2** wie →*P*.5, °NB vereinz.: °*Ochsnbejstal* Weihmichel LA.– Ra.: °*dem soll ma Ochsenbölsterl auflegn* „er ist dumm" Mallersdf.

WBÖ III,586.

[**Stroh**]p. mit Stroh gefüllter od. hergestellter Polster, OB, NB, OP, SCH vereinz.: *Schtroupoischta* Ascholding WOR; „Die Matratze ... nannte man, entsprechend ihrer Füllung, *šdrǫuboiʃta*" nach BRÜNNER Samerbg 113.

DWB X,3,1674f.

[**Wagen**]p. Polsterung eines Wagens, einer Kutsche, OB vereinz.: *Wågnbelsta måchn* Kochel TÖL.

DWB XIII,465; LEXER HWb. III,638.

[**Wickel**]p. wie →[*Fätsch*]p.: *Wicklboista* Hengersbg DEG.

WBÖ III,586.

[**Zwie**]p.: °*Zwiepölsterl* „Nagel mit rundem, gespaltenem Kopf" Zwiesel REG. A.R.R.

Polsterling, Steinpilz, →*Pilzling*.

polstern

polstern
Vb. **1** polstern, °OB, NB, OP, SCH vereinz.: *a bolschdeter Sezl* Derching FDB; *A Sommerstuih steht am Balkon ... Guad polstert ... schaugt er aus* MM 15.4.1996[, 16]; *zum polstern ein Cannappe* 1846 PURUCKER Auftragsb. 134; *1 gepolsterter Sessel* 1684 SINGER Vkde Fichtelgeb. 29. **2**: *a båisdadö Fuaßsoin* „schwielig" Zwiesel REG.
WBÖ III,586f.; Schwäb.Wb. I,1280.– DWB II,234, VII, 1988.

Komp.: **[auf]p. 1** †wie → p.1: *zum aufpolstern des Kanappe eine Leiste gemacht* 1858 PURUCKER Auftragsb. 179.– **2** auch refl., nachwachsen (vom Torfboden), °OB, °NB, °OF vereinz.: °*der Stich hat aufpolstert* Kay LF.– **3**: °*an Wech afbolstan* „aufschottern" Troschenrth ESB.
Suddt.Wb. I,536.– W-39/22.

[der]p. mit Flicken vollnähen, an mehreren Stellen stopfen: °*die Joppn is schon richtig dapuistat* Tacherting LF; *N*aⁿ *n*aⁿ *is des epas, so Dabuisdate* [Strümpfe] Nußdf RO Heimatb.TS III,19.
WBÖ III,587.

[zu-sammen]p. zerknittern, zerknüllen, °OB vereinz.: °*zamboischdat* G'berghfn DAH. A.R.R.

Poltel, grober, kräftiger Mensch, → *Leopold*.

-polter
N., nur in: **[Ge]p.** Gepolter, Lärm: *a Gepolter* Passau; *Gëpoita* Bavaria I,349; *Gëpoita* FEDERHOLZNER Wb.ndb.Mda. 85; *Jnn solcher gefengnus* [Gefangenschaft] *ein fluchen, schlagen vnnd gepolter angefangen* Kemnath 1608 Heimat TIR 14 (2002) 168.
Schwäb.Wb. III,377; Schw.Id. IV,1202.– DWB IV,1,2, 3534. A.R.R.

Polterer
M. **1** Polterer, OB, NB vereinz.: *Boötara* leicht aufbrausender Mensch Aicha PA; [der Pfarrer] *gebe ainen saufer, polderer, zanker und spiler* Michelfd ESB 1580 VHO 85 (1935) 237. **2** polternder Schlag: *Auf oamal tuats an Poltara* Altb.Heimatp. 6 (1954) Nr.3,6. **3**: °*so a Grantler, allwei macht der an Boitara* „griesgrämige Bemerkung" Wettstetten IN.
SCHMELLER I,388.– WBÖ III,587; Schwäb.Wb. I,1281; Schw.Id. IV,1204; Suddt.Wb. II,514.– DWB VII,1989f.; Frühnhd.Wb. IV,758. A.R.R.

Polteret
(Genus?): *Poitarat* „Gepolter" Burghsn AÖ. A.R.R.

polterisch, †-ö-
Adj., polternd, aufbrausend, ä.Spr., in heutiger Mda. nur im Komp.: *bezöchterweis einen Handel anfangen, sich polderisch bei einer Hochzeit unter den Leuten halten* 1548/1549 J. DÜRNEGGER, Der Samerberg in Gesch. u. Gegenwart, Rosenheim 1929, 144.
DWB VII,1990f.; Frühnhd.Wb. IV,759.

Komp.: **[hitz]p.**: *hitzpolderisch* ungeduldig, zuwider Enslwang PAR.
W-39/45. A.R.R.

poltern, -ll-
Vb. **1** poltern, lärmen, OB, NB, OP, °MF vereinz.: *poltern* Brunnenrth IN; *bolan* nach GEBHARDT Nürnbg 81; *Wie gestern, nur poltern die Reutter wieder* Laufen 1800 Salzfass 35 (2001) 35; *wie er* [der Geist] *greulich poldere vnd zu nacht vmbgeh* 1619 H. GASSNER, Kleine Regensburger Vkde, Regensburg 1996, 60.
2 laut schimpfen, °OB, NB, °OP, MF vereinz.: °*der bollert die ganze Zeit* Cham; *mit den Nachpern angefanngen zu Poldern* Erpfting LL 1577 BJV 1952,136.– Auch in fester Fügung → *kollern und p*.
3 am Polterabend Geschirr u.ä. zerschlagen, °OP, °OF vereinz.: °*dej boltern heint* Thiershm WUN; „Unter dem *Poltern* verstand man früher das Hinschütten von Porzellanscherben vor die Haustüre des Bräutigams" FÄHNRICH M'rteich 276.
4 †beunruhigen: *wie der knecht das pferd poldert* Rgbg 1538 Chr.dt.St. XV,146,32.

Etym.: Onomat.; KLUGE-SEEBOLD 712.– Formen mit *-ll-* z.T. nicht von → *bollern* zu trennen.
SCHMELLER I,389.– WBÖ III,587; Schwäb.Wb. I,1280f.; Schw.Id. IV,1202f.; Suddt.Wb. II,514f.– DWB II,230, VII,1991–1993; Frühnhd.Wb. IV,759f.; LEXER HWb. I,324, III,Nachtr. 96.

Abl.: *-polter, Polterer, Polteret, polterisch*.

Komp.: †**[über]p.** überwältigen: *Der heilig s. Pauls ... ward von himel herab angriffen und überpoldert und ... zue einem felthauptman des heiligen glauben bestelt* AVENTIN IV,789,12–17 (Chron.).
SCHMELLER I,389.– Schwäb.Wb. V,50; Schw.Id. IV,1203.– DWB XI,2,477.

†[un]ge-poltert nicht beunruhigt: *wolten frei und von andern leuten ungepoldert sein* ebd. 116,2 (Chron.).
SCHMELLER I,389. A.R.R.

boltschicht, dick, unförmig, →*bolschicht*.

†**bolunern**
Vb.: *bolunern* „eine Art Spiel mit Kugeln, die nach einem Ziele geworfen werden" Partenkchn GAP SCHMELLER I,232.
Etym.: Herkunft unklar.
SCHMELLER I,232.– W-27/60. A.R.R.

Polygala
P. alpina (Alpenkreuzblume): [*Frauen*]*blümlein* (→-*blume*).– *P. amara* L. (Bittere Kreuzblume): [*Himmel-fahrts*]-, [*Husten*]*blume*, [*Kreuz*]-, [*Kropf*]*kraut*.– *P. chamaebuxus* L. (Buchskreuzblume): [*Frauen*]*blume*, [*Gockel*]-, [*Kikeriki*]*hahn*, *dem Himmelvater sein Nägelein* (→*Nagel*), [*Mutter-Gottes*]*schuhelein* (→-*schuh*).– *P. vulgaris* L. (Wiesenkreuzblume): [*Himmel-auffahrts*]-, [*Wetter*]*blümlein* (→-*blume*). A.R.R.

Polygonatum
P. odoratum Druce (Salomonssiegel): [*Kräh(en)*]*auge*, [*Mai*]-, [*Nattern*]- (dort zu ergänzen), [*Siegel*]*blume*, [*Rahm*]*kraut*, [*Hühner-augen*]-, [*Blut*]-, [*Salomons*]-, [*Spring*]-, [*Weiß*]*wurz*, [*Spring*]*wurzel*. A.R.R.

Polygonum
P. L., ohne Unterscheidung der Arten: *Knöterich*.– *P. aviculare* L. (Vogelknöterich): [*Weg*]*treter*, [*Un-ver*]*tritt*, [*Zahn-bürstlein*]-, [*Hühner*]-, [*Knoten*]-, [*Sau*]-, [*Schleif*]-, [*Wasser*]-, [*Weihern*]*gras*, *Hansel* (→*Johannes*) *am Weg*, *eiserner* →*Heinrich*, [*Vogel*]*knöterich*, [*Anger*]-, [*Fergel*]-, [*Vogel*]-, [*Kletten*]-, [*Marter*]-, [*Sau*]*kraut*, [*Erd*]*mies*, *Quecke*, [*Kletten*]*rauch*, [*Hennen*]*scherben*, [*Fuchs*]*schwanz*, *Wickel*, [*Kletten*]*wurz*.– *P. bistorta* L. (Natternknöterich): [*Zungen*]*blatt*, [*Kletten*]-, [*Natter(n)*]*wurz*, [*Nattern-kraut*]-, [*Krebs*]-, [*Mies*]*wurzel*.– *P. convolvulus* L. (Windenknöterich): *Bindling* (dort zu ergänzen), [*Marien*]*gläslein* (→-*glas*), [*Wikkel*]*gras*, [*Winden*]*knöterich*, *Wickel*, *Winde*, [*Acker*]-, [*Pfeil*]*winde*.– *P. dumerorum* L. (Hekkenknöterich): [*Säulein*]*winde*.– *P. hydropiper* L. (Wasserpfeffer): *Pfeffer* (dort zu ergänzen), [*Weiden*]*gras*, [*Baum*]*häckelein* (→-*hacke*), [*Zit-*

terachen]*kraut*.– *P. persicaria* L. (Flohknöterich): [*Zahn*]*bürstelein* (→-*bürste*), [*Weihern*]*gras*, [*Floh*]-, [*Sau*]*kraut*, [*Katzen*]*schwänzlein* (→-*schwanz*). A.R.R.

Polypodium
P. vulgare L. (Engelsüß): [*Hirsch(en)*]-, [*Neid*]*kraut*, [*Johannis*]-, [*Stein*]-, [*Süß*]-, [*Engelsüß*]*wurz*, [*Stein*]*wurzel*. A.R.R.

Polyporus
P. confluens Fries (Semmelporling): [*Semmel*]*pilz*, *böhmische* →[*Reh*]*geiß*, *Hegerling*.– *P. formentarius* Fries (Zunderschwamm): [*Hader*]-, [*Hoden*]*sau*, [*Buch*]-, [*Feuer*]-, [*Zund*]*schwamm*.– *P. ovinus* Fries (Schafeuter): [*Schaf(s)*]-, [*Semmel*]*pilz*, [*Schaf*]*pilzling*, [*Geiß*]-, [*Schaf*]*euter*, [*Schaf*]*häutelein* (→-*haut*), *Hegerling*, [*Häuflein*]-, *weißer* [*Hirsch*]-, [*Mehl*]*schwamm*.– *P. ramosissimus* J. Schroeter (Eichhase): [*Eich*]-, [*Wild*]*hase*. A.R.R.

Polystichum
P. lonchitis Roth (Scharfer Schildfarn): [*Steinneid*]*kraut*. A.R.R.

Polytrichum
P. commune L. (Widertonmoos): [*Weiber*]*tat*, [*Wider*]*tod*, [*Teufels*]-, [*Holz*]-, [*Wolfs*]*gerste*, [*Frauen*]*haar*, [*Stock*]-, [*Wanzen*]*mies*. A.R.R.

Bolz, -en
M. **1** Schmarren, Mehlspeise, °OB, °NB vereinz.: °*richt ma an Boiz her* „Holzhackerschmarren" Taching LF; *Bolz* „Art Mehlspeise, dem Schmarren ähnlich" PAF SCHMELLER I,238; „*der Schmarrn ... in Bayern auch Bolzen genannt*" STEMPLINGER Altbayern 77.
2 †Brei: *Puls polz pri* Tegernsee MB 9.Jh. StSG. II,368,4.
Etym.: Ahd., mhd. *bolz* stm., mlat. Herkunft; Et.Wb. Ahd. II,233 f.
SCHMELLER I,238.– LEXER HWb. I,324; Ahd.Wb. I,1256.– W-39/25.

Komp.: †[**Pfannen**]**b.** wie →*B.*1: *Pfannen-Bolzen* PAF SCHMELLER ebd.
SCHMELLER I,238.

[**Kartoffel**]**b.** Kartoffelschmarren: °*Kartoffiboiz* Sachrang RO.

[Mehl]bolz

[**Mehl**]**b.** Spätzle: *Meiboizn* „Mehl, Wasser, Salz dickflüssig verrührt, durch den Spatzenseiher gedrückt" Ismaning M.   M.S.

-bolze
N., nur in: [**Ge**]**b.**: *a Gebolz machn* „stümperhaft Fußballspielen" SINGER Arzbg.Wb. 40.   M.S.

Bölze, -ü-
F., stützender Pfosten, °NB, °OP, °MF vereinz.: °*a Pelzn einsetzn* Landau.
Ltg: *beltʃn, -eitʃ-* u.ä. (LAN, PAN, VOF; LAU), *-ōds-* (EIH), *-iltʃ-* u.ä. (BOG, NAB, NEW; EIH), *būltʃ* (BUL).
S-73M15, W-39/23.   M.S.

Bolzen, Bolz, -ö-, -ü-
M. **1** (dicker) Holz- od. Metallstift, °OB, °NB, OP vereinz.: *Bolzn* hölzerner Türriegel Wasserburg; *Bulz* Propfen in einem Faß Stein TIR; *Buiddsl* „Niet" CHRISTL Aichacher Wb. 248.– Auch: *Bolzn* „Keil zum Baumfällen" Pfakfn R.
2 bolzen- od. pfeilartiges Geschoß, °OB, NB, OP mehrf., MF, SCH vereinz.: °*a Boizn zum Schiaßn* Ottendichl M; *der Bolzn* „Nagel mit Haarbüschel" Passau; *Bulz* „Pfropfen in einer Holunderbüchse" Naabdemenrth NEW; *Bęltzl·schiəss·n* SCHMELLER I,238; *Bolz(n)* „zum Schießen" SINGER Arzbg.Wb. 40; *Pulcio* [Wurfgeschoß] ... *bolz* Aldersbach VOF 12.Jh. StSG. III,161,42; *bolcz ... pfil* 1.H.15.Jh. Voc.ex quo 1861; *Jr Fl. Dl. par clain stähle mit 6 peltzl sambt ainer neuen Sena zumachen dem pogner 12 Kr.* um 1591 SCHMIDT Erziehung 448.– In fester Fügung *zwischen → Ziel und B.* in letzter Minute.– Ra.: „Von einem mit seiner Nachbarschaft ... in Streit lebenden Ehepaar, wo die Frau schlauer ist als der Mann, wird behauptet: *Sie schnitzt die Bolz, er vaschöißt se*" SINGER ebd.– †*Zu pólczen Träen* „Ad normam redigere" [in Ordnung bringen] 1564 Clm 571, fol.4ᵛ.
3 Stütze, Unterlage.– **3a** Stützbalken, -pfeiler, °OB vielf., °NB mehrf., °Restgeb. vereinz.: °*mach ma liaba no an Buiz nei, dass gwieß hebb* Hzhsn WOR; °*do möisma an Bilz undaschbräzn* Cham; *boidz* „Stütze, Bolzen" KOLLMER II,67; *Bolze* „eine Stŭze" Geogr.Statist.-Topogr.Lex. III,668.– Übertr.: °*dea hot an Bolz dawischt* „scherzhaft, wenn einem jemand Geld leiht" Fronau ROD.– **3b** ausgleichende Unterlage, °OB, °NB vereinz.: °*Boizn* „Unterleger bei einem schief stehenden Tisch" Steinhögl BGD.–

3c beim Schlitten.– **3cα** senkrechte Stütze auf den Kufen, °OB, °OP vereinz.: °*Bolz* Kottingwörth BEI.– **3cβ** Querstrebe oben am Schlitten: °*Belzn* Brunnen SOB.
4 Schlittenkufe: °*Bolz* Westerndf RO.
5: *Bolzn* Seitenstangen der Leiter Schrobenhsn.
6 †Brenneisen, Foltergerät: *polz prant* Rgbg 11.Jh. StSG. II,428,58 f.
7 †Pfahl, Pflock zum Fesseln: *Neruum polz* Benediktbeuern TÖL 12.Jh. ebd. I,466,25.
8 Breiter Rohrkolben (Typha latifolia): °*Bolzn* Abensbg KEH.
9 (abwertend) von Menschen.– **9a** eigensinniger, starrköpfiger Mensch, °OB, °NB, °OP vereinz.: °*dös is vielleicht a Bolzn!* Langquaid ROL.– **9b**: „grober, derber Mensch. *Aa so aa greislicha ... Boizn, aa greislicha!*" BINDER Saggradi 30 f.– **9c** °*Bolz* „fauler Mensch" Klardf BUL.– **9d** F.: °*dös is a dicke Bolzn* „dicke Frau" Schwandf.– **9e**: *Bolzn* „früher für Hausangestellte wie Köchin, Stuben-, Kindermädchen" Mchn.
10 Geldschuld, °OB, °SCH mehrf., °NB, °OP, °MF vereinz.: °*der hat bei mia no fuchzg Mark Boiz* Mchn; °*dea hout allahand Boizn* „Schulden" Gungolding EIH; *Buidds* CHRISTL Aichacher Wb. 248.– In festen Fügungen *einen B. hinhauen / setzen* u.ä. Schulden machen, °OB mehrf., °OP, °SCH vereinz.: °*aⁿ Boiz setzn* anschreiben lassen Weyarn MB; °*der macht an Bolz hie* Hütting ND.
11 Fußballspiel: °*mach ma an Böüds* Hochdf FDB; *Boizz, Boids* „Fußballspiel von Straßenmannschaften" CHRISTL ebd. 148.

Etym.: Ahd., mhd. *bolz* stm., ahd. *bolzo*, mhd. *bolze* swm., westgerm. Wort wohl idg. Herkunft; Et.Wb. Ahd. II,234–236.

Ltg, Formen: *boltʃn,, -oitʃ-* u.ä., auch *-ul-* u.ä. (NEW, TIR), *bolds, boids* u.ä. OB, NB, OP, SCH (dazu WUN), *-ūl-* u.ä. nördl.OP, *-ui-* (AIC, WOR), mit Uml. *-el-, -ei-* OB, NB, SCH (dazu AM, CHA, R), *-il-* u.ä. (AM, BUL, CHA, NAB), *bōtʃ* u.ä. (WM, WOR; FDB).– F. in Bed.9d nach natürlichem Geschlecht.

DELLING I,88; SCHMELLER I,238.– WBÖ III,590; Schwäb. Wb. I,1281 f.; Schw.Id. IV,1226 f., 1228; Suddt.Wb. II,516.– DWB II,234 f.; Frühnhd.Wb. IV,763 f.; LEXER HWb. I, 324 f.; WMU III,2563; Ahd.Wb. I,1256 f.– BRAUN Gr.Wb. 74; CHRISTL Aichacher Wb. 148, 248; KOLLMER II,67; MAAS Nürnbg.Wb. 87; RASP Bgdn.Mda. 121; SINGER Arzbg.Wb. 40.– S-57C92, 80B73, M-145/8, W-39/23 f.

Abl.: *-bolze, Bölze, bolzen, Bolzer, bolzig, Bülzung*.

Komp.: [**Pfeil**]**b.** wie *→ B.*2: *Pfeilbolzn* Offenstetten KEH.

[**Dienst**]**b.**: *Deanstboizn* „abwertend für Dienstmädchen" BINDER Saggradi 40.

[**Dreck**]**b.** schmutziger Mensch: °*Drejckhböüzn!* Hochdf FDB; *Dregboizn* BINDER ebd. 46.

†[**Trunk**]**b.** Trinker: *O was unerhörte Gottslåsterungen muß nicht GOtt von diesen Trunck-Poltzen einnehmen!* CH. SELHAMER, Tuba Tragica ... Sonntåg, Nürnberg 1696, 63.
DWB XI,1,2,1396–1398.

[**First**]**b.**: °*Firstbolz* „Firstbalken" Barbing R.

[**Glas**]**b.**: °*Glåsboizn* „hervorstehende Augen" Surhm LF.

[**Himmels**]**b.** ausgeprägte Himmelfahrtsnase: *Himmelsbolzen* Wdmünchn.Heimatb. 19 (1989) 32.

[**Käse**]**b.** Schweißfuß, °OB, °NB vereinz.: °*nimm deinö stingadn Kaasboizn wög* Wimm PAN; *Kåsboizn* BAUMGARTNER Wasserburger Ld 51.

[**Kipf**]**b.** Stift, der die Langwied mit der Vorderachse verbindet: *Kipfboitzn* Dommelstadl PA.

[**Kreuz**]**b.**: °*Kreuzböiz* „einer von zwei überkreuzten Stützbalken" Passau.

[**Schlitten**]**b. 1** Stift, um den sich am Schlitten die Deichsel o.ä. dreht, °OB, °NB, °OP vereinz.: °*der Schlinboits* Parsbg MB.– **2** Stütze beim Schlitten.– **2a** wie →*B.*3cα, °NB vereinz.: °*Schlittenbolz* „die vier Steher" Pfarrkchn.– **2b** wie →*B.*3cβ, °OB, °OP vereinz.: °*Schlittenbolz* „das mittlere Querstück, auf dem die Last aufliegt" Bayrischzell MB.– **2c** °*Schlinboiz* „gebogenes Eisen, das die Kufen hinten zusammenhält" Klingen AIC.– **3** wie →*B.*4, °OB, °NB, °OP vereinz.: °*Schlittenbolz* Eschenbach.
Schw.Id. IV,1227.– W-37/51.

[**Stink**]**b.**: *Stinkbolzn* schlechte Zigaretten Seligenporten NM.
Schwäb.Wb. V,1775.

[**Sucht**]**b.**: *suchtbolzn* „abfällig f. süchtigen Menschen (z.B. Kettenraucher)" N. KILGERT, Glossarium Ratisbonense, Regensburg 2008, 160.

†[**Ziel**]**b.** wie →*B.*2: *vmb zilpöltz hat mein gnediger her gein Burkhaußen geschickt den Schützen* *2 gld. 45 den.* Landshut 1471 MHStA Fürstensachen 1331,fol.11ᵛ.
Schwäb.Wb. VI,1200.– DWB XV,1077; LEXER HWb. III, 1113. M.S.

bolzen, -ö-, -ü-
Vb. **1** abstützen, °OP vielf., °Restgeb. mehrf.: °*da Bam braucht boizn, sonst bricht's eam d'Äst ab* Indersdf DAH; °*wenn's niat bal bilzt wiad, nacha fallt's Haus a* Neukchn BUL; *pelzen* „stützen, abstützen" HÄRING Gäuboden 161; *so er in der Rät Haus untermaurt ... zu pültzen, für Zeug, Mörter, Stain und Taglon ... i Pfund vi Schilling Pfennig* 1485 DORNER Herzogin Hedwig 69; „Die Zimmer werden aufgeschraubt und *gebälzt*" Mchn 1699 FREUDENBERGER Au 77.
2 †hervorquellen, -treten: *Wiltû einen slahen ... vor zorne, daz dir rehte daz herze bulzende her ûz welle* BERTHOLDvR I,54,33–35; *boltzeto Augen* PRASCH 20.
3 ein platschendes Geräusch von sich geben (von der Butter im Butterfaß), °OB, °NB, °OP vereinz.: °*da Rahm bülzt, da muaß da Budan boid zammgehn* Inzell TS.
4 (planlos) Fußball spielen, °OB, °SCH vereinz.: °*bolzn* Gundelshm DON.
5 rücksichtslos Ski fahren, °OB vereinz.: °*bolzn* Mchn.
6 unpers., hinfallen, stürzen, °OB, °NB, °OP vereinz.: °*in da Schneisn hots mi sauba boizt* Kchseeon EBE.
7 z.T. refl., faulenzen, nichts tun, °OP, °MF vereinz.: °*geh, bolz di nit dauernd* Allersbg HIP; *Dää bolzt doch scha wieda!* SINGER Arzbg.Wb. 40.
8: °*der boizt gern* „leiht sich gern was aus" H'schmieding WOS.
9: °*pulzen* „im Spiel mit einem Stecken nach einem Faßspund werfen" Plößbg TIR.

Etym.: Ahd. *-bulzen*, mhd. *bulzen*, Abl. von →*Bolzen*; Et.Wb.Ahd. II,432f.

Ltg: *boltſn*, *-oi-*, auch *-ul-* (TIR), *-ui-* (DAH; BOG; GRI; ROL), daneben v.a. in Bed.1 *-el-*, *-ei-* u.ä., ferner *-il-* u.ä. OP, MF (dazu BOG, KEH, VOF), *bödsn* (WÜM; EIH), *-ü-* (BEI, NM).

SCHMELLER I,238.– WBÖ III,591, 1356; Schwäb.Wb. I, 1282f.; Schw.Id. IV,1227; Südtt.Wb. II,516.– DWB II,236, VII,1994; Frühnhd.Wb. IV,764; LEXER HWb. I,325.– BRAUN Gr.Wb. 475; SINGER Arzbg.Wb. 34, 40.– S-65H4, 73M15, W-39/27.

Komp.: [**ab**]**b.** wie →*b.*1, °OB, °NB, °SCH vereinz.: °*an Zaun åboizn* Ried FDB.

[abhin]bolzen

[**abhin**]**b. 1** (rücksichtslos) auf Skiern hinunterrasen, °OB vereinz.: °*der Toni is übern Steilhang obibolzt* Garmisch-Partenkchn.– **2** unpers., hinunterfallen: °*vorhin houts mi owibolzt* Utzenhfn NM.

[**auf**]**b. 1** wie →*b*.1, °OB vielf., °NB, °OP, °MF vereinz.: °*da Langbamm wird aufboizt, bis er untermauert is* Wettstetten IN; °*miasd ma aufboizn, sunsd brichd da Bräddn* [Balken] o Buch LA; „Im Oberen Wald baute man die sogenannten *freistehenden* Webstühle ... im Unteren Wald die *aufboitztn*" KERSCHER Handwerk 44.– **2** (die Arme) aufstützen, °OP vereinz.: °*schau ner, wüi da Hans scho wieder sei Arm aufbülzt* „wie er sich bei Tisch hinlümmelt" Kchndemenrth NEW.
WBÖ III,591.

[**hin-ein**]**b.** unpers., wie →*b*.6, °OB, °MF, °SCH vereinz.: °*den hat's neibolzt* Weißenburg.

[**einhin**]**b.** unpers., dass., °OB, °NB, °OP vereinz.: °*den Max hats einibolzt* Tegernhm R.

[**ver**]**b.** wie →*b*.1, OB vereinz.: *vopolza* Peiting SOG; „der Hauptkanal ... wegen des Zusammensizens über 500 Fuß lang *verpólzt*" Traunstein HAZZI Aufschl. III,3,1031; *daß Täflwerch, damits nicht eingangen* (= eingestürzt, heruntergefallen), *zuuerpolzen und ufs beste zu versehen* Kapfelbg KEH 1673 H. WAGNER, Weinberg u. Steinbruch des Herrn, Kapfelberg 1985, 111.
DWB XII,1,149.

†[**her-für**]**b.**, wie →*b*.2: *auch ihme die Augåpffel ... herfůr boltzen/ als ob sie geschwollen wåren* MINDERER Med.milit. 80.
SCHMELLER I,238.

[**hin**]**b.** unpers., wie →*b*.6, °OB, °NB, °OP, °SCH vereinz.: °*den hot's sauba hibolzt* Aidenbach VOF.

[**unter**]**b.**, [**ünter**]- **1** wie →*b*.1, °OB, °OP vielf., °Restgeb. vereinz.: °*di heirat i net, du hast ja a unterpelzte Stubn* Ingolstadt; °*die Deckn im Schtoll mous unterpülzt wern* Eslarn VOH; *unterpelzen* (*untə'pəlz·n*), *unterpülzen* „einen Baum, ein Haus, etwas darunter setzen, ihn, es unterstützen" SCHMELLER I,390; *t maur untarpöltzn* „stützen (b. Umbau)" nach SCHWEIZER Dießner Wb. 152; *fulcio ... spreutzen, underpülzen* AVENTIN I,425,34 (Gramm.); *das underpelzt und schadhafte Langhaus ... repariert* Poikam KEH 1719 H. WAGNER, Weinberg u. Steinbruch des Herrn, Kapfelberg 1985, 386.–
2 (eine Stütze) darunterbauen, unterlegen, °NB, °OP vereinz.: °*a Pelzn unterpelzn* N'hökking LA.
DELLING II,186 (-pelzen); SCHMELLER I,390 (-pelzen).– WBÖ III,591, 1357; Schwäb.Wb. VI,3315f.; Schw.Id. IV, 1227f.– DWB XI,3,1509; LEXER HWb. II,1782.– W-17/39.
M.S.

Bolzer
M., hervortretendes Auge, °OP vereinz.: °*hoda döi Bolzer!* Altfalter NAB.
Schw.Id. IV,1228; Suddt.Wb. II,516.– BERTHOLD Fürther Wb. 26; BRAUN Gr.Wb. 475.
M.S.

bolzig
Adj. **1** eigensinnig, starrköpfig, °OB mehrf., °NB, °OP, °SCH vereinz.: °*a so a boiziga Kerl!* Ergolding LA.
2 zornig, °OB, °NB vereinz.: °*mei is der båizö worn* Lohbg KÖZ.
W-39/28.
M.S.

Bom →*Boden.*

Pomade
F. **1** Haarpomade, OB, NB, OP, OF vereinz.: *Haar macha mit da Bomadö* Passau; „*Pomaade* neben ... *Pommade* ... Haarsalbe" BRAUN Gr.Wb. 469; *Thust eitl d'Haar dir mit Pomade wichsen* BUCHER Charfreytagsprozession 41.
2 Bartwichse, OB vereinz.: *d Schnurrn anwixn mit da Bomade* Gallenbach AIC.
3 †Salbe: *Pamadie ... vor böß aŭgen* OP 1748 S. PICKL, Das Kochb. für Maria Annastasia Veitin, München 2009, 189.
Etym.: Aus frz. *pommade*; KLUGE-SEEBOLD 712.
Ltg: *bomād(e)* u.ä., auch *-dn* (M).
WBÖ III,591f.; Schwäb.Wb. I,1283; Schw.Id. IV,1253; Suddt.Wb. II,517.– DWB VII,1994; Frühnhd.Wb. IV, 765.– BRAUN Gr.Wb. 469.

Abl.: *pomadig, pomadisieren.*

Komp.: [**Pappel**]**p.**: *Pappelpomád* „Pappelsalbe für Haare, gegen Schuppen" Ingolstadt.
WBÖ III,592.– S-59C146.

[**Bart**]**p.** wie →*P.*2, OB, NB, OP vereinz.: *Boadbomad* Beilngries.
WBÖ III,592; Suddt.Wb. II,95.– S-6N28.

[**Haar**]**p.** auch N. (GRI), wie → *P.*1, NB mehrf., OB, OP, SCH vereinz.: *gäibe und roude Hoabomad in blechrane Schachdal* Schöllnstein DEG; *Habn kinnts an meinem Standl ... Semminudl, Haarpomadi* Bergen TS 1898 FANDERL Obb. Lieder 9f.

Suddt.Wb. V,6.– DWB IV,2,1934. J.D.

pomadig, -de, pomali
Adj. **1** langsam, gemächlich, °OB, °NB, °OP, MF vereinz.: *dö trabm ganz pomadö* Hengersbg DEG; *ganz pomadi steigt er vom Sessl owa* Bayerld 37 (1926) 520; *pomáli, pomádi, pomadig* „sachte" SCHMELLER I,391; „Woher stammt wohl das oberpfälzische *Bomaila* (Sachte)?" ZAUPSER Nachl. [7].
2 faul, träge, °OB, NB, OP vereinz.: *°a gåns a Bommadigi* „Bequeme" Ebersbg; „*pomādi* o. *pomāli* ... träge" BERTHOLD Fürther Wb. 169; *Du selber därfst niemal pomadi nit sein* HENLE Guat is's 59.
3 bequem, behaglich, °OB, NB, OP vereinz.: °*pomádö* „gemütlich" Fischbachau MB; *dass du so schee pomadi in dei'm Bett drin liegn kost* Altb.Heimatp. 59 (2007) Nr.3,25.
4 gezielt, geschickt: „*Ünseroans werde oiwai ausgschmierbt ... Solang er lebt ..." Und von dieser pomadigen Einleitung aus* GRAF Dekameron 149.
5 mit Pomade versehen: „*die Hauserin ... fährt mit einem pappigen, pomadigen Kamm über den Scheitel*" CHRIST Werke 547 (Rumplhanni).

Etym.: Bed.1–4 aus tschech. *pomalu* 'allmählich' mit volksetym. Anlehnung an → *Pomade*; PFEIFER Et.Wb. 1026f.

Ltg: *bomāde* u.ä., vereinz. *-ād* (ESB, WÜM), *-ạli* u.ä. (M; FÜ, N, SC), dazu *bomaila* OP ZAUPSER 17 (heute †).

DELLING I,88f.; SCHMELLER I,391; ZAUPSER 17.– WBÖ III, 592f.; Schwäb.Wb. I,1283; Schw.Id. IV,1253; Suddt.Wb. II,517f.– DWB VII,1994.– BERTHOLD Fürther Wb. 169; BRAUN Gr.Wb. 469; CHRISTL Aichacher Wb. 276; MAAS Nürnbg.Wb. 87.– M-209/13. J.D.

pomadisieren
Vb. **1** mit Haarpomade einreiben, NB vereinz.: *bomadisian* Ergolding LA; *bommàdisiad woara, dàs da ganzi Wong davaa grochn houd* LODES Huuza güi 70.
2 den Bart wichsen: *den Boat pomadisian* Hengersbg DEG.

WBÖ III,592.– Fremdwb. II,589. J.D.

Bombardeur
M. **1** †Bombardier: *kein Pompertär ... Nicht einmal ein Halahner* [Ulan] MÜLLER Lieder 131.
2 scherzh. Kartoffel, °NB vereinz.: °*Bomberadör* Eining KEH.

Etym.: Zu frz. *bombarde* 'Steinschleudermaschine'; ²Fremdwb. III,401. Bed.2 wohl in Anlehnung an frz. *pomme de terre*; vgl. M. RENN, W. KÖNIG, Kleiner Bayer. Sprachatlas, München ³2009, 239.

²Fremdwb. III,404. J.D.

Bombardon, Bu-, Bumberer
M. **1** auch N. (WUN), Bombardon, °Gesamtgeb. vielf.: *Bombardon, de groaß Blåsa* [Blasinstrument] Wessobrunn WM; *Båßgeing, Drumbetn, Bumbradanö* Kreuzbg WOS; *da Bumberdan wiad van Recka-Hansl blousn* M'ldf NEW; *er is naou mit sein Bumbaradum aweng spaater droagwest wöi die zwou Trumpetn und as Flüglhorn* SCHEMM Stoagaß 153.– Syn.: *Baß, [Blech]baß, [Baß]bombardon, große* → *Trompete, [Baß]trompete, [Baß]kuh, große* → [*Au*]*mache, feiste* → *Musik, [Pumper]nickel.*
2 Bombardonspieler: *der [Musikant, der] no zappln ko, des is der Bombrado* Wirtshauslieder Opf. 217.

Etym.: Aus frz. *bombardon*, ital. Herkunft; DUDEN Wb. 637.

Ltg: *bombadō(n), -dọ̄(n), bum-* u.ä., auch *-doα(n)* (AIC; R, ROD), *-dou* (GAP), *-dōne* u.ä. (AIC; ND), *-dun, -dum* OB, NB (dazu NEN, PAR; WUN; ND), ferner *bomb(α)radōn, -ōm, bum-* OP (dazu EG, KÖZ; HIP, LAU), *-dāne* (WOS), *-dun, -dum* (LAN; WUN), *båmbαradåm* (OVI), weiterhin *bumb(α)rabum* (RID; WUN), *bubadån* (REG) u. mit volksetym. Anschluß an → *pumpern bumbara* (BUL, NM, TIR; WUN).

WBÖ III,593; Suddt.Wb. II,517.– Fremdwb. I,90.– BRAUN Gr.Wb. 475; SINGER Arzbg.Wb. 46.– M-89/19.

Komp.: [**Baß**]**b. 1** wie → *B.*1: *Baßbumbara* Altglashütte TIR.– **2**: „*Baßhorn ... Båßpumpara*" BRAUN Gr.Wb. 475. J.D.

†Bombasín, Bomasín
M., Baumwollstoff: „*der Schalk* [kurze enge Jacke] *... ist von blauen Pomasin oder Kattun mit weißen Punkten*" HAZZI Aufschl. II,1,185.

Etym.: Mhd. *bombasîn*, aus frz. *bombasin*, persischer Herkunft; KLUGE-MITZKA 90.

SCHMELLER I,239 (Bammǝsi).– WBÖ III,593f.; Schwäb. Wb. I,1283f.; Schw.Id. IV,1258.– DWB II,236; Frühnhd. Wb. II,1795 (bambasin), IV,766; LEXER HWb. I,325.

Abl.: *bombasínen.* J.D.

†bombasínen, bomasínen
Adj., aus →*Bombasín: bammǝsinǝ~* SCHMELLER I,239.

SCHMELLER I,239.– Frühnhd.Wb. IV,766.   J.D.

Bombe, †Bomme
F. **1** Bombe, Sprengkörper, °OB, °NB vereinz.: °*Bombm*, [Pl.] *Bombma* Tittmoning LF; *G'spritzt haout dös ... wöi wenn a Bomb'm eig'haut häit* KRAUS lusti 15; *wir hab'n sie beschossen mit Bommen um 1813* RATTELMÜLLER Soldatenlieder 126; *ist auch ein Bomb in die Convent-Stuben gefallen* Gnadenblum 65.– In Vergleichen: *einschlagen wie eine B.* großes Aufsehen erregen, °OB, °NB vereinz.: °*wia des aufkemme is, håds eigschlang wiara Bombm* O'hausbach EG.– °*Die is auseinanderganga wia a Bombn* „hat plötzlich viel zugenommen" Tüßling AÖ.– Ra.: °*dou schauts as, wöi wenn a Bombm eigschlogn hät* „bei großer Unordnung" Schmidmühlen BUL.– Ausruf des Zorns: *Bombn und Granatn!* Hfkchn ED, ähnlich °VOH.
2 übertr.– **2a** Stinkbombe: *die Bombm war bo koin Boum vorhandn, nea der Gstoank* SCHEMM Internist 74.– **2b** wuchtiger Schuß auf das Fußballtor: *hängt grod in dean Moment a Bombm in da gegnarischn Kistn* HEINRICH Gschichtla u. Gedichtla 32.– **2c**: °*a Bombn* „Stich beim Kartenspiel" Aubing M.– **2d**: „*zwoa Bombm ... zwei Zweiliterflaschen Rotwein*" SZ 53 (1997) Nr. 208,3.– **2e**: °*des is a richtige Bombn* „dicke Frau" Tüßling AÖ.
3 verstärkendes Erstglied in Komp., z.B. *-fest, -rausch,* [*-ge*]*schäft*.

Etym.: Aus frz. *bombe*; KLUGE-SEEBOLD 139.

DELLING I,89.– WBÖ III,594; Schwäb.Wb. I,1284; Schw. Id. VIII,413; Suddt.Wb. II,518.– DWB II,236; Frühnhd. Wb. IV,766.– MAAS Nürnbg.Wb. 87.– W-217/61.

Abl.: *bombig*.

Komp.: [**Atom**]**b. 1** Atombombe: *Was de Zeitunga schreibn vo dene Anatombombn – lauters Schwindl!* Altb.Heimatp. 6 (1954) Nr.7,7.–
2 scherzh. übertr.: „*Die größten* [*Knallkörper aus Glas*] *... hießen in Ludwigsthal* [REG] *Atombomben*" HALLER Geschundenes Glas 42.

²DWB III,379.

[**Roß**]**b.**: °*Roßbombm* „Kot von Pferden, bei Tauben *Daumbombm*" Schonstett WS.– Syn. →[*Roß*]*bollen*.   J.D.

bombig
Adj., *bombig,* °OB, °OP vereinz.: °*des Fest war bombig* Thanstein NEN; *De Musi, de war bombig, hot ... d Zeitung gschrie(b)m* Passauer Dreiflüsseschreiber, Passau 2008, 90.   J.D.

Pomeranze, -antsche, †Pomaderanzi
F. **1** Bitterorange, ä.Spr.: *Item pomaderanczy 1392* Runtingerb. II,23; *umb viii Pämeratzin unnd iiii Magran Öpfel* [Granatäpfel]*, kost xlii Pfennig 1502* DORNER Herzogin Hedwig 161 (Rechnung); *kleine pomeranzen ein zu machen OP 1748* S. PICKL, Das Kochb. für Maria Annastasia Veitin, München 2009, 101.
2 auch M. (LF), Orange, °OB vielf., NB mehrf., OP, SCH vereinz.: °*scheng mara Schbeiddl von deina Bomarandschn* Ebersbg; *Oranschn, Pomeranzn* Mehlmeisel KEM; *Was bringa uns die Welschn? ... Pomarantschn, Zitron* Eisenärzt TS KIEM obb.Volksl. 383; *Pfersi' und Pomerantsch'n grad a Pracht* KOBELL Werke 143 (Brandner Kasper).
3: *Bamarantschn* Zitrone Hengersbg DEG.
4 übertr.– **4a** unerfahrene, ungeschickte weibliche Person vom Land: *a Bomaranzn* Ingolstadt.– **4b**: °*Pomaranzn* „weitschweifige Ausreden" Fischbachau MB.

Etym.: Aus ital. *pomarancia*; KLUGE-SEEBOLD 712.– Zu hist. Formen mit *-ad-* vgl. Spätma.Wortsch. 229f.
Ltg, Formen: *bomarå̄ndsn, bǫ-, bu-* u.ä. OB (dazu PAN, VIB, WOS; KEM, TIR; DON, FDB), auch *bomarå̄ndšn, bǫ-, bu-* u.ä. OB, NB, -*rånds̆* (GAP, MB, RO), aus Kontamination mit →*Orange bomarą̄sn* (WOR).

WBÖ III,594f.; Schwäb.Wb. I,1284f.; Schw.Id. IV,1256 (Bummeránz); Suddt.Wb. II,518.– DWB VII,1994f.; Frühnhd.Wb. IV,767; Spätma.Wortsch. 229f.– BRAUN Gr. Wb. 469.

Komp.: [**Blut**]**p.** Blutorange, OB, NB, OP vereinz.: *a Bluatpamarantschn is eppas Gouts* Eschlkam KÖZ.

WBÖ III,595; Suddt.Wb. II,479.

[**Land**]**p.** wie →*P.*4a, °OB, NB vereinz.: *dö ko alöng wos mog, nacha is a Landpomaranschn* Hengersbg DEG; *Des kummt ... dabei raus, wann ma aa Landbomaranzn nach Minga ... schickt!* BINDER Saggradi 119.

WBÖ III,595; Schwäb.Wb. IV,964f.; Schw.Id. IV,1256.– BRAUN Gr.Wb. 469.– S-104A5.   J.D.

bomharig, ba-, bomscharig
Adj. **1** (leicht) betrunken, °NB vereinz.: °*so a bomscharöger Kerl* Ergolding LA.– Auch stark,

schwer (vom Rausch), °OB vereinz.: °*der is bomharö bsuffa* „schwer betrunken" Pöcking STA; *bomhari'* „zweiter Grad des Rausches" SCHMELLER I,241.
2 launenhaft, störrisch, zuwider, °OB, °NB vereinz.: °*der is ganz bomhari* „unausstehlich" Thanning WOR.
3: °*bamharig* „ist ein rauher, grober Mensch" Ampfing MÜ.

Etym.: Herkunft unklar. Abl. von *Bamm* (→*Bammes*¹) 'Rausch'?
SCHMELLER I,241.– W-39/29.   J.D.

†Bomhart, Bu-, Pommer
M., *Bomhart: verslach den pümhart vor mit einem herten klotz* 1.H.15.Jh. Cgm 600,fol.6ᵛ; *2 Pfeiffen, ein grosser und Clainer Pommer* M'rfels BOG 1633 BJV 1962,207 (Inv.).

Etym.: Mhd. *bumhart*, frz. Herkunft; DUDEN Wb. 2966.
SCHMELLER I,241.– WBÖ III,1358; Schwäb.Wb. I,1285.–
DWB II,236, 515, VII,1996; Frühnhd.Wb. IV,765; LEXER
HWb. I,382.   J.D.

bomig, am Boden befindlich, →*bodnig*.

Bommel, Bomp-, Bummelein, Bump-
M., meist Dim., Bommel, Quaste, °Gesamtgeb. vielf.: °*a netts Bummal* Reit i.W. TS; °*an der Kirchnfahne hängt links und rechts a Bömmerl oba* Pfarrkchn; °*an da Zipflhaubn is a Bomml* Pertolzhfn OVI; *Hat a schwarz Hüatei auf und weiße Pompein drauf* RATTELMÜLLER Soldatenlieder 92; *Bomperl* „kugelförmige Quaste, quastenähnliche ... Verzierung" ³ZEHETNER Bair.Dt. 269.

Etym.: Abl. von →*bummeln*; vgl. KLUGE-SEEBOLD 139.
WBÖ III,596; Schwäb.Wb. I,1517; Schw.Id. IV,1263; Suddt.Wb. II,727 f.– W-39/32.

Komp.: [**Haar**]**b. 1** Haarknoten, °NB vereinz.: °*Haarpomperl* Reut PAN.– **2**: °*Haarbumberl* „Schamhaare der Frau" Malching GRI.   J.D.

Pommer →*Bomhart*.

Pömmerer, -pömp-
M.: °*Bemara* Glasschusser Gottsdf WEG.– Syn. →*Schusser*.

Etym.: Abl. von österr. *Pommer* I 'Rundliches'; WBÖ III,598.
WBÖ III,598.

Komp.: [**Nasen**]**p.**: °*Nosnbembara* „verhärteter Nasenschleim von kleinen Kindern" Hohenburg AM.   J.D.

pommericht
Adj.: °*s Meö is ganz pommerat gwesn* „voll Mäusekot" Wildenranna WEG.

Etym.: Abl. von österr. *Pommer* I 'Rundliches' (WBÖ III,595 f.).   J.D.

Pömmerlein, Pömp-, -pömmel, -pömp-
N. **1** kleines (rundes) Ding.– **1a** kleines (wertloses) Ding allg., °OB, NB, °OP vereinz.: *a Bemerl* ein Stück gekauten Tabaks Burglengenfd.– **1b** kleine Kugel, Kugelähnliches, °OB, °NB vereinz.: °*dös san eh grad no Bemmal* „von kleinen Semmeln" Reit i.W. TS.– **1c** Knospe, °OB, °NB, °OP, °MF vereinz.: °*der Birnbam hot oa Bämperl am andern* O'schleißhm M.– **1d** Kotkügelchen, °NB mehrf., °OB, °OP, °MF vereinz.: °*Bemerl* „Losung in Kugel- oder Bohnenform" Straßkchn SR; *Bémə-l* „Kügelchen, besonders von den Excrementen der Ziegen, Hasen, Mäuse, Ratten u. drgl." SCHMELLER I,241; „schon kollerten ein paar schwarze *Bemerl* [des Hasen] auf den Boden" Riedlhütte GRA A. WANDTNER, Unterm Apfelbaum, Riedlhütte ²2005, 35.– **1e**: °*Bemerl* „Hoden kleinerer Tiere" Deggendf.– **1f**: °*Bemmerl* „Schusser" Nottau WEG.– Syn. →*Schusser*.
2 von Menschen.– **2a** Trotzkopf, °OB, °NB vereinz.: °*du Bemerl du* Reisbach DGF.– **2b** jähzorniger, leicht erregbarer Mensch: *dös muadamaöge Bemal* „Frauenzimmer, das gleich aufbraust" Innviertel.

Etym.: Onomat.; WBÖ III,599; vgl. österr. *Pommer* I (ebd. 595 f.). Teilw. auch zu →*Pamper*, in Bed.2 Abl. zur selben Wz. wie →*bemmeln* möglich.
SCHMELLER I,241.– WBÖ III,599; Schwäb.Wb. I,1285 f.–
BRAUN Gr.Wb. 453.– W-39/30, 33.

Komp.: [**Arsch**]**p. 1** kleines rundes Ding.– **1a** Kotkügelchen, -klumpen.– **1aα** wie →*P.*1d, °OB, °NB vereinz.: °*Arschbemal* „harter bröckliger Stuhl bei Säuglingen" Schrobenhsn.– **1aβ** Kotklumpen, v.a. am Rind, °OB, °NB vereinz.: °*Oschbömal* Pilsting LAN.– **1b** Pl., Hämorrhoiden: °*Arschbemal* Thiershm WUN.– Syn. →*Hämorrhoide*.– **1c** kleines Ei, °NB vereinz.: °*Arschbemal* „z.B. von Zwerghühnern" Breitenbg WEG.– **2** v.a. von Menschen.– **2a**: °*so a Arschbemal* „verächtliche Bezeichnung" Pipinsrd DAH.– **2b** wie →*P.*2a, °OB, °NB vereinz.:

[Arsch]pömmerlein

°*Oschbemal* Schützing AÖ.– **2c** wie → *P.*2b, °OB, °NB vereinz.: °*Arschbemal* „Mensch, der leicht in Harnisch zu bringen ist" Frontenhsn VIB.– **2d**: °*Arschbemal* „Lieblingskind" Reut PAN.– **2e** verwöhntes od. wehleidiges Kind, °OB, °NB vereinz.: °*Arschbemal* „wehleidiges Dirndl" Traunstein.– **2f** Frau, die beim Gehen auffällig das Gesäß bewegt, °NB vereinz.: °*Arschpömmerl* Wiesing PAN.– **2g** in der Entwicklung zurückgebliebenes Lebewesen, °OB vereinz.: °*Arschbemal* „z.B. Kind, Kalb" Altenmarkt TS. W-4/55.

[**Brot**]**p.**: °*Brotbemerl* „Brotkügelchen" Weyarn MB.

[**Geiß**]**p.** Ziegenkot, °OB, °NB, °OP, °MF vereinz.: *außn am Backn Henö* [Honig], *dös ziagt, hinai Goasbemal, dös schöibt* Bartwuchsmittel Haidmühle WOS; *Wie aber der Michl die Taschen ausleert, sind 's keine Golddukaten, sondern Geißbemmerl* NB F. SCHRÖNGHAMER-HEIMDAL, Alle guten Geister, Waldkirchen 1999, 117.

[**Hasen**]**p.** Hasenkot, °NB mehrf., °OB, °OP, °MF vereinz.: °*da lieng Hosapömperl* Hagenhsn N.
Suddt.Wb. V,129.

[**Maus**]**p.**, [**Mäuse**]- **1** Mäusekot, °NB mehrf., °OB, °OP, °MF vereinz.: °*a Maus muaß da sei, wei i Mausbemerl gfundn han* Aich VIB.– **2** in fester Fügung: °*aufgstäits Mausbämal* „kleiner, sich auflehnender Mensch" Neukchn a.Inn PA. W-39/9.

[**Nasen**]**p.** eingetrockneter Nasenschleim, °OB, °OP vereinz.: °*a Nåsnpömpl* Burggriesbach BEI.

[**Reh**]**p.** Rehkot, °OB, °NB, °OP, °MF vereinz.: °*Rehpemperla* Röthenbach LAU.

[**Schaf(s)**]**p.** Schafkot, °OB, °NB, °OP, °MF vereinz.: *Schaf- und Goaßbemmal hant ois Dungat für d Blumanstöck zon bössan* Hengersbg DEG.

[**Stier(en)**]**p. 1** Pl., Stierhoden, NB vereinz.: *Schtianbemmal* Kirn PAN.– **2** wohl M.: *Stia, Stiabemö* männliches unverschnittenes Rind Aicha PA.– Auch: *du Stiabemö!* „Schimpfwort" ebd.

[**Zorn**]**b.** wie → *P.*2b: °*Zoanbemmal* „zorniger Bengel" Ramsau BGD. J.D.

-pömmerling

M., nur in Komp.: [**Roß**]**p.**: °*Roßpömmerling* „Eierpflaume" Erharting MÜ.– Syn. → *Pflaume.–* Abl. von österr. *Pommer* I 'Rundliches'; WBÖ III,598.

[**Stier**]**p.**: *Stiabämalön* Stierhoden Metten DEG. J.D.

pömmerln, pömp-

Vb. **1** Kotkügelchen fallen lassen, °NB mehrf., °OB, °OP vereinz.: °„Kälber *bemerln,* wenn sie fest misten" Ratzing WOS.
2: °*da bemerlts* „riecht es nach Schafkot" Schönbrunn LA.
3 Rispen ansetzen (vom Hafer), °nö.NB mehrf.: °*as Troad schoßt* [setzt Ähren an], *da Howan bämalt* Ruhmannsdf WEG.
4: °*bemalst scho wieda* „vereinzelte Tränen herausdrücken" Simbach EG.
Etym.: Abl. von österr. *Pommer* I 'Rundliches'; WBÖ III,598.
WBÖ III,598.

Komp.: [**um-ein-ander**]**p. 1** wie → *p.*1, °OB, °NB vereinz.: °*da hat da Has umanandbemald* Wegscheid.– **2**: °*da hast gscheid umananderbemerlt* „viele Brotkrumen verstreut" Aidenbach VOF.

[**her**]**p. 1** Kotkügelchen herfallen lassen: °*hier habn Hasn herpömmerlt* Allersbg HIP.– **2**: °*Geld herbemerln* „kleinweise herzählen" Reisbach DGF. J.D.

†Pommettlein

N., wohl best. Verzierung auf Stoff: *Pometlen, dunkelaschfarben 4 kr* 1632 J. STURM, Johann Christoph von Preysing, München 1923, 285.
Etym.: Zu frz. *pommette* 'Knötchen auf gestickter Arbeit'; vgl. Schw.Id. IV,1254.
Steir.Wortsch. 103; Schw.Id. IV,1254. J.D.

†Pomp

M., dumpfer Schall: *da het es ... ain pomp gethan, das man het gemaindt, es welt himl und erd zergeen* Rgbg 1541 Chron.dt.St. XV,168, 15f.
Etym.: Wohl onomat.
DWB VII,1997. J.D.

Pompadour
M., Pompadour, Tasche für Frauen, °OP vereinz.: °*Pompa(ra)dur* Steinsbg R; „Die Bürgersfrau trug einen … *Pompadur* als Arbeitsbeutel" HuV 12 (1934) 238.
Etym.: Nach der Marquise de Pompadour; DUDEN Wb. 2967.
WBÖ III,598f.; Suddt.Wb. II,518.– Fremdwb. II,591f.– BRAUN Gr.Wb. 469. J.D.

†Pön, Pen(e)
F. **1** Strafe, Buße, rechtssprl.: *ze eine pene setzen wir darauf, das uns der Richter … sol geben zechent pfunt* N'altaich DEG 1299 MB XV,31; *in denselben beenen … sollen ain burgermaister und rat … ain tail … haben* Rgbg 1542 VHO 84 (1934) 60; *so soll die obrigkeit frid zwischen ihne pieten, bei ainer pen nichts mehr … anzeheben* LF 1671 GRIMM Weisth. VI,158.
2 Sündenstrafe: *wärn in all sünd schon vergeben, wärn von pên, straf und schuld los und ledig* AVENTIN V,363,1f. (Chron.).
3 Pein, Qual, Bedrängnis: *Der ward von den hayden mit manigerlay pen als ein martirär gekrönt* ANDREASvR 625,41f.
Etym.: Mhd. *pên(e)* st./swf., aus mlat. *pêna*; DWB VII,1998.
Rechtswb. X,1139–1143.– SCHMELLER I,394.– WBÖ II, 992f.; Schwäb.Wb. I,1287; Schw.Id. IV,1286.– DWB VII, 1998; Frühnhd.Wb. III,1259–1263; LEXER HWb. II,215; WMU 1370.

Abl.: *-pönen, pönlich*. J.D.

Bónbon
N., M. (FÜ), Bonbon, Süßigkeit, °OP (v.a. KEM), MF mehrf., Restgeb. vereinz.: *Bumberla Hessenrth* KEM; *wenn er einer Magd Bongbong schenkt* THOMA Werke V,115 (Tante Frieda).
Etym.: Aus frz. *bonbon*; KLUGE-SEEBOLD 139.
Ltg, Formen: Neben *bombom* u.ä. Dim. *bombal* (KEM, TIR, WEN), *bu-* (KEM; WUN).
Schwäb.Wb. I,1284; Suddt.Wb. II,518f.– ²Fremdwb. III, 423f.– BERTHOLD Fürther Wb. 26; SINGER Arzbg.Wb. 46. J.D.

Bonde, -ex
M., F. (VOF), Platz, Stelle, wo im Fangspiel nicht abgeschlagen werden darf, °NB mehrf., °OB, °OP vereinz.: °*suach da schnäi an Bodex* (Ef.) Wasserburg.– Übertr.: °*Bonde* „das Spiel selbst" Malching GRI.
Etym.: Herkunft unklar.

Ltg: *bonde* u.ä. (GRI, PA, PAN, VOF; SAD), *bå-* (VOF), *bu-* (PA), dazu *bone* (PAN), *bondekſ* (PA, PAN, WEG), *bod-* (WS), *bonekſ* (REG), *bǫnd-* (DEG, VOF).
W-39/34.

Abl.: *bonden, bondig*. J.D.

bonden
Vb.: „wenn … der *Bär* [beim Bärentreiben (→*Bär¹*)] … im Kreis [der Mitspieler] zu Boden fiel, dann galt er als [gegen Schläge] gefeit … *is er bond't*" GERAUER Bauerntisch 89.– Sachl. ebd. 89f.
W-39/35. J.D.

bondig
Adj., dort befindlich, wo beim Bärentreiben (→*Bär¹*) nicht mehr geschlagen werden darf: „der Bär … galt nun als *bonde*" ebd. 90. J.D.

†-pönen
Vb., nur im Komp.: [**ver**]**p.** mit einer Strafe, Buße belegen, rechtssprl.: *Sollte … solcher Spruch verpönt werden* Abensbg KEH 1445 BLH III,143.– Mhd. *verpênen*, Abl. von →*Pön*; WBÖ II,1002.
SCHMELLER I,394.– WBÖ II,1002; Schw.Id. IV,1287f.– DWB XII,1,974f.; LEXER HWb. III,191. J.D.

Pongrat, Schlafstelle in der Holzknechthütte, →*Pograd*.

Bonifatius, Bonifaz
1 Märtyrer (Fest 14. Mai), einer der Eisheiligen (→[*Eis*]*heilig(er)*, →*Azi(us)*, →*Fazi*).– Bauern- u. Wetterregeln: *is Bonöfaz vobei, schreit der Bauer Huhei* Mittich GRI.– *Da Bonifaz tuat ois z Tratz O'audf* RO.– „Wenn es an *Bonifacius* recht kalt ist, soll die Kälte noch vier Wochen andauern" Mchn.
2 Vorn.: *Bonefaze* (EBE).– Kurzf. *Fatzö* (RO), *Faz* (PAF).
WBÖ III,607; Schwäb.Wb. I,1291, II,994; Schw.Id. I,1147, IV,1317; Suddt.Wb. II,519.– CHRISTL Aichacher Wb. 27. J.D.

Bonität
F., Güte, Wert eines Bodens, Bonitierung, °OB, °NB, °OP mehrf., °Restgeb. vereinz.: °*mia san mit unsere Feida hoch drin in der Bonität, drum miaß ma so vui Steier zoihn* Ainring LF; *där Agchr hodd a schlechde Bāunided* Mering FDB; *Bonität Nummero 1! A Kout* [Boden] *wia-r-a*

Bonität

Buda! HALLER Dismas 69.– Auch: °*Bonität* „Wert von Immobilien" Ismaning M.

Etym.: Aus lat. *bonitas*; ²Fremdwb. III,417.

²Fremdwb. III,419f.– S-17C2ᵃ, W-126/38.   J.D.

†Pönitenzer, Pe-

M. **1** Pönitent: *haben sich ... an alle Son und Feyrtåg penitenzer mit Creutztragen Gaislen und außgespanter erzaigt* Wasserburg 17.Jh. WESTENRIEDER Beytr. I,169.

2 Pönitentiar: *man het 15 penitenzer gesectz. di mochten das volk nit ausrichten ... das man must 40 seczen* ARNPECK Chron. 665,43–666,1.

Etym.: Aus mlat. *poenitentiarius*; DUDEN Wb. 2967.

³LThK VIII,414.– Schwäb.Wb. I,849.– Fremdwb. II,593; Frühnhd.Wb. III,1304f.; LEXER HWb. II,215.   J.D.

†pönlich

Adj., Strafen über Leib u. Leben betr.: *zu Ausreuttung ... solcher verdambten, ketzerischen Leren poenlich Bullen, Edict und Gepot ausgeen zu lassen* Mchn 1524 Oberhirtliche Verordnungen ... für das Bisthum Regensburg ..., ges. durch J. LIPF, Regensburg 1853, 35.

Rechtswb. X,1148; Frühnhd.Wb. III,1306.   J.D.

Pontius → *Pilatus*.

Pony

N., Pony, Pferd, OB, NB vereinz.: *rusöschö Bönö* Hengersbg DEG; „dann kaufen wir uns ... ein *Ponnerl*, ein recht braves" Altb.Heimatp. 8 (1956) Nr.51,5.

Etym.: Aus engl. *pony*; KLUGE-SEEBOLD 712.

WBÖ III,607; Schwäb.Wb. I,1291; Suddt.Wb. II,519.– Fremdwb. II,594f.   J.D.

Bonze

M., Bonze, Person, die sich durch Stellung u. protzigen Reichtum von anderen abhebt, NB, °OP vereinz.: °*des is so a Bonzn* Matzersrth TIR; *Aa so aa Bonz, aa gwambbada* BINDER Saggradi 31.– Auch: °*Bonzen* spöttisch für Bewohner einer Stadt Trevesen KEM.

Etym.: Aus frz. *bonze*, japanischer Herkunft; KLUGE-SEEBOLD 139.

WBÖ III,608.– ²Fremdwb. III,428–430.– MAAS Nürnbg. Wb. 87.   J.D.

-boos, -bus

M., nur im Komp.: [**Kittchen**]**b.**: *Kittchenbus* „Eisenmeister, Gefängnisverwalter (Kundensprache)" Traunstein.

Etym.: Aus rotw. *Boos* 'Gastwirt, Unterstandsgeber für Diebe'; WOLF Wb.Rotw. 60.   J.D.

Boot

N., Boot, OB, NB, °SCH vereinz.: °*i bin ins Bout neigstiegn* Hochdf FDB; *ihnn einem kleinen schieflein, das man pot ... nenet* SCHMIDEL Reise 17f.

Etym.: Aus mnd. *bōt*; KLUGE-SEEBOLD 140.

WBÖ III,672.– DWB II,237f.; Frühnhd.Wb. IV,856.– S-73A3.

Komp.: [**Dampf**]**b.** Dampfboot, OB, NB vereinz.: *a Dåmpfbot* Wasserburg.

WBÖ III,672.– DWB II,716.– S-73A4.

[**Mäh**]**b.**: „Fischer ... fahren mit einem *Mäh-Boot* über eines ihrer Fischereigewässer. Dabei werden Algen aus dem Wasser geholt" Attaching FS MM 15.10.1998, 6.

[**Motor**]**b.** Motorboot, OB vereinz.: *Motorboot* Hohenpeißenbg SOG.

WBÖ III,672.– S-73A4.

[**Ruder**]**b.** Ruderboot, OB, NB vereinz.: *Rudabod* Mittich GRI.

WBÖ III,672.– DWB VIII,1389.– S-73A4.   J.D.

Popanz, -enz

M. **1** Schreckgespenst, -gestalt: °*di soll doch glei da Bowanz huln!* „böser Geist" Speinshart ESB; *der Popanz steckt im Korn, der Popens kimmt* Bay.Wald HDA V,260.

2 übertr.– **2a**: °*du Bowanz du* „frecher, unruhiger Bub" O'viechtach.– **2b**: „Schimpfname für eine männliche Person: *oolwara Popånz!*" BRAUN Gr.Wb. 469.– **2c**: °*Bowanzl* „Hefegebäck, in Fett herausgebacken" Dachau.

Etym.: Aus ostmd. *Popanz*, slaw. Herkunft; KLUGE-SEEBOLD 712. Anders PFEIFER Et.Wb. 1027.

DWB VII,1999f.

Abl.: *popanzen*¹, *Popanzerer*.   J.D.

popanzen¹

Vb. **1**: °*bowanzn* „sich herumtreiben" Neusorg KEM.

2 unruhig, ungeduldig sein (von Kindern), °OB, °OP vereinz.: °*a so a bowanzata Kerl* O'viechtach.

3 refl., sich auflehnen, Widerstand leisten: °*bowamst di ner, nou kröigst erst richti Prügl* Haselmühl AM.
W-42/59.

Komp.: [**um-ein-ander**]p.: °*den bowanztst schee umanander* „den Baum schlägst du übel herum" (Ef.) Kottingwörth BEI.   J.D.

popanzen[2], sich rühren, → [*brau*]*wenden*.

Popanzerer
M.: °*Bowanzerer* „Mensch, der immer ziellos herumrennt" Stamsrd ROD.   J.D.

Popel, -ö-
M. **1** eingetrockneter Nasenschleim, OB, °OP, OF, MF, °SCH vereinz.: *a Biabl* Fichtelbg BT; *Puab'l, Buab'l* „verdickter Schleimknoten (der Nase)" BRAUN Gr.Wb. 473; *Pipp·l, Piəppl* „Frank., O.Pf." SCHMELLER I,400.
2 Kerngehäuse, Butzen, OP, OF vereinz.: *s Ghäus, Kernhaus, Buowl* Überrest des gegessenen Apfels Parkstein NEW; *d Puabl* „der Butzen im Obst" SINGER Arzbg.Wb. 179.– Auch Blütenrückstand an Äpfeln u. Birnen: *der Pobl* Ambg; *buαwl* „die Überreste der Blüte an Äpfeln und Birnen" nach DENZ Windisch-Eschenbach 221.
3: °*a sua a Buobl* „ein dicker, schwerfälliger Mensch" (Ef.) Tirschenrth.

Etym.: Herkunft unklar; KLUGE-SEEBOLD 713.

Ltg. Formen: *bōbl, -w-* u.ä. OP, OF, *bop-* (AIC, M; AM, BUL, R, ROD, SAD; REH, WUN; A), auch *buαbl, -w-* u.ä. (KEM, NEW, TIR; WUN), *-p-* (TIR), *būbl* (SUL; WUN), *bubl* (FÜ, N, SC, WUG), weiterhin mit Uml. *bēbl, -w-* (KEM, NAB, NEW, OVI; HEB), *bebl* (WUG), *biαbl, -w-* u.ä. (KEM, NAB, NEW, TIR, VOH; BT), *-p-* (NEW, VOH), *bībl, -w-* OP, *bip-* u.ä. OP (dazu HEB, LAU).– Dim. *bōbαl* (NM), *bop-* (AIC, FS, M; R).

SCHMELLER I,400.– WBÖ III,610f.; Schwäb.Wb. I,1292; Suddt.Wb. II,520–522.– DWB VII,2000.– BRAUN Gr.Wb. 473; DENZ Windisch-Eschenbach 221.– S-85A33.

Abl.: *popeln*.

Komp.: [**Äpfel**]p. Apfelbutzen: *Öpflburbl* Neualbenrth TIR.

[**Augen**]p. eingetrocknete Augenbutter, °OP, °OF vereinz.: °*Aungbuabl* Tröstau WUN.
WBÖ III,611; Suddt.Wb. I,575.

[**Holler**]p. Marmelade aus Holunderbeeren: *Hullabobl* Marktredwitz; *Huulapuaw('l* BRAUN Gr.Wb. 278.
BRAUN Gr.Wb. 278.

[**Nasen**]p. wie →P.1, °OB, °OP, °MF vereinz.: °*Nasnpopperl drahn* Günzenhsn FS.
WBÖ III,611.

[**Roß**]p.: °*a Roßbobl* Roßapfel Dieterskchn NEN.– Syn. →[*Roß*]*bollen*.

[**Rotz**]p. **1** wie →P.1, °OP vielf., °OF mehrf., °MF vereinz.: *Rutzbubl* Königstein SUL; *Ruazbiawl* „erhärteter Nasenschleim" KONRAD nördl.Opf. 35.– **2** von Menschen.– **2a** freches, vorlautes Kind, °OP, OF, °MF vereinz.: *du Ruatzbubl, du drekata!* Leupoldsdf WUN.– **2b** unreifer Mensch, OP, °OF, °MF vereinz.: °*Rotzpöppel* Weißenburg.
WBÖ III,611.– BRAUN Gr.Wb. 508; KONRAD nördl.Opf. 35.   J.D.

popeln, -ö-
Vb. **1** bohren, stochern.– **1a** bohren, stochern allg., °OB, °NB vereinz.: °*im Schlamm bōwen* im Schlamm bohren (von Fischen) Parsbg MB.– **1b** (in der Nase) bohren, OB, °OP, °MF vereinz.: *er pipplt* Diepoltsdf LAU.– Auch in festen Fügungen: *Nasen p.* °NB, °OP, °OF, °MF vereinz.: °*nosnbuabln* Neualbenrth TIR.– *Ruatzbubln* Leupoldsdf WUN.
2 übertr.: °*wos bowelt er denn wieda?* „grübelt er nach" Vilzing CHA.
WBÖ III,611f.– DWB VII,2000.

Komp.: [**einhin**]p. hineinbohren, °NB, °OP vereinz.: °*Fisch popln si in Schlamm eini* Gangkfn EG.
W-39/40.

[**ümher**]p.: °*a weng immabobbln* „Kleinigkeiten im Haus ordnen" Thiershm WUN.   J.D.

-poperer
M., nur im Komp.: [**Nasen**]p. jmd, der in der Nase bohrt, °OP vereinz.: *a Nosnpopera* Wdsassen TIR.   J.D.

†Pöperl
M.: *Der Pöperl* „der Henkersknecht" OP SCHMELLER I,400.

Pöperl

Etym.: Herkunft unklar.
SCHMELLER I,400. J.D.

poperln
Vb.: °*der tut popperln* „in der Nase bohren" Ampfing MÜ.

Komp.: [**um-ein-ander**]**p.**: °*umanandpopperln* „aufgeregt herumarbeiten und nichts fertig bringen" Cham.

[**ausher**]**p.** herausbohren, -stochern, °OB, °NB, °OP vereinz.: °*was hast aus dem Loch aussaboberlt?* Reisbach DGF. J.D.

popern
Vb. **1** bohren, stochern.– **1a** bohren, stochern allg., °OP mehrf., °Restgeb. vereinz.: °*da Fuchs wird aus sein Bau poppert* Kay LF; °*i gib dir glei a gscheide af deine Finga, wennst alle Weibirla as dem Koucha bobbast* Hahnbach AM; *die Antn warn in Weiher, hom die Arsch in die Häich und untn min Schnaawln powert* SCHEMM Stoagaß 170.– **1b** (in der Nase) bohren, °OB, °NB, °OP vereinz.: °*hör auf mit dein Bobern!* Kastl NM; *bōwǝn* „an oder in etwas mit einem Finger herumstochern, – herumbohren (so v.a. in der Nase)" nach DENZ Windisch-Eschenbach 221.– Auch in festen Fügungen: *Nasen p.* °NB, °OP vereinz.: °*Nosnbobern* Falkenbg TIR; *nosnpowan* SINGER Arzbg.Wb. 178.– °*Rotzbobbern* Neukchn KÖZ.
2: °*boban* „von etwas ganz kleine Bissen abbeißen" Kchnthumbach ESB.

Etym.: Abl. zur selben Wz. wie → *Popel*.
BRAUN Gr.Wb. 55; DENZ Windisch-Eschenbach 221; KONRAD nördl.Opf. 6; SINGER Arzbg.Wb. 178.– W-39/42.

Abl.: *-poperer, poperln*.

Komp.: [**ab**]**p.**: °*an Knochn abboban* „abnagen" ebd.

[**abher**]**p.** herabbohren, -stochern, °OP vereinz.: °*d'Gäns boban Rindn vom Bam oara* ebd.

[**aus**]**p. 1** herausbohren, -stochern, °OP vereinz.: °*treib Gens in Schtoll eine, die bobern den Solot as* Hahnbach AM.– **2**: °*der Boikn is auspoppert für die Dippen* „für die Dübel ausgebohrt" Endlhsn WOR.– **3** durch Bohren leeren, °OB, °OP vereinz.: °*d'Nåsn auspoppern* „mit dem Finger leer bohren" Feichten AÖ.

[**ausher**]**p. 1** wie → [*aus*]*p.*1, °OP (v.a. N) mehrf., °OB, °NB, °OF vereinz.: °*hast as Nasnmanndl* (den Rotz) *endli außapoppert* Baumburg TS; °*dëi Herdäpfl mou i mit di Händ assabobern, dou is da Buldog driwagfohrn* Marchaney TIR.– **2** durch Bohren herstellen: °*des Loch muschd amoi richde assabowan* Dachau.– **3** übertr.: °*wås assabowan* „durch Fragen herausbekommen" Malching GRI.
W-39/42.

[**einhin**]**p.** hineinbohren, -stochern, °OB, °OP vereinz.: °*einibowan* „bei Enten, wenn sie gründeln" Nabburg.

[**umher**]**p. 1** herumbohren, -stochern, °OP mehrf., °OF vereinz.: °*der bobert am Brout uma* Speinshart ESB.– **2** wohl ein wenig herumarbeiten: °*d'Frau bobert im Gartn uma* Tirschenrth. J.D.

Popo, Po, Pop(e)sch, Pop(e)s
M. **1** Gesäß, kindersprl., °Gesamtgeb. vereinz.: °*bist am Bobsch gfalln, weilst so schreist?* Weiden; *boppas* „Hintern in Kindersprache" N. KILGERT, Glossarium Ratisbonense, Regensburg 2008, 131.– Ra.: *im Bett is der Popo König!* „ist es gemütlich" OB.– Syn. → *Arsch*.
2 Hosenboden, OB vereinz.: *Popo* „in der Stadt auch der Hosenboden" Wasserburg.

Etym.: Aus lat. *podex*; KLUGE-SEEBOLD 713.
WBÖ III,609; Schwäb.Wb. I,1292f.; Schw.Id. IV,1424; Suddt.Wb. II,524.– DWB II,199, VII,2001.– BERTHOLD Fürther Wb. 169; BRAUN Gr.Wb. 469; DENZ Windisch-Eschenbach 221; MAAS Nürnbg.Wb. 86; SINGER Arzbg.Wb. 178.– S-41C9, 77C14. J.D.

Poppe[1]
F. **1** Puppe, Spielzeug, °OB mehrf., °OP vereinz.: °*Bopp* Siglfing ED; *Mei' Stasei, mei' Popperl, Is grad a Stuck Holz* FRANZ Rucksackl 71.– Syn. → *Puppe*.– Auch Puppe im Kasperltheater, OB vereinz.: *Boppn* Ainau PAF.
2 von Menschen.– **2a** meist Dim., kleines Kind, auch Kosen., °OB, °OP, MF vereinz.: °*des is a so an kloins Poppal, deafscht fei niat aufwecka* Schnaittenbach AM; *Fiachtn werd si des Bobberl* MM 6./7.9.1997, J5.– In fester Fügung: °*'s Pepperl muaß öitz heiabobbi macha* schlafen (v. kleinen Kindern) Kallmünz BUL.– **2b** Dim., Lieblingskind, °OB vereinz.: *Popperl* Aichach.– **2c** Dim., hübsches, reizendes Mädchen, °OB vereinz.: °*a danschigs* [niedliches] *Bobbal håda si ohglåchd, da Fredl* Ebersbg; *So, Popperl, jetzt*

wennst no lang Mäus machst PESTENHOFER Drahtverhau 44.– **2d** Modepuppe, OB, NB vereinz.: *die is a rechte Poppn "trägt sich nobel"* Geisenfd PAF.
3 Gemeine Kugelblume (Globularia elongata), kindersprl.: *Boppala* Schwabsoien SOG Dt. Gaue 42 (1950) 90.
4: *a Popperl* Garnspule Mchn.
5 M.: *Bobbm* „altes Messer; ein aufgebrachtes, zusammengewetztes Messer, Sense oder Sichel" RASP Bgdn.Mda. 31.

Etym.: Aus lat. *puppa*; KLUGE-SEEBOLD 730.
WBÖ III,609; Schwäb.Wb. VI,1677; Schw.Id. IV,1423f.– DWB VII,2001.– BERTHOLD Fürther Wb. 169; RASP Bgdn. Mda. 31.– S-40A11.

Abl.: *poppeln*[1], *Popper*, *popperln*[1], *poppetzen*[1], *Poppin*.

Komp.: [**Herz(i)**]**p.**, [**Herzen**]- Dim. **1** wie →*P.*2a: °*i bin nimma dei Heazibobbi, i bin doch scho groaß* Hochdf FDB; *Herzipopperl* „Kosename" SCHILLING Paargauer Wb. 39.– **2** wie →*P.*2b, °OB, °NB, °OP, MF vereinz.: *Herzpobbela* Meckenhsn HIP; *De [Lehrerin] bschdehd bei seine* (ihre) *Kinda, weiss ... koane Herzebobal hod!* MM 12.1.1999, 3.– Auch geliebte Person, Liebling allg., OB, °OP vereinz.: °*Herzabobal* Ursulapoppenricht AM; *die Regierung verlaßt ihre Herzipopperl net* Mchn.Stadtanz. 15 (1959) Nr.41,3.

SCHILLING Paargauer Wb. 39.

[**Wickel**]**p.** Wickelkind: „an die Wiege vom kleinen Prinzen ... der als *Wickelpopperl* darinnen gelegen ist" ROHRER Alt-Mchn 36. J.D.

Poppe[2], **-pfe**

F. **1** Dim., v.a. kleines (rundes) Ding.– **1a** kleines Ding allg.: *er haout ma niat a Pepperl gem* „kein bißchen" Wdsassen TIR; *Päperl* BAUERNFEIND Nordopf. 146.– **1b** kleine Kugel, Kugelähnliches, NB, °OP, MF vereinz.: *enkanö* [euere] *Eadöpfö hant kloiwinzögö Pöbal* Hengersbg DEG; *Bépə-l, Pébə-l* „Kügelchen ... Stäubchen, von vielen, die sich nebeneinander zeigen" SCHMELLER I,399; *Peperle* „flocci, flocculi" SCHÖNSLEDER Prompt. r2ʳ.– **1c** Kotkügelchen, -klumpen.– **1cα** Kotkügelchen, °OP mehrf., °OB, °NB, °MF vereinz.: °*Goaß laßt Bäwala falln* Neusorg KEM; *bēwal* „der kleine Kot (etwa von der Ziege, den Kaninchen, aber auch vom Menschen)" nach DENZ Windisch-Eschenbach 214.– **1cβ**: *Bäberl* Dreckkrusten an den Hinterschenkeln der Rinder Reisbach DGF.– **1d** Knospe, °OB vereinz.: °*Bebberle* Walleshsn LL.– **1e**: *Böberl* Stierhoden Frauenau REG.– **1f** Frucht.– **1fα**: *bopal* „kleine, rundliche Frucht wie Kartoffel, Apfel" KOLLMER II,69.– **1fβ** (kleine) Kartoffel, teilw. kindersprl.: °*dou schau her, krögst a Bopferl* Windischeschenbach NEW; „die *Bowerln* (kleine bis kleinste Erdäpfel) ... kamen als Schweinefutter in den Dämpfer" südl.AM, SUL Der Eisengau 20 (2002) 74.– **1g** Träne, °OP vereinz.: °*Bobal* Klardf BUL.– **1h** †: *Bépərlən* „aus dem Grunde einer Flüßigkeit aufsteigende Bläschen" M'nwd GAP SCHMELLER I,399.– **1i** Bommel, Quaste, °OB, °OP, °SCH vereinz.: °*Bewerl* „Bommel" Mühldf.
2 (kleinere) Hauterkrankung, Hautverletzung.– **2a** Bläschen, °OB, °NB, °OP, °MF vereinz.: °*i håb a kloans Popferl auf da Haut* Aidenbach VOF; *Sei~ Gsicht is vollə' Poppm, Péppə-ln* „Hitzblätterchen, Finnen u. drgl." M'nwd GAP SCHMELLER ebd.; *Pôperln* „Hitzblätterchen" ZAUPSER 60.– **2b** Mitesser, OB vereinz.: *Bobbm* Eisenärzt TS.– **2c** Dim., Narbe, °OB, NB vereinz.: *Böwall* „kleine Narben" Zandt KÖZ.
3: *Böwal* „Knötchen, knotenförmige Erhöhung, z.B. bei der Leinwand" Mittich GRI.
4: *dö ganz Schtum is fol Fluing, d Went san ganz vol Böwall* „mit Tupfen beschmutzt" Zandt KÖZ.

Etym.: Onomat.; WBÖ III,609.

Ltg, Formen: *bopm* (BGD, RO, TS, WS), *-pfə* (FFB).– Dim. *bēbal, -wal* NB, OP (dazu MB, MÜ, RO; FDB), *bepal(α)* OP, MF (dazu LL, M, TS, WM; ROL), ferner *bībal, -wal* (NM; HEB), *bipal* (TIR) u. *bōbal, -wal* OP, *bopal* (RO; NM, OVI, ROD), *-pfal* (VOF; NEW).

DELLING I,89; SCHMELLER I,399f.; ZAUPSER 60.– WBÖ III, 609.– DWB VII,2001.– BERTHOLD Fürther Wb. 160; DENZ Windisch-Eschenbach 115, 214; KOLLMER I,69.– S-25N15, W-39/36.

Abl.: *Poppel, -pöppel, Pöppelet, pöpp(e)licht, poppeln*[2], *popperln*[2], *poppern*[3], *poppetzen*[2], *poppicht, Poppler(er)*.

Komp.: [**Geiß**]**p.** Dim., Ziegenkot, °OP mehrf., OB, °NB vereinz.: *Goasbäbala* Wildenrth NEW; *Goaßbäbarln sān kóin Hóslnuß* Neuenhammer VOH SCHÖNWERTH Sprichw. 13.

[**Hasen**]**p.** Dim., Hasenkot, °OP mehrf., °NB, °MF, °SCH vereinz.: °*schau her düi vüln Hosnbäbberla, düi dou liegn!* Kchndemenrth NEW.

[Hitze]poppe

[Hitze]p. Dim., Hitzebläschen, °OP vereinz.: °*Hitzbiwala* Pelchenhfn NM.

[Maus]p., [Mäuse]- Dim., Mäusekot, °OP mehrf., °NB, °MF, °SCH vereinz.: °*im Mehl san Mausbäwerl drin* Mintraching R; *Mauspépə-ln* „Excremente der Maus" SCHMELLER I,399 f.
SCHMELLER I,399 f.

[Mehl]p.: *Mehiböbal* Mehlklumpen Hengersbg DEG.

[Reh]p. Dim., Rehkot, °OP, °SCH vereinz.: °*Rehbeberl* Freienrd FDB.

†**[Samen]p.** Samenkorn: *Samə~ Pépə-ln* „z.B. im Hopfen" SCHMELLER I,399.
SCHMELLER I,399.

[Schaf(s)]p. Dim., Schafkot, °OP mehrf., OB, °NB, °MF vereinz.: °*Schaoufbäbbal* Weiden; *Schāf- [o. Schouf]päpperli ... senn a gouter Dung fiern Gartn!* BERTHOLD Fürther Wb. 160. J.D.

†**Poppel, Pofel**
M. **1**: *Der Poppel, Pofel, Pobel* „der Rauchwirbel" SCHMELLER I,400.
2: *Der Poppel, Pofel, Pobel* „die Menge" ebd.
SCHMELLER I,400. J.D.

†**-pöppel, -po-**
N., nur in: **[Ge]p. 1**: *das Ge'pöppel* „der Rauchwirbel" SCHMELLER I,400.– **2** Menge, große Anzahl: *das Ge'pöppel* „die Menge" ebd.; *Gepoppel* HÄSSLEIN Nürnbg.Id. 105.
HÄSSLEIN Nürnbg.Id. 105; SCHMELLER I,400.– S-106B13. J.D.

Pöppelet, -o-
N., kleinerer Hautausschlag: *dö hot a Pöpalat (Popalat) ön Gsicht* Hengersbg DEG. J.D.

pöpp(e)licht, -o-
Adj. **1** voll Körnchen, klumpig.– **1a** †: *pöppelicht* „voll kleiner ... Körnchen, Stäubchen" SCHMELLER I,400.– **1b** klumpig, voller Klumpen: °*s Mehl greift si bäbalad an* Töging AÖ.
2 an der Haut erkrankt, verletzt u.ä.– **2a** mit Bläschen od. Ausschlag behaftet, °OB, °NB vereinz.: *dea is ganz pöppalat* „voller Wimmerl" Peiting SOG; *pépəlad, pébəlad* „voll kleiner Bläschen" SCHMELLER ebd.– **2b**: *a böballads Gsicht* „voll kleiner Blatternarben" Zandt KÖZ.– **2c**: *pöblat* „runzelig" Seestetten PA.
3 rauh, nicht glatt (von Stoffen, Tuchen): *pöwalat* „von winzig kleinen Knoten durchzogen oder sich so anfühlend, meist von Stoffen" Mittich GRI; *A pǫperlets Tuech* „Ein aufgeworfenes Tuch" ZAUPSER 60.
4 getupft, mit Tupfen, OB, NB vereinz.: *pöpalat* „mit Tupfen übersät" O'audf RO.
5 †(sehr) voll: *popplet, pobelet* „voll, gedrängt voll" SCHMELLER I,400; *Popplet, popplicht* HÄSSLEIN Nürnbg.Id. 105.
6 †stark, heftig: *wem wird sein Herz nicht poppelt schlagen* Bilanz 1782 (1782) 3.

Ltg: *bēbalad, -w-, bep-* u.ä. NB (dazu AÖ, M, RO, SOG), vereinz. *bēblad* (PA), dazu *bōbalad, -w-* u.ä. (RO, TÖL), durch Schwund des Reduktionsvok. im Nebenton *-lt* (heute †).

DELLING I,89; HÄSSLEIN Nürnbg.Id. 105; SCHMELLER I,400; ZAUPSER 60.– Schwäb.Wb. I,1294.– DWB VII,2001.– S-25N16, 85A34. J.D.

poppeln[1]
Vb. **1** mit einer Puppe spielen, °OB vereinz.: °*bobbän* Fischbachau MB.
2 schlafen (von kleinen Kindern), °OB, °NB, °OP, °MF vereinz.: °*so, iazt tuast schö poppön* Reut PAN.– Auch in fester Fügung *heia p.* °OB, °NB vereinz.: °*heiapoppen* Anzing EBE.

WBÖ III,611 f.; Schwäb.Wb. VI,1677; Schw.Id. IV,1423.– DWB VII,2001.

Komp.: **[auf]p. 1** (übertrieben) schön kleiden, herausputzen, °OB, °OP, °MF vereinz.: °*aufbobln* „sich übertrieben schön machen" O'nrd CHA.– **2**: °*aufpoppln* „verhätschelnd aufziehen" O'haching M.

[hin-ein]p. auch refl., sich ins Bett kuscheln, °OB, °MF vereinz.: °*tua fei schea neipople* Kohlgrub GAP.

[einhin]p. 1 refl., dass.: °*tua di schön einipoppen* „hineinkuscheln" Bayrischzell MB.– **2**: °*einipoppln* „mit Liebe ins Bett einwickeln" Teisendf LF.

[umher]p.: °*tua net a so umapoppln* „kleine Kinder abtätscheln, mit ihnen wie mit einer Puppe spielen" Baumburg TS. J.D.

poppeln[2], **-ö-**, †**pof-**
Vb. **1** in wallender, wirbelnder od. strömender Bewegung sein.– **1a** wallen, Blasen werfen (von

kochender od. gärender Flüssigkeit), °OB, NB vereinz.: *jazt fangt 's Wossa 's Bobön o* Ascholding WOR.– **1b** †sich in Wirbeln bewegen: „der Lech ... brauset über einer Untiefen in einem *bobelnden* Strudl auf" LEOPRECHTING Lechrain 106.– **1c** hervorquellen, hervorströmen: *pobeln* EBE Obb.Heimatbl. 6 (1928) Nr.10[,4]; „Der Rauch *poppelt* aus dem Ofen, aus dem Kamin" SCHMELLER I,400.
2 ein Geräusch machen.– **2a** blubbern, dumpf platzende Blasen werfen, OB, NB vereinz.: *poppön* Geräusch der beim Kochen des Wassers aufsteigenden Luftblasen Mengkfn DGF.– **2b**: *bop(e)ln* „gurgeln, vom Wasser in der Leitung u. beim Auslauf" Kochel TÖL.– **2c** klopfend aufschlagen, OB, °NB vereinz.: °*bowln* „das Aufklatschen der Regentropfen" Kelhm.– **2d**: *poppeln* „ein brutzlendes Geräusch von sich geben" Langenpreising ED.– **2e**: *bowen* „poltern" Mchn.
3 übertr.– **3a** sich widersetzen, auflehnen, °OB vereinz.: °*tua fei ja net poppln!* Mchn.– **3b**: *bowen* „brummig sein" Hohenpolding ED.– **3c** (Tabak) rauchen: *bowen* Kiefersfdn RO.
4 †gedrängt od. als Menge vorkommen: *poppeln, pofeln, pobeln* „in Menge da seyn oder vorkommen" SCHMELLER I,400; *Poppeln* „dicht bey oder aufeinander seyn" HÄSSLEIN Nürnbg. Id. 105.
5 zusammenkleben, aneinanderhaften, °OB, °NB vereinz.: *bewlte Haar* „kurze, ineinanderhängende Haare, etwa von Ochsen, Schafen" Kochel TÖL; °*bowln* „wenn sich beim Rühren des Einbrenns Klümpchen bilden" Erlau WEG.
Etym.: Mhd. *popelen* 'aufwallen', Abl. von → *Poppe*²; vgl. WBÖ III,612.

HÄSSLEIN Nürnbg.Id. 105; SCHMELLER I,400.– WBÖ III,612; Schw.Id. IV,1420.– DWB VII,2001; LEXER HWb. II,285.– KOLLMER II,318.– S-96E15, W-39/39.

Komp.: [**auf**]**p. 1** aufwallen, hervorquellen.– **1a** aufwallen, °OB vereinz.: °„wenn Wasser aufkocht, *nacha poplts auf*" Reichersbeuern TÖL; „wo es ein wenig *aufbobelte,* ließ er das Wasser in ein *Glasl* fassen" LEOPRECHTING Lechrain 87; *ein prunn. der hiet siben pæchlein. die auf popelten* Gesta Rom. 124.– **1b** wie → *p.*1c, OB, NB vereinz.: *afbobbön* hervorquellen, -sprudeln Mengkfn DGF.– **2** übertr.– **2a** auch refl., wie → *p.*3a, °OB, °NB, °OP, °MF vereinz.: °*schau eahm nit o, aufbowin tat a si a no* Hagnbg MB; °*tua net so aufpoppln!* Rdnburg.– **2b**: °*aufpoppln* „sich bei jeder Gelegenheit gereizt zeigen" Gangkfn EG.– **2c** sich aufspielen, wichtig machen, °OP, °SCH vereinz.: °*aufbobbln* Ried FDB.

SCHMELLER I,400.– WBÖ III,612.– LEXER HWb. II,1698.– S-96E16, 106B11, W-39/38.

[**ausher**]**p.** wie → *p.* 1c, °OB vereinz.: °*iatzt bowed 's Wassa scho aussa* „beim Brunnengraben" Rechtmehring WS.

WBÖ III,612.

[**ver**]**p.**: °*dea vaböwet sei ganz Sach* „vertut, verschwendet" Wildenroth FFB.

[**her**]**p.**: °*do hot a Hos herbeblt* „seinen Kot herfallen lassen" Winklarn OVI.

[**zu-sammen**]**p. 1**: *zampoppln* „etw. eng zusammenschreiben" BERTHOLD Fürther Wb. 257.– **2** wie → *p.*5: °*zsambewlte Hoar* Edelshsn SOB.

BERTHOLD Fürther Wb. 257. J.D.

†Poppen

M., Heck des Schiffs: *Von dem popen vncz an den proben* [Bug] 15.Jh. Münchener Museum für Philologie des MA u. der Renaissance 1 (1911) Nr.41,146.

Etym.: Mhd. *poppe* swm., lat. Herkunft; LEXER HWb. II,285.

DWB VII,2001; Frühnhd.Wb. IV,780; LEXER HWb. II, 285. J.D.

Popper

M.: °*Poppa* „Puppe" Wippenhsn FS.

WBÖ III,613; Suddt.Wb. II,524f. J.D.

popperln¹

Vb., schlafen (von kleinen Kindern), °OB, °OP, °SCH vereinz.: °*so jetzt mach d'Aung zua und tua schö popperln!* Manching IN; *poppə-ln* „schlafen, in der Wiege liegen" SCHMELLER I, 400.– Auch in fester Fügung: °*iatz tua schö heiapopperln* Kreuth MB.

SCHMELLER I,400.– W-39/41.

Komp.: [**um-ein-ander**]**p.**: °*mit dem Lausdeandl wird z'vül umanandapopperlt* „herumgetan" Cham.

[**auf**]**p.** (übertrieben) schön kleiden, herausputzen, °OB, °NB vereinz.: °*die hat si wieda aufpopperlt* Ering PAN.

[ein]*popperln*

[ein]p. 1 einschlafen (von kleinen Kindern), °OB, °OP vereinz.: °*so, öitz dout mei Kinderl schö eibobberln* Nabburg.– 2 in den Schlaf wiegen, °OB, °NB vereinz.: °*eipoppaln* Malching GRI.

Mehrfachkomp.: [hin-ein]p. refl., sich ins Bett kuscheln, °OB vereinz.: °*so, tua di schö neipoppaln, daßd guat schlafa konnst* Altomünster AIC.

[einhin]p. liebevoll ins Bett legen, °OB, °NB vereinz.: °*d'Kinda wern ins Bett einipopperlt* Mainburg.

[ver]p. verhimmeln: *verpoperln* Rudelzhsn MAI.
J.D.

poppern¹, sprechen, → *pappern*.

poppern², bohren, → *popern*.

popperln², -ö-
Vb. 1 klopfend aufschlagen: *bǫwaln* „wie Regentropfen auf ein Dach oder an die Fensterscheibe" nach KOLLMER II,70; *Wenn's rengt, so pepǝ-lt·s aufm Dach* Bay.Wald SCHMELLER I,400.
2 Rispen ansetzen (vom Hafer), °OP (WÜM) mehrf.: °„bei Hafer *beberln,* bei Roggen und Weizen *schossen* [Ähren ansetzen]" Höll WÜM.
3 Kotkügelchen fallen lassen, °NB, °OP vereinz.: °*a Hos, Röi, Schouf, Goaß bäbbalt* Sulzbach-Rosenbg.
4 verklumpen: °*as Mehl is bebalt* Schönbrunn LA.
5: *des Blatt is bebarld* „hat an der Unterseite kleine kugelige Auswüchse" Steinlohe WÜM.
SCHMELLER I,400.– WBÖ III,614; Schw.Id. IV,1421.– DWB VII,2001 f.– KOLLMER I,70.

Komp.: [abher]p. herunterprasseln, OP vereinz.: *obabowerln* Herabfallen der geschüttelten Äpfel Maxhütte BUL.

[auf]p. meist refl., sich widersetzen, auflehnen, °OB, °NB vereinz.: °*brauchst gar net lang aufpopperln!* Aidenbach VOF.

[der]p.: *kloa dapöpalt is den sei ganza Kearpa* „durch Ungeziefer mit kleinen Punkten übersät" Tann PAN.
J.D.

poppern³, -ö-
Vb. 1: °*'s Wassa powat* „wirft beim Kochen Blasen" Parsbg MB.– Ra.: °*do hiats scho boid bowat* da fehlt nicht mehr viel (z.B. bis gerauft wird) Fischbachau MB.
2: °*die Schouf bebbern* „lassen Kot fallen" Regelsbach SC.
3: °*da Oaß bobat heut, daß zum schrein is* „schmerzt sehr" Hagnbg MB.
4: °*den hama boppert* „dem haben wir es gezeigt (einem Unterlegenen)" Fronau ROD.

Komp.: [auf]p.: °*er bobat af* „begehrt auf" Haselbach BUL.

[ausher]p. heraussprudeln: °*da bobert es stark aussa* „aus einer Quelle" Hfndf ROL.
J.D.

poppern⁴, †-ö-
Vb. 1 plan- u. ziellos herumgehen, in heutiger Mda. nur im Komp.: *boba'n* „bedachtlos eilen" Altmühl, Pegnitz SCHMELLER I,400.
2 zittern, °OP vereinz.: °*du bowerst ja ganz* Adlhz AM; *bōwɑn* „zittern, schlottern" Unterer Bay.Wald nach KOLLMER II,319; *poppern, pöppern* „vor Aerger zittern" Altmühl, Pegnitz SCHMELLER ebd.– In fester Fügung →*Knie p.* mit den Knien schlottern.– †Auch „mit Zittern sprechen" ebd. SCHMELLER ebd.

Etym.: Wohl onomat.; WBÖ III,509.– In Bed.2 nicht von →*pappern* zu trennen.
SCHMELLER I,400.– WBÖ III,509f. (pobern); Schwäb.Wb. I,1294f.; Schw.Id. IV,1420f.– DWB VII,2002.– KOLLMER II,319.

Komp.: [um-ein-ander]p. wie →*p.*1: °*der poppert umananda* „geht viel umsonst umher" Berching BEI.
WBÖ III,510.
J.D.

poppetzen¹
Vb., liederlich, verschwenderisch leben: °*der bobetzd* Schnaittenbach AM; *Mit klaydern popitzt* [sie] hin und her SACHS Werke V,253,21.
SCHMELLER I,192, 400.– Frühnhd.Wb. IV,780.– W-46/16.
J.D.

poppetzen²
Vb. 1: *pōwitsn* „wallend kochen" Reichersbeuern TÖL.
2: °*bowazn* „rumoren, etwa von entweichender Luft beim Füllen von Fässern" Hzkchn MB.

3: °*bei dem bowetzts aber gscheid* „qualmt es aus seiner Pfeife" Taching LF.   J.D.

poppetzen³
Vb.: °*bowazn* „vor Angst zittern" Kreuth MB.

Etym.: Abl. zur selben onomat. Wz. wie → *poppern*⁴.

Komp.: [**um-ein-ander**]**p.**: °*wo popitzt den der wieda umanand?* „sich in übler Absicht herumtreiben" Gangkfn EG.   J.D.

poppicht, -ig
Adj. **1** pockennarbig, °OB, °NB, °OP, °SCH vereinz.: °*dea wead so a bobbads Gfries håm* Dachau.– Auch mit Bläschen auf der Haut, °OB, °OP vereinz.: °*dö Gschicht sägt recht poppert aus* Fronau ROD.
2 dick, kräftig gebaut, OB, °OP vereinz.: °*a recht a poppets Weiberl* Weiden.
WBÖ III,610.– W-39/17, 37.   J.D.

Poppin
F.: *Bobbin* „Puppe für Kinder" Staudach (Achental) TS.
WBÖ III,615.   J.D.

Poppler(er)
M. **1**: °*schau mir nur den Poppler an!* „einer, der aufbegehrt" Hirschling MAL.
2: °*der is a richtiger Popplerer* „Angeber" Schwandf.
WBÖ III,615.   J.D.

Populus
P. alba L. (Silberpappel): *Albe, Alber(er),* [*Wasser*]*alber, (große) Pappel,* [*Rosen-kranz*]- (dort zu ergänzen), [*Silber*]-, [*Weiß*]*pappel,* [*Alber*]-, [*Allee*]-, [*Pappel*]-, [*Peitschen*]- (dort zu ergänzen), [*Bellen*]-, [*Bollen*]-, [*Edel*]- (dort zu ergänzen), [*Felber*]- (dort zu ergänzen), [*Mailein*]-, [*Sar*]-, [*Silber*]- (dort zu ergänzen), [*Wasser*]-, [*Wuckelein*]*baum, Belle, Felber.– P. italica* Moench (Pyramidenpappel): [*Spitz*]*pappel.– P. nigra* L. (Schwarzpappel): *Alber(er),* [*Schwarz*]*pappel,* [*Alber*]-, [*Pappel*]-, [*Felber*]*baum.– P. tremula* L. (Zitterpappel): *Ahorn, Alber(er), Aspalte(r), Pappel,* [*Felber*]- (dort zu ergänzen), [*Zitter*]*pappel,* [*Allee*]-, [*Esch*]- (dort zu ergänzen), [*Espen*]-, [*Fipperlein*]- (dort zu ergänzen), [*Flatter(er)*]-, [*Span*]- (dort zu ergänzen), [*Spindel*]-, [*Zitter*]*baum* (dort zu ergänzen), [*Flatter*]-, [*Zitter*]*birke, Erle, Esche,* [*Blatter*]-, [*Flatter*]-, [*Wild*]-, [*Zitter*]*esche, Eschling, Espe,* [*Flatter*]-, [*Lang*]-, [*Zitter*]*espe, Felber(er), Fipper(er),* [*Wasser*]*iltis,* [*Wasser*]*ratz, Ruspe, Zitterer.–* Ohne Unterscheidung der Arten: *Pappel,* [*Balsam*]*pappel.*   J.D.

Bor
F., M. **1** Empore, °OB, °NB, °OP, °MF vereinz.: °*d'Manna sitzn an Bour am* Siglfing ED; *die boᵃr* Dinzling CHA BM I,71; [auf den Hexenschemel] *dou houdse in da Christmettn aaf da Boua ... oana draafgnejd* Pollanten BEI BÖCK Sitzweil 52; *uf dem Chor oder Par die alten schadhaften Palckhen ausgebrochen* Kapfelbg KEH 1722 H. WAGNER, Weinberg u. Steinbruch des Herrn, Kapfelberg 1985, 188.
2 †Höhe, Spitze: *Fastigium ... por* 8./9.Jh. StSG. I,158,4.

Etym.: Ahd. *bor* stn. (m.?), mhd. *bor* stf., 'oberer Raum, Höhe', wohl Abl. zur Wz. von →*bären*³; KLUGE-SEEBOLD 244.

Ltg: *boα* u.ä., vereinz. *bọ̄* (BGD; BOG, KÖZ, PA), dazu entspr. der Entw. von mhd. *ō*, vgl. Lg. § 5g2, *bọuα* u.ä. (ED, IN; AM, BEI, ESB, NEW, TIR; EIH, HIP), *bọur* (DAH, ED, IN; ND).– Neben F. auch M. (ED, PAF; PA; ESB, RID).

SCHMELLER I,266.– WBÖ III,616; Schwäb.Wb. I,1295; Schw.Id. IV,1508 f.; Suddt.Wb. II,525.– DWB II,238; Frühnhd.Wb. IV,781 f.; LEXER HWb. I,326; Ahd.Wb. I, 1259.– BRAUN Gr.Wb. 59, 447, 451; DENZ Windisch-Eschenbach 115; KOLLMER II,65, 69; KONRAD nördl.Opf. 3.

Komp.: [**Kirchen**]**b.** wie →*B.*1: *Dö junga Buama af da Kirchapor hint* Ritzmais REG HUBER-SIMBECK Ndb.Liederb. 39.   J.D.

-por
nur in: [**em**]**p.** Adv., in der, die Höhe: *empor* Passau; *empor* „hinaufgehoben, erhöht seyn" WESTENRIEDER Gloss. 128; *inpor arhafit* 8./9.Jh. StSG. I,124,37; *eine kacze ... die stundt auf den hindern fuessen enpar* HAYDEN Salmon u.Markolf 335,1026–1029.– Als N.: *das Empor* „Empore im Kircheninnern" Passau.– Übertr. †bekannt, offenkundig: *Warnungen ... wie treffliche Sammlungen* [von Heerhaufen] *in Nähe unsers Fürstenthums empor seyen* 1501 BLH XIII,154.– Aus ahd. präp. Verbindung *in bor,* mhd. *enbor(e)*; KLUGE-SEEBOLD 244.

SCHMELLER I,266; WESTENRIEDER Gloss. 128.– WBÖ III,616; Schwäb.Wb. II,706; Schw.Id. IV,1508 f. (Bor).– ²DWB VII,1277; LEXER HWb. I,547.– S-79D4.

Abl.: [*Em*]*pore.*   J.D.

Boráge

Boráge, -ádi
M., Borretsch (Borago officinalis): *Boradi* HuV 12 (1934) 236; *von dem porrasche* Ebersbg 15.Jh. Cgm 5931,fol.203ʳ; „von allerhand guten Kräutern: Als Salbey ... *Boragá*" HAGGER Kochb. II,2,15.

Etym.: Aus mlat. *bor(r)ago*, wohl arab. Herkunft; Mlat.Wb. I,1537.

Frühnhd.Wb. IV,782; Ahd.Wb. I,1266. J.D.

Borago
B. officinalis L. (Borretsch): *Boráge, Borretsch, [Gurken]kraut*. J.D.

Borax, †Boris
M. **1** Borax, OB, NB, SCH vereinz.: *Borax* Derching FDB; *Borris* „auri gluten ... borax" SCHÖNSLEDER Prompt. H1ʳ.
2 übertr.– **2a** von menschlichen Eigenschaften.– **2aα** Körperkraft, °OB mehrf., °NB, °SCH vereinz.: °*der nimmts mit an jedn auf, der hat Borax in seine Arm* Ziegelbg RO.– **2aβ**: °*der hat an Borax* „Schneid" Ohlstadt GAP.– **2aγ**: °*der had an guadn Borax* „ein freches, leicht aufbrausendes Mundwerk" Eining KEH.– **2aδ** starkes Verlangen, °OB vereinz.: °*de håd an Borax* „ist scharf auf Männer" Dachau.– **2b** (viel) Geld, °OB, °NB vereinz.: °*der hat an Borax* Kelhm.– **2c**: °*Borax* „großer männlicher Geschlechtsteil" Reit i.W. TS.– **2d**: *dös hat an Borax* „hat Kraft und Saft, ist scharf" Mchn.

Etym.: Aus mlat. *borax*, persischer Herkunft; KLUGE-SEEBOLD 140.

SCHMELLER I,267.– WBÖ III,617; Schw.Id. IV,1511; Suddt.Wb. II,525.– Frühnhd.Wb. IV,782; LEXER HWb. III, Nachtr. 96, 112.– S-96C25, W-39/43. J.D.

Bord
M. **1** †Rand, Einfassung: *Der Bord* SCHMELLER I,272; *Coronam ... B:orth* Frsg 13./14.Jh. StSG. I,328,62–329,1; *[lege in einen neuen Topf] clain winttergruen biß an den portt* 1629 Clm 5036, fol.131ʳ.
2 Bord, Rand eines Schiffes, ä.Spr.: *Mang ellenhafter* [mannhafter] *ritter pald verwappent* [kühn bewaffnet] *viel ins mer aus über porte* FÜETRER Trojanerkrieg 78,250.

Etym.: Ahd., mhd. *bort* stm./n., germ. Bildung idg. Herkunft; PFEIFER Et.Wb. 159.

SCHMELLER I,272.– Schwäb.Wb. I,1299 f.; Schw.Id. IV, 1627–1630.– DWB II,238 f.; Frühnhd.Wb. IV,782–784; LEXER HWb. I,329; WMU 276; Ahd.Wb. I,1267.– S-73B9, G4, 16.

Abl.: *-börd*. J.D.

†-börd
N., nur in: **[Ge]b.** Bord, Rand eines Schiffes: „Auf dem *Gebörd* gehen; über's *Gebörd* werfen" SCHMELLER I,272.

SCHMELLER I,272.– DWB IV,1,1800 (Gebord). J.D.

Bordur
F., Bordüre: °*Bortour* Moserhz EG; „Das schönste Tischtuch ... das mit der *Bondur* ... wo der Jager den Hirschen schießt" Kösching IN HuV 11 (1933) 204.

Etym.: Aus frz. *bordure*; PFEIFER Et.Wb. 159 f.

WBÖ III,618; Suddt.Wb. II,525.– ²Fremdwb. III,434 f. J.D.

Pore, Porus
F.(?), meist Pl., Pore, OB, NB, OP, SCH vereinz.: *d'Poras san vastopft* Ingolstadt; *Porn* „Schweißlöcheln" Weiden.

Etym.: Aus lat. *porus*, gr. Herkunft; KLUGE-SEEBOLD 713.

Ltg: *bǫɑn* u.ä., vereinz. *bōn* (ED), dazu *bōrɑs* (IN; CHA).

WBÖ III,618.– Fremdwb. II,596.– S-24L15, 64M63. J.D.

-pore
F., nur in: **[Em]p.** Empore: °*Empori* Rdnburg; *In der Kircha is der Dismas auf der Empori obm gwen* HALLER Dismas 83.

Suddt.Wb. III,696.– ²DWB VII,1278 f.– S-89F4. J.D.

-pören
Vb., nur in: **[em]p. 1** †hochheben, sich erheben.– **1a** hochheben: *Lantzilet ... entportt auch sein guet schwert* FÜETRER Lanzelot 141.– Auch übertr.: *Mir ist der mũt enbœret, ze kleinen stukken mũz min sorg zespænen* [zersplittern] HADAMARvL 85,342.– **1b** refl., sich erheben, aufrichten: *vf die zechen enbort si sich* 14.Jh. Cgm 107,fol.17ᵛ.
2 †aufkommen lassen, hervorrufen: „Auen, Weiden, Wiesen ... *empören* in ihm den Wunsch, daß sich einstens der Pinsel ... damit beschäftigen möchte" SCHRANK Baier.Reise 39.
3 refl., sich auflehnen, widersetzen: *si empörn* Mchn; *kündt ir ... Gedültiglich an* [ohne] *als entbörn Von ander leuten warheyt hörn* SACHS Werke XIV,107,30–33.
4 †refl., sich entrüsten: *[Augustus] Hat sich als ainer grossen schmach ... entpört, wan er von ainem 'dominus' gehaissen ist worden* AVENTIN IV,726,1 f. (Chron.).

Etym.: Mhd. *enbœren*, Abl. von *bôr* 'Trotz, Aufruhr'; KLUGE-SEEBOLD 244.

SCHMELLER I,266f.– WBÖ III,622; Schwäb.Wb. II,706, VI,1822; Schw.Id. IV,1509f.– ²DWB VII,1279f.; LEXER HWb. I,547.

Abl.: [*em*]*pörlich*, [*Em*]*pörung*.

Komp.: †[**auf-em**]**p.** refl., wie →[*em*]*p*.3: *Der herzog von Wirtenberg (als vor ... wider in ain bundschuh ... sich aufentpört)* AVENTIN I,200, 11f. (Türkenkrieg).

Frühnhd.Wb. II, 381. J.D.

Borg
M., Kredit, Zahlungsaufschub, ä.Spr., in heutiger Mda. nur in präp. Fügung: *swer saltz her pringet ... der mag daz wol porgs oder umb beraitt pfenning geben rechten chauflåwten* 1325 Stadtr.Mchn (DIRR) 421,26–28; *an gülten [Abgaben] oder Zehenden ime Borg oder Nachlaß zu thun* 1566 VHO 42 (1888) 25.– In präp. Fügung *auf B.* u.ä. ohne sofortige Bezahlung, NB, °OP vereinz.: *er gibt ma nix auf Borg* Passau; *Einem etwas auf den Borg geben* SCHMELLER I,275; *verkaúfen inen ... uf borg, schlagen sovil wůechers darein* 1518 Urk.Juden Rgbg 349; *daß teils unsern geringen Hofgesindes bei den Handelsleuten, Wirten, Bräuern ... auf Borg nehmen* Mchn 1650 F. ROSENTHAL, Gesch. des Gerichtswesens u. der Verwaltungsorganisation Baierns, Würzburg 1889–1906, II,475.

Etym.: Ahd. *borg* 'Bürgschaft', mhd. *borc* stm. 'Erborgtes, Entliehenes', Abl. von →*borgen*; WBÖ III,625.

SCHMELLER I,275.– WBÖ III,625; Schwäb.Wb. I,1296; Schw.Id. IV,1574f.; Suddt.Wb. II,526.– DWB II,240f.; Frühnhd.Wb. IV,788f.; LEXER HWb. I,326; WMU 275; Ahd.Wb. I,1263. J.D.

†**Borge**
M., Bürge, jmd, der für einen anderen haftet: *denn [denen] sůln die porigen dar vmb laisten als si di herren gesetzet habent* Rohr ROL 1290 Corp.Urk. II,554B,42–44; *praes. 'ein furstandt, porg'* AVENTIN I,570,30 (Gramm.); *der Khroschnabl [FN] ... für ainen Porgen und Zaller, wans auf ... Jacobi von ihme ... solche 55 fl nit vollgen solle* 1680 POSCHINGER Glashüttengut Frauenau 29.

Etym.: Ahd. *burgo*, mhd. *bürge* (→*Bürge*), *borge* swm., Abl. von →*borgen*; WBÖ III,625.

SCHMELLER I,275; WESTENRIEDER Gloss. 438 (Porig).– WBÖ III,625f.– Rechtswb. II,579–585 (Bürge); Frühnhd.Wb. IV,1416–1418; LEXER HWb. I,395; WMU 323f. (bürge); Ahd.Wb. I,1535–1537.

Komp.: †[**Gegen**]**b.** Bürge für einen anderen Bürgen: *Darüber er porg worden vnd ... [sich jetzt] schadloß hallten welle, dieweilln Nockhner gegenporg sei* 1605 Stadtarch. Rosenhm Abt. B/C Nr.145, 51.

†[**Mit**]**b.** Mitbürge: *da ein Porg für die andere bezalt/ stehet ime bevor/ dasselbig Gelt/ von inen seinen Mitporgen/ wider einzufordern* Landr. 1616 (GÜNTER) 52.

†[**Schein**]**b.** Träger der Beweislast, Beweispflicht: *well die venckhnus vnnd annders ... nit ... rechen. Sein scheinporgen Hanns Eder vnd Hanns Nachtper* 1566 Stadtarch. Rosenhm ebd. Nr.137, 46.

†[**Über**]**b.** Bürge für mehrere andere Bürgen: *hat ... alls vatter versprochen ... die Porgen ... schadtloß zehallten vnd gegen Jnen Vberborg zesein* 1603 ebd. Nr.143, 18. J.D.

borgen
Vb. **1** borgen.– **1a** auf Borg geben, stunden.– **1aα** auf Borg geben, leihen, NB, °OP vereinz.: *diä boache niksn, du host koa guäts Gsicht* Bruck ROD; *A Häus'lmo bin i, mir braucht neamd nix borg'n* REIMEIER Wetzstoa 18; *Ea wüll eahm nix'n boargn* SCHUEGRAF Wäldler 83; *Jz sol ... vf dehains Bôrgær kint/ vmb spil/ vmb trinkchen niemmen mer niht borgen/ nŏr als vil er/ an dem leibe hab* Passau 1299 Corp.Urk. IV,541,44–46; *Spilt einer ... auff borg/ mit Karten ... das ist er oder sein Erben/ als vil ihm geborgt wirdet/ zubezalen nit schuldig* Landr.1616 (GÜNTER) 74; *schauens, ob Ihnen der Beck um einen Kreutzer Brod drauf borgt* BUCHER Charfreytagsprocession [8].– Ra. *jmdm soll etwas (nicht) geborgt sein* u.ä. etwas soll nicht ungesühnt bleiben, °OB, °NB, °OP, °OF vereinz.: °*Mensch, wöi der mi ins Gsicht ghaut hout, dös sollnan niat bargt sa* Eslarn VOH; *Dêr Schimpf soll əm bargt sei~ „ich will ihn rächen"* M'nwd GAP SCHMELLER I,275.– Sprichw.: *Lang geborgt, ist nicht geschenckt* O. SCHREGER, Speiß-Meister, Neudr. von 1766, Kallmünz 2007, 31, ähnlich BRAUN Gr.Wb. 58.– *Borgen macht Sorgen* Baier.Sprw. II,104.– *Borgen thut nur einmal wohl* ebd.– **1aβ** †stunden: *da der Glaubiger dem schuldner/ auff sein bitten/ die Gülten [Abgaben] auff etliche Jar porgete* Landr.1616 (GÜN-

borgen

TER) 37.– **1b** auf Borg kaufen, zu leihen nehmen.– **1bα** †auf Borg kaufen: *Hom m'a koa Geld meah, so thaoun m'a boarng* SCHUEGRAF Wäldler 73; *swer danne siechmaister oder phleger ist der dvrffttigen/ der sol daz mal avz nemen* [auslegen] *oder selbe porgen* Mchn 13.Jh. Corp.Urk. IV,622,27 f.– **1bβ** auch refl., zu leihen nehmen, NB, OP, MF vereinz.: *sich a Geld boagn* Bubach BUL; *buɒŋ* Kchnsittenbach HEB nach SMF V,334.

2 †verbürgen, garantieren: *Daz disev rede also stæt si, werden wir porgen ... mit vnsern brieven vnd mit vnsern insigeln* 1293 Urk.Raitenhaslach 371.

3 †(auf jmdn) warten: *Baərg mə'* SCHMELLER I, 275.

4 †schonen, Nachsicht gewähren: *Christ porge* Tegernsee MB 9.Jh. SKD 290,10 (Carmen ad deum); *swenn ich wolte, mich enziehen von trûren gar, und mînem herzen borgen* HADAMARvL 75,301.

5 †unterlassen, unbeachtet lassen: *recht wůrchen schůll wir nicht pargen* Gesta Rom. 15.

Etym.: Ahd. *borgên* 'sich hüten, kümmern, schonen', mhd. *borgen*, ablautende Bildung zur Wz. von →*bergen*; Et.Wb.Ahd. II,245 f.

Ltg: *bɒŋ* u.ä. NB, OP (dazu WUN; HEB, N), ferner *bå̄ŋ* (SOB, STA), *-ɒ-* u.ä. (REG; BUL, CHA, TIR, VOH; EIH), *-uɒ-* (ESB), *-ɒi-* (NEN).

DELLING I,89f.; SCHMELLER I,275.– WBÖ III 626–628; Schwäb.Wb. I,1297; Schw.Id. IV,1575f.; Suddt.Wb. II, 526.– DWB II,241 f.; Frühnhd.Wb. IV,789f., 1419f.; LEXER HWb. I,327; WMU 275; Ahd.Wb. I,1263f.– BRAUN Gr.Wb. 58.– M-227/13, W-39/44.

Abl.: *Borg, Borge, Borger, Borgschaft.*

Komp.: †[**auf**]**b.** wie →*b.*1bα: „daß sie ... die Viktualien bei ihrem Herrn *aufborgen*, und ... wieder abarbeiten müssen" 1804 Wdmünchn. Heimatbote 24 (1991) 38.

²DWB III,441; Frühnhd.Wb. II,348.

[**aus**]**b. 1** †wie →*b.*1aα: *Die chünigin und Iban porgten in aus, weisten in zu wald* FÜETRER Lanzelot 47.– **2** refl., wie →*b.*1bβ: *der hot si Gäid ausboaggt* Arrach KÖZ.

WBÖ III,628.– ²DWB III,970f.; Frühnhd.Wb. II,913f.; LEXER HWb. II,2019; WMU 1971.

†[**ver**]**b. 1** wie →*b.*1aα: *so hab ich zů Winen verporgt ... 14 tuch ... frist umb halbs geltt auf Katerina* 1403 Runtingerb. II,194.– **2** wie →*b.*2: *sy scholtn daz recht pillich verporgen, wenn ez doch der Schranen* [des Gerichts] *vnd dez Landez* *recht also wär* Viechtach 1422 MB XII,229; *verporgt ... das er ... auf schierist Michaeli die 70 gld. sambt gebürender verzinsung well erlegen* 1557 Stadtarch. Rosenhm Abt. B/C Nr.136, 10.

WESTENRIEDER Gloss. 623.– WBÖ III,628f.; Schw.Id. IV, 1576.– DWB XII,1,149; LEXER HWb. III,79. J.D.

Borger

M. **1** †jmd, der auf Borg gibt: *daz si uns ledigen an unser borgaer* 1295 Stadtr.Mchn (DIRR) 49,5 f.

2 wohl jmd, der auf Borg nimmt, nur im Sprichw.: *unsä Härchet* [Herrgott] *is ä langä Borchä, owä-r-ä gwissä Zolä* Bruck ROD, ähnlich R. HALLER, Waldlersprüch, Grafenau 1981, 73.

Etym.: Mhd. *borgære*, Abl. von →*borgen*; WBÖ III, 629.

WBÖ III,629; Schwäb.Wb. I,1297; Suddt.Wb. II,527.– DWB II,242; Frühnhd.Wb. IV,790f.; LEXER HWb. III, Nachtr. 97; WMU 275. J.D.

†**Borgschaft**

F., Bürgschaft, Haftung, Garantie: *di porgschaft mugen si wol ein genemen, ob sie wellent* Frsg.Rechtsb. 38; *das er ... in euern küniglichen hof gefüert werd zum rechten mit versicherung, porgschaft, geiseln* AVENTIN V,584,15–17 (Chron.); „Er bietet sich *als lebendige Porgschafft an*, damit seiner Frau ... kein *größeres Elend geschehe*" Cham 1679 Oberpfalz 68 (1980) 94.

Etym.: Mhd. *bürgeschaft* (→*Bürgschaft*), *borgschaft*, Abl. von →*borgen*; WBÖ III,630.

WBÖ III,629f.; Schwäb.Wb. I,1542 (Bürgschaft).– Rechtswb. II,639f.; Frühnhd.Wb. IV,1452f.; LEXER Hwb. I,327; WMU 326f. (bürgeschaft).

Komp.: †[**Gegen**]**b.** Bürgschaft für eine andere Bürgschaft: *Dieweillen* [man] *Jne Cleger zue einem porgen nit erbeten noch sich der gegenporgschafft angemasst* 1605 Stadtarch. Rosenhm Abt. B/C Nr.145, 51.

†[**Schein**]**b.** Beweislast, Beweispflicht: *Lofererin tagwercherin hat mit ainer scheinporgschafft verborgt* 1564 ebd. Nr.137, 49. J.D.

-pörig

Adj., nur im Komp.: [**auf**]**p. 1** streitsüchtig, empörerisch, aufbegehrend, °OB, °NB vereinz.: °*der is aufböri* „begehrt gern auf" Thanning WOR; „da die Leute ohnedies *aufpörig* (zur Empörung gestimmt) gewesen waren" 1498 GE-

MEINER Chron. IV,23.– **2** ungeduldig, °NB vereinz.: °*aufbirö* Ergolding LA.– Wohl Abl. von → *-pören*.

SCHMELLER I,267.– Schwäb.Wb. VI,1544.– Frühnhd.Wb. II,587.– W-39/45.   J.D.

†-pörlich
Adj., nur in: [**em**]**p.** aufbegehrend: *da dann ettlich gerichtzleut auch empörlich sein* Benediktbeuern TÖL 1525 Sb.Mchn 1891, 770 (Br.).   J.D.

Porree, †Pforre, -a-, Por
M., Porree (Allium Porrum), °NB vielf., °Restgeb. mehrf.: °*Boure* Garmisch; *Schnittla, Bohri, gelbe Ruabn* Aham VIB; °*wennst a Rindsuppn kochst, derfst n Boore niat vogeßn* Schnaittenbach AM; *Pori* DELLING I,90; *Naou nimmt ma an Pori und schneidtnan aa kloa* SCHEMM Dees u. Sell 31; *Porrus ... phorre* Rgbg 10.Jh. StSG. III,574,4; *Pfarr mit honig hailt das haubt* Windbg BOG 1505 Cgm 4543,fol.125ᵛ; *Hŭnlein mit Borii gefŭllt* HAGGER Kochb. I,1,69.

Etym.: Ahd. *pforro*, mhd. *pforre* swm., aus lat. *porrus, -um*, spätere Entl. aus frz. *porrée*; PFEIFER Et.Wb. 1028.

Ltg, Formen: *bōre* u.ä., vereinz. *būre* u.ä. (ESB, TIR; HEB, LAU, N, SC), *-ou-* SCH (dazu AIC, GAP), *bōrix* (A).– Dim. *buαl* (AM).

DELLING I,90; SCHMELLER I,403, 440.– WBÖ III,630f.; Schwäb.Wb. I,1295; Schw.Id. IV,1505 (Borr); Suddt.Wb. II,529.– DWB VII,1787, 2003; Frühnhd.Wb. IV,246; LEXER HWb. II,260; Gl.Wb. 462.– BRAUN Gr.Wb. 58, 469; CHRISTL Aichacher Wb. 129; LECHNER Rehling 258.– S-86D22, W-24/11.

Komp.: †[**Lauchs**]**p.** dass.: *por al*[*ia*]*s lauchspor* Indersdf DAH 15.Jh. Clm 7755,fol.142ʳ.

SCHMELLER I,403.   J.D.

Borretsch
M. **1** Borretsch (Borago officinalis), OB, NB vereinz.: *Boratsch* „wird unter grünen Salat gemischt" Wasserburg; „*Boragá* oder *Boretsch*" HAGGER Kochb. II,2,15.
2 in fester Fügung *wilder B.* Beinwell (Symphytum officinale): °*wilder Boretsch* Berchtesgaden.

Etym.: Mhd. *boretsch*, über das Rom. aus mlat. *bor(r)ago*; KLUGE-SEEBOLD 141.

WBÖ III,625; Schwäb.Wb. I,1296; Schw.Id. IV,1528f. (Burätsch); Suddt.Wb. II,529.– DWB II,240; Frühnhd.Wb. IV,802; LEXER HWb. I,327.– S-86E7.   J.D.

Borsdorfer, Borster
M., Borsdorfer, Apfelsorte: *Dös is ebn da Borsdorfa* SCHLICHT Bayer.Ld 470.– Im Vergleich: *Bägla wöi a Borschta* „rote Wangen" Nürnbg.

Etym.: Zum ON Borsdorf, heute Pohrsdorf (Sachsen); DWB II,245.

Ltg, Formen: Verkürzt *bo̜ašdα* u.ä. (N), ferner OP SCHMELLER I,282 (heute †).

SCHMELLER I,282.– DWB II,245 (Borsdorferapfel).   J.D.

Börse
F., Geldbörse: *Die Bürsten* „gemeine Aussprache für Börse" SCHMELLER I,282; „*Bȇrse ...* Vielf. *Die Bȇrsen*" BRAUN Handb. 64.

Etym.: Aus nl. *beurs*, zu mlat. *bursa*; KLUGE-SEEBOLD 141.

SCHMELLER I,281f.– WBÖ III,633; Schwäb.Wb. I,1298; Suddt.Wb. II,529.– DWB II,245; Frühnhd.Wb. IV,802f.– S-41D3.

Komp.: [**Geld**]**b.** auch M. (DEG), dass., NB, OP vereinz.: *Göldbäas* Dietldf BUL.– Schnaderhüpfel: °*da Geldbörs is maga und d Schliaßn voll Rost, es war ja koa Wunder, wenns Bier soviel kost* Deggendf.– M. nach → [*Geld*]*beutel*.

Suddt.Wb. IV,659.– DWB IV,1,2909.

Mehrfachkomp.: [**Mutter-gottes-geld**]**b.** Zittergras (Briza media): *Muttergottesgeldbörse* Aibling.   J.D.

Borst, -e(n), -er, -ö-
M., F. **1** Borste, v.a. des Schweins, °Gesamtgeb. vereinz.: °*dös is scho a Sauarbat, bis ma vo da Sau die ganzn Berschta obabringt* Anzing EBE; *Boaschn weggaschean* Gergweis VOF; *Da Schuastabua woant, Wenn a s' Beastal eidraht* Bergheimat 10 (1930) 15; *wan man einem Schwein die Borster aus den Rüken rauft* ERNST Aberglaube u. Heilzauber Opf. 30; *Seta borsta* Aldersbach VOF 12.Jh. StSG. III,257,27; *Die pörster von denn schweinen gehören vns zw* Scheyern PAF um 1500 Cgm 698,fol.15ᵛ; „Borste ... Vielf. *Die Borsten*" BRAUN Handb. 64.– In fester Fügung: *d Håår ko Bäascht* „zu Berge stehend" Mettenham TS.– Ra. *einen B. machen* u.ä. beleidigt schauen, °OP vereinz.: °*mach koan so Boarscht* O'viechtach.– Auch Borste von Bürste u.ä.: °*de Boastn vo dem Pinsl san ganz voklebt* O'schleißhm M; *Gi'st ma de* [*Bürste*] *mit de schwoarz'n Boarscht'n, weil do seggt ma an Dreeg net aso* Altb.Heimatp. 57 (2005) Nr.4,8.

Borst

2 scherzh. (steifes, struppiges od. überlanges) Haar des Menschen, °OB vielf., °NB mehrf., Restgeb. vereinz.: °*wennst net brav bist, nacha bak i di beim Bouscht* Reichersbeuern TÖL; *a Borschtn* einzelnes Barthaar Hengersbg DEG; *du darfscht dr deini Boarschda schon ball schneida lossa* Mering FDB; *jedes Körl* [des Schnupftabaks] *moußt ei in die Nosnlöcher, wenns aa alle a Sperre aas graubrauna Börschtan passiern hom möin* SCHEMM Stoagaß 19; *Stell deiné Bèərschtər ét so übərschi* „stelle deine Haare nicht so sehr in die Höhe" M'nwd GAP SCHMELLER I,282.– Ra.: *də' Bou'scht stêt eəm ei~ d· Höhh* „er ist erbittert" südl.OB ebd.– Auch Bartstoppel, Stoppelbart, OB, NB vereinz.: *s Ksicht volla Boaschtn* Ingolstadt.
3 aus Borsten o.ä. Hergestelltes.– **3a** Dim., Handbesen, NB (mittl.Bay.Wald) vereinz.: *s Berschtl* Sautorn DEG.– **3b** †Bürste: *A Leittarn henkt allamal drinna, nao da Strigl, d'Barscht'n* Bärnau TIR SCHÖNWERTH Leseb. 74.– **3c** Bommel, Quaste, OB vereinz.: *suiwane Borschdn* „am Hut des Hochzeitsladers" Kochel TÖL.– **3d**: °*Beaschtl* letzte Garbe (Ef.) Kchseeon EBE.– **3e** Reisigbündel: *bǫɒšd* Wessobrunn WM nach SBS XIII,39.
4 Pflanze, Teil davon, Pfln.– **4a** borstenartiges Gras, °OB, °OP, °OF, SCH vereinz.: *Boarsch* „dünnes, saueres, schilfartiges Wiesenheu" Aichach; *Bou'scht, Baɒ'scht* „schlechtes, borstenförmiges Moor-Gras oder Heu" südl.OB SCHMELLER I,282; *der Borscht is z'haouch, den mou i wegmahn* Wir am Steinwald 2 (1994) 20.– **4b** Getreidegranne.– **4bα** Granne allg., °OB, OP, °MF vereinz.: *Boarscht* Granne bei Korn, Weizen, Gerste Kchnbuch BUL.– Syn. → *Granne*.– **4bβ** Weizengranne, OB, OP vereinz.: „beim Korn *Gradn*, beim Weizen *Berschda*, bei der Gerste *Gerschtgradn*" U'neukchn AÖ.– **4bγ** Gerstengranne, NB, OP vereinz.: *Boastn* Edenstetten DEG.– **4c** Pfln.– **4cα** Binse (Juncus): *Borscht* Thiershm WUN.– **4cβ** Rasenschmiele (Aira caespitosa, dort zu ergänzen): °*der Boaschtn* Peißenbg WM.
5 übertr.– **5a** Einbildung, Stolz, °OB, °NB, °OP vereinz.: °*de kennt si ja vor lauter Boascht nimmer aus* Zwiesel REG.– **5b** Zorn, °OB vereinz.: °*der Hund hat an Boascht* Bayrischzell MB.– **5c** von Menschen.– **5cα**: *Boaschdn* leicht reizbarer Mensch Kreuzbg WOS.– **5cβ** böser Bub: °*Borscht* Landsbg.

Etym.: Ahd. *borst, -u-* stn., mhd. *borst* stm./n. neben ahd. *borsta, -u-*, mhd. *borste* swf., germ. Bildung idg. Herkunft; KLUGE-SEEBOLD 141.

Ltg, Formen: *bǫɒšd* u.ä. OB, NB, OP (dazu WUN), *-n* OB, NB, OP (dazu BT, PEG; FÜ, HIP, LAU), *-α* (FFB, PAF; PAN; KEM, NEW, SUL; WUN; FÜ, HEB, WUG; FDB), auch *bǫɒš* (AIC, SOB; AM, OVI, R; FDB), *-n* (M; GRI, PA; BEI, R; FDB), *buɒjtn* (EG, KÖZ, VIT; BUL), mit Senkung vor *-r*, vgl. Lg. § 5g4, *bɒ(r)jtn* (GRA, MAL, PA, VIT), *-tɒ* (NEW, SUL, TIR, VOH; HEB), *bạ̄šn* (GRI), ferner entspr. der Entw. von mhd. ô, vgl. Lg. § 5g9, *bǫušd* (AIB, MB, TÖL, WOR), *-n* (MB, WOR), auch *bǫišd* (AIB), *bǫoš* (WEG). Aus Pl. weiterhin *bɛɑjtn* (TS, WM; GRI, ROL, VIT; HEB), *-tɒ* OB, NB, OP (dazu WUN; HIP, SC, WUG).– Pl. gleichl. mit Sg., daneben mit Uml. *bɛɑjtn* OB, NB (dazu N), *-tɒ* u.ä. OB (dazu KEH; ESB, KEM, WÜM; WUG; FDB), *-tan* (MÜ; WUN), *bɛɑjt* (FS, M, SOG, STA, TS).

SCHMELLER I,282.– WBÖ III,633–635; Schwäb.Wb. I, 1298f.; Schw.Id. IV,1607f. (Burst); Suddt.Wb. II,529f.– DWB II,246; Frühnhd.Wb. IV,804; LEXER HWb. I,328; Ahd.Wb. I,1266, 1556f.– BERTHOLD Fürther Wb. 27; BRAUN Gr.Wb. 55, 59; DENZ Windisch-Eschenbach 115; MAAS Nürnbg.Wb. 88; RASP Bgdn.Mda. 24; SINGER Arzbg.Wb. 40.– S-58H47, W-39/47.

Abl.: *Börstel, börsteln, borsten*[1], *borsten*[2], *Borsterer, börstern, borstig, -börstlach, -börstlen, Börstler, Börstling*[2].

Komp.: [**A**]**b.** Flachswerg, OB, OP, MF vereinz.: *Aoabaschda* „Abfall beim zweimaligen Hecheln des Flachses" Fürnrd SUL.

WBÖ III,635; Suddt.Wb. I,128 (Abörstel).

[**Dachs**]**b.** Dachsborste: *Dachsborstn* Pfaffenbg MAL.

WBÖ III,635.

[**Gams**]**b.** → [*Gams*]*bart*.

[**Nach**]**b. 1** wie → [*A*]*b.*, °OP vereinz.: °„Leinen *asn Nouboaschd* ist minderwertig" Kemnathen PAR.– **2**: *Nachberstn* grobes Gewebe Hersbruck.– Durch falsche Abtrennung des Art. aus → [*A*]*b.*?

[**Sau**]**b.**, [**Säue**]- **1** Schweinsborste, OB, NB vielf., OP mehrf., MF, SCH vereinz.: *Sauboascht* Peiting SOG; *dö Sauborschtn hant iazt teua* Hengersbg DEG; *Saibaschda* Fürnrd SUL; *Sauberschda* „die Haare vom Schwein" SCHWEIGER Sauhändler 103; *Sawberst* „setæ suillæ" SCHÖNSLEDER Prompt. x7ᵛ.– **2** scherzh. wie → *B.*2, Gesamtgeb. vereinz.: *Sauborstn* „Schnurrbarthaare" Sainbach AIC; *dem stehnan seine Sauboaschtn wieda in d Höh* Tittling PA.– Pl. auch Stoppelbart, OB, NB ver-

einz.: *Sauborschtn* Partenkchn GAP.– **3** übertr. wie →*B*.5cβ: °*Sauborscht* „böser Bub" Landsbg.
SCHMELLER I,282.– WBÖ III,636f.; Schwäb.Wb. V,603f.; Schw.Id. IV,1608 (-burst).– DWB VIII,1859.

[**Schweins**]**b.**, †[**Schwein**]- wie →[*Sau*]*b*.1, Gesamtgeb. vereinz.: *Schweinsbärschda* Schloppach TIR; *aufragendez hâr sam die sweinporsten auf dem haupt ... bedäut vorht* KONRADvM BdN 43,5–7; *vmb 1 lb schweinpȯrst zum weissen XVI d.* Ingolstadt 1489 Sammelbl.HV.Ingolstadt 99 (1990) 177 (Rechnung); *Nimme schwein bärsten, solche kurz geschnitten* BIHLER tierärztliche Rezepte Straubing 66.
SCHMELLER I,282.– WBÖ III,637; Schw.Id. IV,1608 (-burst).– DWB IX,2442; LEXER HWb. II,1375.

[**Wider**]**b. 1**: *Widerbeosch* „Schweine, denen die Rückenborsten teilweise nach vorne stehen" Gottsdf WEG.– **2** steifes, struppiges Haar, OB, NB vereinz.: *Widaborschtn* Tölz; „Emporstehende Häärchen auf dem Kopfe werden ... auch *Widerborsten* genannt" LAMMERT Volksmed. 189.
Schwäb.Wb. VI,768f.; Schw.Id. IV,1608 (-burst).– DWB XIV,1,2,924. J.D.

Börstel, -o-
M. **1** Handbesen, NB (v.a. BOG, DEG) vielf.: *da Bärschtl* Waltendf BOG.
2: *Boarschtl* Granne bei Korn, Weizen, Gerste Pottenstetten BUL.– Syn. →*Granne*.
WBÖ III,637; Suddt.Wb. II,530. J.D.

börsteln, -o-
Vb. **1**: *borstln* dem geschlachteten Schwein die Haare abreiben Weiden.
2 refl., sich sträuben, Widerstand zeigen.–
2a mit aufgestelltem Haar fauchen od. knurren: °*d'Katz börstlt si* Siegsdf TS.– **2b** von Menschen.– **2bα** sich widersetzen, auflehnen, NB, °OP vereinz.: °*der hat si berschtlt* Pielenhfn R.– **2bβ** sich aufregen: °*de is heut ganz berschtlt gwen, da hat ma gar nix mehr redn könna damit* Halfing RO.
WBÖ III,637.– DWB II,246.– W-39/48.

Komp.: [**ab**]**b.** heruntermachen, scharf zurechtweisen: *aberschtln* „abkanzeln" HÄRING Gäuboden 122.

[**auf**]**b.** refl. **1** wie →*b*.2a, °OB, °NB vereinz.: °*Katzn und Hund berschtln si auf* Marktl AÖ.–
2 von Menschen.– **2a** wie →*b*.2bα, °OB, °NB vereinz.: °*der mecht si aa no aufberschtln!* Aich VIB.– **2b** wie →*b*.2bβ: *afberschtln* „sich aufregen" HÄRING ebd.

[**zer**]**b. 1** refl., sich zerstreiten, °NB mehrf., °OB, °OP vereinz.: °*dö zwoa hand dös ganz Jahr zberschtlt* Vornbach PA.– **2** wie →[*ab*]*b*.: °*den hab i schee zberschtlt* „beschimpft" Baumburg TS.– **3**: °*den hams richtig zberschtlt* „geärgert, durcheinandergebracht" Alkfn VOF.
W-39/18. J.D.

borsten[1], **-bö-, -bü-**
Adj., aus Flachswerg: °*a boaschtas Tuach* „aus Flachsabfall hergestellt, etwa zum Besetzen von Strümpfen" Edelshsn SOB; *birdə~* SCHMELLER I,282.
SCHMELLER I,282.

Komp.: [**a**]**b.** aus Flachswerg od. grober Leinwand, rauhfaserig, °OB, °NB, °OP vereinz.: °*oubeastas Touch* Kottingwörth BEI; *àbirdə~* SCHMELLER ebd.– Als N.: °*s Obouschtane* „grobes Leinen für Strohsäcke und Ochsendecken" Thanning WOR.– Übertr.: °*obaschdas Troid* „Getreide, bei dem vor dem Handdreschen locker sitzende Körner herausgeschlagen wurden" Wondreb TIR.
SCHMELLER I,282.– WBÖ III,638.– W-39/11.

[**nach**]**b.** dass.: °*a noubiaschdas Touch* Sondersfd NM.– Durch falsche Abtrennung des Art. aus →[*a*]*b*.?

[**rauh**]**b.** dass.: °*rauhboaschtas Leinen* „grobes Leinen" Michelsneukchn ROD. J.D.

borsten[2], **-ö-, -bü-**
Vb. **1** einem geschlachteten Schwein die Borsten entfernen, NB, MF vereinz.: *boaschtn* Kchbg REG.
2 (sich) sträuben.– **2a** vom Haar.– **2aα** (Haare) aufstellen, NB, OP vereinz.: *d'Hoar berstn* Grainet WOS; *börsten* „die Rückenhaare emporsträuben" SCHMELLER I,282.– **2aβ** refl., sich aufrichten: „das Haar *boarscht si*" Pfakfn R.–
2b refl., sich sträuben, Widerstand zeigen.–
2bα mit aufgestelltem Haar fauchen od. knurren, °OB, °NB, °OP, °MF vereinz.: °*d'Katz berscht se voan Hund* Ruhmannsdf WEG.–
2bβ von Menschen.– **2bβi** sich widersetzen, auflehnen, °NB mehrf., °OB, °OP, °MF vereinz.:

borsten

°*der berscht si, nütztn awa do nix* Ruhstorf GRI; °*berscht di net gegn dein Voda!* Barbing R.– **2bβii** zornig werden, aufbrausen, °OB, °NB, °MF vereinz.: °*geh, boascht di nöt a so!* Pleinting VOF.– **2bβiii** sich ärgern, °OB, °NB, °OP, °MF vereinz.: °*wia i dös gsogt ghabt ho, mei hot si der boascht* Fischbachau MB.– **2bβiv**: °*meine Nachbarn ham si boascht* „sind in Streit geraten" U'lintach ROD.
3 refl., sich wichtig machen: °*berschn* Töging AÖ.– Im Vergleich: °*der berscht si wia a Gockl* Kay LF.

SCHMELLER I,282.– WBÖ III,638; Schwäb.Wb. I,1299, VI, 1678; Schw.Id. IV,1608f. (bursten); Suddt.Wb. II,530.– DWB II,246.– W-39/48-50.

Komp.: [**a**]**b. 1**: *ρubρɑɪtn* „Thätigkeit, das Werg aus dem Flachse zu gewinnen" Pressath ESB nach WEBER Eichstätt 78.– **2** Part.Prät., aus Flachswerg od. grober Leinwand, rauhfaserig: °*a obirschts Tuch* „grobes Leinen" Helena NM; „Leinwand ... wovon [u.a. die Magd] ... *abbürst's* (mittlere Qualität) ... erhält" OP Bavaria II,267.

[**ab**]**b.** wie →*b*.1, OB, °NB vereinz.: *oboaschdn* Kochel TÖL.
WBÖ III,638.

[**abhin**]**b.** refl.: °*si abiberschtn* „sich anstrengen" Schaufling DEG.

[**auf**]**b.** refl. **1** sich sträuben.– **1a** †wie →*b*.2aα: *sich aufbörsten* „die Rückenhaare emporsträuben" SCHMELLER I,282.– **1b** sich sträuben, Widerstand zeigen.– **1bα** wie →*b*.2bα, °OB, °NB, °SCH vereinz.: °*der Ratz in der Falln boarscht si auf* Pfarrkchn.– **1bβ** von Menschen.– **1bβi** wie →*b*.2bβi, °NB mehrf., °Restgeb. vereinz.: °*schauts dö o, dö tat sö glei aufberschtn* Ismaning M.– **1bβii** wie →*b*.2bβii, °OB, °NB, °MF, °SCH vereinz.: °*unsa Nachba boascht si oft amoi stoak auf* „ist öfter sehr aufbrausend" Eging VOF.– **1bβiii** wie →*b*.2bβiii, °OB, °NB, °OP, °MF vereinz.: °*tou di net aufberschtn* „ärgere dich nicht" Abenbg SC.– **2** wie →*b*.3: °*berscht de net goar so auf!* „mach dich nicht so wichtig" Töging AÖ.– Im Vergleich: °*der berscht se auf wia a Gockl* Edelshsn SOB.

SCHMELLER I,282.– WBÖ III,638.– W-39/50.

[**zer**]**b. 1** zerraufen, °OB vereinz.: °*s Resai is heit sauber zberscht* Töging AÖ.– **2** refl., von Menschen.– **2a** wie →*b*.2bβi: °*de möcht si zberschtn* auflehnen Neukchn KÖZ.– **2b** sich zerstreiten, °NB mehrf., °OB, °OP vereinz.: °*mitm Sepp hobi mi schiach zberscht beim Schofkopfa* Anzing EBE.– **2c**: °*zberscht* „aufgeregt" Töging AÖ.

WBÖ III,638f. J.D.

Börster, Borste, →*Borst*.

Borsterer
M., Steinpilz (Boletus edulis): °*Borsterer* Brand KEM. J.D.

börstern
Vb. **1** auch refl., (Borsten, Haare) aufstellen, °OB vereinz.: °*d'Katz beaschdad se* Weildf LF.
2 refl., sich widersetzen, auflehnen, °OB, °MF, °SCH vereinz.: °*der hat si gscheit berschtat* Irlahüll EIH.– Übertr.: °*a druggas Laab beaschtad se* „sperrt sich beim Einfüllen in den Sack" Teisendf LF.
WBÖ III,639.

Komp.: [**auf**]**b. 1** wie →*b*.1: °*aufbeaschtern* Steinhögl BGD.– **2** refl., wie →*b*.2, °OB vereinz.: °*der hat si weida net aufbörschtat* Wettstetten IN.
WBÖ III,639.

[**der**]**b.** wohl refl. **1**: °*dabeaschtan* „aufbrausen" Ramsau BGD.– **2**: °*dabeaschtan* „sich ärgern, giften" ebd.
WBÖ III,639.

[**zer**]**b.** refl. **1**: °*heut hab i mi aba zberschtat* „abgemüht, angestrengt" ebd.– **2**: °*i hab mi mit eahm zbeaschtat* „zerstritten" Malching GRI.
J.D.

borstig, -icht, -ö-
Adj. **1** mit Borsten, borstenähnlich.– **1a** mit vielen Borsten od. Haaren, OP vereinz.: *barschtige Zuchtl* [Mutterschwein] Parkstein NEW.– **1b** steif, struppig, mit steifem, struppigem Haar, OB, NB, OP, OF vereinz.: *a barschtets Haua* „struppiges Haar" Leupoldsdf WUN; „alle Landjunker mit ihren aufgedunsenen Fräuleins Töchtern und *pörstigten* Junkern" Bilanz 1782 24.– **1c**: °*da wachst nur a boaschtigs Gras* „hartes, borstenartiges" Walleshsn LL.
2 übertr., v.a. von Menschen.– **2a** widerspenstig, halsstarrig, °OB, °NB, °OP, °MF vereinz.:

°*wanns zon Hoawåschn is, wiad mei Diandl ganz beaschde* Simbach PAN; *Du boaschdiger Kribbl, gei kimm i min Oxafiesl* WÖLZMÜLLER Lechrainer 98.– Auch: °*a ganz Boaschtiger* „einer, der schlecht zahlt" Walleshsn LL.– **2b** zornig, aufgebracht, °OB, °NB, °OP vereinz.: °*bi* [sei] *dena ned goa so baschde!* Brennbg R.– **2c** mißgelaunt, brummig, ungut, °OB, °NB, °OP, MF vereinz.: *borschtig* Altdf N; „Du mußt vergnügt sein ... nicht immer so *borstig* dahocken" RUEDERER Wallfahrergesch. 141.– **2d** stolz, eingebildet, °OB, NB, °OP vereinz.: *a boaschdöga Ba-a* Protzenbauer Tretting KÖZ.

SCHMELLER I,282.– WBÖ III,639; Schwäb.Wb. I,1299; Schw.Id. IV,1609 (burstig); Suddt.Wb. II,531.– DWB II, 246.– WÖLZMÜLLER Lechrainer 98.

Komp.: **[a]b. 1** aus Flachs(werg) od. grober Leinwand, °OP, MF vereinz.: °*dös oabaschtes Werch wird gspuna zu an wirchan Touch* Eslarn VOH.– **2** übertr.– **2a**: °*aobaschdes* „vom Stroh, das beim Häckselschneiden wegen unscharfer Messer nicht ganz abgeschnitten wird" Kelhm.– **2b**: °*der Pelzmantl is obaschde* „schäbig, mit ausgefallenen Haaren" O'nrd CHA.

[rauh]b. 1: °*a rauhborschtes Zeich* „rauhfaserig" Thiershm WUN.– **2** übertr.: *rauhboarstat* „grob, vom Menschen" Haselbach PA.

Schwäb.Wb. VI,2762.

[rot]b.: °*der is routberschdat* „rothaarig" Hirnsbg RO.

[sau]b. wie →*b.*1b: *saubeasti* Landshut.

[wider]b. 1 dass., NB, OP, OF vereinz.: *a struppös widabörschtös Håua* Lauterbach REH.– **2** übertr. wie →*b.*2a, °NB, °OP vereinz.: *Kratzbiaschdn, widaborschtigi* Straubing; *Huntsgrippe, widaboåstiga!* AMAN Schimpfwb. 142.

SCHMELLER I,282.– Schwäb.Wb. VI,769.– DWB XIV,1, 2,925 f.

[zer]b. streitsüchtig: °*den Nachbern sei Michl is a ganz a zerberstiga Bengl, nix wöi n ganzn Tog strein* Eslarn VOH. J.D.

-börstlach
N., nur im Komp.: **[A]b.** Flachswerg od. grobe Leinwand, °OP vereinz.: °*Oberstla* „für Säcke, Arbeitshosen" Neunburg. J.D.

-börstlen, †-bü-
Adj., nur im Komp.: **[a]b.** aus Flachswerg od. grober Leinwand, °OB, °OP vereinz.: °*oabeäschlas Douch* „das grobe Leinen aus dem Flachsabfall" O'wildenau NEW; *àbirstlə*~ SCHMELLER I,282.

SCHMELLER I,282. J.D.

Börstler
M. **1** Handbesen, NB (mittl.Bay.Wald) mehrf.: *Bä(r)schla* Zell REG.
2: °*Berstler* „Streitsüchtiger" Siegsdf RO. J.D.

Börstling[1], Flußbarsch, →*Berschling*.

Börstling[2], -o-
M. **1** Handbesen, °OB (v.a. MB) vielf., NB vereinz.: *da Boischlön* „sagen ganz alte Leute für Kehrwisch" Ascholding WOR.
2: °*dös is a Berschtling* „Streitsüchtiger" Ruderting PA.

WBÖ III,639; Suddt.Wb. II,531. J.D.

†Port, -en
M., F., Liegeplatz für Schiffe: *von der Tunaw in di portt* 1353 Runtingerb. III,291; *was gestalt aber Keyser Maximilian ... durch sein Kriegsvolck/ die Stadt vnd Porten Meran eingenommen ... am Venedigischen Meer* HUND Stammenb. I,22.

Etym.: Mhd. *port(e)* stm./n, st./swf., aus afrz. *port*, lat. Herkunft; KLUGE-SEEBOLD 713.

WBÖ III,640; Schwäb.Wb. I,1300; Schw.Id. IV,1631.– DWB VII,2003 f.; Frühnhd.Wb. IV,804 f.; LEXER HWb. II,286.

Komp.: †**[Meer]p.** Liegeplatz für Meeresschiffe: *hat vor Jahren unter seinen Gewalt ... gehabt ... 23. See- oder Meer-Porte* A. ERTL, Chur-Bayer. Atlas, Nürnberg 1690, II,115.

Schwäb.Wb. VI,2557.– LEXER HWb. I,2115. J.D.

Portal
N., Kirchenportal, -vorraum, °OB, °NB, SCH vereinz.: °*Boachdoi* „Vorhalle der Kirche" Tittmoning LF; *bårdǫi* Flintsbach RO nach MAIER südmbair.Mda. 200; *dan das Tach uf das Porthall und anderen mehr* Kapfelbg KEH 1643 H. WAGNER, Weinberg u. Steinbruch des Herrn, Kapfelberg 1985, 376.

Etym.: Mhd. *portâl*, aus mlat. *portale*; KLUGE-SEEBOLD 713.

Portal

Ltg: *bǫ(α)dǭl, -ā̊l, -ǫi, bā̊-* u.ä. OB, NB (dazu FDB), auch *bǫ(x)dēln* (TS), *-ęi* (RO, WS), *bǫaxdǫi(n)* (AÖ, LF), *bā̊ʃtǫin* (AIB), *bǫadǫa* (VOF).

WBÖ III,640; Schwäb.Wb. I,1300; Suddt.Wb. II,532.– DWB VII,2004; Frühnhd.Wb. IV,805f.; LEXER HWb. II, 286.   J.D.

† **Portativ**
N., Portativ: *wir haben geben xxiiij dn̄ vmb daz Partetyf* 1411 Stadtarch. Rgbg Cam. 7,fol.109ᵛ.

Etym.: Mhd. *portativ*, aus mlat. *portativum*; Fremdwb. II,598.

WBÖ III,640.– DWB VII,2005; Frühnhd.Wb. IV,806; LEXER HWb. II,286.   J.D.

Borte, -en
F. **1** Borte, Band.– **1a** auch M., Borte, Zierband, Gesamtgeb. vereinz.: *a nixnutzede Bortn* Wasserburg; „*Der ... Bórt·n, Bourt·n, Baə't·n ...* Dim. ... *Bèrtl*" SCHMELLER I,284; „Enkering: *badn*, Schönbrunn: *bǫadn*" WOLF Eichstätt 32; *mit golde joch mit borten wâren si gebunden* Kaiserchr. 296,11751f.; *ich hab machen lassen zu meines Herrn Genaden Korcappen ein Portel vor zu dem Saffir* 1451 Frsg.Dom-Custos-Rechnungen I,66; *einen roth-tůchenen Brustfleck* [Weste] *mit falsch silbernen Bertlen eingefast* Landstreicherord. 8.– **1b** †Stirnband: „Als Jungfernschmuck ist ... das sogenannte *Börtel* üblich ... Es besteht in einer ... einen guten Zoll breiten Borde von Silberstoff" Rupertiwinkel LENTNER Bavaria Voralpenld 22.– Sachl. vgl. ebd.– **1c**: °*Biachdl* „Kragen am Hemd" Tittmoning LF.– **1d** Tresse an der Uniform: *Boardn* Derching FDB.– **1e** †Gürtel: *den andern zweyen ... Tôchtern zween rothe golden beschlagene Borten* Abensbg KEH 1483 BLH VIII,419.– **1f** Stirnjoch: °*das Berchtl* „bei Ochsen" Teisendf LF.– Syn. → *Joch*.
2 übertr.– **2a** fachsprl.: „Charakteristisch ... für die Butzenscheibe ein verdickter Rand, das sogenannte *beαtl*" DÜRRSCHMIDT Bröislboad 27.– **2b** Schaum auf dem Bierglas od. Bierkrug, OB, NB, SCH vereinz.: *s Bial håd a schenö Bortn* Mittich GRI; *a Bort'n* KRAUT-WÜRSTL Frauentürme 49.

Etym.: Ahd. *borto*, mhd. *borte* swm., zur selben Wz. wie → *Bord*; KLUGE-SEEBOLD 141.

Ltg. Formen: *bǫatn* u.ä., vereinz. *-tə* (LL, SOG), *boršdn* (TÖL), *bǭdn* u.ä. (NM; EIH), ferner *buatn* (TS; KÖZ), *bǫurt* (WOR), *bęxd* (REI).– Vereinz. M. (KÖZ), früher allg., vgl. SCHMELLER I,284.

SCHMELLER I,284.– WBÖ III,640f.; Schwäb.Wb. I,1300; Schw.Id. IV,1630f.; Suddt.Wb. II,532.– DWB II,246f.; Frühnhd.Wb. IV,806-808; LEXER HWb. I,329; Ahd.Wb. I,1267f.– BRAUN Gr.Wb. 59.– S-39E19, 101D7.

Abl.: *Börtel, börteln, borten, -borten*.

Komp.: [**Beterlein**]**b.** Borte aus Schmuckperlen (→ *Beter*): *Spenser, dö hintn mit Beddalabortn bestickt warn* Wettstetten IN.

†[**Posament**]**b.** wie → *B*.1a: *mit goldten Pasämen Pordten verbrämdt* 1635 HAIDENBUCHER Geschichtb. 110.

WBÖ III,641.

[**Aus-putz**]**b.** dass.: *Ausputzbertal* Hengersbg DEG.

[**Ein-faß**]**b.** Abschlußborte, Paspel, OB, NB, OP vereinz.: *d'Afaßbortn* Naabdemenrth NEW.

WBÖ III,641.– S-39E19.

†[**Frauen**]**b.** wohl Frauengürtel: *1 grun seiden tuchl, darin 2 frawen portl beschlagen* Rgbg.Judenregister 128.

Spätma.Wortsch. 340.

[**Generals**]**b.** Borte an einer Generalsuniform, nur übertr. hoher Schaum auf dem Bierglas od. Bierkrug: *Generáisboatn* „große Schaumborte auf dem Bierkrug" Fürstenfeldbruck; „Breite *Generalsborten* sind bei Biertrinkern nicht erwünscht" Altb.Heimatp. 15 (1963) Nr.9,4.

[**Gold**]**b.** Goldborte: *Goidboardn* Derching FDB; *1 braun reich stofenes Mieder mit guten Goldborten* Tölz 1800 StA Mchn Briefprot. 11265,fol. 31ʳ; *am Leibe tragt sie ein ... mit ... Gold-Borten eingefastes Mieder* Landstreicherord. 30.

WBÖ III,642.– DWB IV,1,5,722f.; LEXER HWb. I,1047.

†[**Gürtel**]**b.** als Gürtel verwendete Borte: *ain sylbren pecher, ain beschlagen plaben gurtlporten* 1521 Urk.Juden Rgbg 421.

DWB IV,1,6,1184; LEXER HWb. I,1126.

[**Haar**]**b. 1** aus Haaren gefertigte Borte, OB, NB vereinz.: *a Haarbortn* „früher viel getragen statt einer Uhrkette" Wasserburg.– **2** †: *Der Hâr-borten* „Haarband" GAP, TÖL SCHMELLER I,284.

SCHMELLER I,284.– WBÖ III,642.– S-39E19ᵃ.

[**Hirn**]**b.** wie → *B*.1f, nur in Ra.: °*du brauchst ja a Hirnbertl von einem dummen Menschen* Walchensee TÖL, ähnlich °BGD.

[**Ochsen**]**b.** dass.: *Ochsnbächt* Reichenhall.

[**Reservat**]**b.** soldatensprl.: *Reservatbörtl* „1917 eingeführte weißblaue Kragenlitze der Bayern" Ingolstadt.

[**Seiden**]**b.** Seidenborte, OB, NB vereinz.: *Seidnbortn* Mchn; *seytten portel und schnuir I lat 34 denarios* Mchn 1457 Das Lererb., bearb. von I. SCHWAB, München 2005, 250.

Schwäb.Wb. VI,3094.

[**Silber**]**b.** Silberborte: *1 rotthüchenes Mieder mit Silber-Borten* Tölz 1800 StA Mchn Briefprot. 11265,fol.30ʳ.

WBÖ III,642.– DWB X,1,992.

[**Stirn**]**b.** wie →*B.*1f: *das hölzerne Stirnbertl* Frasdf RO HuV 15 (1937) 221.

WBÖ III,642.

[**Stroh**]**b.**: *Strohbortn* „Strohgeflecht, aus welchem Strohhüte hergestellt werden" Traunstein. J.D.

Porte →*Pforte*.

Portechaise
F.: „Eine *Pottascheesn* ist eine Sänfte" Oberpfalz 7 (1913) 156.

Etym.: Aus frz. *porter* 'tragen' u. *chaise* 'Stuhl'; DUDEN Wb. 2971.

Schwäb.Wb. I,1301, VI,1679.– Fremdwb. II,598f. J.D.

Börtel, -o-
M., Stirnjoch, °OB (v.a. O) vielf.: °*Beachdl* „hölzerner Halbbogen, mit Metall beschlagen, innen abgefüttert, der dem Vieh (Rindern) um die Stirne gelegt wird" Törring LF; *boixdl* Wall MB nach STÖR Region Mchn 920.– Ra.: °*dein kearat au a Buidl aufgelegt* von einem dummen Menschen Garmisch, ähnlich °LF.– °*Dir g'herat a Bertl* „wenn einer übermäßig arbeitet" Asten LF.– Syn. →*Joch*.

Ltg: *beatl* u.ä., *beaχtl*, *-ļtl*, dazu *buidl* (GAP), *bartl* (WM), *bourtl* (WOR), *boi(χ)tl* u.ä. (MB, STA, TÖL). S-39E19.

Komp.: [**Hirn**]**b.** dass., °südl.OB mehrf.: *Hianbaurddl* Königsdf WOR; „Am *Hiunbeaschtl* werden die Zugstränge eingehängt" RASP Bgdn.Mda. 78.– Ra.: °*der is so dumm, der ghörat in n Hirnboitl eigspannt* Lenggries TÖL;– auch: °*du ghörst mitn Hirnboitl gfahrn* ebd.

RASP Bgdn.Mda. 78f.

[**Ochsen**]**b.** Stirnjoch für Ochsen, °OB vereinz.: °*Ochsnbertl* Langenpreising ED.– Ra.: °*der is wirkli so damisch, daß eahm Ochsnboidal umgschlagn ghearn* Pöcking STA, ähnlich °OB vereinz.

W-19/50.

[**Schub**]**b.** wie →*B.*: *Schubberschtl* Prien RO.

[**Stirn**]**b.** dass.: °*Stirnpoidl* „aus Holz, mit Leder eingefaßt" Lenggries TÖL. J.D.

börteln
Vb., mit einer Borte einfassen: *bertln* Mchn; *börteln* „mit Borten besetzen" SCHMELLER I,284.

SCHMELLER I,284.– WBÖ III,642; Schw.Id. IV,1631; Suddt.Wb. II,532.– DWB II,247.– S-39E19ᶜ.

Komp.: [**ein**]**b.** dass.: *aabertlt* Naabdemenrth NEW; *einbörteln* SCHMELLER ebd.; *Adles so mit Plab daffertem strichen eingePertlet* Mchn 1627 MHStA GL 2737/755,fol.3ʳ (Inv.).

SCHMELLER I,284.– WBÖ III,643.

[**hin**]**b.**: *hieböatln* „bis zum Übermaß mit Börtchen verzieren" Zandt KÖZ. J.D.

Portemonnaie
N., Geldbörse, °OB, NB, vereinz.: °*am Bostamd bi i inna worn, das i mei Borbmonä vogessn hoo* Wasserburg; *jetzta hab i gar mei Portmannä dahoam liegen lassen!* P. PODDEL, Bayer. Schnurrenb., Stuttgart 1942, 11.

Etym.: Aus frz. *portemonnaie*; KLUGE-SEEBOLD 713.

WBÖ III,643; Suddt.Wb. II,532.– Fremdwb. II,600.– BERTHOLD Fürther Wb. 169; BRAUN Gr.Wb. 469; CHRISTL Aichacher Wb. 276; MAAS Nürnbg.Wb. 88. J.D.

borten
Adj., aus Borten gefertigt, OB, NB vereinz.: *boatanö Hoöftan* „Hosenträger" O'leinbach WOS.

WBÖ III,643.– S-39E19ᵇ. J.D.

-borten
Vb., nur in Komp.: [**ab**]**b.**: *å(b)boaschtn* „Maschen von den Stricknadeln abketteln" RASP Bgdn.Mda. 15.

RASP Bgdn.Mda.15.

[zu-sammen]b.: *zammboaschtn* „Feierabend machen, etwas Begonnenes aufhören" ebd. 162.
Rasp Bgdn.Mda. 162. J.D.

Portepee
N., Portepee: *Bortapahn* Pfaffenbg MAL.

Etym.: Aus frz. *porte-épée*; Duden Wb. 2971.
WBÖ III,643; Suddt.Wb. II,532f.– Fremdwb. II,600f.

Komp.: [**Teig**]**p.**: *Toag-Portepee* „Leutnant [der Bäckereikolonne]" Queri Kriegsb. 98. J.D.

Porter, Seidenstoff, → *Partér*.

Portíer
M., Portier, Türhüter, Gesamtgeb. vereinz.: *Portia, Porté* Plattling DEG; *„San Sie Gast bei uns?" hat dersell Portier g'fragt* J. Fendl, Sprüch gibt's ...!, München 1992, 91; *Der Portiər* Schmeller I,407.– Auch best. Bahnbeamter: *„Zuerst Glockenanschläge durch den Portier"* Amery Dortmals 27.

Etym.: Aus frz. *portier*, lat. Herkunft; Kluge-Seebold 713.
Schmeller I,407.– WBÖ III,643; Schwäb.Wb. I,1301; Suddt.Wb. II,533.– DWB VII,2005. J.D.

Portion, Porzi, †Porz
F., †M. **1** Portion, abgemessene Menge: „beim Spezereihändler, wo man immer seine *Burzi* holte" Lauf; *a Portion Fliagnschwammerl* Dittrich Kinder 155; *Der Pəərzi* Bay.Wald Schmeller I,408; *Portz/ thail* „portio, pars" Schönsleder Prompt. r6ʳ.– Übertr. in fester Fügung *halbe P.* schmächtiger Mensch: °*i wollt an ganzn Kerl, koa hoibe Portion* Neuhsn M; *Äer is ja blouß a halba Portion!* „schwächlich, schwach gebaut, schmalbrüstig" Berthold Fürther Wb. 169.
2 unbest. (größere) Menge: *a Bortion Leit* Ansammlung von Menschen Staudach (Achental) TS; *Mögts a Pris? ... A saubane Portion* Tremmel Ziagwagl 45.
3 †anteilige Handelspartnerschaft: *Hab ... ain Portion gemacht, si wolten miteinander auf gwin vnnd verlust 600 Emer Weinß ... khauffen* 1599 Stadtarch. Rosenhm Abt. B/C Nr.140, 95.

Etym.: Aus lat. *portio*; Pfeifer Et.Wb. 1029.
Schmeller I,408.– WBÖ III,648f.; Schwäb.Wb. I,1302f.; Schw.Id. IV,1644; Suddt.Wb. II,533.– DWB VII,2005f.; Frühnhd.Wb. IV,810f.– Berthold Fürther Wb. 169. J.D.

Portiunkula
M. (DEG), Portiunkula, katholischer Festtag (2. August od. folgender Sonntag), allg.verbr.: *auf Poiziunkl muaß ma d Sumabeicht ålöng Mittich* GRI; *Portiunkula* „kirchliches Ablaßfest" Judenmann Opf.Wb. 123; *der Porziunkula ist nimmer 's Halb von dem, was er war* Bucher Jagdlust 66.

Etym.: Nach der Marienkapelle *Portiuncula* bei der it. Stadt Assisi; ³LThK VIII,434.
Ltg, Formen: *bortʃ(i)uŋkula* u.ä. (M, WS; R), *bɐrtʃuŋkla* (RO), *buɐtʃiuŋkɑlɑ* (NEW), *botʃiuŋkl* (PA), *bɔi-* (GRI), *bortʃiuŋkɐl* (NAB, OVI), *bortitʃuŋkɐl* (DEG), *burtʃiduŋkl* (MAL), *bɔutʃguŋkl* (SUL), *bortʃiuni* (SR), *wotʃuŋkl* (DGF).– M. wohl nach P.sonntag.
WBÖ III,649; Schwäb.Wb. I,1303; Suddt.Wb. II,533.– S-54C8. J.D.

Portner → *Pförtner*.

Porto
N, †M., Porto, OB, NB vereinz.: *as Bordo* Staudach (Achental) TS.– Auch Transportkosten, ä.Spr.: *Ab denen ... Zünen althar leichten ist der porto von Augspurg bis München noch ausständig gewest* N'aschau RO 1717 Jahn Handwerkskunst 286.

Etym.: Aus ital. *porto* 'Tragen, (Über-)Bringen'; Pfeifer Et.Wb. 1029.
WBÖ III,643f.; Schwäb.Wb. I,1301; Suddt.Wb. II,533f.– DWB VII,2006; Frühnhd.Wb. IV,809.

Komp.: [**Post**]**p.** dass., OB, OP vereinz.: *Bosdbuata* Floß NEW.
WBÖ III,644.– S-105D33. J.D.

Porträt
N., Porträt: *Porträ* „Photographie" Wallgau GAP; *da laßt iatz a Mann sei Wei macha af aran Potaree* Peinkofer Mdadicht. 23; „Die 12 heil. Apostel untenher sind meistens *Portråte der Gutthåter*" F.S. Meidinger, Hist. Beschreibung ... Landshut u. Straubing, Landshut 1787, 170.

Etym.: Aus frz. *portrait*; Kluge-Seebold 713.
WBÖ III,644; Schwäb.Wb. I,1301; Schw.Id. IV,1634; Suddt.Wb. II,534.– DWB VII,2006f.– Braun Gr.Wb. 469; Rasp Bgdn.Mda. 32.

Abl.: *-porträten*.

Komp.: [**Ab**]**p.**: *Oporträt* „früher ein Ausdruck für Photographie" Grafing EBE.
WBÖ III,644. J.D.

-porträten
Vb., nur im Komp.: [**ab**]**p.** (von jmdm) ein Porträtfoto machen, OB, NB vereinz.: *ahpoterätn lossn* Hengersbg DEG; *obbodrän* „abfotographieren" Ramsau BGD Bergheimat 11 (1930) 42; *Der Sèppl ... mècht si's glei aporträ'n* GUMPPENBERG Loder 12.

WBÖ III,644. J.D.

†portugälisch
Adj., portugiesisch: *Zwo groß somer Decken, Von Portugelischer arbait* Mchn 1581 MJbBK 16 (1965) 143 (Inv.).

Etym.: Abl. vom Ländernamen *Portugal*.
Schwäb.Wb. I,1301; Schw.Id. IV,1634. J.D.

Portulaca
P. oleracea L. (Portulak): *Portulak, fette* → *Henne, [Purzel]kraut*. J.D.

Portulak
M., Portulak (Portulaca oleracea): „werden auch andere Kräuter, wie Salat zugerichtet ... als da seynd ... *Seleri, Portulac, Cichori*" O. SCHREGER, Speiß-Meister, Neudr. von 1766, Kallmünz 2007, 143.

Etym.: Aus lat. *portulaca*; DUDEN Wb. 2973.
Schwäb.Wb. I,1301.– DWB VII,2007; Frühnhd.Wb. IV, 810. J.D.

Portung, Bürgerversammlung, → [*Burg*]*ding*.

-pörung
F., nur in: [**Em**]**p.** Aufruhr, Aufstand, ä.Spr.: *kain haupt erwellen, das vor solcher aufruer und entpörung sein möcht* AVENTIN IV,61,4f. (Chron.).

WBÖ III,645; Schwäb.Wb. II,707; Schw.Id. IV,1510.– ²DWB VIII,1288f. J.D.

Borzach
N. 1 verkrüppeltes Gehölz: °*dös is so a Borza!* „meist schlechtes Föhrenjungholz" Nabburg; *Das Borzach* „zu Buschholz verkrüppeltes Holz, das hochstämmig seyn sollte" SCHMELLER I,285.
2 †: *Das Borzach* „Buschwerk" ebd.

Etym.: Abl. von → *borzen*.
SCHMELLER I,285.– WBÖ III,646.– W-14/59. J.D.

Borzel
M., Reisigbündel: *boɑdsl* Rottenbuch SOG nach SBS XIII,39.

Komp.: [**Scher**]**b.**: *Scheaboatzl* Maulwurfshügel Frauenau REG. J.D.

Porzellan¹, -in
N. 1 Werkstoff für Porzellangeschirr, °OB, NB, °OP, °SCH vereinz.: °*a Kaféservies aas Boazlán* Neustadt.
2 Porzellangeschirr, °OB, NB, °OP, °SCH vereinz.: °*mei Muadda hod a scheens Porzellan im Schrank* O'schleißhm M; *Emma, waou touma des Porzlie denn hie?* SCHMIDT Säimal 108; „Das darin befindliche von Flachs und wenigen *Porculan*" Furth CHA 1779 Oberpfalz 94 (2006) 223 (Inv.).

Etym.: Aus it. *porcellana* 'best. Seemuschel mit weißer Schale'; KLUGE-SEEBOLD 713.– Zu *Porzellin* vgl. DWB VII,2007.

WBÖ III,647; Schwäb.Wb. I,1302; Schw.Id. IV,1644; Südtt.Wb. II,534.– DWB VII,2007f.; Frühnhd.Wb. IV, 811.– BRAUN Gr.Wb. 469; SINGER Arzbg.Wb. 178.

Abl.: *porzellanen, Porzellaner(er)*. J.D.

Porzellan², -in
F., Porzellanfabrik: °*die meistn Oaweida hout d'Porzlan g'hat* Windischeschenbach NEW; *Dees war, wöi der Deas nu bon „Thomas" in der Porzli garwet haout* SCHEMM Die allerneistn Deas-Gsch. 68.

Etym.: Verkürzt aus *P.fabrik*. J.D.

porzellanen, -inen
Adj., porzellanen, OB, NB, OP vereinz.: *a puarzlánas Daija* Mengkfn DGF; *a Doggerl ... mitaran porzlinan Kuapf und richtichn Haouern* SCHEMM Dees u. Sell 220; *da Schrein, in zwoya Fächan ... fir's zinna, barzalina und kupfa Gschir* Bärnau TIR SCHÖNWERTH Leseb. 73.– Auch: *da batzalinana Duapf* irdener Topf Ellenfd TIR.

WBÖ III,648; Schwäb.Wb. I,1302; Schw.Id. IV,1644; Südtt.Wb. II,534.– DWB VII,2008f.; Frühnhd.Wb. IV, 812.– BRAUN Gr.Wb. 469. J.D.

Porzellaner(er), -iner
M., Arbeiter in der Porzellanfabrik: °*da Porzellanara, d'Parzalina* Neuhs NEW; *Nu dazou habm Gloosara* [Arbeiter in der Kristallglasfa-

Porzellaner(er)

brik] *und Porzlina an groußn Duarst ghat* HEINRICH Stiftlanda Gschichtla 25.

Süddt.Wb. II,535.– BRAUN Gr.Wb. 469.　　　　J.D.

Borzen

M. **1** Hervorstehendes, kleine Erderhebung.– **1a** Hervorstehendes, OB, °OP vereinz.: °*dös is a Borzn* „knorrige Wurzel" Nabburg; *boa'z'n* „Vorsprung" Dinzling CHA BM I,71.– **1b** kleine Bodenerhebung od. Erdhaufen, °NB, °OP vereinz.: *Boarzn* Rieding CHA; „ineinander verfließende Moorhügel (*Porzen* nennt sie der Landmann), die wie spannengroße Inselchen ... hervorragten" F.v.P. SCHRANK, Naturhist. u. ökonomische Br. über das Donaumoor, Mannheim 1795, 4.
2 Bündel, Büschel.– **2a** Reisigbündel, °westl. OB, °SCH (A, FDB) vielf.: *bei dö Baure hot ma an Boarzn oder o Schoate* [Späne] *zum Bachofeeikente* „unterzünden" Hfhegnenbg FFB; „Ein Knecht hatte sich beim *Boarzamacha* mit dem Beil den Zeigefinger weggehackt" WÖLZMÜLLER Lechrainer 138; *daß yedem Burger, Pauren und Sóldner jerlich ... acht Schóber Pairzen ... geben werden sollen* Mchn 1585 LORI Lechrain 416.– Ra.: °*ist dir a Borzn naufgfalln?* „zu einem, der beim Raufen im Gesicht verletzt wurde" Walleshsn LL.– Auch Reisig, OB, °SCH vereinz.: *Boazn hackn* Graßlfing FFB; *boa'z'n* „Reisig" Dinzling CHA BM I,71; *Barzen* „Reiser, Strauchwerk" Geogr.Statist.-Topogr.Lex. III,667.– **2b** Kleinholzbündel, °OB vereinz.: °*Boazn* Schliersee MB.– Auch Holzspan, OB vereinz.: *Boarza* Holzspäne zum Anheizen Egling LL.– **2c**: °*a Borzn* „Schilfbüschel im Weiher" Cham.
3 Gemeine Quecke (Agriopyrum repens): *Boazn* Moosthenning DGF DWA II,23.

Etym.: Abl. von →*borzen*; Schwäb.Wb. I,1302. Zu Bed.2 ebd. auch anders.

Ltg, Formen: *bɔɑ(r)tſn* u.ä. OB (dazu BOG, DEG, REG, VIT; CHA, NAB; FDB), -ə (FFB, LL, SOG; A, FDB), auch *bɔitſn* (REG), *buɑ*- (R), *bɔu*- (ROL), *bɑ*- (CHA; FDB).– Pl. auch *bɔɑtſɑx* (FFB, LL, SOG).

SCHMELLER I,285.– WBÖ III,645f.; Schwäb.Wb. I,1302; Schw.Id. IV,1640.– DWB II,247f.; Frühnhd.Wb. IV,812.– WÖLZMÜLLER Lechrainer 97.– S-59A19, 79A22, W-78/56.

Komp.: †[**Moos**]b.: *Mos-Borz·n* „Erdhügelchen im Moorgrunde, Horst, Bürste" SCHMELLER I,285.

SCHMELLER I,285.

[**Reisach**]b. wie →*B.*2a: °OB vereinz.: *Raisachboa(r)tzn* Polling WM.

[**Reis(er)**]b. dass.: °*Reiserborzen* „auf Vorrat gebündeltes Reisig zum Einheizen" Perchting STA; *raisɑbɔɑdsn* Herrsching STA nach SBS XIII,39; *Reis-Borz·n* „Reiswelle" GAP SCHMELLER I,285.

SCHMELLER I,285.

[**Scher**]b. Maulwurfshaufen, °NB, OP vereinz.: *Scheaboazn* Drachselsrd VIT; *schüöboatsn* Dinzling CHA BM II,251.

SCHMELLER I,285.　　　　J.D.

borzen

Vb. **1** hervorstrecken, herausdrücken, °NB, °OP vereinz.: °*da hat a sei Aung boazt wöi a Grummetschneck* „wie eine Heuschrecke" Karlhf ROD; *bo'tz·n* „hervorstehen machen, hervordrängen" SCHMELLER I,285.
2 hervorstehen, °OB, °NB, °OF vereinz.: °*borzn* „wenn sich etwas aus seiner Lage verschoben hat" Bayersoien SOG; *bo'tz·n* „hervorstehen" SCHMELLER ebd.; „Wenn z.B. ein sehr gestärkter Unterrock das Kleid nach hinten hinausschiebt, *borzt* er" SINGER Arzbg.Wb. 40.
3 refl.: °*die hat si mit an neian Gwand boozt* „sich stolz gezeigt" Passau.
4 zornig sein: °*der borzt scha wieder* Wunsiedel; *Däa borzt heint* „der zürnt heute" SINGER ebd.– Auch „widerspenstig ... sein" ebd.
5: °*borzn* „unruhig sein (von kleinen Kindern)" Kemnath.

Etym.: Mhd. *borzen*, *p*-, unklarer Herkunft; Et.Wb. Ahd. II,242 (*bor*).

SCHMELLER I,285.– WBÖ III,648; Schwäb.Wb. I,1302f.; Schw.Id. IV,1640–1642.– DWB II,247.– SINGER Arzbg.Wb. 40.– W-39/51.

Abl.: *Borzach*, *Borzel*, *Borzen*.

Komp.: [**auf**]b. refl., sich aufspielen, °OB, °OP vereinz.: °*der tuat si vielleicht aufborzn* Taching LF.

[**der**]b. mit vielen Erhebungen versehen: °„eine Wiese mit vielen Maulwurfshaufen ist *daboazt*" O'nrd CHA.　　　　J.D.

Porzi →*Portion*.

Bos

M. **1**: *Bouß* Bosheit Thiershm WUN.
2 Zorn, Groll: °*der haout n Baous* Arzbg WUN; *Däa lacht ja scha wieda, daou koa d Baous sua gaoua arch niat saa* SINGER Arzbg.Wb. 32.

Etym.: Mhd. *bôs* stm., Abl. von →*böse*; WBÖ III,649.

WBÖ III,649.– LEXER HWb. I,330.– SINGER Arzbg.Wb. 32. J.D.

Posament

N., Posament: *Posamentn* „Rüschen, Borten (an Kleidern)" BINDER Bayr. 166; „Gänzlich verbot eine Bestimmung von 1578 dem weiblichen Geschlechte *silberne und goldene Posament* ... zu tragen" Ingolstadt Bavaria I,798.

Etym.: Aus frz. *passement*; Fremdwb. II,607.

SCHMELLER I,408.– WBÖ III,649; Schwäb.Wb. I,667 (Passaman); Schw.Id. IV,1661 (Passamënt).– DWB VII,2009; Frühnhd.Wb. IV,813.– BERTHOLD Fürther Wb. 169. J.D.

Posamenterie

F.: „*Posamenterie hat des früher ghoaßn ... Laden für Kleiderbesätze*" MM 13./14.12.1997, J5.

Etym.: Aus frz. *passementerie*.

Suddt.Wb. II,535.– Frühnhd.Wb. IV,813 (Posamenterei). J.D.

Posamentier, -tierer

M., Posamenter, OB, NB vereinz.: *Posamöntie* Ascholding WOR; „*Posamentierer ... Ursprünglich hieß das so viel wie Bortenwirker*" Altb.Heimatp. 60 (2008) Nr.5,3; *13 Posamentirer* PELKHOVEN Gewerbe 76; *die Drahtzieher ... Posamentirer* Rgbg 1665 LORI Münzr. III,7.

Etym.: Aus frz. *passementier*; Fremdwb. II,607.

WBÖ III,649f.; Schwäb.Wb. I,667; Suddt.Wb. II,535.– DWB VII,2009; Frühnhd.Wb. IV,813.– S-108/269. J.D.

†Posatz, -u-

F., Reisesack: *1 Fehleiß. – 1 Pusazn. – 1 alt lederne Gürttl* Rgbg 1630 VHO 81 (1931) 38.

Etym.: Wohl aus frz. *besace* 'Quersack'; vgl. SCHMELLER I,410.

SCHMELLER I,410. J.D.

Posaune, †Pu-

F., Posaune, °OB, °OP, °SCH vereinz.: °*ma Nachba spuit Posauna* Mchn; *Da kams auch schon wie die Posaun vom jüngsten Tag* CHRIST Werke 466 (Mathias Bichler); *Die Posaune* SCHMELLER I,410; *ez sint die pusaun auch guot, die ritterschaft ze manen an streiten* KONRADvM BdN 476,12f.; *Da last sich vnuersehens hôrn/ Pusaunen grosser schalle* Gesangb. 122.

Etym.: Mhd. *busîne, -ûne* u.ä., aus afrz. *buisine, -oi-*; KLUGE-SEEBOLD 714.

SCHMELLER I,410.– WBÖ III,650; Schwäb.Wb. I,1309; Schw.Id. IV,1737; Suddt.Wb. II,535.– DWB VII,2009f.; Frühnhd.Wb. IV,814f.; LEXER HWb. I,400, II,312.

Abl.: *posaunen, Posaunerer, posaunieren*. J.D.

posaunen, †pu-

Vb. **1** Posaune blasen: *ain stiller prunn ... ist aber daz man pei im schalmeit und pusaunt* KONRADvM BdN 484,28–30.
2 ausposaunen, in heutiger Mda. nur im Komp.: *daz du almosen gebest, nit zuo gesicht noch mit aufpawken oder pusawnen* BERTHOLDvCh Theologey 606.

Etym.: Mhd. *busînen, -ûnen* u.ä., Abl. von →*Posaune*; WBÖ III,650.

WBÖ III,650; Schw.Id. IV,1737.– DWB VII,2010; Frühnhd.Wb. IV,815; LEXER HWb. I,400, II,312.

Komp.: [**aus**]**p.** wie →*p.2*, °OB, °NB, °OP, °MF vereinz.: °*überohl ausposauna* Fürth.

WBÖ III,650; Schwäb.Wb. I,495.– ²DWB III,1256f. J.D.

Posaunerer, †Pusauner

M., Posaunist: *Immer, wann der Posaunerer sein Messingröhrl recht weit herausschiebt* QUERI Rochus Mang 87; *Perchtolden dem Pusauner geben ... zu Zerung 1392* FREYBERG Slg II,98.

Etym.: Mhd. *busînære, -ûnære* u.ä., Abl. von →*Posaune*; DWB VII,2011.

Schwäb.Wb. I,1309; Schw.Id. IV,1737.– DWB VII,2011; Frühnhd.Wb. IV,816; LEXER HWb. I,400, II,312. J.D.

†posaunieren, pu-

Vb., Posaune blasen: *Den drei Statthurnern (Stadttürmern) ... umb das sie ... under der Malzeit vor dem Zimer pusaumiert 1642* Inn-Isengau 3 (1925) 67. J.D.

Bosch

M. **1** †: *Bosch, Boesch* „ein aus Gesträußwerk bestehendes Holzland" WESTENRIEDER Gloss. 54.
2 Forstpflanze, Setzling: °*Bösch teern* „gegen Wildfraß" Tacherting TS.
3: Breiter Rohrkolben (Typha latifolia): *Bosch* Dietersburg PAN.

Etym.: Ahd. *bosc*, mhd. *bosch* stm. 'Busch, Gebüsch', germ. Wort idg. Herkunft; Et.Wb.Ahd. II,474–476.
WESTENRIEDER Gloss. 54.– WBÖ III,650; Schwäb.Wb. I, 1551–1553 (Busch); Schw.Id. IV,1763–1765; Suddt.Wb. II,752f. (Busch).– DWB II,248; Frühnhd.Wb. IV,1473f.; LEXER HWb. I,330; Ahd.Wb. I,1567.

Abl.: *-bösch, böscheln, -boschen, Boscher, Boschet, boschicht, böschig, Böschung.* J.D.

†-bösch
N., nur in: [**Ge**]**b.**: *Geboesch* „ein aus Gesträußwerk bestehendes Holzland" WESTENRIEDER Gloss. 54.
WESTENRIEDER Gloss. 54. J.D.

Boschach, Buschwerk, →*Boschet*.

boscheln[1], schwankend gehen, →*pascheln*.

boscheln[2] →*basteln*.

böscheln
Vb., Forstpflanzen setzen: °*böschln* N'bergkchn MÜ.

Komp.: [**an**]**b.** dass.: °*anböschln* „meist in der Karwoche" Altenmarkt TS.

[**auf**]**b.** dass.: °*aufböschln* Seeon TS. J.D.

Boschen[1]
M. **1** Busch, Strauch, °OB mehrf., NB, OP vereinz.: *Boschn, Schdauna* Buschwerk Gosseltshsn PAF; *Dort schliaft Oana durch die Bosch'n Mit der Büchs am Buckel hint'* DREHER Schußzeit 6; *aus den Boschen beim Brückl* FRIETINGER Lüftlmaler 74; *got, der hern Moyses erschain in einem prinnenten poschen* Frsg. Rechtsb. 260; *als man auch etlicher orten rauhe zein ziget und poschen einsetzt* Winhöring AÖ 1594 GRIMM Weisth. VI,140; *Dis Wunder sahen ... die unter dicken Boschen verborgne Bauren* SELHAMER Tuba Rustica II,324.– In festen Fügungen *Gretlein* (→*Margarete*) / →*Teufel im B.* Türkischer Schwarzkümmel.– „Ortstrutzlied der Burschen: *Draußtahoit ... Pörsdorf* [EBE] *... is a grüaner Bosch'n* (Busch), *boin* [wenn] ... *Fremde ... einakemmand ... wer(de)n s' außedrosch'n*" BRONNER Schelmenb. 204.– Ortsneckerei für die Bewohner von Högling AIB: *Höglinger Boschen kriegt man 99 um 1 Groschen* ebd. 205.– Auch †: *Boschen* „ein aus Gestrauch bestehendes Holzland" DELLING I,90.

2 junger (Nadel-)Baum, Teil davon.– **2a** junger (Nadel-)Baum, °OB mehrf., °NB vereinz.: °*wenn a Hochzet is, na kemma vor da Wirtshaustür links und rechts a Boschn hie* Halfing RO; *Böschö* „junge Fichten" Mengkfn DGF; *Boschn* „kleine Fichten oder Tannen" HELM Mda. Bgdn.Ld 40; *khlein Poschwerkh von Pirckhen vnnd mentle* [föhrene] *Poschen* Frsg 1616 MHStA HL Freising 611,fol.22[r].– **2b** Setzling, v.a. Forstpflanze, °OB, °NB vereinz.: °*heut müaß ma Boschn setzn* Appersdf FS; *Boschn* „Setzling" HEIGENHAUSER Reiterwinklerisch 5.– Ra.: °*die zwoa warn gwiß beim Böschi boußn* [setzen] „wenn ein Pärchen aus dem Wald kommt" Gottfrieding DGF.– **2c** Richtbaum, °OB vielf., °NB, °OP vereinz.: °*Böscherl, Boschn* „am Firstbalken beim Richtfest" Ü'acker FFB.– **2d** Wipfel (v.a. des Maibaums), OB, NB vereinz.: *Boschn* „Fichtenwipfel" Neustadt KEH; *Boschen* „der oberste Theil eines Baumes" DELLING I,90.– **2e** (Nadelbaum-)Zweig od. Ast: °*Boschn* kleiner Zweig, Ast Schrobenhsn; „große Reifen ... mit *Boschen* und *Zweigerln* verziert" ROHRER Alt-Mchn 23.

3 Büschel, Bündel, Buschen.– **3a** Büschel, Bündel allg.: *a Boschn Stroh* RINGSEIS 55; *115. Poschen Haar Sträh* Griesstätt WS 1755 MHStA Briefprot. Wasserburg 680,fol.41[v] (Inv.).– **3b** Reisig, v.a. Reisigbündel, °OB, °NB, SCH vereinz.: *Bouschn* Derching FDB; *Zwei Scheiter und zwei Boschen Macht es brennen* OB Bavaria I,373; *d'Boschn san wieda söi* [dort] *gleng wia zerschd* Langenmosen SOB BÖCK Sagen Neuburg-Schrobenhsn 105; *Gott/ der kan ... von Boschen und Hoblschaiten das Feuer entzünden/ wann er nur will* SELHAMER Tuba Rustica I,415.– **3c** Strauß, Buschen, °OB, NB vereinz.: *Bäschal Bleimö* Bodenmais REG; *Die Maadlen tragen ... einen Boschen am Mieder* BAUER Oldinger Jahr 72; „mache ... einen schönen Ausschnitt mit einem *Böschlein* auf die Mitte" HAGGER Kochb. II,2[,Anhang] Pasteten (zu Abb.37).– **3d** Palmbuschen: „Der *Boscha* hatte ... heilende und schützende Kraft" WÖLZMÜLLER Lechrainer 35.– **3e**: *da Poschn* „Federbusch, Zierde" Ascholding WOR.– **3f**: *boîn* „Strohwisch" nach SCHIESSL Eichendf II,12.– **3g**: °*Boschn* letzte Garbe Hacklbg PA.

4 Heidekraut (Calluna vulgaris): *Boschn* Schrobenhsn.

5 Bommel, Quaste, °OB, NB vereinz.: *Poscha* Wessobrunn WM; „die Frauenhüte [der Berchtesgadener Tracht] ... haben herunterhängende goldene Fransen, einen *Poschen*" AIBLINGER bayer.Leben 177; *Der Boschen* „der Quasten" Mchn SCHMELLER I,298.– Auch knallendes Ende der Geißel: *Boschn* LF H. MÜLLER, So wead gredd, Laufen ³2009, 11.

6 Böschung, OB, NB vereinz.: *Boschn* Burgharting ED.

7: *Boscherl* „Joppe für Bediente in hellen Farben, reicht höchstens bis zum Gesäß" Rgbg.

8 †wohl Schrotpatrone: *mit einem Poschen oder kleinen Lauff-Kúgelein beladenen Schuß-Gewöhr* Gnadenblum 144.

9 †: *Das Böschlein* „(Zimmermanns Sp.) hölzerner Trag- oder Heft-Nagel" OP SCHMELLER I,299.

Etym.: Mhd. *bosche* swm., gleicher Herkunft wie →*Bosch*; WBÖ III,651.

Ltg, Formen: *bojn* OB, NB (dazu BUL, OVI, PAR, TIR; N; ND), *-ə* (LL, SOG, WM), vereinz. *boujn* SCH (dazu AIC, DAH, SOB), *-tjn* (GAP).– Dim. *bej(α)l* u.ä., vereinz. *-je* u.ä. NB (dazu LF).

DELLING I,90; SCHMELLER I,298f.; WESTENRIEDER Gloss. 54.– WBÖ III,651f.; Schwäb.Wb. I,1551–1553 (Busch), VI,1712; Schw.Id. IV,1763–1765.– LEXER HWb. I,330.– CHRISTL Aichacher Wb. 134; HEIGENHAUSER Reiterwinklerisch 5; LECHNER Rehling 163; RASP Bgdn.Mda. 32; SCHILLING Paargauer Wb. 12.– S-5E16ᵇ.

Komp.: [**Heb-auf**]**b.** wie →*B.*2c, °OB vereinz.: °*Hebaufboschn* Althegnenbg FFB.– Zu →[*Heb*]-*auf* 'Richtfest'.

[**Augen**]**b.** Augenbraue: *Augnboschn* Hechenbg TÖL DWA I,14.– Syn. →[*Augen*]*braue*.

[**Bächel**]**b.**, †[**Berchtel**]- Zweig od. Wipfel eines Nadelbaums, Vorläufer des Christbaums: „Es ist anzunehmen, daß man früher ... auch bei uns einen grünen Tannenzweig, den sogenannten *Bachlboschn*, zur Zeit der Wintersonnenwende in die Stube hing" KRISS Sitte 38; „*Perchtelboschen* ... Fichtenkoppe ... auf der Gattersäule des Eschzaunes [das Saatfeld abschließenden Zauns]" OB BzAnthr. 13 (1899) 116.– Sachl. s. [*Bächel*]*tag* 'Heiligabend'.

SCHMELLER I,271.– WBÖ III,652.– S-54E5.

[**Palm**]**b.** wie →*B.*3d: *Palmboschn* „mit Äpfeln, Nüssen, Bändern" Neubeuern RO; *der Palmboschn, der morgen zur Weich kommt* BAUER Oldinger Jahr 73.

[**Bier**]**b.** junger Nadelbaum od. Nadelbaumzweig, der den Ausschank frischen Biers od. eine Festlichkeit anzeigt, °OB, °NB, °OP vereinz.: °*beim Oitn Wirt san Biarboschn dauß, do gibs heit a frische Maß* Wildenroth FFB; *Dés is ə~ Wiərtshaus, wál ə~ Biərbosch·n aussə' henkt* SCHMELLER I,298.

SCHMELLER I,298.– Schwäb.Wb. VI,1652.– S-101A8, W-40/4.

[**Birken**]**b.** junge Birke: „Der Weg für die Fronleichnamsprozession wird mit jungen *Birkenboschen* ausgesteckt" ILMBERGER Fibel 31.

WBÖ III,652.

[**Blumen**]**b.**, [**Blümlein**]- Blumenstrauß, OB, NB vereinz.: *Bleamlboschn* Passau.

[**Prangen**]**b.** an Fronleichnam (→[*Prangen*]*tag*) am Prozessionsweg aufgestellter junger Baum od. angebrachter Zweig, °NB vereinz.: *Prangaboschn* Schwaibach PAN.

[**Christ**]**b.** Christbaum: *Die Kinder ... hupfen um den Christboschen* ANGERER Göll 146.

[**Dächs(en)**]**b.** **1** junger Nadelbaum: *Daxboschn* Nadelgehölz OB; „auf dem womöglich schon ein halbmeterlanger *Daxbosch'n* Wurzeln gefaßt hat" Elbach MB HuV 13 (1935) 79; *Der Táx-Boschen* „Strauch von Nadelholz" SCHMELLER I,298; „die Glocken ... unter einen *Däxenposchen* versteckt" 1705 BREIT Verbrechen u.Strafe 159.– **2** Nadelbaumast, -zweig, °OB, NB vereinz.: „am Karfreitag schmückt man die Gräber durch einen *Veigerlstock* oder etliche *Daxboschn*" Schrobenhsn; „Am *Daxboschn* ... vor der Haustür ... streift sie sich fest die Schuhe ab" BAUER Oldinger Jahr 129.– Zu →*Dächse* 'Nadelbaumzweig'.

SCHMELLER I,298, 483.– WBÖ III,652.

[**Tannen**]**b.** **1** junge Tanne od. Tannenzweig, °OB, °NB, °OP, °MF vereinz.: °„am Eingang zum Wirtshaus werden *Tannenboschen* mit bunten Bändern aufgestellt zum Zeichen, daß etwa ein Tanz stattfindet" Ergolding LA; „hinter dichten *Tannenboschen*" S. MOHR, Tegernseer Sagen, Hausham 1985, 52; „weil ... ihre Geißbuben ... zehn kleine *Tannenboschen* abgehackt hätten" 1701 Chron.Kiefersfdn 342.– **2** Tannensetzling: °*Dannaboschn auf a Bindl zammabindn* Hirnsbg RO.

[**Ficht(en)**]**b.**, [**Feucht**]- junge Fichte od. Fichtenzweig, °OB, °NB, °OP, °MF vereinz.: °*Fëichtboschn* Grafing EBE; „werden die Felder mit

[*Ficht(en)*]*boschen*

Eggen von Dornsträuchern, Stauden oder *Fichtenboschen* geeggt" Leizachtal 225 f.; „auf die saüle einen *fichtenboschen*, an welchem *gewinnste* ... angehängt sind" PANZER Sagen I,237; *ob nit Felber/ Alber/ Erl vnd Veichtenposchen/ bey jnen ... zu züglen weren* Landr.1616 751.

S-59C12.

[**First**]**b.** wie →*B*.2c, °OB vielf., °NB mehrf.: °*an Firstboschn, da is am Hebtag* [Richtfest] *für Zimmaleut a kloans Gschenk highengt worn* Halfing RO.

[**Furkel**]**b.** kronenartiger Schmuck (→*Furkel*) des Viehs beim Almabtrieb: *da Furkelboschn* „aus dem Wipfel eines Fichtenbäumchens" Sollach MB.

[**Gams**]**b.** Gamsbart: „Der Multerer Sepp hat mir dafür ... einen *Gamsboschen* ... gegeben" Altb.Heimatp. 4 (1952) Nr.38,10.

[**Gras**]**b.** Grasbüschel: °*Gråsboschn* Hzhsn WOR; *In seina Angst is a aaf an Grasboschn steh bliebn* FRIEDL Geister 74.

Schw.Id. IV,1765.

[**Hebe**]**b.** wie →*B*.2c, °OB, NB vereinz.: *Hebboschn* Au MAI.

[**Kränzlein**]**b.** wie →[*Prangen*]*b*.: °*Kranzlboschn* Kchbg PAN.– Zu →[*Kränzlein*]*tag* 'Fronleichnam'.

[**Kräuter**]**b.** an Mariä Himmelfahrt (15. August) geweihter Kräuterbüschel: *A solchane Wettakerzen* [Königskerze]... *de geit* [gibt] *a Prachtstuck o für 'n Kräutaboschn* BAUER Oldinger Jahr 108.

Schwäb.Wb. IV,710.

[**Kuh**]**b.**: *Kuahboschn* „Kuhkranz der Leitkuh beim Almabtrieb" Staudach (Achental) TS.

†[**Laich**]**b.** zur Laichzeit ins Wasser gehängter Nadelbaumast: *Man had ... auf Jr dürmüetig anlanngen ... Sechs Laichposchn bewilligt* 1586 MHStA Kurbayern Hofkammer 71,fol.72ʳ.

[**Ant-laß**]**b.** wie →[*Prangen*]*b*., °OB vereinz.: *Antlasboschn* Schrobenhsn.– Zu →[*Ant*]*laß* 'Fronleichnam'.

†[**Laub**]**b.** Laubwerkbüschel, Verzierung: *an die Stiegen* [der Kanzel] *3 grosse Laubposchen* 1694 Bernau RO JAHN Handwerkskunst 211.

[**Mai(en)**]**b. 1** am 1. Mai od. in der Nacht davor gesteckter junger (Nadel-)Baum.– **1a** der Geliebten gesteckter Baum, °OB vereinz.: °*Maiboschn* „hat man in der Nacht zum 1. Mai ans Kammerfenster gesteckt, meist Birken oder Fichten" Peiting SOG; *Maiboschen* Altb.Heimatp. 5 (1953) Nr.52,18.– **1b** °*Maiboschn* „Fichtenbäumchen, die am 1. Mai zusammen mit Palmzweigen in die Getreidefelder gesteckt werden" O'högl BGD.– **2** Wipfel des Maibaums: °*der Maiboschn am Maibaum* Baumburg TS.– **3**: „am 1. Mai legt der Bursch seinem Schatz einen *Maiboschen* (Strauß mit Maiglöckchen und Rosmarin) ans Fenster" Tegernsee MB.– **4** Pfln.– **4a** Gemeiner Flieder (Syringa vulgaris), °OB vereinz.: °*Moaboschn* Autenzell SOB.– **4b** Löwenzahn (Taraxacum officinale), °OB, °SCH vereinz.: °*d'Maiboschn bliahn scho auf da Wiesn* Dachau.

WBÖ III,652.

[**Milch**]**b. 1** Löwenzahn u. dessen Blüte.– **1a** wie →[*Mai(en)*]*b*.4b, °OB vereinz.: °*Milliboscha* Wessobrunn WM; *mulɑboʃə* Dettenhfn LL nach STÖR Region Mchn 958.– **1b** Löwenzahnblüte, OB vereinz.: „*Milidischtl*, ganze Pflanze, *Miliboschn*, Blüte" St.Georgen LL.– **2** Arnika (Arnica montana, dort zu ergänzen): *Mulliboscha* „Frühlingsarnika" Thaining LL Lech-Isar-Ld 12 (1936) 59.

Schwäb.Wb. IV,1668, VI,2568.

[**Scher**]**b.** behaarte Hautwucherung, °OB vereinz.: *dea hot an Schearboschn am auf da Nosn* „eine Warze mit Haaren" Hundham MB.

[**Schlehen**]**b.** Schlehe (Prunus spinosa): *Drei Blüatnstengl vom Schlechaboschn ... votreibn Gicht* STROBL Mittel und Bräuch 10.

[**Stroh**]**b.** Strohbüschel, °OB vereinz.: °*Schdrobouschn* „zeigten früher bei jedem Wirt das letzte Ausschenken des altgelagerten Biers an" Dachau.

[**Hebe-wein**]**b.** wie →*B*.2c, °OB vereinz.: °*Höweiboschn* Pulling FS.– Zu →[*Hebe*]*wein* 'Richtfest'.

[**Wetter**]b. wie →[*Kräuter*]b.: *mir geahn no' Kräuta holn zon Wettaboschn* BAUER Oldinger Jahr 108.

[**Wurz**]b. dass.: „die *Wurzboschen* [werden] am *Kräutertag* [Mariä Himmelfahrt] zusammengesucht" STROBL Mittel und Bräuch 54.

[**Zeigel**]b. Nadelbaumzweige o.ä., die den Ausschank von privat gebrautem Bier (→*Zeigel*) anzeigen: °*Zoiglboschn* Zwiesel REG.

[**Zimmer**]b. wie →*B*.2c: °*Zimmerboschn* Inzell TS.   J.D.

Boschen²
M., (halb- od. einjähriges) junges Schaf, °OB (v.a. MB) vielf.: °*da Boschn, 's Böschä* „heranwachsendes Schaf" Fischbachau MB; „Dann hat er sich ... unter der großen Schafherde einen *Boschen* ausgesucht" Der Almbauer 47 (1995) 56; *Der Boschen, das Böschlein* „einjähriges Schaf" GAP, TÖL SCHMELLER I,298; „Schafe, Lämmer, *Poschen* 32" Kaufering LL 1671 Dt.Gaue 48 (1956) 22.

Etym.: Herkunft unklar; Schwäb.Wb. I,1309.

SCHMELLER I,298.– Schwäb.Wb. I,1309f.– Frühnhd.Wb. IV,816.   J.D.

-boschen
Vb., nur in Komp.: [**auf**]b. Reisigbündel machen: °*aobouschn* Todtenweis AIC; *auboi̯n* Klingsmoos ND nach SBS XIII,38.

[**aus**]b.: „wenn die Untertanen ihre 'albmen' *ausposchten*, d. h. das junge Buschwerk ausstockten [samt Wurzeln entfernten]" Inn-Oberld 21 (1936) 69.

SCHMELLER I,298.   J.D.

†poschen
Vb. **1** sich unauffällig entfernen: *poschen, abposchen* „sich von einer Gesellschaft unerwartet davon ziehen" WESTENRIEDER Gloss. 438.– Auch „sich zurück ziehen" ebd.
2 aufhören, abbrechen: *poschen, abposchen* „ein Vorhaben aufgeben" ebd.

Etym.: Herkunft unklar. Var. von →*paschen*³?

WESTENRIEDER Gloss. 438.   J.D.

Boscher
M.: *Boscha* „kleiner Büschel, z.B. Heu" Bodenmais REG.   J.D.

Boschet, -eret, †-ach
N. **1** Buschwerk, Gebüsch, °OB, NB vereinz.: °*Boschad* „Strauchwerk, Gestrüpp" Wasserburg; *Boschrat* „Stauden" Ramsau BGD Bergheimat 10 (1930) 39; *das Boschach* SCHMELLER I,298; *So sol man auch das Poschach ... nahend an den Gestaden der Wasser nit wegkhawen* Landr.1616 760..
2 Jungwald: *Boschat* Haag WS; *Boschrat* HELM Mda.Bgdn.Ld 40.

SCHMELLER I,298.– WBÖ III,650f.– Frühnhd.Wb. IV,1475 (buschach).– RASP Bgdn.Mda. 33.   J.D.

boschicht, -ig
Adj. **1** mit Büschen od. kleinen Bäumen bewachsen, OB, NB vereinz.: *boschada Moosdoi* „Moorteil mit Zwergkiefern" Staudach (Achental) TS; *boschət* „buschicht" SCHMELLER I,298.
2: *boschata Bart* übermäßig buschiger Schnurrbart O'haindlfing FS.
3 faltenreich (von Kleidung): *boschat* Ramsau BGD; *boschat* Berchtesgaden Bergheimat 8 (1928) 30.
4 †: *boschət* „quastenförmig" SCHMELLER I,298.

Etym.: Mhd. *boschot*, Abl. von →*Bosch*; WBÖ III,651.

SCHMELLER I,298.– WBÖ III,651; Schw.Id. IV,1767.– Frühnhd.Wb. IV,817; LEXER HWb. I,330.– RASP Bgdn.Mda.32.   J.D.

böschig
Adj., mit einer Böschung: *böschige Āwãdn* [Pflugwende] Hainsbach MAL.   J.D.

Böschung
F. **1**: *Beschung* junger, noch nicht durchgeforsteter Baumbestand Griesstätt WS.
2 Böschung, °OB mehrf., °Restgeb. vereinz.: „*Böschung*, alt *Böschdum*" Klinglbach BOG; °*Bejschung na* Mering FDB; „steiler Grashang ... *beʃuŋ, böʃuŋ*" AÖ, MÜ nach SOB V,258f.

WBÖ III,652; Suddt.Wb. II,535.   J.D.

böse
Adj., Adv. **1** moralisch schlecht, unheilbringend.– **1a** moralisch schlecht, verdorben, verwerflich, °OB, °MF vereinz.: °*der ist böser als das schlechteste Geld* Kammerstein SC; *Das Böse lernt man von selbst* Baier.Sprw. I,75; *Swie*

böse

ih gesundet han ... mit werchen oder mit boesen gedanchen 12.Jh. SKD 347,54–57 (Südd. Glauben u. Beichte); *Nichtzs schadt dem menschen alsz fast alsz pösu gesellschafft* JOHANNES VI Fürstenlehren 14,339f.; *wo ein Zeug mit ... bösen berueff/ vnehelicher Geburt ... oder andern bösen stråfflichen Lastern behafft* Landr.1616 36.– In festen Fügungen (teilw. auch zu Bed.1b od. 2b möglich): *b.r* → *Feind / →Geist* Teufel.– *B.* →*Haut* Dirne.– *B.* →*Frau* Hebamme;– *b.s* →*Weib* dass.– *B.r* →*Mann* Spukgestalt.– *B.* →*Fahrt* nächtlicher Zug von Hexen u. Gespenstern.– *B.r* →*Heinrich* Waldbingelkraut.– *B.s* →*Auge / →[Ge]schau* Blick, der angeblich durch Zauber Schaden anrichtet;– *b.r* →*Blick* dass.– Ra.: °*do kumbt s Böise raus!* „bei Hautausschlag" Wettstetten IN.– Als M.: Teufel, OB, OP, MF vereinz.: *der Schwarz, der Böiß* Maiersrth TIR; *der Böse* SCHÖNWERTH Opf. III,40;– Syn. →*Teufel.–* †Böser Mann, Unhold: *An einem helligen Montag Morgen ... Pöß ... Da sey Dir verbotten ... mein Gutt* Etzenricht NEW 1743 Oberpfalz 3 (1909) 157.– **1b** unheilbringend: „*Kein Mensch weiß, wie sie hinter das böse Wesen gekommen ist [zu einer Hexe geworden ist]*" SCHMIDT Sagen Isarwinkel 77.
2 von Charaktereigenschaften, Verhalten u. Tun.– **2a** angriffslustig, bissig, ungebärdig (von Tieren), Gesamtgeb. vielf.: *der Imp is bös* „stechlustig" Wasserburg; *tua dein bäjsn Hund ejschpüan* Weißenbg BOG; *d' Fliagn san bös, ja was is des* VALENTIN Werke III,83.– **2b** bösartig, ungut, übel, Gesamtgeb. vielf.: *des is a ganz a Bese* Prien RO; *'s ganz Jahr hat d'Bäuerin ihra Magd koa bess Wort göm* Passau; *da bäiß Brouda is tåut* Nottersdf NEW; *d' Leit, wia s' san, de redn halt gern bees* DINGLER bair.Herz 114; *Heunt is 's Diendl bös' ... sie red't nix und deut't nix* KOBELL Ged. (³1846) 227; *Ob ein dyener ... dem wirtt und si mit pösen unbeschaiden worten erzürnt* um 1365 Stadtr.Mchn (DIRR) 374,9–12; *so sol der selbe [selbst] loben sich, der do poß nachtpauren hat* HAYDEN Salmon u.Markolf 304,168f.– **2c** zornig, verärgert, OB, NB, OP mehrf., Restgeb. vereinz.: *bäis draschaua* Fürnrd SUL; *der hot a beasa Fouzza na gmacht* „hingemacht" Mering FDB; *wer wia(r)d denn glei(ch sua bäis saa(n'* „sei doch nicht gleich so zornig (so aufgebracht)!" BRAUN Gr.Wb. 36.– Auch: feindselig: *ich bin dir bees* „feindlich gesinnt" Passau; *dea(r iis bäis af mi(ch* BRAUN ebd.; *sey doch nicht bös auf mich* DELLING I,90.– Verfeindet, zerstritten: °*obwois vowandt san, san de oan mit de andan bäs O'schleißhm* M; *Döi zwäi ... döi warn aaf oamal bäis mitanana* SCHMIDT Säimal 60.– **2d** ungezogen, unfolgsam, OB, °OP mehrf., Restgeb. vereinz.: *bese Bankat* „böse Kinder" Baumgarten FS; *bäiser Bua* N. KILGERT, Glossarium Ratisbonense, Regensburg 2008, 47.– In fester Fügung *b. Kinder* (→*Kind*) Springkraut.– **2e**: *dea mächt owa a böß Gsicht* „ein besonders betrübtes, bekümmertes" Steinlohe WÜM.– **2f** streng, OB, NB, OP, MF vereinz.: *der is böis Sengkfn* R; *Mir hamd an beesn Lehra* ILMBERGER Fibel 23.– **2g** †unfähig, unbrauchbar: *daz nieman einen pœsen vergen auf stellen sol* Frsg.Rechtsb. 160.– **2h**: *a böisa Jaga* „tüchtiger" Klinglbach BOG.
3 schlimm, arg, NB, OP mehrf., OB, OF, SCH vereinz.: *schaut beas her* „von einer Wunde" Mchn; *des is a beöse Gschicht* Vilseck AM; *beas Wetr* „schlechtes Wetter" Mering FDB; *bäis mou(ß mit bäis vatrie(b'm wear(d'n* „ein Übel muß mit einem anderen ... vertrieben werden" BRAUN Gr.Wb. 36; *wós Bàyss wünschn* Falkenstein ROD SCHÖNWERTH Sprichw. 64; *ain kraut ... dâ von vliezent si [spülen die Hunde] die pœsen fäuhten auz dem magen* KONRAD VM BdN 125,32–34; „*febris ... pos siechtum*" AVENTIN I,390,22f. (Gramm.); *weil vast an allen Orden die bese sucht der pestilenz ein gerissen* 1629 HAIDENBUCHER Geschichtb. 64.– In festen Fügungen: *b.* →*Krankheit / →Sucht* Beulenpest.– *B.s Händlein* (→*Hand*) linke Hand.– (*Ein*) *b.s* →*Blut machen* Unzufriedenheit, Feindseligkeit erregen.– °*Da habi mi sauba z'bös do* „zuviel gearbeitet" Langquaid ROL.
4 krank, entzündet, verletzt, schmerzend, °OB, °OP vielf., NB, °MF mehrf., °Restgeb. vereinz.: *ho scho lange Zeit alleweil bease Ogn* Hfhegnenbg FFB; *gib ma koa Bußl, i hab a bess Maü* „mit Ausschlag" Passau; *des mächt nex, dåu kummt s bäiß Bloud assa* „zu einem Kind, das sich in den Finger geschnitten hat" Wildenrth NEW; *de schwarz Salbn fürn beasn Fuaß* BAUER Oldinger Jahr 9; *Wann eine Frau gar eine böse brust hat ... „Abszeß oder Krebs der Brustdrüse"* ERNST Aberglaube u. Heilzauber Opf. 38, 110; *wie er ein gantzes Jahr ein böses Knye gehabt* Wunderwerck (Benno) 175.– In fester Fügung: *was / etwas B.s Wunde, Ausschlag, Geschwür, Krankes,* °OB, °OP, OF, °MF vereinz.: °*dou hob i wos Böis* Kersbach LAU; *woos Bäiß* „eine Geschwulst, ein krankes Glied, eine kranke Körperstelle; eine Wunde" BRAUN Gr. Wb. 36.– Als N., Wunde: °*a Böis* Regelsbach SC; *Housd gwis ä Bäis, wal dei Finger eibundn is?* MAAS Nürnbg.Wb. 75.

5 †von schlechter Qualität, minderwertig, schadhaft: „*ə~ bös·s Meßer*, das nicht schneidet. O.Pf. *ə~ bèis·s Bêiə*', schlechtes Bier" SCHMELLER I,293; *Iz schol dehein weitær* [Blaufärber] *... dehein bós wolle ... niht weiten* 1259 Rgbg. Urkb. I,49; *das er zu den Pesn feurstetn hervmbgesehen, aus beuelch aines Raths* 1573 Stadtarch. Rosenhm Abt. B/A Nr.16, 139 (Rechnung); *20 Säck, gut u. böß, leinern u. zwilchern* Schirnding WUN 1699 SINGER Vkde Fichtelgeb. 78 (Inv.).

6 von geringem Wert, gefälscht, falsch (von Münzen), ä.Spr., in heutiger Mda. nur im Vergleich *wie das b.* → *Geld*: *swô ein wechslær valsch phenning oder pœs silber um guot geit* [gibt] Frsg.Rechtsb. 146; *nachdem ... dy Werschafft* [gesetzlicher Münzwert] *im Land so pôs ist* 1457 LORI Münzr. I,42.

7 sehr, in hohem Maße, °OB vielf., °Restgeb. mehrf.: *den hots beas dawischt* „er ist verunglückt" Hollenbach AIC; *bös krank* „sehr krank" Hauzenstein R; *dös gëiht mer bös in Kopf rum* Schwabach; *D' Söllerin hat si' bös runterkümmert hernach, z'wega dem!* KOBELL-WILHELM Brandner Kaspar 194.

Etym.: Ahd. *bôsi*, mhd. *bœse*, wohl idg. Herkunft; Et.Wb.Ahd. II,253–255.

Ltg: *bẹ̄s* OB, NB, ferner *bęɑs* u.ä. westl.OB, SCH, vereinz. *biɑs* u.ä. (DAH, PAF, WM), *bois* (MB), weiterhin *bęis* OB (meist veralt.), NB, OP, OF, MF (dazu DON, ND), daneben ugs. *bēs*.

DELLING I,90; SCHMELLER I,293.– WBÖ III,653–655; Schwäb.Wb. I,1303–1309; Schw.Id. IV,1705–1721; Suddt.Wb. II,535–537.– DWB II,248–256; Frühnhd.Wb. IV,817–826; LEXER HWb. I,330; WMU 276; Ahd.Wb. I,1270 f.– BRAUN Gr.Wb. 36; MAAS Nürnbg.Wb. 75; SINGER Arzbg.Wb. 30; WÖLZMÜLLER Lechrainer 95.– S-7A4, 13C8, 26P14[a], 27R7[a], S1[a], 34C37[c], 35D22, 29, 78G38, 90A7, M-5/28, 7/40, 179/12.

Abl.: *Bos, bosen, boserln, bosern, Böserung, boshaft, boshaftig, Boshaftigkeit, Bosheit, Bösigkeit, Bösin, Böslein, böslich, Bösling*.

Komp.: **[bitter]b. 1** von Charaktereigenschaften, Verhalten u. Tun.– **1a** sehr bösartig, ungut, °OB, °OP, °MF, °SCH vereinz.: °*die habn bitter bös über ihn gredt* Irlahüll EIH; *Von meinem bitter-bösen wey, Vor der ich hab kein rast, noch rw* SACHS Werke XIV,263,12 f.– **1b** sehr zornig, wütend, °OP vereinz.: °*da werd i bitterbös* Pemfling CHA; *De Carmen werd glei bitterbäs* P. SCHALLWEG, Vom Fliagadn Holländer zum Lohengrin von Wolfratshausen, Rosenheim [6]1994, 101.– Auch sehr feindselig, °OB, °NB, °OP vereinz.: °*i bin da bitterbes, weilst net kommst* Ingolstadt; *af mi(ch ... bittabäis* BRAUN Gr.Wb. 36.– **1c** sehr ungezogen, unfolgsam, °OP vereinz.: °*dös is a bitterböis Kind* Wernbg NAB.– **2**: °*a bitterböse Gschicht* „eine sehr schlimme" O'schleißhm M.– **3**: °*gfolgt hots nät und so hotses bittaböis bereia möin* „über alle Maßen" Schnaittenbach AM.

WBÖ III,655; Schwäb.Wb. I,1145; Suddt.Wb. II,399.– DWB II,55; Frühnhd.Wb. IV,500.

†**[boden]b.**: „[mit] Verstärkungs-Partikel ... *bodenbœs*" SCHMELLER I,211.

SCHMELLER I,211.– Schwäb.Wb. I,1259; Schw.Id. IV,1721; Suddt.Wb. II,493.– W-145/14.

[feuer]b.: „sehr verfeindet, spinnefeind ... *Döi sän doch feiabäis*" SINGER Arzbg.Wb. 63.

BRAUN Gr.Wb. 130; SINGER Arzbg.Wb. 63.

[gach]b. jähzornig, OP (TIR) mehrf.: *gachböis* Altglashütte TIR.   J.D.

bosen, †**-bö-**

Vb., auch refl., zornig sein, werden, °OB, °NB, °OP vereinz.: °*da bin i scho so bousat warn und hån an a so zamgschimpft an Burgamoasta* Halfing RO; *bous·n* Chiemgau SCHMELLER I,293.

Etym.: Ahd. *bôsôn* 'nichtig od. gotteslästerlich reden', mhd. *bôsen, bœsen* 'schlecht werden, sein', Abl. von → *böse*; WBÖ III,656. Z.T. nicht von → *boßen* zu trennen.

SCHMELLER I,293.– WBÖ III,656; Schwäb.Wb. VI,1680; Schw.Id. IV,1721 f.; Suddt.Wb. II,537.– DWB II,256; Frühnhd.Wb. IV,826; LEXER HWb. I,330; Ahd.Wb. I, 1273 f.– W-39/54.

Komp.: **[der]b.** auch refl., dass., °OB, °OP vereinz.: °*döi haout si dabaoust* Kchnthumbach ESB.

WBÖ III,656; Suddt.Wb. III,724.

[ver]b. 1 †verderben, schlecht machen: [schlechte Handwerksmeister] *die minner lons namen und daz waerch und daz gewant verposten* 1310–1312 Stadtr.Mchn. (DIRR) 224,21 f.– **2** refl., wie → *b.*: °*er hat si vaboust* Aschau MÜ.– **3**: °*er ist ganz vaboust* „verbittert" Walleshsn LL.

SCHMELLER I,293 f.; WESTENRIEDER Gloss. 615.– Schwäb. Wb. II,1081, VI,1874; Schw.Id. IV,1722.– DWB XII,1, 150 f.; LEXER HWb. III,79 f.; WMU 2035.

†**[un-ver]bost** in gutem Zustand, unbeschädigt: *daz wir gesehn habn unsers lieben Enen* [Großvaters] *Herzog Hainrichs ... hantfest* [Ur-

[un-ver]bost

kunde], *ganz unverbost* Landshut 1318 MB V, 42.

SCHMELLER I,293.

†[**über**]**b.** überwinden, meistern: [die Römer] *haben das unglück mit herrengewalt überpöst* AVENTIN IV,473,7f. (Chron.).

SCHMELLER I,288.– DWB XI,2,146f.; LEXER HWb. II, 1609. J.D.

boserln
Vb.: °*bouserln* „zornig werden" Mauern FS.
J.D.

bosern, †-ö-
Vb. **1** †verschlechtern, schlechter machen: *daß wůr unser Mǔnz ze Bayrn ... nicht verånderen sollen, zepessern, noch zepesern* Mchn 1331 LORI Münzr. I,17; *wie in sant Pauls episteln etlich dinng schwer zů versteen, welche die unngelerten unnd unnstettenn bôsernt* Ingolstadt 1526 J. ECK, Vier dt. Schriften, hg. von K. MEISER, F. ZOEPFL, Münster 1929, 24,5.
2 †refl., sich verschlechtern, schlechter werden: *pösern sich* „böser werden, sich verschlimmern" WESTENRIEDER Gloss. 438; *Wan* [denn] *dâ bœsernt sich gar vil liute bî* BERTHOLDvR I, 134,19.
3 zornig sein, werden, °NB (v.a. GRI, PA) mehrf.: °*is ma gleich, sie kann bousan wias mǻg* Malching GRI; *Schau, wiə-r-ə' bouseˈt widə'* Chiemgau SCHMELLER I,293.

Etym.: Mhd. *bœsern*, Abl. von →*böse*; WBÖ III,656.

SCHMELLER I,293; WESTENRIEDER Gloss. 438.– WBÖ III, 656; Schwäb.Wb. I,1311; Schw.Id. IV,1722f.– DWB II,256; Frühnhd.Wb. IV,826f.; LEXER HWb. I,330; WMU 277.– W-39/54. J.D.

†**Böserung**
F., Verschlechterung: *er müsse deßwegen sterben/ weilen er nicht einige ... Besserung/ sondern nur Böserung empfunden habe* Wunderwerck (Benno) 232.

Etym.: Mhd. *bœserunge*, Abl. von →*böse*.

Schw.Id. IV,1723f.– DWB II,256; Frühnhd.Wb. IV,827; LEXER HWb. I,330. J.D.

boshaft
Adj. **1** boshaft, niederträchtig, OB, NB, OP vereinz.: *döi san recht neidö und boshaft* Beilngries; *Du woaßt doch, wia boshaft d' Leit sei kenna* MM 15.4.1996[, 16]; *nachher jag i' den neua Förschter davon ... für dös, weil er so boshaft is* MEIER Werke I,416 (Natternkrone).
2 zu Schärfe, Spott od. Streichen neigend, OB mehrf., NB, OP vereinz.: *des kumt von a boshaftn Zunga hear* Gleiritsch OVI; *Na, na, der waar scho so boshaft* LOEW Grattleroper 152.
3 †zornig, erregt: *hat mi ... oß* [so] *beaushafft gmacht, dz iß nimer der lenkn hon khünen* Landshut um 1650 Universitätsbibliothek Tübingen Md 290,fol.161ʳ.

WBÖ III,656; Schwäb.Wb. VI,1680; Schw.Id. IV,1726; Suddt.Wb. II,537.– DWB II,258; Frühnhd.Wb. IV,829f.– S-4M8. J.D.

boshaftig
Adj. **1** boshaft, niederträchtig: *beoshafti* Ruhmannsdf WEG; *das ist ein rechter boshaftiger Kerl* DELLING I,90; *weillen theils boßhafftige Paurn die Garben öffters ... in ihren Städlen außgeklopffet ... haben* Painten PAR 1717 Oberpfalz 93 (2005) 346.
2 zu Schärfe, Spott neigend, OB, SCH vereinz.: *a boashaftige Zung* Partenkchn GAP.

DELLING I,90.– WBÖ III,656; Schwäb.Wb. I,1312; Schw. Id. IV,1726; Suddt.Wb. II,537.– DWB II,258; Frühnhd.Wb. IV,829f. J.D.

Boshaftigkeit
F., Boshaftigkeit, böse Gesinnung, OB, OP vereinz.: *Boshaftikeit* Hessenrth KEM.

Schw.Id. IV,1726; Suddt.Wb. II,537.– DWB II,258. J.D.

Bosheit, -ö-
F. **1** Bosheit, Bösartigkeit, Schlechtigkeit, °Gesamtgeb. vielf.: *Besheit* Moosham WOR; °*der woaß si vor lauta Bousat nimma z heifa* Kumrt WOS; °*dia dreiwe dei Bousat schou as* Sulzbach-Rosenbg; *Va latta Zorn u Båussat håut a neks måiha håian låua* BRAUN Gr.Wb. 42; *Båusət* mittl.Altmühl DMA (FROMMANN) 7 (1877) 396; *daz ieder man seiner frümcheit geniezz und seiner pozheit engelt* 1340 Stadtr.Mchn. (DIRR) 305,9f.; *di greulich teuflisch wucherisch poshait* 1507 Urk.Juden Rgbg 266.– Ra.: °*hât'n Bosheit ned a d'Häh wachsn lassn* „von einer kleingewachsenen, vor allem männlichen Person" Siglfing ED, ähnlich DGF.– *Jmdm bricht / (ge)schwärt / schlägt / treibt es die B. aus / kommt die B. ausher* u.ä. jmd hat eine Beule, Geschwulst, (einen) Pickel am Kopf, °OB, °NB, °OP vielf., °Restgeb. mehrf.: °*bei dir moan i kimmt d'Bosheit außer Reischach* AÖ; *den kschwiad Båisad aas* Haidmühle WOS; *aha, eitz*

dreibds da di Båusad raus Nürnbg; *Dou kummd di Bousheid raus* „scherzhaft ... wenn jemand einen Ausschlag oder Pickel hat" MAAS Nürnbg.Wb. 88;– auch: *dem waxt Boshait aussn Kōpf* Mchn, ähnlich OB, OP vereinz.– °*Da kimmt jetzt d'Bosheit raus* „bei plötzlicher Erkrankung" Autenzell SOB, ähnlich °FS.– †Übertr.: *Sie Boshait! Sie Boshait, Sie porzellanene!* „Ausdruck, womit minder geistreiche Personen des Mittelstandes scherzhafte Galanterien von Personen andern Geschlechtes zu erwidern pflegen" SCHMELLER I,294.

2 †böses Tun, Untat: *ich han mich bewollen* [unrein gemacht] ... *mit aller slahte* [Art] *bosheit* 12.Jh. SKD 359,79f. (Benediktbeurer Beichte III); *wenn man im* [der Wasserschlange] *ain pôshait verpeutt ... sô tuot ez vier pôshait für ain* KONRADvM BdN 273,29–31; *vnd wolte deßhalben den Ayd boßheit zůuermeyden schwǒren* Landr.1616 144.

3 Zorn, Wut, °OB, °NB vereinz.: *da Karl hotse vo lauta Bousat net dafanga kinna* Traunstein; *Boussət* „Zorn, Haß" SCHMELLER I,294.

4 scherzhafter Streich, schelmisches Benehmen, NB, MF vereinz.: *Bosheit ausübn* O'eichstätt EIH; *alle mei Bosheit Deckt's* [Hütchen] *dengerscht* [dennoch] *nit zua* STIELER Ged. 322.

Etym.: Ahd., mhd. *bôsheit*, Abl. von → *böse*; WBÖ III,657.

Ltg: *bousəd, -ʃ-* NB, OP (dazu MB, RO, TS; BT; N, SC, WUG), *-haid* (WS; PA, PAN; FÜ, SC), auch *bǫɑsəd* u.ä. (GAP, LF), *-haid* (AIC, IN, LL), *bęɑsəd* (WEG, WOS), *bẹisəd* (GRI, VIT), *bę̄shaid* u.ä. (WOR, PA); daneben ugs. *bōshaid* u.ä., auch *-hǫɑd* (FFB), *bōsəd* u.ä. (DAH, WOR; LAN, MAL, WOS; AM, NAB; FÜ, HEB, LAU).

SCHMELLER I,294.– WBÖ III,656f.; Schwäb.Wb. I,1312; Schw.Id. IV,1726; Suddt.Wb. II,537.– DWB II,258f.; Frühnhd.Wb. IV,830-833; LEXER HWb. I,331; WMU 277; Ahd.Wb. I,1269f.– BRAUN Gr.Wb. 42; MAAS Nürnbg.Wb. 88.– M-43/8, W-67/46, 114/16. J.D.

Posi → *Expositus*.

Bösigkeit, †Boskeit

F., Bosheit, Bösartigkeit: *Bäisichkait* „Boshaftigkeit" Fürnrd SUL; *Båuskət* mittl.Altmühl DMA (FROMMANN) 7 (1877) 396.– Ra.: °*dåu kummt Bössigkeit aua* wenn einer einen Ausschlag hat Gronatshf SUL. J.D.

†Bösin

F., böse Frau, Hexe: *Pößin ... Da sey Dir verbotten ... mein stall* Etzenricht NEW 1743 Oberpfalz 3 (1909) 157. J.D.

Positiv

N., kleine Standorgel, ä.Spr.: *Jtem ein Positif* 1453 Frsg.Dom-Custos-Rechnungen I,79; *das hiesige Positiv* O'altaich DEG 1754 JberHVS 36 (1933) 49.

Etym.: Aus mlat. *positivum* (*organum*); Fremdwb. II,610.

WBÖ III,657; Schwäb.Wb. I,1313; Schw.Id. IV,1737.– DWB VII,2012; Frühnhd.Wb. IV,833; LEXER HWb. II, 287. M.S.

positiv

Adj. **1** völlig: °*des is a basiddiva Blödsinn* U'föhring M.

2 sicher, gewiß, °OB, NB vereinz.: *dös woaß i bosötif* Mengkfn DGF.

3 unbedingt, unter allen Umständen °OB, NB, °OP, °MF vereinz.: *mei Güngsta will posantif a Schulmoasta wean* Furth CHA; *Wennst scho positiv a seltens Frauenzimmer sehgn willst, nacha gehn ma halt zur* „Dame ohne Unterleib" VALENTIN Werke II,105; *Er moint positiv i soll an Meßner heirathen* A. WELSCH, Münchener Volks-Leben in Lied u. Wort, München 1886–1897, I,9.

Etym.: Aus frz. *positif* 'als sicher feststehend'; KLUGE-SEEBOLD 714.

WBÖ III,657; Schwäb.Wb. I,1313; Schw.Id. IV,1737; Suddt.Wb. II,537.– DWB VII,2012.– WÖLZMÜLLER Lechrainer 98. M.S.

Positur, Postur

F. **1** Statur, °OB vielf., °NB, OP, SCH mehrf., MF vereinz.: °*unser Nachbar hot de gleiche Postur wia unser Burgamoaster* Grafing EBE; *was hat der für a Postur?* Ruhstorf EG; *der hat a saaware Pastur* Etzenricht NEW; *der Postur nach bist mir völlig fremd* PEINKOFER Werke II,18; *ə stattléché Postur* SCHMELLER I,413; *bayde mit einander seynd in einer armseeligen Postur daher gesteltzet* HUEBER Granat-apfel 184f.

2 bewußte Körperhaltung: *Ma stejt si sejm in Pos'tur, wenn ma dem andan des beibringt* BAUER gut bayer. 172; *Da thut der streitbare Soldat sich in gute Postur stellen* HUEBER Granat-apfel 48.– Ra.: *hob i mi in d'Bositur gsetzt* „ein Herz gefaßt" (Ef.) Donaustauf R.– *in Positur kumma* „eine energische Haltung einnehmen" SINGER Arzbg.Wb. 178.

3 † figürliche Darstellung: *ein Bluemlgarten mit einer hochen Maur ... auf welcher Maur sehr vill steineene künstliche Posituren* Neuburg PA um 1720 ObG 19 (1930) 13.

Positur

Etym.: Aus lat. *positura* bzw. it. *postura* 'Stellung'; Fremdwb. II,612

Ltg: *bosduɐ, bå-, bɐ-* OB, NB, OP, SCH (dazu EIH, HEB, LAU, SC), *bu-* (TS; LAU), ferner *bošduɐ, bɐ-* westl.OB (dazu BEI; ND), *bu-* (LL; FDB), *brɐ-* (WUG), ferner *bosiduɐ* (DGF; R; HEB), *bosenduɐ* (SC).

SCHMELLER I,413.– WBÖ III,657f.; Schwäb.Wb. I,1313, 1321; Schw.Id. IV,1801; Suddt.Wb. II,537f.– DWB VII, 2012f.; Frühnhd.Wb. IV,852f.– ANGRÜNER Abbach 11; BRAUN Gr.Wb. 470; DENZ Windisch-Eschenbach 214; SINGER Arzbg.Wb. 178.

Komp.: [**Schneider**]**p.**: *Schneidapostur* „kleine, magere Statur" Etzenricht NEW. M.S.

Böslein
N.: °*Beasla* „Wunde" Klingen AIC. J.D.

böslich, -licht, boslich
Adj., Adv. **1** †moralisch schlecht, verwerflich: „In böser Absicht: *I hà's nét bêslə' 'tà~*" GAP SCHMELLER I,293; *darumb das er pöslich regirt, land und leut beschwert* AVENTIN IV,70,8 (Chron.); *Daß niemandt zum Klagen/ bößlich vnd gefährlich angelernt/ oder angehetzt soll werden* Landr.1616 2.
2 von Charaktereigenschaften, Verhalten u. Tun.– **2a**: *besla nochren* übel nachreden Hauzenstein R.– **2b** wehleidig, °OB, °NB vereinz.: °*der ko scho so böslat doa* Sallach MAL.
3 schlimm, arg, °NB vereinz.: °*dös is a besle Sach* „keine gute Sache" Straßkchn SR; *Dà is mə' rècht bêslə' gschegng* RO SCHMELLER I,293; *ê ih pôslîche verliese den lîp* Kaiserchr. 106, 1336.– In festen Fügungen: *b. tun* weh tun, zusetzen, °OB, °NB, °OP vereinz.: °*de Hitz hot ma scho recht bösla to* Muckenbach ROD; *Am oillamehran ... tuat dös dö oit'n Leut besla* BIBERGER Geschichten 55; *Wenn dir aber der Lärm bösli tuat, Bauer?* MEIER Werke I,250 (Scheib'nhofbauer).– °*Des tuat eam besla* „kommt ihm ungewohnt vor" Steinhögl BGD.– (*Sich*) (*zu*) *b. tun* (sich) übermäßig anstrengen, überanstrengen, °OB (v.a. BGD, TS), °NB (v.a. Bay.Wald) mehrf., °OP vereinz.: °*na, na, de nei Bäurin tuat si net besla* „überarbeitet sich bestimmt nicht" Tacherting TS; °*dös hat mir heut besler doa* Passau; *tua di ned z'böisla* „tue dich nicht zu sehr (abarbeiten)" HELM Mda.Bgd.Ld 39.
4 sehr anstrengend: °*des is bösla* „zu anstrengend" Mühldf; *laßts enk net baösler sein und seids so guat und kemmts morgen wieder* ANGERER Göll 117.

5 sehr, in hohem Maße, °NB vereinz.: °*dös håt ma böisla wäi to* „sehr, als Verstärkung" Rimbach KÖZ.

Etym.: Mhd. *bœslich*, Abl. von → *böse*.

Ltg: *bẹ̄sla* OB, NB (dazu R, ROD), *-lɐt* (M, MÜ, TS; MAL), *bẹisla* (BGD; BOG, DEG, KÖZ, REG, VIT; BUL, CHA, R), *-lɐt* (KÖZ), *bōsla* (TS).

DELLING I,90; SCHMELLER I,293.– WBÖ III,658; Schwäb. Wb. I,1313; Schw.Id. IV,1726; Suddt.Wb. II,538.– DWB II,260; Frühnhd.Wb. IV,835f.; LEXER HWb. I,331.– KOLLMER II,55.– W-39/55. J.D.

Bösling
M.: °*a Besling* schlimmes Kind Sachrang RO.
Etym.: Ahd. *bôsiling*, Abl. von → *böse*.
SCHMELLER I,293.– Schw.Id. IV,1727.– Ahd.Wb. I,1273. J.D.

Boß, Boßt, -en
M. **1** Stoß, Wurf.– **1a** Stoß: *oan an Bouß gebn* Ingolstadt.– **1b** Extrawurf in einem Kegelspiel, °OB vereinz.: °*Bous* „bei einem Kegelspiel im Freien" (Ef.) Lenggries TÖL.– Sachl.: „Die Kugel wird direkt auf die neun Kegel geworfen; für jeden beim ersten Wurf gefallenen Eckkegel gibt es einen *Bouß*, d.h. einen Wurf extra von der Stelle aus, wo die Kugel liegengeblieben ist" Osterwarngau MB.
2: °*Bous* „Knall, Schuß" Langdf REG.– Übertr. Gewehr: *Båußn* Aicha PA.
3 Gerät zum Klopfen, Schlagen.– **3a** Dengelamboß: °*s Bößl* Unterer Bay.Wald.– **3b** Fäustel, schwerer Hammer: °„*mit dem Bosn* werden die Steine gesetzt und festgeklopft" Eining KEH.– Auch: °*da Bous* „stumpfer Teil des Maurerhammers" Malching GRI.
4 Aschenbecher: *Bouss* G. SOJER u.a., 1500 Wörter Ruhpoldinger Mda., Ruhpolding 2008, 7.
5 schwerer Schuh, Stiefel, OB, SCH vereinz.: *Boußn* Vogtarth RO; *pouʃn* Petersdf AIC nach SBS II,292; *j bahr Possen* 1590 MHStA KL Ettal 42,fol.24ʳ.
6 verkrüppelter Baum, °OB, °NB vereinz.: °*des is koa gscheits Hoiz, do stengan lauta so Boßna* Schrobenhsn; *Der Bôssen* PAF SCHMELLER I, 294.
7 Flachs-, Getreidebüschel, OB, NB, OP, MF vereinz.: *Boustn* Böhmischbruck VOH; *A Pousn is, wos ma en oaner Händ hot hojtn kinna sen ... Brächa* KÖZ, VIT BJV 1954,199; *der ... Bosn, Boussn* „Büschel geriffelten Flachses" SCHMELLER ebd.; *ein ze sammen pindung alz ein poz flachs oder ein garb* Indersdf DAH 1419 Voc.ex quo II,562; „Der ... Pfarrer erhielt ...

1 Schock 24 Bosen Flachs als Zehnt" Arzbg WUN 1665 SINGER Vkde Fichtelgeb. 145.
8 v.a. von Menschen.– **8a** †Kerl, Bursche: *Ich armer Boß, bin ganz verirrt* Seeon TS 1646 Cgm 3637,fol.694ʳ.– **8b**: °*der Bouß!* „eigensinniges Kind" Brunnen SOB.– **8c** verwachsener Mensch, °OB, °NB vereinz.: °*wintscheicha Baußn* „Krüppel" Frauenhfn MAL.– Auch: °*a Boußn* „krumm gewachsenes Tier" Manching IN.– **8d** Schmied: °*Bouß* Steinbg BUL.

Etym.: Ahd. *-bôz*, mhd. *bôz* 'Schlag' stn./m., ahd. *bôzo* 'Bündel', mhd. *bôze* 'kurzer Stiefel' swm., Abl. von →*boßen*; WBÖ III,659.

Ltg: b*ǫuf* u.ä. OB, NB, OP, MF (dazu WUN), *-t* (DGF), b*ǫaf* (AIC, DAH, TÖL), *-ęo-* (WEG), jünger *-ǭ-* u.ä. (IN, MÜ, RO; BOG, DEG, MAL, VIT), b*ǫft* (DGF, PA; OVI, ROD), auch b*ǫufn* u.ä. OB, NB, OP (dazu WUN; HEB, LAU; FDB), *-tn* (AIB, MÜ, TS, WS; AM, VOH), b*ęofn* (WEG), jünger *-ǭ-* u.ä. (AIC, SOB, RO; KEH; FDB).

HÄSSLEIN Nürnbg.Id. 105; SCHMELLER I,294, 410.– WBÖ III,659, 664; Schwäb.Wb. I,1315; Schw.Id. IV,1729f., 1735; Suddt.Wb. II,539f.– DWB II,267f., VII,2038; Frühnhd.Wb. IV,838; LEXER HWb. I,336; Ahd.Wb. I,1305f.– SINGER Arzbg.Wb. 32.– M-258/3, W-40/5.

Komp.: [**Schuh-ab**]**b**.: °*Schuahabbouß* „Klotz, an dem man schmutzige Schuhe abstößt" Ramsau BGD.– Übertr.: °„Mensch, der als Prellbock dient" ebd.

[**Am**]**b. 1** Amboß, Werkzeug, °Gesamtgeb. vielf.: °*Åmboaß* Gartelsrd AIC; *en mein Schedl oabats, ois wäi wen d'Schmied am Obaus rächt schlogatn drinna* Passau; *Onbous* Cham; *Oumpôs* PA WEINHOLD Bair.Gramm. 103; *dęɑ ǭɑne hǫd vui grǫft. dęɑ drǫkt ɑn ǭmbǫf ūmɑnǭnd* nach WHITE Eisenhfn 140; *inchus ... anapaoz* 9.Jh. StSG. III,11,42; *wieß inser schmidt bäm ohnpeauß hat* NB um 1650 ZHM 6 (1905) 230,92.– **2**: °„man legt den *Batschek* [→*Pátschek*,Bed.1] auf den *Amboß* (Ziegelstein oder Holzklotz)" Windischeschenbach NEW.

DELLING I,14f.; SCHMELLER I,83, 295.– WBÖ III,659f.; Schwäb.Wb. I,164; Schw.Id. IV,1728; Suddt.Wb. I,306f.– ²DWB II,633f.; Frühnhd.Wb. I,915f.; LEXER HWb. I,66; Ahd.Wb. I,412f.– BRAUN Gr.Wb. 13; DIETL Erg.Schmeller I,19; HELM Mda.Bgdn.Ld 167.– S-108/287, M-35/5.

Mehrfachkomp.: [**Dengel-am**]**b**. wie →*B*.3a: *dęŋlɑ̊mbōs* Söchtenau RO nach SOB V,281.

– †[**Hammer-am**]**b**. Amboß im Hammerwerk: *1 Hammer Ambos* Friedenfels TIR 1676 Wir am Steinwald 11 (2003) 176.

DWB IV,2,316.

– †[**Hau-am**]**b**. kleiner Amboß zum Hauen von Feilen: *Ain haw anposs* 1495 Stadtarch. Rgbg Inv.Michel, fol.2ᵛ.

DWB IV,2,562.

– †[**Horn-am**]**b**. Amboß mit hornförmigem Fortsatz: *Jn der werckstat: 2 palch, 1 grossen horn ampoß, 12 hemer* Wunsiedel 1542 SINGER Vkde Fichtelgeb. 217.

WBÖ III,660; Schwäb.Wb. III,1821; Schw.Id. IV,1728.

– †[**Münz-am**]**b**. Amboß zum Prägen von Münzen: *2 munzzambos* 1371 Runtingerb. III,130.

– [**Schmied-am**]**b**. wie →[*Am*]*b*.1: *da Schmidambāus* Mittich GRI; *1 großer Schmidt amboß* Wunsiedel 1668 SINGER ebd.

– †[**Zain-am**]**b**. Amboß zum Schmieden (→*zainen*) von Metallstäben: *5 zainanpos* 1392 Runtingerb. II,249.

Spätma.Wortsch. 366.

[**Bei**]**b**. →[*Bei*]*fuß*.

[**Dengel**]**b. 1** wie →*B*.3a, °OB, °NB, °OP vereinz.: *mit Denglhåma auf Denglbåus schlåung* Mittich GRI; *dęŋlbǫf* Kösching IN nach SOB V,280.– **2** Getreide, das beim Abladen auf die Tenne fällt, °OP vereinz.: °*Denglbous* Fronau ROD.– Auch: °*Denglbous* „was nach der Getreideheimfahrt am Acker zusammengerecht wurde" Laaber PAR.– **3** Mahl nach Ernte, Dreschen, Flachsbrechen, °NB vereinz.: °*Denglbouß* „nach der Heuernte" H'schmiding WOS.– Auch: °*Denglbeoß* „Gebäck, das die Erntehelfer bekommen" Ruhmannsdf WEG.– „weil der *Denglboß*, wie der letzte Dreschtag genannt wird, stets mit einer Schmauserei beschlossen zu werden pflegt" MEIER Werke I,304.

Suddt.Wb. III,147.– W-40/1.

[**Tenn(en)**]**b. 1** wie →[*Dengel*]*b*.2, NB mehrf., °OP vereinz.: °*Tennabouß* Winklarn OVI; *Tentboßt* SCHLAPPINGER Niederbayer II,42; *Tennbous* Bay.Wald SCHMELLER I,295.– **2** letzte Garbe beim Dreschen, NB, °OP vereinz.: *Dennboas* Viechtach.

SCHMELLER I,295, 608.– WBÖ III,660f.; Suddt.Wb. III,150.– DWB XI,1,1,255.– KOLLMER II,86.– S-52L26, 100E51, F11.

[Flachs]boß

[Flachs]b. Flachsbüschel, OP vereinz.: *da Floasbåusn* Naabdemenrth NEW; *der flåksbousn* Dinzling CHA nach BM I,71.

Schw.Id. IV,1730; Suddt.Wb. IV,319.

[Für]b. Vorrat, °OB, °NB, °OP, °SCH vereinz.: °*jetz ham mir scho wieder an Fürbauß an Erdäpfi* Indersdf DAH; *viǝbǭs* nach KOLLMER II, 111.– Übertr.: °*Füaboauß* „dicker Bauch" Taching LF.

KOLLMER II,111.– W-11/44.

[Fürhin]b. dass., °OB, °NB vereinz.: °*heuer hon i scho an hübschn Füribauß an Hoiz für Winta dahoam* Frasdf RO.

W-11/44.

[Haar]b. wie →*[Flachs]b.*, °OB vereinz.: *z'oaschicksmoi* [vereinzelt] *wän im Bachofn aa an ötlan Haabousn außadaat* Valley MB; *Linistipula harapozin* Tegernsee MB 11.Jh. StSG. I,378,7 f.– Zu →*Haar* 'Flachs'.

WBÖ III,661.– Ahd.Wb. IV,724.

[Knie]b., -botz 1 steiler Weg, OB vereinz.: *Kniabåuß* Bergen TS; *Kniǝ-bous, Kniǝbǝs, Kniǝbis* „Eigenname verschiedener steiler Wege oder Anhöhen" SCHMELLER I,1343.– Als Örtlichkeitsname (°TS).– **2** Pfln.– **2a** Knäuelart.– **2aα** Sommerknäuel (Scleranthus annuus), °NB, °OP, °MF vereinz.: °*Kniabouß* Hahnbach AM; *Kneibous* OP MARZELL Pfln. IV,175.– **2aβ** wohl Dauerknäuel (Scleranthus perennis): °*Knäibouß* Wiesenfdn BOG.– **2b** Vogelmiere (Stellaria media), °OP vereinz.: °*der Knöibouß* Falkenbg TIR.– **2c** Gemeine Quecke (Agriopyrum repens), °OP vereinz.: *Gnäibouß* Tirschenrth; *Kneibous* O'viechtach DWA II,23.– **2d** Große Klette (Arctium Lappa, dort zu ergänzen): °*Kniebouß* Gangkfn EG.– **2e** Ackerspergel (Spergula arvensis), °OB, °OP vereinz.: °*Knöibouß* Fronau ROD; *Knöiboutz und Rockafo(d)n kröigts Moi(d)l aam Kammawoogn* SINGER Arzbg.Wb. 123.– **2f** Klebkraut (Galium aparine): *Knäibouz* Brand WUN.– **2g** Ackerschachtelhalm (Equisetum arvense): °*Kniebous* „kniehohes Zinnkraut" Neusorg KEM.– **3**: °*Kniebouß* „kurz geratener Hafer" Winklarn OVI.

SCHMELLER I,294, 1343.– WBÖ III,661; Schwäb.Wb. IV,534 f.– Frühnhd.Wb. VIII,1205.– BRAUN Gr.Wb. 321; SINGER Arzbg.Wb. 123.– W-40/2.

[Schell]b. ungeliebtes Kind, °OB, °NB vereinz.: °*Schellbåuß* „Kind, das wie ein Stiefkind behandelt wird" Ruhpolding TS.– Nebenf. zu einer Abl. von →*[schaub]boßen*; vgl. WBÖ III, 661 f.

WBÖ III,661 f. (Schaub-).– W-40/3.

[Schröt]b.: *Schredbåußn* „Gewehr" Aicha PA.

[Schwimm]b.: *Schwimmboußn* „zusammengebundene Binsen, die als Schwimmunterlage dienen" Törring LF.

[Für-sich]b. wie →*[Für]b.*, °nö.NB, °sö.OP mehrf.: °*en Winda muaßma an Fiasibouß hom* Cham; *moumǝr ǝvan ... viǝdsebǭs ... ǡdrǭŋ* nach KOLLMER II,375.

[Stech]b. Hauhechel (Ononis spinosa): °*Stechbouß* Fischbachau MB.

[Wind]b.: °*Windpoß* „Schutzbrett an den Giebelseiten des Hauses" Ampfing MÜ.

[Wurz]b. Wurzelstock, Baumstumpf, °OP, °OF vereinz.: °*mia ham Woazboußn en unßan Holz* Michelsneukchn ROD. M.S.

Boße

F. **1** Flachs-, Getreidebüschel, OB, OP vereinz.: *d'Bouß* Ascholding WOR; *Die ... Bôßen* SCHMELLER I,294; *Fasciculus ... boze* Tegernsee MB 11.Jh. StSG. III,694,46; „Eine *Bose* Flachs" HÄSSLEIN Nürnbg.Id. 52.

2: *dö Bouß* „Flachsbrechel" O'audf RO.

3 von Frauen.– **3a** eingebildete Frau: °*bei dera Boußn koschd ned okemma* Dachau.– **3b**: °*d Bouß* „Frau, die nur stoßweise sprechen kann" Fischbachau MB.

Etym.: Ahd. *bôza* 'Bündel' swf., Abl. von →*boßen*; WBÖ III,662.

HÄSSLEIN Nürnbg.Id. 52; SCHMELLER I,294.– WBÖ III,662; Schwäb.Wb. I,1310; Schw.Id. IV,1734.– DWB II,268; Ahd.Wb. I,1305.– S-100F38, 102C9.

Komp.: **[Ab]b.**: *Abbouss* „Flachsabfall" HÄRING Gäuboden 122.

KOLLMER II,213. M.S.

-boße

N., nur in: **[Ge]b. 1** Stoßen, Rütteln: *durch des Gebouß am Pflaster* Altb.Heimatp. 61 (2009) Nr.14,25.– **2** Lärm, Gepolter: *Voarn Dustaweardn is ... a Gebouß und a Gscheewara oa-*

ganga HEINRICH Stiftlanda Gschichtla 20; *und dardurch wider ir schrift schreiben und geboß machen* 1470 Urk.Juden Rgbg 29.
LEXER HWb. I,758. M.S.

Boßel, -ö-
M. **1**: „in der Oberpfalz der Schmiedehammer ... *Bößel*" Wdmünchn.Heimatbote 6 (1983) 84. **2** lärmende od. ungebärdige Person, °OB, °OP vereinz.: °*des is a richtiger Boußl* Manching IN.
Etym.: Ahd. *-bôzil*, mhd. *bôzel*, Abl. von →*boßen*; vgl. WBÖ III,662.
SCHMELLER I,295.– WBÖ III,662.– LEXER HWb. I,336.– S-52L26.

Komp.: [**Hoch-fahrts**]b.: *Houfahrtsboußl* „eingebildeter Mensch" Aidenbach VOF. M.S.

bosseln →*basteln*.

boßeln, -ö-
Vb. **1** schütteln, ruckeln, °OB, °NB vereinz.: °*da bäißlt's dö scho a so* Pocking GRI; *boußln* BERGMANN Baumgarten 49.
2 hageln, graupeln, OB, °NB vereinz.: *boußln* Truchtlaching TS.
3 (Flachs) bündeln, in heutiger Mda. nur im Komp.: *bouss·ln* SCHMELLER I,294.
SCHMELLER I,294.– WBÖ III,663; Suddt.Wb. II,539f.– LEXER HWb. I,336.– S-102A8.

Komp.: [**an**]b. **1**: °*anboaßln* „Garben leicht andreschen" Walleshsn LL.– **2** wie →*b.*3: *'n Floas aⁿbäißln* Fürnrd SUL; *à~bêssln, à~bêissln* „den rohen Flachs ... in Büschel binden" SCHMELLER ebd.
SCHMELLER I,294.– Suddt.Wb. I,322.

[**schnee**]b. **1**: °*Schnee boßeln* „wenn's durcheinander regnet und schneit wie im April" Bruckmühl AIB.– **2** wie →*b.*2, NB vereinz.: *schneeboußln* Eibg PAN; *schneeboßeln* SCHLAPPINGER Niederbayer I,5.
WBÖ III,663. M.S.

boßen
Vb. **1** stoßen, klopfen, schlagen.– **1a** stoßen.– **1aα** stoßen, einen Stoß geben, °OB, °NB, °OP mehrf.: *muaßt woita* [sehr] *föst boußn* Schliersee MB; °*mit seine Stiefln boust er gegn de Tür* Rgbg; *beim Schmie dou hom awa d'Gaal boußt ... draaß en Stoll bei da Nocht, hintn ans Bornloch ... hi* K'alfalterbach NM BÖCK Sitzweil 48; „daß ... der ... landwind nicht auf die giebelseite *báuß'n* ... konte" BzAnthr. 9 (1891) 35; *auzgenomen schiezzen auf der tafel, pozzen oder scheiben mit den chugeln* 1378 Rgbg.Urkb. II,466; *daß dasselb* [Ufer] *durch so villfelltiges Stossen und Possen zerschitt und rierig gemacht wurde* Mchn 1568 LORI Lechrain 381.– Ra.: °*du bist so dumm, daß d boust* „sehr dumm" Frsg, ähnlich HÄRING Gäuboden 192.– Spiele u.ä. Arsch b.: °*Arschboußn* „sich ein Kind auf die Knie setzen und wiederholt in die Höhe schnellen" Ergolding LA.– Gesäße zusammenstoßen, °OB, °NB, °OP vereinz.: °*Arschboußn* „von Burschen und Mädchen beim *Schustertanz* gegenseitig ausgeführt" Törring LF; °*Arschboußn* „einen Knienden durch einen Mitspieler vom Fleck wegzustoßen versuchen" Gottfrieding DGF.– **1aß** übertr. Geschlechtsverkehr ausüben, begatten, °NB, °OP vereinz.: *da Råb* (Krähe) *håd d'Henna boust* „sagte man bei einer Hühnerkrankheit" Rotthalmünster GRI; °*host a's boußt?* Rgbg; *boßen* „koitieren" N. KILGERT, Glossarium Ratisbonense, Regensburg 2008, 47.– Syn. →*coire*.– **1aγ** (Ostereier) gegeneinanderstoßen, Osterbrauch: °*Oia bousn* (Ef.) Allersburg NM.– Sachl. s. *pecken*,Bed.1b.– **1b** klopfen, schlagen.– **1bα** klopfend schlagen, °OB, °NB, °OP vereinz.: *påußen* „hämmern" Passau; „bläst der Hirte und *boßt* ... dann mit dem Horn fest an die Türe" Hallertau BRONNER Sitt' 264; *poussen* WESTENRIEDER Gloss. 439.– Spiele (den) Arsch b.: Schinkenklopfen, °OB, °NB, °OP vereinz.: °*Arschboußn* Eitting MAL.– Schläge auf das Gesäß geben, Brauch, °OP mehrf.: *Arschboußn* „zwei Burschen lauern eine Person auf, einer hält ein Brett an das Gesäß des Überfallenen, der andere schlägt mit einem Hammer drauf" Bruck ROD; „der sonderliche Brauch ... A...*boissen*" Nabburg Bavaria II,273; „*Arschboußen* ... das Mädchen erhält eine Breze" MOTYKA Opf. Bräuche 25; *Die weiber soltn mich wol arsbosen* SACHS Werke XXI, 131,6;– Sachl.: Der Brauch wurde v.a. an Mädchen am Faschingsdienstag ausgeübt, vereinz. am Aschermittwoch (°NEW) od. am Thomastag (21. Dezember) (°OVI);– Lit.: MOTYKA ebd.; Wdmünchn.Heimatbote 6 (1983) 82–85.– **1bß** heftig anklopfen, °OB, °NB, °OP vereinz.: °*i hob a paar moi an d'Tür boußt, aba neamds hod ma aufgmacht* Ismaning M; *und håt bousst um hojbë Zwejfë bo der Nacht* REG R. HALLER, Frauenauer Sagen, Münster u.a. 2002, 96; *der Trieræare pôzzet an sîn tor* Kaiserchr. 163,4477;

boßen

Do quam ... Pozzend an die tur Nathan um 1400 Cgm 578,fol.214ᵛ.– **1bγ** pulsieren, NB vereinz.: *s Bluad båußt* St.Englmar BOG; *Pumpert und poust dazua; 's Herz* DRUCKSEIS G'sund 13.– **1bδ** (Früchte) herunterschlagen, °OB, °NB vereinz.: *Nuß baoußn* Gotteszell VIT; „Eicheln poissen, d. i. vom Baume herunter schlagen" DELLING I,88; *D' Hartldeandl ... haben ... Growidbirl boust* SIEBZEHNRIEBL Grenzwaldheimat 54; *Wann auch ein Geäcker [Eckern]/ es sey von Aichel/ oder Piechel verhanden/ sol ... das possen oder schlagen ... verbotten ... sein* Landr. 1616 732.– **1bε** von Hand dreschen, OB, °NB, SCH vereinz.: *an Haar poußn* „Flachs mit der Drischel" Ascholding WOR; *Darin da poßt man Flachse* 1460 ERK-BÖHME II,712.– **1bζ** †durch Klopfen plastisch gestalten: *Extra vnkösten Vor ... Possen der Pilter* 1723 MHStA KL Andechs 46,fol.1ʳ.
2 mit den Füßen stampfen, ausschlagen.– **2a** aufstampfen, °OP mehrf., °OB, °NB vereinz.: °*grod schtampfa und bousn tans, so oignsinni hans* Schnaittenbach AM; „Bätzerlspiel ... Die Kinder: *Wer baußt, wer baußt?* Stampfer: *Der Höütbou!*" Roding SCHÖNWERTH Leseb. 228.– Ra. *so dumm sein, daß man barfuß auf dem Heu boßt* u.ä. °OB, °NB, OP vereinz.: *dea is so dum, daß a barfuß am Heu båßt* Jesendf VIB; *er ist so dumm ... daß er barfuß auf dem roggnen Stroh boußt* HÄRING Gäuboden 192.– **2b** durch Stampfen entfernen, °OB, °NB vereinz.: °*bouß an Dreck von deine Schua, ehst in d'Stum einigehst* Landshut.
3 ein Geräusch machen.– **3a** lärmen, poltern, °NB mehrf., °OB, °OP vereinz.: °*dua nöd a so boußn* N'frauenhfn VIB; °*boußade Braggn* „lärmende Kinder" Sulzbach-Rosenbg; *Do hots ba oan' im Stoi boußt, wej wenn a Vejch ledig gwen war* KÖZ, VIT BJV 1953,31; *daß niemand pausse oder abschrecke* Rgbg 1487 BLH X,95 f.– Auch in fester Fügung →*rumpeln und b.*– **3b** dumpf aufschlagen, OB, °NB, °OP vereinz.: °*bousn* Lam KÖZ.– **3c** prasseln (vom Hagel), NB vereinz.: *pousn* Kchdf KEH.– **3d** schwer atmen: *es hat boust* Neustadt KEH; *Huachts nea, wöi dea Zuch heind boußt* SCHWABENLÄNDER Woldnoo 27.– **3e** bellen: *d'Hund bousn* Dietfurt RID.– Syn. →*bellen*¹.
4 schütteln, rütteln, °OB, °NB vielf., °OP mehrf.: °*im Auto kon i hint net sitzn, weis do so boust* Heufd AIB; *boußn* „zum Ernten Äpfel schütteln" Bodenmais REG; °*boßn* „an der Tür rütteln" Brennbg R; *an Zweschbnbaam boussn*

RASP Bgdn.Mda. 33.– Auch in fester Fügung →*pemperln und b.*
5 ein best. Verhalten zeigen.– **5a** zornig sein, werden, °OB, °NB, °OP vereinz.: *baußn* Naabdemenrth NEW.– **5b** eigensinnig, störrisch sein, °OB, °NB, °OP vereinz.: °*so a boußads Kaiwi* Arzbach TÖL; °*der Bou boust wieda* Neustadt.– **5c** grob, unkultiviert sein, °OB vereinz.: °*boußerd* „laut und derb" O'haching M.– **5d** °*boußat* „eingebildet" Alkfn VOF.
6: °*Beschö boußn* „Forstpflanzen setzen" Ergolding LA.
7 (Flachs) bündeln, OB, °OP vereinz.: *Haar baußn* Fdkchn AIB.
8 gären (vom Heu im Heustock): *bǫǝʃǝ* Steingaden SOG nach SBS XII,305.

Etym.: Ahd., mhd. *bôzen*, westgerm. Wort wohl idg. Herkunft; Et.Wb.Ahd. II,270–272.

Ltg: *bǫᶙſn* u.ä. OB, NB, OP (dazu HEB, SC; DON, FDB), -*ǫɑ*- (SOB, SOG; FDB), -*ǫi*- (RO, TS, WS; DGF), -*io*- (AÖ), -*ɛo*- (BGD), daneben -*o*-, -*ǫ*-, im Anschluß an *stößen* (→*stoßen*) *beʃn* (TS).

DELLING I,88; SCHMELLER I,294 f.; WESTENRIEDER Gloss. 439.– WBÖ III,664 f.; Schwäb.Wb. I,1310 f.; Schw.Id. IV, 1728 f.; Suddt.Wb. II,540.– DWB II,268–270; Frühnhd. Wb. IV,841 f.; LEXER HWb. I,336 f.; WMU 281; Ahd.Wb. I,1305 f.– ANGRÜNER Abbach 17; BRAUN Gr.Wb. 59; DENZ Windisch-Eschenbach 115; HEIGENHAUSER Reiterwinklerisch 5; KOLLMER II,70; RASP Bgdn.Mda. 33.– S-52L26, 86F48, 100F37, 102C10, M-35/4, W-4/53, 39/54.

Abl.: *Boß, Boße, -boße, Boßel, boßeln, Boßer(er), boßern, Boßet, boßig, Boßler²*, -*bößling*.

Komp.: [**ab**]**b. 1** schlagen, dreschen.– **1a** Part. Prät., als Subst.: °*Åbaustö* „Schläge mit der Rute" Ergolding LA.– **1b** †wie →*b.*1bδ: *Obst, Aichel, Ber etc. ... abbôßen* „vom Baum schlagen" SCHMELLER I,294; *von ... Abpossens der Krammetbeer und Preisselbeere wegen* Landshut 1471 BLH VII,289.– **1c** oberflächlich dreschen: *oboußn* Valley MB.– Ra.: °*dea isch ausgrissn und net oboußt* „benimmt sich schlecht" Dachau, ähnlich OB vereinz.– **2** durch Stampfen, Klopfen, Schütteln entfernen, reinigen.– **2a** wie →*b.*2b, NB, OP vereinz.: *n Schnäi obåußn* Stadlern OVI; „das Gepolter von Kinderfüßen, die den Schnee *abpousten*" Riedlhütte GRA A. WANDTNER, Unterm Apfelbaum, Riedlhütte ²2005, 34.– **2b** durch Stampfen von etwas freimachen, °OB vereinz.: °*tua de Schua åpoßn* Taching LF.– **2c** durch Klopfen reinigen, NB vereinz.: „beim *Umkehren* wird der Pflug *opåußt*, von anklebender Erde gereinigt" Tittling PA.– **2d**: *oboussn* „abschütteln" LF H. MÜLLER, So wead gredd, Laufen ³2009, 67.– **2e** übertr.: °*der*

hot seine Schuidn åbbboußt „sich zahlungsunfähig erklärt" Sachrang RO.
SCHMELLER I,294.– WBÖ III,665; Schwäb.Wb. I,6; Schw. Id. IV,1729; Suddt.Wb. I,16.– BRAUN Gr.Wb. 432.

[**abher**]**b. 1** wie →*b.*1bδ, NB vereinz.: *d Oachl åwabåußn* Mittich GRI.– **2** herunterplumpsen: *obaboußn* O'viehbach DGF; *hat ma direkt an Trumm Stoa vo sein Herz aberboußn ghert* WANITSCHEK-MACHHAUS Bergauf 57.– **3** abwerfen, herabfallen lassen: *Oi' Baam stäiht ... Am End vo' dera Straoußn. Öitz tout a sa' zeiti Woar oaraboußn* SCHWÄGERL Dalust 32.– **4** wie →*b.*2b: °*bouß dein Schnee owa!* Weildf LF.
WBÖ III,666.

[**an**]**b. 1** anstoßen, anklopfen.– **1a** anstoßen.– **1aα** anprallen, OB, NB, OP vereinz.: *abausn* Pfatter R.– „Schusserspiel: *åbåußn*" Aicha PA.– **1aβ** übertr. schwängern: °*opåußt* Traunstein.– **1b** wie →*b.*1bβ, NB, OP vereinz.: *wer hod anboußt?* Cham; *åb̥o̊u̯n* nach KOLLMER II,36; *ich clopf oder anpos* AVENTIN I,381,16 (Gramm.).– Auch einen Annäherungsversuch machen: *Und a jeder boßt an* STIELER Ged. 373.– **2** wie →*b.*4, OB vereinz.: *opoußn* an einer versperrten Türe rütteln Allach M.– **3** refl.: °*bei da Mamm dahoam kennts eng* [euch] *wieda voi oboußn* „den Magen vollschlagen" Siglfing ED.– **4**: °*der hot mi oboust* „angeplärrt" Schönbichl FS.
WBÖ III,665; Schwäb.Wb. I,179; Suddt.Wb. I,322.– DWB I,298, 421; Frühnhd.Wb. I,1008; LEXER HWb. I,58.– KOLLMER II,36.

[**auf**]**b. 1**: *die Nuß aufboußn* „aufschlagen" Passau.– **2** wie →*b.*2a: °*afbousn toust du, als wenn a Gail dahea kemmad!* Sulzbach-Rosenbg.– **3** wie →*b.*3b: *afbåußn* „aufplumpsen" Aicha PA.– **4** auch refl., wie →*b.*5a, °OB, °NB, OP vereinz.: °*wia se der aufbosn dad!* Edelshsn SOB.– Part.Präs.: °*der is da aufbausat* „jähzornig" Taching LF.– **5**: °*geh, bous di net so auf!* „spiele dich nicht so auf" Bonbruck VIB.
WBÖ III,665; Suddt.Wb. I,496.

[**aus**]**b. 1** schlagen, dreschen, ausklopfen.– **1a** schlagen, verprügeln: °*aspaoußn* mit der Rute schlagen Kallmünz BUL.– **1b**: „Die Kräutlweiber ... *bousten Growidbirl aus* (klopften Wachholderbeeren von den Stauden)" SIEBZEHNRIEBL Grenzwaldheimat 54.– **1c** wie →[*ab*]*b.*1c, OB vereinz.: „unaufgebundene Garben *ausboußn*" O'audf RO.– **1d** wie →[*ab*]*b.*2c,

OB, NB, OP vereinz.: *asbåußn* „z.B. ein Gefäß ausklopfen" Stadlern OVI; *und raucht dö Pfaiffa und weij s'dano' ausboussn* Außenrd REG HALLER Rockarois' 70.– **2** schütteln, ausschütteln.– **2a** schütteln: *'s Mensch hat an Kopf ausboast* BERGMAIER Ruhpolding 261.– **2b** durch Schütteln leeren, reinigen, °OB, NB, OP vereinz.: °*ausbiosn* „ausbeuteln" Garching AÖ; „Einen Korb, einen Sack *außbößen*" SCHMELLER I,294.– Ra.: „sodass, wie man hierzulande sagt, *da Toifi grood an Ranzn ausbeosst*, wenn die lautschreiende Kinderschar sich ... auf den Hochzeitszug stürzt" HELM Mda.Bgdn.Ld 14.– **3**: °*dea hod owa sei Gloos schnell ausboust* „ausgetrunken" Rgbg.
SCHMELLER I,294.– WBÖ III,665f.; Schwäb.Wb. I,456.– DWB I,834; Frühnhd.Wb. II,914.– RASP Bgdn.Mda. 19.

[**der**]**b. 1** stoßen, schlagen.– **1a** wie →*b.*1aα: *der hot eahm schön daboußt* Chiemgau.– **1b** wie →[*aus*]*b.*1a: *mit der Faust dabåußn* Iggensbach DEG.– **2** wie →*b.*4: *derbousn* „erschüttern (beim Fahren auf holprigem Wege)" Bernau RO.– **3** verprellen, jägersprl.: *dabåußn* Aicha PA.
WBÖ III,666.

[**tusch**]**b.** Brauch (→*b.*1bα): *tuschpoßen* „Burschen legen Mädchen ein Brett ans Gesäß und schlagen mit einem Hammer darauf. Das Mädchen löst sich durch ein Trinkgeld aus" um Weiden.

[**ein**]**b. 1** hineinschütteln, °OB, °NB vereinz.: °*einbousn* „z.B. Mehl in die Truhe" Teisendf LF.– **2** durch Schütteln, Stoßen dicht befüllen, °OB, °NB vereinz.: °*an Sååg eiboußn* Ebersbg; °*einboußt voll* „ganz voll" Schaufling DEG.– **3**: °*der paust in sie ei* „redet wütend auf sie ein" Schnaittenbach AM.
WBÖ III,666.

[**einhin**]**b. 1** †wie →*b.*1aα: *het er mi mit ernst ähi beaust* Landshut um 1650 Universitätsbibliothek Tübingen Md 290,fol.161ʳ.– **2** wie →[*ein*]*b.*1: *einebouss'n* G. SOJER u.a., 1500 Wörter Ruhpoldinger Mda., Ruhpolding 2008, 13.– **3**: °*er hat sauwa einiboust, sonst wara nia ferti worn* „sich angestrengt, ins Zeug gelegt" Weyarn MB.
Suddt.Wb. III,597.

[**für**]**b.** Vorrat anlegen, °OB, °NB vereinz.: °*müßma scho fürboußn* Kchbg PAN.

[fürhin]boßen

[**fürhin**]**b.** dass.: °*i hab scho füripost, daß ma d'Sach nit ausgeht* Inzell TS.

[**her**]**b. 1** †wie →[*aus*]*b.*1a: *Einen recht herbôßen* „abprügeln" SCHMELLER I,295.– **2** wie →*b.*1aß: °*dea Sepp hod de Lies' wos heaboust* O'neukchn MÜ.– **3** wie →*b.*3a: *herbouss'n* „herumstoßen, poltern" HÄRING Gäuboden 146.
SCHMELLER I,295.

[**hin**]**b. 1** wie →[*an*]*b.*1aα, °OB, °NB, OP vereinz.: °*daß da Baam it* [nicht] *an an andern hiboast* Benediktbeuern TÖL.– **2** unpers.: *håtn hibåußd* „er ist hingefallen" Aicha PA.
WBÖ III,666.

[**hoch**]**b.** Part.Präs., eingebildet, hochmütig, °OB, °NB, °OP vereinz.: °*de is ma z'houboußad* Dachau.
W-40/8.

[**schaub**]**b. 1** wie →[*ab*]*b.*1c, NB, °OP vereinz.: *schabåßn* „die Garben schnell überdreschen, um rasch Körner zu gewinnen" Mengkfn DGF; *Schâub bôßen* SCHMELLER I,294; *Schabpoussen* ZAUPSER Nachl. 36.– **2** übertr.– **2a** †: *Schâubbôßen* „figürlich: mishandeln" SCHMELLER II, 353.– **2b** wie →[*an*]*b.*1aß: °*dö is gscharboußt* „geschwängert" O'piebing SR.– **2c** Part.Prät.– **2cα** mit unehelichem Kind, °NB, OP vereinz.: *dem sei Hochzaidarön is scho a Gschapoustö* Herrnthann R; *A gschabouster Bua is mia allömoi gwiß* Greising DEG HUBER-SIMBECK Ndb.Liederb. 82.– **2cβ**: *des is a ganz a gschaboußte* „raffinierte, liederliche Frau" Vilseck AM.– Sprichw.: °*gschaboußte Deandln kriagn durchgstößna Knia* „junge Luder werden im Alter gerne fromm" Bogen.
SCHMELLER I,294f., II,353; ZAUPSER Nachl. 36.– WBÖ III,666; Schwäb.Wb. VI,2923.– DWB VIII,2297.– KOLLMER II,179.– S-100F59.

[**über**]**b.** wie →[*ab*]*b.*1c: *Garm iwabåußn* Mittich GRI.
WBÖ III,666. M.S.

Possen, -st-
M. **1** †Zierrat an Bauwerken: *umb vier hanngend possenn ... oben in der schweben* Rgbg 1459 VHO 28 (1872) 104.
2 derber Scherz, Streich, °OB, NB, OP vereinz.: *Bossa machen* O'ammergau GAP; *Ma müassert' iahm eingtli amoi an richtign Postn spuin* GRAF Dekameron 212; *mit allerhand groben/ leichtfertigen Zotten und Bossen* SELHAMER Tuba Rustica I,270.
Etym.: Mhd. *possen* Pl., frz. Herkunft; PFEIFER Et. Wb. 1030.
SCHMELLER I,411.– WBÖ III,663; Schwäb.Wb. I,1313–1315; Schw.Id. IV,1730–1733; Suddt.Wb. II,540.– DWB VII,2013f.; Frühnhd.Wb. IV,838f.; LEXER HWb. II,288.

Abl.: *bossieren, Bossierer*.

Komp.: †[**Fatz**]**p.** wie →*P.*2: *Fatzpossen* SCHMELLER I,780; *Fatzpossen* „Facetiæ" PRASCH 4.– Zu →*fatzen* 'possenhaft reden, handeln'.
SCHMELLER I,780.– Schwäb.Wb. II,983.– DWB III,1366.

†[**Huren**]**p.** Hurerei: *alsdann gleichsamb alle ... obereinanderkugeln, bis sie ihre ... Huren Possen ausgeübt haben* Pullenrth KEM 1702 Wir am Steinwald 10 (2002) 133.

†[**Schimpf**]**p.** →*P.*2: *lächerlich und abenteurlich schimpfpossen* Trostbg TS GRIMM Weisth. III, 666f.
Schwäb.Wb. V,843; Schw.Id. IV,1734.– DWB IX,184; LEXER HWb. II,746.

†[**Schlosser**]**p.** dass.: *Schlosser-Bossen* CH. SELHAMER, Tuba Tragica ... Sonntåg, Nürnberg 1696, 245.
SCHMELLER II,536.– DWB IX,777. M.S.

Boßer(er)
M. **1** Stoß, Schlag, NB, °OP vereinz.: *Boußerer* Cham; *Bousser* „Stoß" HÄRING Gäuboden 129; *der bǫussə* „Schlag" Dinzling CHA nach BM I, 71.
2 Aufstampfen des Fußes: *nå dout Goas än Bousä* Bruck ROD.
3 lautes Geräusch, Knall, °NB, °OP vereinz.: *da håds an Båußa da*ⁿ Mittich GRI; *a mordstrumm Mauerwerk ... saust mit an sechan Poussa oba gegens Häusl, daß alls zidert* Bay.Wald ObG 15 (1926) 96.
4 †schwerer Hammer: *so die Engl in Henden gehalten, an Lanzen, Rhor, hamer, zangen, nögl, Posser* N'aschau RO 1710 JAHN Handwerkskunst 215.
5 Schuh.– **5a** Schuh mit Holzsohle, NB, °OP vereinz.: °*Boußa* „Holzschuhe mit ledernem Oberteil" Neustadt.– **5b** abwertend (schwerer, plumper) Schuh, OB, °NB, °OP, °SCH vereinz.: °*sechane Boußa leg i net o* Dietfurt RID.
6 abwertend von Pferden.– **6a** unruhiges Pferd, °OB, °OP vereinz.: °*Boußer* „schlägt immer mit

den Hufen gegen die Seitenwände" Hohenschäftlarn WOR.– **6b** Pferd mit schwerfälligem Gang, °OB, °NB, °OP vereinz.: *°Boußer* Rettenbach WS.– **6c** schlechtes Pferd, °OB, °NB, °OP vereinz.: *°jetz bringt er an so an alten Boßer daher* Muckenbach ROD.
7 von Menschen.– **7a** Mensch mit schwerfälligem Gang od. Gehfehler, °NB, °OP vereinz.: *°kast du niat a weng leisa aftren, du alta Baousa!* Sulzbach-Rosenbg.– **7b** ungehobelter, ungeschlachter Mensch, °OB, °NB vereinz.: *°du bist mir a sauberer Baußer* „hast schlechte Tischmanieren" Frauenhfn MAL.– **7c** *°Baußa* „Mann, der nur stoßweise sprechen kann" Fischbachau MB.
8: *°Boußa* „Traktor" Wasserburg.
9: *Boußer* „Flachsbüschel" Höhenkchn M.
10: *°Boußa* „großer Glasschusser" Gaißach TÖL.– Syn. →*Schusser*.

WBÖ III,666; Schw.Id. IV,1736; Suddt.Wb. II,541.– Lexer HWb. I,337; WMU 2563.– S-52L26, W-40/9.

Komp.: [**Arsch**]b. **1** jmd, der beim *Arschboßen* (Brauch, →*boßen*,Bed.1bα) Schläge gibt: *Arschboußer* Bruck ROD.– **2** Tanz, bei dem sich die Tanzpartner gegenseitig mit dem Gesäß stoßen, °OB, °OP vereinz.: *°Oaschboußa* Sulzbach-Rosenbg.

[**Knie**]b. Schuhplattler: *°Knieboußer* „verächtlich" Teisendf LF.

WBÖ III,667.

[**Losen**]b.: *°Losnboußer* „Mann, der wechselnde sexuelle Beziehungen zu Frauen hat" Siglfing ED.– Zu →*Los* 'unanständige Frau'.

[**Schaub**]b.: *°Schaboußer* „Spottname für einen, der nur ein kleines Anwesen hat" Cham. M.S.

boßern
Vb. **1** stoßen, schlagen.– **1a**: *baoußan* sehr fest und heftig stoßen Mauth WOS.– **1b** (Ostereier) gegeneinanderstoßen, Osterbrauch, °OP vereinz.: *°Oierboußarn* Neustadt.– Sachl. s. →*pekken*,Bed.1b.– **1c** auf das Gesäß schlagen, Aschermittwochsbrauch: °„die *Geboußerte* muß dann eine Maß Bier zahlen" ebd.– Sachl. s. *boßen*,Bed.1bα.
2 ein best. Verhalten zeigen.– **2a**: *°bousan* „dahinschimpfen" Passau.– **2b** eigensinnig sein, °NB vereinz.: *°des Kind bousert åba* Grafenau.– **2c** ungeduldig sein, °NB vereinz.: *dei ganz Bou-*

san hilft do nixn, muaßtas ja doch dawartn Tann PAN.

Suddt.Wb. II,541. M.S.

†Posseß
F., Besitz: *dz alle deß gottß hauß pfarrer. Jr posseß von Jr dth: abholln* 1610 Haidenbucher Geschichtb. 23.

Etym.: Aus lat. *possessio*; Frühnhd.Wb. IV,843 f.

WBÖ III,667; Schwäb.Wb. I,1316; Schw.Id. IV,1736f.– DWB VII,2016; Frühnhd.Wb. IV,843f.; Lexer HWb. II,288. M.S.

Boßet, -eret
(Genus?) **1** Geklopfe: *Wer is en då drausst, wos is denn dës für à Boussàràt?* REG R. Haller, Frauenauer Sagen, Münster u.a. 2002, 96.
2: *Båußat, Båußarat* „Rumpeln auf dem Wagen" Aicha PA.

Schw.Id. IV,1730.

Komp.: [**Tenn**]b.: *Dennbaußat* „die beim Abladen von Getreide auf der Tenne ausgefallenen Körner" Simbach PAN.

[**Haar**]b. Abfall beim Riffeln des Flachses: *Horboißat* Breiten WEG.– Zu →*Haar* 'Flachs'. M.S.

bossieren
Vb. **1**: *pussiern* „bossieren, einen Stein mit dem Spitzhammer bearbeiten (Steinhauersprache)" Singer Arzbg.Wb. 180.
2 formen, modellieren: *3 Jesu Kinder von Wachs possiert* Hohenaschau RO 1816/1817 Jahn Handwerkskunst 205 (Inv.); *2 von Wax poußierte Aendten* Erding 1758 Mitterwieser Weihnachtskrippen I 27.

Schmeller I,411.– Schwäb.Wb. I,1316; Schw.Id. IV,1734; Suddt.Wb. II,541.– DWB II,266; Frühnhd.Wb. IV,844 f.– Singer Arzbg.Wb. 180. M.S.

Bossierer
M., Bossierer, ä.Spr.: *Bossierer* „plastes" Schönsleder Prompt. H1ᵛ.

WBÖ III,667; Schwäb.Wb. I,1316; Schw.Id. IV,1734.– DWB II,266.

Komp.: [**Wachs**]b. Wachsbildner, ä.Spr.: *Wachspoussierer und Seidensticker* Bayer.Barockpr. 217 (Christoph Selhamer).

WBÖ III,667; Schwäb.Wb. VI,318. M.S.

boßig

boßig
Adj., zornig, wütend, °OB vereinz.: °*wia da Jager g'spannt hot, daß der Hirsch nimma do is, na is a boußi worn* Hagnbg MB. M.S.

Boßler[1] → *Bastler*.

†**Boßler**[2], -ßtl-
M., Knecht, der niedrige Tätigkeiten ausübt: *Postler* „bei den Båckern derjenige Knecht, welcher den Mehlteig mischen und knetten muß" DELLING I,90; *pil trager, vnnd poszler mitsambt dem wagenknecht die In der Múl arbaiten* Landshut 1511 MHStA GL Landshut 60,fol.35ᵛ; *Poßler* „So hiesen die untersten BekenKnechte, und MühlKnechte" HÄSSLEIN Nürnbg.Id. 105.

DELLING I,90; HÄSSLEIN Nürnbg.Id. 105; SCHMELLER I,410; WESTENRIEDER Gloss. 439.– WBÖ III,667; Schwäb.Wb. I,1317; Suddt.Wb. II,539.– DWB II,270; Frühnhd.Wb. IV,835. M.S.

-bößling
M., nur im Komp.: [**Ge-schaub**]**b.**: *gšāb̜ęįſlen* „(abfällig) Mann, der mit einer Frau nur geschlechtliche Beziehungen unterhält, aber sie nicht heiraten will und daher das Verhältnis geheimhält" nach KOLLMER II,178.

KOLLMER II,178. M.S.

Post[1]
F. **1** Post, Postbetrieb.– **1a** Dienstleistungsbetrieb, allg.verbr.: °*der haout gmoint, er is wos bessas, waal a va da Post goawat haout* Windischeschenbach NEW; *dös ko i mir jetzta net denka, wia die Post eahna Göid verdeant* P. PODDEL, Bayr. Schnurrenb., Stuttgart 1942, 56.– **1b** Postamt, allg.verbr.: °*i muas no s Päckla auf d Poscht bringa* Hochdf FDB; *In d'Stodt noch Cham af d'Post* SCHUEGRAF Waldler 93; *Af da Bost unt liegt a Fedahalta* SCHWÄGERL Dalust 60.– Im Vergleich: *heint geits zou wie aff ara Post alle Augenblicke kommt einer Hessenrth* KEM.– **1c** Postfahrzeug: *mita Bossd heafān* Aicha PA; *daß den Posten auf das durch das Posthorn gegebene Zeichen ... von den andern Fuhren ... ausgewichen werden solle* Mchn 1802 VOGEL Moral 21.– Ra.: *schteich aa. Ab mit der Post!* [unverzüglich geht es los] HEINRICH Gschichtla u. Gedichtla 68.– **1d** †Poststation: „obgleich hier der Weg nach Tirol um ein Paar *Posten* näher ist, als auf der Kufsteiner Strasse"

HAZZI Aufschl. II,1,50.– Häufig in Wirtshausnamen.– **1e** Postweg: °*des woa da owa lang aaf da Bost untawechs* Neuhs NEW; „als wenn der Befehl auf der *Post* liegen gebliebn wåre" BUCHER Charfreytagsprocession [7].
2 Postzustellung, OB, NB vereinz.: *wön kimt d'Post?* Ascholding WOR.– Ra.: *I schick də·s schaə~ mit də' Post* „du bekommst es gar nicht" M'nwd GAP SCHMELLER I,412.
3 Postsendung: °*aaf döi Bost woat i scha lang* Altenstadt NEW.
4 übertr. Nachricht, Botschaft, °OB, °NB, °OP vereinz.: °*loß mir Post zuakemma!* Tittmoning LF; *koa schejne Bossd* „schlechte Nachricht" Floß NEW; *Kummt eines Tages Post daher von an Kriag* MEIER Werke I,441 (Natternkrone); *Ich soll Ihnen eine Post ausrichten von der Madam* PEINKOFER Werke III,131; *dy kayserlich majestät het immer sein post, wie es stund, vor grossen sorgen* Rgbg 1541 Chron.dt.St. XV,176, 18 f.; *dahero ihr cläger die posst aufgeben, dz Becl: gleichwohl dz drangelt schickhen solle* StA Mchn Hofmark Amerang Pr.18 (25.2.1755).– In festen Fügungen: *P. tragen* u.ä. Nachrichten überbringen: °*Pöstal trogn* Pöcking STA; „*Posten* oder *Pöstlein tragen,* Botschaften, Nachrichten, Briefchen etc. hin und her tragen, (besonders zwischen zwey Verliebten)" SCHMELLER I,413.– *P. tun* u.ä. Bescheid geben, benachrichtigen, °OB, °NB, °OP vereinz.: °*dua ma fei boignuag Bost!* Weildf LF; *Kaum is er daußt aufn Föid, hat Bäuerin scho wieder Post to: „Kimm hoam ..."* HALLER Dismas 115; *A Bauanknecht ... Thuet iatz sein'm Vadan Post: ea soll eahm halt ... A Poa ganz neue* [Stiefel] *schicka* LAUTENBACHER Ged. 50.– *Pöstlən machen* [heimlich absprechen] M'nwd GAP SCHMELLER ebd.

Etym.: Aus it. *posta* 'Poststation'; KLUGE-SEEBOLD 714.

SCHMELLER I,412f.; WESTENRIEDER Gloss. 439.– WBÖ III,667f.; Schwäb.Wb. I,1317f.; Schw.Id. IV,1796f.; Suddt.Wb.II,541f.– DWB VII,2017–2020; Frühnhd.Wb. IV,846f.; LEXER HWb. II,288.– ANGRÜNER Abbach 16; BRAUN Gr.Wb. 470; DENZ Windisch-Eschenbach 221; RASP Bgdn.Mda. 121f.– S-105D1, 50, 56.

Abl.: *Postel, pösteln, posten, Poster(er), pösterln, -postern, postieren, Postierer, Postler*.

Komp.: [**Eil**]**p.** Eilpost, OB, NB, SCH vereinz.: *Eilposcht* Derching FDB.

WBÖ III,668; Suddt.Wb. III,560.– ²DWB VII,456.– S-105D2.

[**Karriol**]**p.** Karriol, Postwagen: *Kharööbossd* Aicha PA; „In den Fond [einer Schüssel] ist ... eine *Kariolpost* gemalt" Bayer.Heimatschutz 22 (1926) 57; „*Kariolposten* gehen von Wernberg nach Vohenstrauss" W. BRENNER-SCHAEFFER, Schematismus der promovirten Arzte im Regenbezirk, der OP u. von Regensburg, Nürnberg 1852, 16.

Schwäb.Wb. IV,236.

†[**Ochsen**]**p.** von Ochsen gezogener Postwagen, übertr. in der Fügung *auf der O.* langsam, gemächlich: *Das geht auf der Ochsenpost* Baier. Sprw. I,175; *Mann khann nit in himel nein, khommen auf der ochsen Boost* 1695 M. KNEDLIK, Kemnather Passion, Pressath 1993, 85.

Schwäb.Wb. V,35.– DWB VII,1137.

[**Schnecken**]**p.** scherzh. langsames Gefährt, OB vereinz.: *i fahr mit der Schneckenpost, Wo's grad 3 Kreuzer kost* Aibling.– Im Vergleich: *langsam wiea d'Schneckenpost daheakroicha* Hengersbg DEG, ähnlich ROD.– Ra.: *dea kimd mit da Schneggnbost* „läßt lange auf sich warten" Reisbach DGF, ähnlich PA.

WBÖ III,669; Schwäb.Wb. V,1049; Schw.Id. IV,1797. M.S.

†**Post**²
F., best. Warenmenge, Warenposten: *12 post zendalin* [Stoffart] *ze 16½ Tukat ... in ainer post sind 6 stúchkel* 1383 Runtingerb. II,48.

Etym.: Wie →*Posten*² aus it. *posta* 'Geldsumme'; PFEIFER Et.Wb. 1031.

SCHMELLER I,413.– Schw.Id. IV,1799f.; Suddt.Wb. II,542.– DWB VII,2024; Frühnhd.Wb. IV,847f.; Spätma.Wortsch. 230. M.S.

Postament
N. **1** Postament, °OB, °NB vereinz.: °*Bostament* Siglfing ED; *Der heili' Josef schiaglt awi Vom Boschtamentl* FRANZ Hutzelweck'n 99; *ein Uhr geheiß mit einen postiment gemacht* 1833 PURUCKER Auftragsb. 55; *das ... Postoment, Worauf der Tabernacul stehet* N'aschau RO 1759 JAHN Handwerkskunst 437.– Ra.: *aufs Postamentl auffiheben* einen oder etwas verherrlichen Reisbach DGF.– °*Wiast säang, di wirfi nu oara vo dein Postamentl* „dich mache ich noch klein" Schnaittenbach AM.– *Der is owigschnacklt übers Postamentl* er ist gestorben G'seeham MB, ähnlich EIH.– Übertr. erhöhter Standort, °OB vereinz.: *pass auf, daßd nit vo(n) deim Pustament fallst* „von der Leiter" Mchn.

2 Dim., Podium, Podest, °OB, °NB vereinz.: °*as Bostamendl* Platz, wo die Musikanten bei der Hochzeit sitzen Wildenroth FFB; *bosda'mentl* N. KILGERT, Glossarium Ratisbonense, Regensburg 2008, 131.

3: „Beschreibung einer ... muskel-kräftigen Frau ... *solides Postament*" Wdmünchn.Heimatbote 20 (1989) 26.

Etym.: Aus spätlat. *postamentum*; vgl. Fremdwb. II, 615.

WBÖ III,669; Schwäb.Wb. I,1318; Suddt.Wb. II,542.– DWB VII,2021; Frühnhd.Wb. IV,848.– BERTHOLD Fürther Wb. 169. M.S.

Postbart →*Paßport*.

Postel
M., Postbote, OB, °NB vereinz.: °*akkrat heit håt da Postl dö Koatn brâcht* Wimm PAN. M.S.

bosteln →*basteln*.

pösteln, -po-
Vb. **1** Neuigkeiten weitererzählen, verbreiten, °OB vereinz.: °*die Gruberin hat immer was zum pösteln* Lenggries TÖL; *Wàs habts denn àllǝwál z·pösteln* M'nwd GAP SCHMELLER I,413.

2: °*pösteln* „einen Auftrag mündlich übermitteln" Bayrischzell MB.

3 heimlich absprechen, abmachen: *de håm böstelt* „über Positionen untereinander verhandelt" Frauenhfn MAL; *pösteln* „heimlich ausmachen" SCHMELLER ebd.

SCHMELLER I,413.– WBÖ III,669; Schwäb.Wb. I,1320; Schw.Id. IV,1799.– DWB VII,2022.– S-105D52, W-40/10.

Komp.: [**ab**]**p.** wie →*p.*3, °OB, °NB vereinz.: °*o'pösteln* Fischbachau MB; *untǝrǝnandǝr à'pöstǝln* M'nwd GAP SCHMELLER ebd.

SCHMELLER I,413.– S-105D53, W-40/10.

[**aus**]**p.** auskundschaften, °OB, °NB vereinz.: °*er håd die Sach auspostlt* Ohlstadt GAP.

[**ver**]**p.** wie →*p.*3: °*im Gemeinderat werd olles vopöstelt* Wildenroth FFB. M.S.

Posten¹
M. **1** Stelle, Position.– **1a** Standort einer Person, die eine best. Funktion ausübt: *Bleibt's ja auf eurem Postn, wos a passiert!* Altb.Heimatp. 53 (2001) Nr.18,3; *Da Hansgürg'l ols Soldot 's*

easchtmol am Post'n SCHUEGRAF Wäldler 105.– Ra.: *Bist heid ned aufm Postn?* „Bist du heute nicht in Form?" BINDER Bayr. 166.– **1b** Arbeitsstelle, berufliche Position, °NB, °OP vereinz.: *då war a Postn frei* Passau; *Da hat mei' Kaplan Kriagt an Post'n im Wald* J. MAYERHOFER, Mei Pfoarra, Augsburg/München 1883, 25; *Wost nea willst? A schäins Pöstl haout er, Junggsell is er* SCHEMM Dees u. Sell 111; „wenn ein unbedeutender Mensch einen hohen *Posten* erhålt" ZAUPSER 38.– Auch Ehrenamt: *I bin froh, dass du des Pösterl los bist* Altb.Heimatp. 60 (2008) Nr.20,25.
2 jmd, der Wachdienst hat, OB, NB, °OP mehrf., MF vereinz.: *°i hon an Postn afgschdöld, soll askundschaftn, wöi alles is* Schnaittenbach AM.– In festen Fügungen *P. brennen / stehen* Wache halten, OB, NB, OP, MF vereinz.: *der muß heut Postn stehn* Hohenstein HEB; *Ich ... und der ... Franz und der ... Sepp haben grad Posten brennt* ROHRER Alt-Mchn 68.

Etym.: Aus it. *posto*; PFEIFER Et.Wb. 1031.

WBÖ III,669; Schwäb.Wb. I,1318; Schw.Id. IV,1799f.; Suddt.Wb. II,542f.– DWB VII,2022–2024.– BRAUN Gr. Wb. 470.

Komp.: [**Wach(t)**]**p.** wie → *P.*2, OB, NB, OP, SCH mehrf., Restgeb. vereinz.: *Wåchdbosdn* Kammerbg FS; *Wåhboschdn* Rohrbach ND.

WBÖ III,669.– DWB XIII,199.– M-206/11. M.S.

Posten²
M. **1** Rechnungsbetrag: *der Postn* „Geldeintragung im Geschäftsbuch" Passau; *diß pösstl bezalt gdge Herrschafft* Sachrang RO 1692 JAHN Handwerkskunst 475.
2 best. Warenmenge, Warenposten: „*an Postn* Leinwand liefern" Passau.

Etym.: Aus it. *posta* 'Geldsumme'; PFEIFER Et.Wb. 1031.

WBÖ III,669; Schwäb.Wb. I,1318; Schw.Id. IV,1799f.; Suddt.Wb. II,543.– DWB VII,2024f. M.S.

Posten³, Pf-
M., †F., Bleischrot: „*Pfoste,* – die, gehacktes Blei, oder ein Stück von einer zerschnittenen Kugel. Z. B. mit *Pfosten* laden, schießen" DELLING I,74; *ho i 'n Buckl voll Post'n aufig'schoss'n* Oberpfalz 2 (1908) 73.

Etym.: Aus frz. *poste*; DWB VII,2025.

DELLING I,74; SCHMELLER I,413, 443.– WBÖ III,108f., 669; Schw.Id. IV,1800, V,1199; Suddt.Wb. II,543.– DWB VII,2025.

Komp.: [**Reh**]**p.** Bleischrot für Rehe, OB, NB, OP vereinz.: *Reachposchta* Peiting SOG; [in dem Gewehr] *Ist ein tüchtiger Rehposten d'rinnen gewesen* KERN Haberfeldtreiber 403.

WBÖ III,109; Schw.Id. IV,1800.– DWB VIII,560.– S-57C56. M.S.

posten
Vb. **1**: *°postn* „benachrichtigen" Zwiesel REG. **2** auskundschaften: *°postn* „erkunden" ebd. **3**: *°i geah ga* [zum] *postn* „einkaufen" U'ammergau GAP.

WBÖ III,670; Schwäb.Wb. I,1318; Schw.Id. IV,1797f.– DWB VII,2025; Frühnhd.Wb. IV,849.

Komp.: [**aus**]**p.** wie →*p.*2, °OB, °NB, °OP vereinz.: *°da Schöheilö, der tuat dös auspostn* Pökking STA; *ausposten* „ausforschen, auskundschaften" Nürnbg SCHMELLER I,413.

SCHMELLER I,413.– WBÖ III,670; Schwäb.Wb. I,495, VI, 1563.– S-105D51, W-40/11. M.S.

Poster(er)
M. **1** Postler, v.a. Postbote, OB, NB, °OP, °OF, MF vereinz.: *°woa da Bostara scha dou?* Windischeschenbach NEW; „*A Paket! A Nachnahme! Hunnertachtaneinzich Mark kröichati!*" sagt der *Posterer* SCHEMM Neie Deas-Gsch. 25.
2 Postillion: *Posterer* (Ef.) Illschwang SUL.

WBÖ III,670; Schwäb.Wb. I,1318; Suddt.Wb. II,543.– DWB VII,2025.– BERTHOLD Fürther Wb. 169; BRAUN Gr. Wb. 470; MAAS Nürnbg.Wb. 88. M.S.

pösterln
Vb.: *°pöstaln* Reden hin- und hertragen Pökking STA.

Komp.: [**ab**]**p.**: *°opöstaln* „untereinander abmachen" ebd. M.S.

-postern
Vb., nur im Komp.: [**aus**]**p.**: *°dö oid Ratschn håt's scho lang wieda auspostat* „ausgekundschaftet" Ismaning M. M.S.

†postieren
Vb., mit der Post od. schnell reisen: *postieren* SCHMELLER I,413; *Ferdinandus ist ... wider von Pehem chomen, postirnd mit 6 pferden* Rgbg 1532 Chron.dt.St. XV,118,12f.

SCHMELLER I,413.– WBÖ III,670; Schwäb.Wb. I,1319; Schw. Id. IV,1799; Suddt.Wb. II,544.– DWB VII,2028f.; Frühnhd.Wb. IV,850; LEXER HWb. II,288.– S-105D56. M.S.

†**Postierer**
M.: *Postierer* „Reisender mit der Post" SCHMELLER I,413.
SCHMELLER I,413.– S-105D57. M.S.

Postillion, -illi
M. **1** Postillion, Postkutscher, OB, NB, °OP, SCH vereinz.: *da Bostillö* Reisbach DGF; *Bosdilliã* Floß NEW; *Der Postillio' mit seini Roß Muaß allewei' in's Gschirr* KOBELL Ged. (³1846) 234; *Dem Postilian naher Rom, ein Neue Bullam für den Ablaß ... abzehollen* N'aschau RO 1687 JAHN Handwerkskunst 462.
2: *Bostilion* „Zitronenfalter" Aicha PA.
3 Wollgras (Eriophorum), °OB vereinz.: °*Postillon* Bayrischzell MB; „*die Postillione ... nach dem weißen Federbusch, den die bayrischen Postillione früher auf ihren Galahüten trugen*" Garmisch MARZELL Himmelsbrot 11.
Etym.: Aus frz. *postillon*; KLUGE-SEEBOLD 715.
WBÖ III,670; Schwäb.Wb. I,1320; Suddt.Wb. II,544.– DWB VII,2029 f.– S-105D62, W-40/12. M.S.

Bostler, Knecht, → *Boßler*².

Postler
M., Postler, OB, NB vereinz.: *des is grat nua a Bostler* Staudach (Achental) TS; „*der Postler ... aus Amperpettenbach*" MM 30.12.1999, Beil. 12.
WBÖ III,670; Suddt.Wb. II,545.– S-105D3. M.S.

postulieren
Vb. **1** †vorschlagen, benennen: *seynd Sie Bischof zu Oßnabrugg postulirt* G. KÜPFERLE, Histori Von der weitberühmbten unser lieben Frawen Capell Alten-Oeting in Nidern Bayrn, Bd 2, München 1674, 107.
2: °*der dout hi und her postaliern* Reden hin- und hertragen Falkenbg TIR.
3 auskundschaften: °*ich mouß amal zum postaliern göih* ebd.
4: °*postulieren* „viel (unnütz) unterwegs sein" Arzbg WUN.
Etym.: Aus lat. *postulare* 'fordern, verlangen'; KLUGE-SEEBOLD 715. Mdal. Bed. beeinflußt von → *posten*.
Schw.Id. IV,1797.– DWB VII,2036; Frühnhd.Wb. IV,852; LEXER HWb. II,288.– BRAUN Gr.Wb. 470.

Komp.: [**ab**]p.: °*dö hama dö Gschicht scho opostaliert* untereinander abmachen Fronau ROD.

[**aus**]p. wie → p.3: °*dös moust auspostaliern* ebd.
M.S.

Postur → *Positur*.

Bot
N. **1** Preisangebot des Käufers: *mach a Bot!* „Offerte" Passau; *Bàl' mər ə~n Judn no~ ə Bod auf sei~ Wàr légt, bringt mə' n nimme' vo~ n Leib* SCHMELLER I,309; *A Bod schlagen (auf was)* „Einen gewissen Preis für eine Sache anbieten" ZAUPSER Nachl. 13.– Ra.: *Auf's Fleisch leg ich gar kain Bot* „ich esse es nicht gar gerne" M'nwd GAP SCHMELLER ebd.
2 †Gebot.– **2a** Befehl, Anordnung: *Auctoritatem pqt* [*pot*] Tegernsee MB 10./11.Jh. StSG. II,748,11; *und die zu straffen ... die irem pott ungehorsam sein* Hohenburg AM 2.H.15.Jh. VHO 84 (1934) 46; *Josef Müllberger Weber zu OberRatting, ist beym podt ainer herrschafftl: fuehr vngehorsamb gewesen* StA Mchn Hofmark Amerang Pr.17 (24.10.1740).– **2b** Gebot Gottes: *do Gott gab Moisi die taveln von den zehen poten* SCHILTBERGER Reiseb. 71 f.
3 †(obrigkeitliche) Benachrichtigung, Aufforderung.– **3a** Nachricht, Botschaft: *got sey gedankht, das is ä Poth* Stubenbg PAN um 1800 Bayer.Heimatschutz 25 (1929) 86; *schol er auch unser Pot pieten* Essenbach LA 1450 HARTINGER Ordnungen I,162.– †In fester Fügung: *einem Bot thun* „einem eine Nachricht geben" WESTENRIEDER Gloss. 55.– **3b** Vorladung: *wen das Bott begriffen hat ... und das Bott versizt, der soll ... zu Bueß geben. 12. den.* Rott WS 1466 MB II,103; *wann einer auf beschehenes Bot ... nit erscheint* 1652 J. BAADER, Chron. des Marktes Mittenwald, Nördlingen 1880, 269.– **3c** Zahlungsbefehl: *der gelter wegen, die sich mit pot nit vinden wellen lazzen* Landshut 1462 E. ROSENTHAL, Beitr. zur dt. Stadtrechtsgesch., Würzburg 1883, 191.
4 †Haft: *Swer in div æht chvmt oder in daz bot/ den sol der Rihter dar vz niht lazzen an [ohne] des chlagær willen* Passau 1299 Corp.Urk. IV, 541,40 f.
5 †Beschlagnahme, nur in festen Fügungen *in B. legen / liegen* beschlagnahmen / beschlagnahmt sein: *alles ir güt ... das ... in pot gelegt ... ist* Landshut 1391 MB XXX,2,419; *so sol es ... nicht lenger dann drei vierzehentag in bot ligen* Asbach GRI 1481? GRIMM Weisth. VI,131.
6 †Abgabe, Steuer: *daß alle Leut die bei ihnen in der Stadt gesessen sind ... Steuer Ainigung und andere Both. mit ihnen tragen sollen* Ingolstadt 1338 VHN 19 (1876) 86 f.
7 †Handwerker-, Zunftversammlung: *Wann ain Gesöll bey einem Bott vil vergebliche Reden trübe*

Bot

... *soll er* ... *gestrafft werden* Mchn 1660 ZILS Handwerk 55.

8 Platz, Stelle, wo im Fangspiel nicht abgeschlagen werden darf, °OB vereinz.: °*Bot* Garmisch-Partenkchn.

9 Spielrunde, °NB, °OP vereinz.: *kegln mar nu a Bod, mögt's?* Passau; *nacha dou i holt a Bodl mit!* LAUERER Wos gibt's Neis? 100; *ə~ Bod spi̥ln* SCHMELLER I,309; „Er gewinnt alle *Pot*, alle Spiel" HÄSSLEIN Nürnbg.Id. 105.

10 Satz Spielkarten: *Du brängst a paar Böjakröigla mit und a Buat Kartn!* SCHMIDT Säimal 114.

11 Mal, Zeitpunkt: *Vielleicht reut's di dengast [dennoch], Wann i zuck dees letzt Bot* PANGKOFER Ged.altb.Mda. 91.– In heutiger Mda. nur in fester Fügung *alle B.e (lang)* u.ä. alle Augenblicke, immer wieder, ständig, °OB, °NB, °OP, °SCH vielf., °Restgeb. vereinz.: °*der kam alle Bot um a Nudl* Eitenshm IN; °*an öids bot* Lam KÖZ; *oali Buad* Naabdemenrth NEW; *alle Bot war die Trud wieder da* LEOPRECHTING Lechrain 41; *a Haus, dös alle Bott andre Inwohner hat* Mchn ZVkde 10 (1900) 182; *Er raafft alle Bod* ZAUPSER Nachl. 13.

12: *a Bod Obst* beliebig große Menge Rechtmehring WS.

Etym.: Ahd., mhd. *bot*, Abl. zur Wz. von →*bieten*; WBÖ III,670.

Ltg, Formen: *bōd* u.ä., auch *-ou-* u.ä. (GAP, LL; FDB, ND), *-ū-* (SUL; FÜ, HEB, HIP, LF, WUG), *-ua-* u.ä. (KEM, NEW, TIR; WUN).– In Bed.9 *bōdl* (GRA; NEW, WÜM), wohl Dim.

DELLING I,87; HÄSSLEIN Nürnbg.Id. 105; SCHMELLER I,309; WESTENRIEDER Gloss. 55, 439; ZAUPSER Nachl. 13.– WBÖ III,670 f.; Schwäb.Wb. I,1322 f.; Schw.Id. IV,1890–1899; Suddt.Wb. IV,604 f.– DWB II,271; Frühnhd.Wb. IV,853–856; LEXER HWb. I,331; WMU 277; Ahd.Wb. I,1274.– BERTHOLD Fürther Wb. 33; BRAUN Gr.Wb. 71; DENZ Windisch-Eschenbach 116; KOLLMER II,66; MAAS Nürnbg.Wb. 94; SINGER Arzbg.Wb. 45.– S-68C20, W-3/31.

Abl.: *-bot*, *Botung*.

Komp.: †[**Ab**]**b.** Verbot: *Das Abbot* SCHMELLER I,309.

SCHMELLER I,309.– Schw.Id. IV,1899.– Rechtswb. I,17.

†[**An**]**b. 1** wie →*B.*1: *daß das gemachte Anboth weit unter der Hälfte des* ... *Werthes steht* Mchn 1831 A. EISCH, Klingenbrunn-Oberkreuzberg, Frauenau 2002, 101; *ein kauf* ... *in hasses weis, in zorn oder in gäch anpot* Bogen 1341 VHN 43 (1907) 128.– **2** Anbieten zum Kauf: *wolt ainer aber nicht chaufen in ainem monat nach dem anpot* Winhöring AÖ 1402 GRIMM Weisth. VI, 135.– **3** wie →*B.*3b: *sol das anpot vor dem richter* ... *durch fronpoten* ... *beschehen* Straubing 16.Jh. E. ROSENTHAL, Beitr. zur dt. Stadtrechtsgesch., Würzburg 1883, 331.– **4** Leistung (eines Eides): *soll der Richter das anbott deß Ayds für vnzulässig halten* Landr.1616 37.

DELLING I,16.– WBÖ III,671; Schwäb.Wb. I,179; Schw.Id. IV,1900; Suddt.Wb. I,346.– ²DWB II,778 f.; Frühnhd.Wb. I,1008.

[**Auf**]**b. 1** †: Das Aufbot „der Auftrag" SCHMELLER I,309.– **2** †Aufruf zum Waffendienst: *do der römischer kaiser dem reich und swabischen pund aufpot thet wider herzog Albrecht* ARNPECK Chron. 703,35 f.– **3** kirchliches Aufgebot vor der Eheschließung, OB, NB vereinz.: *'s Afbot* Zandt KÖZ.

SCHMELLER I,309.– WBÖ III,671 f.; Schwäb.Wb. I,367; Suddt.Wb. I,505.– ²DWB III,441; Frühnhd.Wb. II,348 f.

[**Aus**]**b. 1** wie →[*Auf*]*b.*3: *'s Asbuat dauert zea Tog* Arzbg WUN.– **2** wie →*B.*8: °*Ausbot* Garmisch-Partenkchn.

DWB I,834; Frühnhd.Wb. II,914.

[**Ver**]**b. 1** wie →[*Ab*]*b.*: *das zelabad ist kein verbot nichd sondern ein schuzmidel gengen die Folgen der Lübe* THOMA Werke V,368 (Filser); *Interdicta* ... *uirbot* Tegernsee MB 10./11.Jh. StSG. II,123,66 f.; *Wer dieser Verbot zuwiderhandelt, der soll* ... *mit Aufgabe des Handwerks gestraft werden* Frsg 1588 ZILS Handwerk 95.– **2** †obrigkeitliche Benachrichtigung, Aufforderung.– **2a** wie →*B.*3b: *verbott* „Vorladung vor Gericht; citatio" WESTENRIEDER Gloss. 615.– **2b** wie →*B.*3c: *in dyselben summa guldin* ... *czu geben und czu gelten on allew verpot und fürczokch [Verzug]* ... *auf dy ostern* 1400 Runtingerb. III, 46.– **3** †wie →*B.*4: *Vom Verbott/ oder Arrest der Frembden/ oder Außländer* Landr.1616 284.– **4** †wie →*B.*5: *seine Varnus, alle in arrest vnd verpot komen* Straubing 1558 JberHVS 96 (1994) 252.– In fester Fügung *in V. legen* beschlagnahmen: *die 57 fl. so in verpot gelegt* Straubing 1559 ebd. 270.

SCHMELLER I,309; WESTENRIEDER Gloss. 615.– WBÖ III, 672; Schwäb.Wb. II,1081; Schw.Id. IV,1900 f.; Suddt.Wb. IV,122.– DWB XII,1,152 f.; LEXER HWb. III,80; Ahd.Wb. I,1275.

Mehrfachkomp.: [**Fleisch-ver**]**b.** Abstinenzgebot, OB, NB, OP vereinz.: *Floaschvobod* Kötzting.

WBÖ III,672.– S-21C9[b].

†[**Fried**]b. Gebot zur Einhaltung der öffentlichen Ruhe: *ein Fridbot einlegen* SCHMELLER I,309; *ain fenlein offennlich aufsteckhen, dabey ain yeder, ob er gleich erstlich bey dem berüeffenn des Fridpots nit wär gewest, den Frid erkennen ... möge* M.R. FRANZ, Die Landesordnung von 1516/1520, München 2003, 64; *am ... Ammeranger Kirch-Tag ... das fridtpoth gebrochen* StA Mchn Hofmark Amerang Pr.18 (11.9.1750 [,fol.9ᵛ]).

SCHMELLER I,309.– WBÖ III,672; Schwäb.Wb. II,1763; Schw.Id. IV,1902.– DWB IV,1,1,181; LEXER HWb. III, 509.

†[**Fron**]b. gerichtlicher Befehl: *swer einen gemach bestanden* [gemietet] *hat, den daz recht und fronbot daraus treibt, der sol dez nicht engelten* 1340 Stadtr.Mchn (DIRR) 355,18f.; *Wer ainem schuldig ist vnnd verpfenndt inn, Ee das fronnbott an in khomet, die selben pfandt soll er für den Richter bringenn* Laaber PAR Mitte 16.Jh. VHO 54 (1902) 139f.

Rechtswb. III,974.

†[**Für**]b. wie →*B*.3b: *chvmt ein fronbot* [Gerichtsdiener]/ *hintz* [zu] *eins mans hvs/ vnd tvt daz fvrbot hin in chvnt* Passau 1299 Corp.Urk. IV,541,15f.; *durch ein offen Fürbott ... für Gericht gefordert vnd geladen werden* Landr.1616 11.

SCHMELLER I,309, 745; WESTENRIEDER Gloss. 174.– WBÖ III,672; Schwäb.Wb. II,1840; Schw.Id. IV,1901f.– DWB IV,1,1,669; LEXER HWb. III,591f.; WMU 2285.

[**Ge**]b. **1** wie →*B*.1: *Vierhundert is mei höchsts Gebot!* LETTL Brauch 35.– **2** Gebot.– **2a** wie →*B*.2a, ä.Spr.: *cheisirlihgipot* Rgbg 11./12.Jh. StSG. I,662,20f.; *damit in den Rechtlichen ladungen/ verkündungen/ gebotten ... nit vnglimpff ... oder Nachthail entstehen* Landr.1616 408.– **2b** wie →*B*.2b: *das elfte Gebot: las di net dawischn!* Fürstenfeldbruck; *'s viert Gebot muaß ma do haltn* FABIAN Homer 35; *unseres herrn gapot* Frsg 9.Jh. SKD 51,49 (Exhortatio B); *Div gebot oder gesetz vnsers herren die svlt ir alle tag an den werchen volfvᵉren* Eichstätt um 1250 Sammelbl.HV.Eichstätt 64 (1971) 40 (Spitalregel); *Es laufft wider das vierte Gebott* SELHAMER Tuba Rustica II,342.– Spiel: *(die) zehn G.e* °OP vereinz.: °*zehn Gebote* „Ballspiel" Weiden; „*Die zehn Gebote* werden immer mit dem Ball gegen eine Wand gespielt" Heimat Nabburg 19 (1999) 92;–Sachl. vgl. ebd. 92f.– **3** †Obrigkeitsgewalt, Gerichtshoheit: *Imperium ... gebot* Aldersbach VOF 12.Jh. StSG. III,242,66; *so ... vnnsers Gerichts gepot ... nit erraichn* Landsfreyhait 1553,fol.20ʳ.– **4** †Einigung, Übereinkunft: *ob Jemandt ... die in dem Gebot sind, sein Anzahl des Aerzt nitt versichert ... dem ... sollen wir ... khein Aerz nitt geben mittl.*OP 1387 LORI Bergr. 71.– **5** wie →*B*.11, nur in fester Fügung *alle G.e* alle Augenblicke, immer wieder, ständig, OB, °NB vereinz.: *des konnst olle Gebot hörn* U'zolling FS.

WBÖ III,672; Schwäb.Wb. III,131f.; Schw.Id. IV,1890–1899; Suddt.Wb. IV,604f.– DWB IV,1,1,1801–1813; Frühnhd.Wb. VI,279–283; LEXER HWb. I,758; WMU 566; Ahd.Wb. I,1279–1281.

Abl.: -[*ge*]*bot*, -[*ge*]*boteln*.

Mehrfachkomp.: [**Auf-ge**]**b.** wie →[*Auf*]*b*.3, OB, NB, OP, SCH vereinz.: *Afgebot afböin* Beilngries; *Auf:gebood, Au:gebood* CHRISTL Aichacher Wb. 44.

WBÖ III,672; Suddt.Wb. I,505.– ²DWB III,506f.; Frühnhd.Wb. II,432f.– CHRISTL Aichacher Wb. 44.– S-7B5, 8ᵃ.

– †[**Für-ge**]**b.** wie →*B*.3b: *Swer versitzet daz fvrgebot, der ist schvldich dem Richter XII den.* Burghsn AÖ 1307 OA 45 (1888/1889) 185.

Schwäb.Wb. II,1840; Schw.Id. IV,1901f.– DWB IV,1,1, 733f.; LEXER HWb. III,598.

– †[**Land-ge**]**b.** landesherrliches Gebot: *mein Herr Herzog Ludwig hat ... eine Copie seines Landgebotes mitgesendet* Mchn 1460 BLH V,11.

Rechtswb. VIII,401f.; Frühnhd.Wb. IX,149.

†[**Gegen**]b. Gegenangebot: *damit man auf besagte übertheurung und anschlag mit dem gegenpot auf alle weeg khinde gefasst sein* Mchn 1603 SbMchn 1910, 5.Abh. 12 (Inv.).

DWB IV,1,2,2226.

†[**In**]b. wie →*B*.2a: *Commonitorio inpote* Tegernsee MB um 1070 StSG. II,126,58; *mit weisung ... mit inpot und allen rechten* 1361 Rgbg. Urkb. II,202.

Frühnhd.Wb. VIII,64; LEXER HWb. I,1429; Ahd.Wb. IV,1584.

†[**Land**]b. wie →[*Land-ge*]*b*.: *Gemain Lanndpot und Ordnung wider die Mörder, Totsleger, Austreter und ander Beschediger* 1512 Chron.Kiefersfdn 88.

DWB VI,99; Frühnhd.Wb. IX,103.

[Quatember]bot

†[**Quatember**]b. an einem Quatember abgehaltene Handwerker-, Zunftversammlung: *2. Soll man umb 11 Uhr die Quatember Bott halten* Mchn 1660 ZILS Handwerk 55.

†[**Recht(s)**]b. rechtliche Forderung: *und deshalben in Rechtbote ... zu willigen* Straubing 1467 BLH VI,146; *Dieweil aber solche Rechtbott/ im grund nichtig* Landr.1616 297.

Schwäb.Wb. V,216; Schw.Id. IV,1902f.– DWB VIII,406; LEXER HWb. II,378.

†[**Un**]b.: *Das Unbot* „zu geringes Gebot" SCHMELLER I,309.

SCHMELLER I,309.– Schw.Id. IV,1900.– DWB XI,3,398.

†[**Wider**]b. **1** wie →[*Ab*]b.: *Interdictio uidirpo*[*t*] Tegernsee MB 11.Jh. StSG. II,762,28.– **2** Fehde-, Kriegserklärung: *Ez sol niemant dhain widerpot noch dro von der stat tůn denn mit dez richter wizzen* Mühldf 1367 Chron.dt.St. XV, 402,24f.

SCHMELLER I,309.– DWB XIV,1,2,926f.; LEXER HWb. III, 829f.; WMU 2385; Gl.Wb. 723. M.S.

-bot
Adv., nur in Komp.: [**all**]b. alle Augenblicke, immer wieder, ständig, °OB, °SCH vielf., °Restgeb. vereinz.: °*bal mer d'Sunna af d'Nås scheint, muß i allbot niasa* O'ammergau GAP; *i valir alboud a Hornol* Mering FDB; *a bissel umiruhr'n, Woaßt, daß der Zucker auffikummt, Weil allbot all's glei' oben schwimmt* HENLE Guat is's 11; *da Vata redt nix und deut't nix und fahrt allbot nach Dachau* THOMA Werke VI,617 (Ruepp); *vnd dasselb mal sol albot geben werden jaerlichen den armen dürfttigen in dem obgenanten spital* 1392 Urk.Heiliggeistsp.Mchn 259.– Zusammenrückung aus *alle* →*Bot*.

WESTENRIEDER Gloss. 10.– Schwäb.Wb. I,135; Suddt.Wb. I,277.– ²DWB II,306f.; Frühnhd.Wb. I,757.– BRAUN Gr.Wb. 11; KOLLMER II,69, 215; RASP Bgdn.Mda. 114; SCHILLING Paargauer Wb. 88; WÖLZMÜLLER Lechrainer 93.

[**all-ge**]b. dass., °OB mehrf.: °*der hat allgebot was anders* Kreuth MB.– Zusammenrückung aus *alle* →[*Ge*]*bot*. M.S.

Pot
M., angesammelter Einsatz beim Kartenspiel, °OB, °NB, °OP, °MF vereinz.: °*"wenn kein Spiel zustande kommt, wird in den Pot eingezahlt"* Hahnbach AM; *Pott* W. PESCHEL, Bayer. Schaffkopfen, Weilheim ³1992, 117.

Etym.: Aus engl. *pot* 'Topf'; DUDEN Wb. 2981. M.S.

Potake
F., M. (N), Kartoffel, °OP, °OF, °MF vielf., °OB, °NB vereinz.: *Bodaagn* Lintach AM; *Ich mou weiter ... sinst dafröisn ma ja mei Potaakn!* SCHEMM Dees u. Sell 216; *Pàtáckng* „Pegniz, Redniz ... Werdenfels" SCHMELLER I,413; *Potake* „Erdbirn, Erdaepfel" HÄSSLEIN Nürnbg. Id. 105.– Spruch beim Dreschen mit der Drischel: *Bodiggn Bodaggn, göi gimma dai Kabbm* „wenn sechs dreschen" Nabburg.– Syn. →[*Erd*]*apfel*.

Etym.: Wohl aus flämisch *patak*; MARTIN in: DWEB II,60–62.– M. wohl nach →[*Erd*]*apfel*.

HÄSSLEIN Nürnbg.Id. 105; SCHMELLER I,413.– Suddt.Wb. II,546.– BERTHOLD Fürther Wb. 169f.; BRAUN Gr.Wb. 470; MAAS Nürnbg.Wb. 86. M.S.

Potate
wohl F., scherzh. Kartoffel, °OB vereinz.: °*Potatn* Sachrang RO.

Etym.: Aus it. *patata*; WBÖ II,458.

WBÖ II,458f. (Patatte).– Fremdwb. II,621. M.S.

Pot de chambre →*Potschamber*.

Bote
M. **1** Bote.– **1a** Überbringer einer Sache, Nachricht, NB vereinz.: *'n Botn schicka* Mittich GRI; *ən Botn den zàl I scho~* SCHMELLER I,412; *Buat* SINGER Arzbg.Wb. 45; *Ueredarios potun* Tegernsee MB um 1070 StSG. I,491,61; *Der Vasolt, pot, get damit, dem gab ich 60 helbling an seinem lon* 1399 Runtingerb. II,125; *deswegen ain Pott umb Erfahrung geschickht, dafür Laufgeldt 17½ dn.* 1590 Chron.Kiefersfdn 182f.– Im Vergleich: *lügn wie a Bot* O'söchering WM, ähnlich DELLING I,90.– **1b** Person, die für die Landbevölkerung in Städten u. Märkten Waren besorgt u. Geschäfte abwickelt, °OB mehrf., °NB, °OP, °MF vereinz.: °*mir ham z'Anzing an Botn ghabt, der d'Sachn bracht hat* Anzing EBE; *da Bot* „Mann, der mit seinem Karren oder Wagen zum nächsten Markt zieht und Waren vermittelt" Mengkfn DGF; „Beladen mit Frachtgütern und Neuigkeiten aller Art kehrt der *Bot* wieder in [sein] Dorf zurück" HAGER-HEYN Dorf 230; *Bot* „Landbote" DELLING I,90.– Ra.: *Er hat si' in d Ruə gsetzt und is ə~ Bot wor'n* [ist trotz hohen Alters noch sehr aktiv] SCHMELLER

I,308.– **1c** Postbote: *bot* GOODWIN Ugs. 103.–
1d †Bote Gottes.– **1dα** Engel: *Angelum ... poto* Tegernsee MB 10./11.Jh. StSG. II,728,3.–
1dβ Apostel: *Die zwölf Bothen* WESTENRIEDER Gloss. 55; *Apostolus poto* Windbg BOG 12.Jh. StSG. IV,34,54; *Aue du allerdurchleuchte lererinn der zwelf boten!* Tegerns.Hym. 79,18 f.
2 †Abgesandter, Bevollmächtigter: *Interuentor poto* Tegernsee MB 10./11.Jh. StSG. II,120,52; *well avch der Herzog Lvdwich sinen poten senden ... zv sinem Swager* Rgbg 1292 Corp.Urk. II,708,1 f.
3 Bediensteter.– **3a** †Dienstbote, Knecht: *die nicht gen Swaben varen mit saltz oder ir poten und ir diener* 1365 Stadtr.Mchn (DIRR) 471,2 f.–
3b Gerichtsdiener, Amtsbote: „*daß der Bot ... vor die Haustür der Sixenbäuerin trat, nach der Nanndl und der Zenz verlangte und sie zur Verlassenschaft lud*" CHRIST Werke 859; *dem soll der richter oder sein pot fürpieten* 1340 Stadtr. Mchn (DIRR) 314,15; *wann ... der Bott seinen Pfleger ... vorhinein grüssen ... solte* SELHAMER Tuba Rustica II,125.

Etym.: Ahd. *boto*, mhd. *bote* swm., Abl. zur Wz. von →*bieten*; KLUGE-SEEBOLD 142.

Ltg, Formen: *bōd* u.ä., auch *-ū-* MF (dazu KEM, NM, SUL, VOH), *-uα-* OF (dazu KEM, NEW, TIR).– Im Akk./Dat.Sg., Pl. *bō(d)n* u.ä.

DELLING I,90; SCHMELLER I,308; WESTENRIEDER Gloss. 55.– WBÖ III,672 f.; Schwäb.Wb. I,1323 f.; Schw.Id. IV, 1882–1885; Suddt.Wb. II,546.– DWB II,271–274; Frühnhd. Wb. IV,858–863; LEXER HWb. I,331; WMU 277 f.; Ahd. Wb. I,1284–1289.– BRAUN Gr.Wb. 71; SINGER Arzbg.Wb. 45.

Abl.: *Boterer, Bötin, Botschaft, botschaften, Botschafter*.

Komp.: [**Amts**]**b.** Gerichtsvollzieher: °*Amtsbot* U'föhring M.– Syn. →[*Ge-richts-voll*]*zieher*.

Mehrfachkomp.: [**Rent-amts**]**b.** dass., °NB, °OP vereinz.: *Rentamtsbot* Passau.

[**Post**]**b. 1** Postbote, °Gesamtgeb. vielf.: *da Posdbuad* Floß NEW; *Poschtbout* Derching FDB; *Das ganze Jahr hat der Postbot schier nix derwischt, auf Neujahr muaß i ihm was gebn!* HALTMAIR Grad mit Fleiß 63.– Auch Postkurier, ä.Spr.: *Hanns Seytz hat ain postpoten plutrunst geschlagen in dem wirtzhaus* 1505 Chron. Kiefersfdn 179; *Post-Bott* KROPF Amalthea 297.–
2 Libelle: *Postbod* Sengkfn R DWA II, 15.– Syn. →*Libelle*.

SCHMELLER I,308, 412.– Schwäb.Wb. I,1318; Schw.Id. IV, 1887 f.; Suddt.Wb. II,542.– DWB VII,2022; Frühnhd.Wb. IV,849.– BRAUN Gr.Wb. 470; DENZ Windisch-Eschenbach 221.– S-105D5, M-230/10.

Abl.: [*post*]*boteln*.

[**Brief**]**b.** wie →[*Post*]*b.*1, OB mehrf., NB, OP, MF vereinz.: *laß den Briaf do, der Briafbot kimmt eh alle Bot* [immer wieder] *einer zu uns!* Passau; *Des wird da Briafbot sei* Mchn Altbay. Heimatp. 58 (2006) Nr.8,25.

WBÖ III,673; Schwäb.Wb. I,1416; Schw.Id. IV,1888; Suddt.Wb. II,623.– DWB II,380; Frühnhd.Wb. IV,1112; LEXER HWb. III,Nachtr. 103.

†[**Brot**]**b.** wie →*B.*3a: *wo aber einer ie nit da mecht sein und auf dem land wer, der mues sein protpoten haben* Lebenau LF 14./15.Jh. GRIMM Weisth. VI,148.

WBÖ III,673.– Rechtswb. II,517; Frühnhd.Wb. IV,1205; LEXER HWb. III,Nachtr. 105.

[**Dienst**]**b.** Dienstbote, °OB, °NB vielf., °OP mehrf., °Restgeb. vereinz.: °*da Michibauer hot seine Dienstbotn meist mehrere Jahr ghaltn* O'högl BGD; *'n Blasidag weant Deastbon an Deanst gwaist* Mittich GRI; *Kina und Döinstbuadn essn gean neubachns Braoud* Wdsassen TIR; *des hast net umasunst g'sagt, daß mir insere Deanstboten nix z' essen geben* THOMA Werke II,241 (Medaille); *Dienstbot* „eine für Kost und Lohn dienende (männl. oder weibl.) Person" WESTENRIEDER Gloss. 103; *ietziger Zeit wollen die Ehehalten/ die Dienstbotten nicht recht gut thun* SELHAMER Tuba Rustica I,271.– Sprichw.: *s Jahr über werdn d Dienstbotn gsalzn, aaf Weihnachtn werdn s gschmalzn!* R. HALLER, Waldlersprüch, Grafenau 1981, 76.

SCHMELLER I,308; WESTENRIEDER Gloss. 103.– WBÖ III,673; Schwäb.Wb. II,199; Suddt.Wb. III,204.– ²DWB VI,998 f.– BRAUN Gr.Wb. 82; SINGER Arzbg.Wb. 48; WÖLZMÜLLER Lechrainer 101.– S-109/551, M-15/10, W-104/19.

†[**Fried**]**b.** wohl Bote eines Hochgerichts: *Für den Staab und Verrueffung* [öffentliches Verkünden] *des Fridtpodten* 1711 A. HUBER, Hexenwahn u. Hexenprozesse in Straubing u. Umg., Straubing 1975, 48.

WBÖ III,673; Schwäb.Wb. II,1763; Schw.Id. IV,1886.– DWB IV,1,1,187; LEXER HWb. III,509.

†[**Fron**]**b.** wie →*B.*3b: „*Noch heißt der Bote des Bergamts zu Bergen* [TS], *welches ehemals auch die Gerichtsbarkeit hatte: də' Fro~bod*" SCHMELLER I,820; *sol dem Rihter geben/ · seh-*

[*Fron*]*bote*

tzikch phenning/ dem nahrihtær/ vnd dem vronboten/ zwelif Passau 1299 Corp.Urk. IV,542, 11 f.; *Fronpotn vnd Schergen* 1532 SEIFRIED Gesch. 317; *von dem verpflichteten Gerichts-Diener/ so man von Alters her den Frohn-Bothen nennet* Des Heiligen Römischen Reichs freyen Stadt Regensburg ... Process-Ordnung, Regensburg 1741, 17.

HÄSSLEIN Nürnbg.Id. 64; SCHMELLER I,820; WESTENRIEDER Gloss. 642.– WBÖ III,673; Schwäb.Wb. II,1782; Schw.Id. IV,1886.– ²DWB IX,1131 f.; LEXER HWb. III,530 f.; WMU 2256 f.

[**Kapitel**]**b. 1** Bote, der am Gründonnerstag das geweihte Öl aus der Bischofsstadt abholt: °*der Kapitelbot* (Ef.) Walleshsn LL; „nach 50-jährigem Dienst als *Kapitelbote*" Altb.Heimatp. 61 (2009) Nr.8,10.– Im Vergleich: *Der Simmerl ... lüagt wia-r-a Kapitelbot* STEMPLINGER Altbayern 48, ähnlich °LL.– Sachl. vgl. Altb.Heimatp. ebd.– **2** †Bote eines Kapitels: „I Pedell, der in Baiern *Kapitelbot* genannt vvird" J. v.SEIFRIED, Statistische Nachrichten über die ehem. geistlichen Stifte Augsburg ... Würzburg, Landshut 1804, 48.

WBÖ III,673 f.– Rechtswb. VII,366 f.; Frühnhd.Wb. VIII, 608.– BRAUN Gr.Wb. 71.

†[**Klage**]**b.** Bevollmächtigter des Klägers bei Gericht: *der egemelt Clagpot* Schrobenhsn 1456 MB X,550.

WESTENRIEDER Gloss. 85.– Rechtswb. VII,1033; Frühnhd. Wb. VIII,997; LEXER HWb. I,1599 f.

[**Kürben**]**b.** wie →*B.*1b: *Kirbnbot* Weilhm.– Zu →*Kürbe* 'Korb'.

[**Land**]**b. 1** †Landgerichtsbote: *als er mit Heintzlein dem lantboten ... vor geriht bezewgt hat nach recht* Nürnbg 1360 Rgbg.Urkb. II,189; „Die rechtzeitige Mahnung lag ... dem sogennannten *Landboten* ... ob" Burglengenfd 18.Jh. VHO 59 (1908) 24.– **2** wie →*B.*1b: „In den Gaststuben waren die verschiedenen *Landboten* zu finden, die den Verkehr zwischen Stadt und Land besorgten" N. LIEB, München, München 1952, 14 f.

Schwäb.Wb. IV,948, VI,2421; Schw.Id. IV,1886.– DWB VI, 99; Frühnhd.Wb. IX,103 f.; LEXER HWb. I,1823.– BRAUN Gr.Wb. 357.

†[**Macht**]**b.** wohl wie →[*Klage*]*b.*: *Kläger oder seinem Machtbotten* Landrecht Der Churfürst:

Du: in Bayrn, etc. Fürstenthumbs der Obern Pfaltz, München 1657, 41.

Schwäb.Wb. IV,1368; Schw.Id. IV,1887.– DWB VI,1406.

[**Ränzlein**]**b. 1** wie →[*Amts*]*b.*, OP vereinz.: *Ranzlbot* Hauzenstein R.– **2** wie →*B.*1b, in fester Fügung: *īs ɑr ǫwɑl ... rɑntʃlbut ɡậŋɑ* nach HINDERLING Zinzenzell 302.

†[**Be-red**]**b.** wie →*B.*2.: *Wer ... in die Stifft nicht khomen ist, es wär dann daz in sein ehaft not sawmet, des sol er ein bered Boten senden* Frauenchiemsee RO 1462 MB II,514.

WESTENRIEDER Gloss. 45.– WBÖ III,674.– Rechtswb. I,1561; Frühnhd.Wb. III,1367; LEXER HWb. I,187.

[**Rent**]**b.** wie →[*Amts*]*b.*, °NB, °OP vereinz.: *da Rentbuat* Immenrth KEM.

[**Ge-richts**]**b. 1** †wie →*B.*3b: *deselben erbs, hab v. gůt Sy sych wol vnderwinden on richter v. gerichtz pott* Indersdf DAH 1451 OA 24 (1863) 321; *durch den geschwornen Fron: oder Gerichtsbotten* Landr.1616 11.– **2** wie →[*Amts*]*b.*: °*Grichtsbot* U'föhring M.

Schwäb.Wb. III,412; Suddt.Wb. IV,701.– DWB IV,1,2, 3657; Frühnhd.Wb. VI,1091 f.

†[**Rodel**]**b.** Klosterbote, der einen Rodel, ein Verzeichnis überbringt: „die schriftliche Anzeige über den Tod eines Gliedes der Confraternität, die der *Rodelbot* an alle conföderierten Klöster zu bringen hatte" SCHMELLER II,61; „Die aufgestellten *Rotelboten* zerteilen sich, und geht einer mit den Totenbriefen ins Ober-, der andere ins Unterland" O'altaich DEG 1754 JberHVS 36 (1933) 39.

SCHMELLER II,61.– DWB VIII,1108.

[**Roll**]**b.**, [**Röll**]- **1** wie →*B.*1b, °OB, °NB, °OP vereinz.: °*Röllbot* „holte Brot und Fleisch in weit entlegenen Orten" Fronau ROD.– Im Vergleich: *Der lüagt wia a Röllbot* Schlehdf WM HuV 15 (1937) 286.– Übertr.: °*Roibod* „jemand, der über jeden tratscht" Dachau.– **2** °*Röllbot* „Steuereintreiber" (Ef.) Kay LF.

W-40/14.

†[**Schein**]**b.** wie →*B.*2: *daz sie baid mit ir brifen und urchůnden schůllen herabchomen oder ir gewizzen scheinpoten domit herabsenten* Passau 1362 Runtingerb. III,7; *es jrret jhn dann hieran Eehafft not/ die soll er durch einen Scheinbotten*

auff solchen Tag bey Gericht lassen fürbringen Landr.1616 122.

SCHMELLER II,424.– WBÖ III,674; Schwäb.Wb. V,745 f.– DWB VIII,2440; LEXER HWb. II,749.

Abl.: -[*schein*]*boten*.

†[**Stadt**]**b.** Amtsbote der Stadtverwaltung: *Der stat pot sol sweren: Das er ... alles das, daz im ... bevolhen wirdet ... insgehaim halten* 1465 KOLLER Eid 111; „An Montagen, Donnerstagen und Samstagen fuhr der *Stadtboth* von Reichenhall nach Salzburg" 18.Jh. HAGER-HEYN Dorf 230.

Schwäb.Wb. V,1655.– DWB X,2,1,444.

†[**Zwölf**]**b.** wie → *B.*1dβ: *dar umb spricht unser herre zuo seinen zwelfboten und allen seinen jungern* KONRADVM BdN 63,7 f.; *an deß h: zwelffpotten S: Andreij abet* 1623 HAIDENBUCHER Geschichtb. 50.

SCHMELLER II,1176 f.– WBÖ III,674; Schwäb.Wb. VI,1477 f.; Schw.Id. IV,1890.– DWB XVI,1437 f.; LEXER HWb. III,1209; WMU 2541 f.– S-89M30. M.S.

Botel, Spielrunde, → *Bot.*

-**boteln**[1]

Vb., nur im Komp.: [**sechst-ge**]**b.**: *söxtgebodln* „sich gegen das sechste Gebot versündigen, indem man den Mädchen nachstellt" Reisbach DGF. M.S.

-**boteln**[2]

Vb., nur im Komp.: [**post**]**b.**: *bossbodln* „einem etwas bringen" Aicha PA. M.S.

†-**boten**

Vb., nur im Komp.: [**ver-schein**]**b.** durch einen Abgesandten (→[*Schein*]*bote*) sein berechtigtes Fernbleiben bei Gericht entschuldigen: *keinerlay eehafft note als Rechte ist verscheinbotet* Michelfd ESB 1497 MB XXV,566.

SCHMELLER II,424.– LEXER HWb. III,217. M.S.

Potentilla

P. anserina L. (Gänserich): [*Nerven*]*tee,* [*Stein*]*tritt,* [*Rot-lauf*]-, [*Maus-leiterlein*]-, [*Säue*]-, [*Zänkelein*]*gras,* [*Gänse*]*haxe,* [*Furz*]-, [*Krampf*]-, [*Nacht-nebel*]-, [*Scheiß*]*kraut,* [*Säue*]*leiterlein* (→ -*leiter*).– *P. erecta* Räuschel (Blutwurz): *Bibernell(e), Tormentill,* [*Kühe*]*gras,* [*Röte*]-, [*Ruhr*]*kraut,* [*Blut*]-, [*Harn*]-,

[*Weit*]*wurz,* [*Bauch-weh*]*wurzel.*– *P. reptans* L. (Kriechendes Fingerkraut): *Tatscherlein* (→ *Tatscher*), [*Gänse*]*tatscherlein* (→ -*tatscher*).– *P. verna* auct. (Frühlingsfingerkraut): [*Tauben*]*fuß,* [*Fünf-finger*]*kraut,* [*Geiß*]*leiterlein* (→ -*leiter*). M.S.

Boterer

M.: „der ... *Boterer* ... vermittelte ... den Produktenaustausch zwischen Stadt und Land" STROBL Mittel und Bräuch 65 f. M.S.

-**botig, -ö-, †-ü-**

Adj., nur in Komp.: †[**er**]**b.** willig, bereit: *das der verprecher der straff vnnschuldig zesein vermaint/ vnnd das mit Recht außzeüern erbüttig wär* Landsfreyhait 1553,fol.xii[r].– Abl. von →[*er*]*bieten* 'sich anerbieten'; [2]DWB VIII,1623.

[2]DWB VIII,1623 f.

[**un**]**b.** mißmutig, °OB vereinz.: °*der is heint so unboti, mit dem konnst nimma reddn* Wettstetten IN. M.S.

Bötin, -o-

F. **1** Frau, die für die Landbevölkerung in Städten u. Märkten Waren besorgt u. Geschäfte abwickelt, °Gesamtgeb. vielf.: °*dö Bedi nimmt was mit furt und a glei wieda was anderscht mit hoam* Polling WM; °*d Bödin bringt Semln und a Fläsch vo da Schdod* Cham; °*morgen kummt di Biti* Eckersmühlen SC; *de is a Bötin gwen mit da Hucklkirm* [Rückentragekorb] Stepperg ND BÖCK Sagen Neuburg-Schrobenhsn 171; „Die *Bötin* ... bringt und nimmt mit, was sich eben ergibt" STEUB Wanderungen ([2]1864) 54 f.

2 †wohl Dienstbotin: *Item ainer Potin auf j Schwartzn mantl vj gr.* Rgbg 1519 ZBLG 51 (1988) 771,33 f.

Etym.: Mhd. *botinne,* Abl. von →*Bote;* WBÖ III,675.

WBÖ III,675; Schwäb.Wb. I,1323; Schw.Id. IV,1906; Suddt.Wb. II,547.– DWB II,276; LEXER HWb. I,333.– BRAUN Gr.Wb. 47; CHRISTL Aichacher Wb. 16.– W-40/15.

Komp.: [**Brot**]**b.** Frau, die Brot besorgt, °OB, °NB, °OP vereinz.: °*Brotbötin* Mintraching R.

[**Eier**]**b.** Frau, die mit Eiern handelt, °OB, °NB, °OP, °SCH vereinz.: °*Oabitin* Günzlhfn FFB.

[**Lauf**]**b.** Überbringerin einer Nachricht: °*Lafbote* „z.B. Frau, die von Haus zu Haus geht und zur Beerdigung aufruft" Schwandf.

[Leichen]bötin

[**Leichen**]**b.**: °*Leichenbötin* „Leichenbitterin" (Ef.) Ismaning M. M.S.

Botrychium
B. Lunaria Sw. (Mondraute): [*Mond*]-, [*Nutz*]-, [*Be-seich*]-, [*Walpurgis*]*kraut*, [*Mond*]*raute*, [*Sonnen*]*reibe*. M.S.

botsch
1 Lockruf für Ziegen, in Wiederholung: *botsch-botsch* Ohlstadt GAP; *Botschelé, Botsch, Botsch!* M'nwd GAP SCHMELLER I,312.
2 als Subst. Geiß, Geißbock, OB vereinz.: *Botsch* Ohlstadt GAP.– Auch †Bock allg.: *Botschl* O'ammergau GAP SCHMELLER ebd.
Etym.: Onomat.; WBÖ III,676.
SCHMELLER I,312.– WBÖ III,676. M.S.

Potsch, ungeschickter Mensch, kleines Lebewesen, →*Patsch*.

Botschaft
F. **1** Botschaft, Nachricht, °OB, NB vereinz.: *schick ma fei öfters a Botschaft von dir!* Passau; *I ho de Botschaft erscht gesting kriagt* THOMA Werke VI,391 (Wittiber); *Nuntium potascaft* Tegernsee MB 11.Jh. StSG. I,420,11; *er mag uns ... aufsagen mit seinem brief und potschaft, welhez ym allerpest fügt* 1400 Stadtr.Mchn (DIRR) 573,14–16; *Euangelium/ das ist/ die allerfrölichste bottschafft* Gesangb. 200.– In fester Fügung *B. tun* u.ä. Bescheid geben, benachrichtigen, °OB, NB, MF vereinz.: °*bals [wenn es] soweit isch, lassi dr Botschaft doa* O'ammergau GAP; *sie müassn de Leut ... Botschaft toa, wann d' Leich' is* BAUER Oldinger Jahr 120; *hamm s' sein' Vater ... Und der Muatta Botschaft 'tho'* KOBELL Ged. 49; *zu den mein Herre sein erberger. vnd heimlicher potschafft tun wolt mangerlay seiner notdurfft wegen* Ingolstadt 1392 FREYBERG Slg II,107.
2 †Auftrag, Befehl: *Delegata ... potiscaft* Rgbg 11./12.Jh. StSG. II,115,34f.; *do er vnd Heinrich der lengvelder Rait in meins Herrn potschaft von der von Passaw wegen zu dem Puchperger* Ingolstadt 1392 FREYBERG ebd. 97.
3 †Abgesandter, Bevollmächtigter: *etlicher geistlicher und weltlicher fürsten potschaff und räth* Rgbg 1524 Chron.dt.St. XV,56,29.
4 †Gesandtschaft, Abordnung: *Schutz und glaittprieff gmainer purgerschafft und irer potschafft zu Munchen mit leyb und guttern durch* *daz gantz Romisch reich* 1315 Stadtr.Mchn (DIRR) 73,14f.; *Und gab auch der Teutschen potschaft ein törsche und unweise antwurt* AVENTIN IV,389,9f. (Chron.).

Etym.: Ahd. *botascaf(t)*, mhd. *bot(e)schaft*, Abl. von →*Bote*; KLUGE-SEEBOLD 142.
WBÖ III,676; Schwäb.Wb. I,1326; Suddt.Wb. II,548.– DWB II,277f.; Frühnhd.Wb. IV,871–874; LEXER HWb. I,332; WMU 279; Ahd.Wb. I,1282f.– RASP Bgdn.Mda. 33.

Komp.: †[**Schein**]**b.** wie →*B*.3: *wiewohl mir solche Schrift, durch euerer Herrlichkeit Scheinbottschaft allher gen Runting zugekommen* Wernbg NAB 1495 BLH XI,477.
SCHMELLER II,424.– DWB VIII,2440; LEXER HWb. II, 749. M.S.

†**botschaften, -eft-**
Vb., eine Botschaft ausrichten lassen: *si botschaften gein Spangen [Spanien]* Kaiserchron. 411,67.
Etym.: Mhd. *bot(e)schaften, -eft-*, Abl. von →*Bote*.
Rechtswb. II,437; Frühnhd.Wb. IV,874; LEXER HWb. I, 332.

Komp.: †[**ver**]**b.** dass.: *Gedenkcht, ob ir icht mer verpotscheften welt zů dem von Risenburch von der juden wegen* 1375 Rgbg.Urkb. II,494; *Der Maller ... hat mir in 3 tegen Verbottschafftet, das er nunmehr angefangen* Sachrang RO 1690 JAHN Handwerkskunst 397.
DWB XII,1,153; LEXER HWb. III,80f.; WMU 2035f. M.S.

†**Botschafter**
M., Abgesandter, Bevollmächtigter: *Do dise potschafter kaiser Ptolemaeus verhört het* AVENTIN IV,389,7f. (Chron.).
Schwäb.Wb. I,1326.– DWB II,278; Frühnhd.Wb. IV,875. M.S.

botschaken, ein Schlagspiel spielen, →*pätscheken*.

Potschamber
M. **1** meist Dim., Nachttopf, °Gesamtgeb. vielf.: °*i mechd liawa a blechas Bodschambal, die aus Schdoaguad san so koid!* Ebersbg; *Potschâmpâ* Kohlbg NEW; *Dee sauft an Tee ausm Potschamperl* MM 29./30.05.1999, J2.
2 Bachnelkenwurz (Geum rivale): *Botschamberl* M MARZELL Pfln. II,677.
Etym.: Aus frz. *pot de chambre*; WBÖ III,676.

Ltg: *bodšampα(l)* u.ä., auch *bon-* (EBE, MB, RO, TS), *be-* (SOB), *bodšwα-* (STA).

WBÖ III,676; Schwäb.Wb. I,1326; Schw.Id. IV,1934; Suddt.Wb. II,548.– Fremdwb. II,622.– BERTHOLD Fürther Wb. 170; BRAUN Gr.Wb. 470; CHRISTL Aichacher Wb. 276; DENZ Windisch-Eschenbach 221; KONRAD nördl.Opf. 6; MAAS Nürnbg.Wb. 86 f.; SCHILLING Paargauer Wb. 62; SINGER Arzbg.Wb. 178.– S-77D52. M.S.

Botschen, junger Nadelbaum, →*Boschen*.

Potschi
M., Nachttopf: °*Botschi* Nabburg.
Etym.: Kurzf. von →*Potschamber*. M.S.

Bott, im Wachstum zurückgebliebenes Lebewesen, Kaulquappe, →*Butte*.

Bottich[1], -ing
F., M., Bottich, wannen- od. faßartiges Gefäß, °OB, °NB, OP mehrf., MF vereinz.: *Bottech* „große runde hölzerne Wanne" Neubeuern RO; *Bodöng, Mostfaßl* Hengersbg DEG; *Bottig, Botti* „Maischbottich in der Brauerei" Etzenricht NEW; „die bisher gebrauchten *Pottingen*, worin das Salzwasser aufbewahret und angereichert wurde" M. v. FLURL, Aeltere Gesch. der Saline Reichenhall, München 1809, 35; „ein Büschel Kraut aus der großen *Bodern* (Krautfaß) hat den Magen ausgeräumt" LETTL Brauch 160; *Cauuella potega* 9.Jh. StSG. III,11,16; *vnd schol vns zehent vnd dinst geben ovz der botegen for dem wingarten* Aldersbach VOF 1297 Corp. Urk. IV,6,14 f.; *mitten in dem Saal ist ein große Bodi voll Bier gestanden* Bayer.Barockpr. 62 (Geminianus Monacensis).– Im Vergleich *(als) wie ein(e) B.* dick u. rund, NB, OP vereinz.: *an Schell håm åös wiara Bodöng* Schwaibach PAN.

Etym.: Ahd. *botega* swf., mhd. *botech(e), botige, boting(e)* swf./stm., wohl aus mlat. *apotheca* 'Weinfaß, Vorratsgefäß'; KLUGE-SEEBOLD 142.

Ltg, Formen: *bōdiŋ, -ot-* u.ä. OB, NB, OP, *-αn* (BOG, DEG, EG, PA; CHA), *-ix* u.ä. OB, NB, OP (dazu HEB, WUG), *-i* u.ä. (EBE, TS, WOR; NEW), *-ig* (LF), *buαdiŋ* (NEW, VOH), *-ix* (NEW).– Genus soweit angegeben F. (DEG, DGF, EG, GRI, PA), M. (WS; PA; NEW).

DELLING I,87 f.; PRASCH 16; SCHMELLER I,309; WESTENRIEDER Gloss. 62, 439.– WBÖ III,676–678; Schwäb.Wb. I, 1327 f.; Schw.Id. IV,1138 f.; Suddt.Wb. II,549.– DWB II,279; Frühnhd.Wb. IV,877; LEXER HWb. I,332; WMU 278; Ahd.Wb. I,1283 f.– BRAUN Gr.Wb. 59.– S-66D28, 54, 92F30, M-127/2 f.

Komp.: **[Bier]b.** Bierbottich, OP vereinz.: *Bierbotteng* Burglengenfd; *10 große Bierbodige von* *Eichenholz* Scheyern PAF Königlich-Bayer. Intelligenzbl. für den Isarkreis 18 (1831) 137; *O wie viel tausend seind in dieser Bierbodi durch böse Gesellen versenkt worden* Bayer.Barockpr. 63 (Geminianus Monacensis).

SCHMELLER I,309.– DWB I,1823; Frühnhd.Wb. IV,339.

†**[Trank]b.** Bottich für flüssiges Viehfutter (→ *Trank*): *Trankboding* SCHMELLER I,309.

SCHMELLER I,309.– WBÖ III,678.

[Treber(n)]b. Bottich für Treber: *Dröbanbodöng* Reisbach DGF; *Im Ros stall Item iij treber poting* 1495 Stadtarch. Rgbg Inv.Aman, fol.23ᵛ.

[Gär]b., [Gier]- Braubottich, OB, NB, OP vereinz.: *da Giabuading* Naabdemenrth NEW; *6 Gierboding* Tölz 1800 StA Mchn Briefprot. 11265,fol.28ʳ (Inv.); *6 gürböttig* Winklarn OVI 1654 MHStA GL Obere u. Junge Pfalz, Neunburg v.W. 14,fol.25ᵛ (Inv.).

WBÖ III,678.– DWB IV,1,1,1340, IV,1,4,7365.– S-101C35.

[Germ]b. dass.: *Gärmboding* Valley MB.

†**[Über-kahr]b.** Gefäß für (Getreide-)Abfälle, Unrat (→ *[Über]kahr*): *vnd I vbercharpotigen* PIENDL Hab und Gut 211.

Spätma.Wortsch. 315.

[Kraut]b. 1 Sauerkrautbottich, OB, °NB, OP vereinz.: °*Krautbouding* Ering PAN; *eine eichene Krautboding* Irlbach BUL Allg. Anzeiger für das Königreich Bayern 4 (1836) 76; „Inzwischen hatte die Großdirn den *Krautbodan*, das war ein Steinbottich, mühsam gereinigt" SCHMALHOFER Brautweiser 19; *III chrawtpotigen* PIENDL Hab und Gut 211; *unter der Kraut-Poding* MOSER-RATH Predigtmärlein 260.– Im Vergleich: *an Schell aufhåm wia a Kraudbodeng* „so rund und groß" Simbach EG.– **2** übertr. großer Kopf: *Grautbodön* Aicha PA.

WBÖ III,678 f.– Spätma.Wortsch. 178.– S-86D5.

[Lauter]b. Läuterbottich: *Lauterboding* Valley MB.

S-101C13.

[Maisch]b. Maischbottich, °OB, NB, OP vereinz.: *Moaschbottö* Ascholding WOR; „der *Maischboding*, in welchem man das Malz gähret, um Bier zu machen" DELLING I,87; *lerchene*

[Maisch]bottich

Laden ... zu einem Maischpoding, welche ins Preyhaus gekommen Rott WS 1760 Heimat am Inn 10 (1990) 229.

SCHMELLER I,309, 1680.– WBÖ III,679.– DWB VI,1945.– S-101C9.

[Sechtel]b.: °*Sedlbodan* „großes Holzschaff, in dem das gewebte Leinen gewaschen wurde" Rattenbg BOG.– Zu →*sechteln* 'mit Lauge waschen'.

SCHMELLER II,219.– WBÖ III,679.– DWB IX,2795.

[Sur]b. Bottich zum Einsalzen von Fleisch: *d'Suabodin* Mittich GRI.

WBÖ III,679.– S-69I6.

[Wasch]b. Waschbottich: *wošbodan* „niedriges, sehr weites, rundes Gefäß mit zwei Handhaben" EG, PAN R. SCHREIEDER, Gefäßbez. im Bayer. früher u. heute, Ex.masch. München 1993, 61.

[Wasser]b. Wasserbottich: *Wasserboren* Tettenweis GRI; *Wassə'boding* SCHMELLER I,309; *ist das Kind in ein Wasser Boding ... gefallen* B. REGLER, Azwinischer Bogen, Straubing 1679, 170.

SCHMELLER I,309.– WBÖ III,679.– DWB XIII,2373 f.
M.S.

Bottich²
M. **1** †(v.a. menschlicher) Körper.– **1a** Leib, Rumpf: *Corpora potahha* Tegernsee MB 11.Jh. StSG. I,814,64; *ward ein chindel geporn ... daz het zway hawpp vnd zwen håls auf einem potich* 1388 Stadtb.Rgbg 253; *Des kinds bottich* Ingolstadt 1552 SCHMELLER I,310.– **1b** Leichnam, Kadaver: *Cadauera potacha* Tegernsee MB 11.Jh. StSG. II,641,73; *die boteche hiez er werfen in den burcgraben* Kaiserchron. 182,5528.
2 auch F. (WEG), N. (GRI), unterer Teil von Hemd od. Jacke, °OB, °NB vereinz.: °*des Bodi* „der Teil des Hemds, der in der Hose steckt" Mittich GRI; *bode* nach KOLLMER II,318; *Bodi'* „Hemdstoß" Passau SCHMELLER I,309.

Etym.: Ahd. *botah*, mhd. *botech* stm., westgerm. Wort unklarer Herkunft; Et.Wb.Ahd. II,256 f.

SCHMELLER I,309 f.– WBÖ III,679 f.; Schwäb.Wb. I,1327 f.– DWB II,278 f.; Frühnhd.Wb. IV,878; LEXER HWb. I,331; Ahd.Wb. I,1281.– KOLLMER II,318.– W-40/18.   M.S.

†**Botung**
F., Befehl, Anordnung: *wann die unsern allzeit in allen unsern Potungen willig und unterthånig seind* Mchn 1386 LORI Lechrain 84.

Suddt.Wb. II,549.– Rechtswb. II,439.   M.S.

potz
Interj., verstärkend in Flüchen: *Potz Element!* Wasserburg; *Potz Teufel!* RUEDERER Schmied 150; *Potz wunder, was haben dy himelhüern an dir ersehen, das du sy all lôsen muest* Landshut um 1523 Flugschriften zur Ritterschaftsbewegung des Jahres 1523, hg. von K. SCHOTTENLOHER, Münster 1929, 56,22; *Boz Schlaperment, ein gemeiner Pfaff faret nit in einer Gutschen mit 6 Pferten* MÖHNER Schwedenzeit 35 f.

Etym.: Entstellt aus Gen. von →*Gott*; KLUGE-SEEBOLD 715.

SCHMELLER I,416.– WBÖ III,681; Schwäb.Wb. I,1328–1330; Schw.Id. IV,1996–1999.– DWB II,279 f., VII,2039 f.; Frühnhd.Wb. IV,882; LEXER HWb. II,289.– BRAUN Gr.Wb. 470.– S-89M6.   M.S.

-botzel
M., nur in Komp.: **[Hoch-fahrts]b.** eingebildeter Mensch, °OB, °OP vereinz.: °*schaugts'n o, den Hoffartsbotzl* Kay LF.

W-40/8.

[Nacke]b.: *Nåkabozl* kleines Kind Aicha PA.
M.S.

botz(e)licht, -ö-, botzlig
Adj. **1** klumpig, voller Klumpen, °NB vereinz.: *s Bluat is bezalat* Hiesenau PA; *bözlat* „bröckelig" HÄRING Gäuboden 129.
2 winzig, NB vereinz.: *bozlat* Zwiesel REG.

WBÖ III,684.   M.S.

botzeln
Vb.: °*d'Bamm botzln* „schlagen aus" Kay LF.

WBÖ III,682 (pötzeln); Schwäb.Wb. I,1330.   M.S.

Botzen
M. **1** Batzen, Klumpen, °OB, °NB, °OP vereinz.: *in da Briah san Botzn drin* Ziegelbg RO; *ə~ Boz·n Laəm, Məl, Taəg* SCHMELLER I,316; *an anständigen Bouazn Würmer mouaßt ojtoua* [an den Angelhaken] Lochau KEM Wir am Steinwald 2 (1994) 19.
2 Knäuel, NB (v.a. MAL, ROL), OP (R) mehrf.: *a Botzn Woj* N'motzing SR.

3 Knoten, verwirrte Stelle, NB, °OP, MF vereinz.: *da ganz Fadn is volla Bozn, ma ka goa nöt eifama* „einfädeln" Hengersbg DEG.
4 Kerngehäuse, Butzen, NB mehrf., OB vereinz.: *da Botzn* U'dietfurt EG.– Auch: *Bozn* „Blütenrest am Obst" Passau.
5 Knospe: *Botzn* Hengersbg DEG.
6 Beule, Geschwulst, °OB, °NB vereinz.: °*du host an Botzn am Hirn* [Stirn] *om* Wiesenfdn BOG.
7: °*Boutzn* Auswuchs an Rosensträuchern Illschwang SUL.– Syn. →[*Schlaf*]*apfel* (dort zu ergänzen).
8 knollenförmige Bodenfrucht.– **8a** Kohlrabi, °OB vereinz.: *Botzn* Rattenkchn MÜ.– **8b** Runkelrübe: °*Bozn* Wasserburg; *bōdsn* St.Wolfgang WS nach SOB V,142.
9: „Die einen rieten, fest mit *Daxen* [Nadelbaumzweigen] und *Botzen* (Klötzen) einzuheizen" DREYER Bayern 100.
10 kleiner, untersetzter Mensch, °NB, °OP vereinz.: °*a so a kloana Bozn* Preying GRA.
11: *a Bozn* aufgedunsene Wange, Pausbacke Wettzell VIT.
12 meist F., Bauch, °NB (v.a. Bay.Wald) mehrf.: °*grod hou i s Kind ins Wagl glögt, liegt's scho wieda af da Bozn* Metten DEG; *bōdsn* nach KOLLMER II,66.– In fester Fügung: *Bozn fahrn* bäuchlings Schlitten fahren Schönau VIT.
13 Fleck, Klecks: °*a Botzn* Steinhögl BGD.

Etym.: Herkunft unklar. Zur gleichen Wz. wie →*Butzen* (vgl. WBÖ III,680)?

Ltg, Formen: *botʃn*, auch *bōdsn* NB (dazu ED, MÜ; R), z.T. nicht von →*Batzen*¹ zu trennen, ferner wohl zu mhd. *ô* (vgl. Schw.Id. IV,1995) -*ou*- OP (dazu AIB, AÖ, ED, WS; EG, KEH, MAL, ROL), auch -*ou*- OP.– Dim. *bōdsal*, vereinz. *betʃal* (AÖ), -*ęi*- (GRI), -*ei*- (NEW).

SCHMELLER I,316.– WBÖ III,682f.; Schwäb.Wb. I,1330; Suddt.Wb. II,550.– DWB VII,2040; Frühnhd.Wb. IV, 879.– BRAUN Gr.Wb. 59; KOLLMER II,66, 69, 318; KONRAD nördl.Opf. 6.–S-85A33, W-11/24.

Abl.: -*botzel, botz(e)licht, botzeln, botzen, Botzer, Botzeret, botzericht, bötzerln, botzicht.*

Komp.: [**Ameis**]*b.* Ameisenhaufen, nur übertr.: *Omoaspozn im Gsicht hom* Pusteln Erding.

[**Apfel**]*b.* Apfelbutzen, OB, NB vereinz.: *er hot an Opfibozn vaschluckt* Passau.
WBÖ III,683f.

[**Eiter**]*b.* Pustel: *Oatabozn* Aicha PA; *ən Aətəˊ- bozn* SCHMELLER I,316.
SCHMELLER I,316.

[**Glas**]*b.*: „die bunten *Glosbotzn* ... zerschlagene Glashafenrückstände ... als Gartenbeetumrandungen" HALLER Geschundenes Glas 133.

†[**Holler**]*b.* Knospe des Holunders: *ə~ Hollə'- boz·n* SCHMELLER I,316.
SCHMELLER I,316.– WBÖ III,684.

[**Ohren**]*b.*: *Oahrnbötzal* „Wattebausch im Ohr" östl.OB.

[**Roß**]*b.* Pferdeapfel: *Roßbouzn* Weidach AIB.– Syn. →[*Roß*]*bollen.*

†[**Rotz**]*b.* eingetrockneter Nasenschleim: *ə~ Rozbozn* SCHMELLER ebd.
SCHMELLER I,316.

[**Scher**]*b.* **1** Maulwurfshaufen, °OB, °NB vereinz.: °*Scherbotzn* Bodenmais REG; *šeabǫtfn* nach KOLLMER II,69.– **2** wie →[*Eiter*]*b.*, °OB, °OP vereinz.: °*Scherbotzn im Gsicht* Hohenpolding ED.
KOLLMER II,69.– W-49/30.

[**Woll**]*b.* Wollknäuel: *Wollbotzn* Gmünd R. M.S.

botzen

Vb.: °*der Bam botzt voller Blüa* „strotzt voller Blüten" O'bibg WOR.
Frühnhd.Wb. IV,879.

Komp.: [**an**]*b.* verwirren, verfilzen, °OP, °OF vereinz.: °*des Håua hot si ånboutzt* Sulzbach-Rosenbg.

[**der**]*b.* **1** klumpig machen, °OB, °NB vereinz.: °„nach langen Regenfällen darf man nicht akkern, sonst *dabotzt* man den Acker" Steinhögl BGD.– **2** verwahrlosen, herunterkommen, °NB mehrf., °OB vereinz.: *an Acka dapotzn laussn* Mittich GRI.– **3** im Wachstum zurückbleiben, °NB mehrf., °OB vereinz.: °*dabotzt* „bei verkümmerten Äpfeln" Moosburg FS; °*dabotzn* „schlecht wachsen (vom Jungvieh)" Haarbach GRI; „die 'Einlage' der langen Philomena und des *derbotzten* Florians, der mit dem *Rauchfangkehrerleiterl* zu ihr hinaufsteigen muß, um sie *abbusseln* zu können" LETTL Brauch 32.– Auch: °*dabotzt* „zu kurz geratener Wurf beim Eisschießen" Ruderting PA.– **4** verschmutzen, °OB, °NB vereinz.: °*dabotzt* Feichten AÖ.–

[der]botzen

5 Part.Prät.: °*der is daboozt* „faul bei der Arbeit" Passau.
W-12/31.

[einhin]b. wie →[*an*]*b.*, °OP, °OF vereinz.: °*deine Houa sen ower wieder eiboutzt* Mühlbühl WUN.

[ver]b. 1 wie →[*der*]*b.*1: °„den nassen Acker durch unsachgemäßes Pflügen *vobotzn*" Steinhögl BGD.– **2** wie →[*der*]*b.*2: °*'s Föld is vaboutzt* „verunkrautet, überwuchert" Kchnthumbach ESB.– **3** wie →[*der*]*b.*4: °*verbotzn* „verschmieren" Steinhögl BGD.

[zu-sammen]b. 1 wie →[*der*]*b.*1: °*zsammboutzt* Ingolstadt.– **2** wie →[*an*]*b.*, °nördl.OP, °OF mehrf.: °*dei Houer san zambouzt* Marchaney TIR. M.S.

Botzer
M. **1** verfilzte Stelle im Haar: °*göi her, louß da dein Boutza wegtou* Dietfurt RID.
2 von Menschen.– **2a**: °*bist du owa a drägicha Boutza* „schmutziges Kind" ebd.– **2b**: °*a Botza* „wer schlechte Arbeit macht" Steinhögl BGD.– **2c**: °*des is a Boutza* „finster dreinschauender Mensch" Sulzkchn BEI.
WBÖ III,684. M.S.

Botzeret
(Genus?): °*des Bild is a Botzarat* „ein Geschmiere" Steinhögl BGD. M.S.

botzericht
Adj. **1**: *a bozaradö Nosn* „knollige Nase" Hengersbg DEG.
2 pickelig, °OB, °NB vereinz.: °*des Deandl hot a bozarads Gsicht* Aidenbach VOF.
3 häßlich, °OB, NB, °OP vereinz.: °*håd de a bouzarads Gfries, daß da glei zun Schbeim is!* Dachau.
W-40/21. M.S.

bötzerln
Vb.: °*der Rahm bötzerlt sich* „bildet erste Butterkügelchen" Pleinting VOF. M.S.

botzicht, -ö-
Adj. **1** klumpig, voller Klumpen, °NB mehrf., °OB, °OP vereinz.: °*da Toag is botzert* Rottau TS; °*mei Acker is heuer botzed* Innernzell GRA;

bozat „grob schollig, brockig" HÄRING Gäuboden 129; *Wenn 'Köchin 'Brüə nèt rècht ei~brennt, so wird s· bozət* SCHMELLER I,316.
2 feucht, klebrig, matschig, °OB, NB, °OF vereinz.: *a botzerts Föid* „naß" Kötzting.
3 Knoten, Verfilzungen aufweisend, °OP mehrf., °OB, °NB, OF, °MF vereinz.: *botzad* „von Wolle" Malching GRI; °*a so a bouzeter Ding* „Kerl mit struppigen Haaren" Utzenhfn NM.
4: °*döi hod ganz bouzate Hoa* „einen Lockenkopf" Hohenburg AM.
5 voller Knospen, Blüten, °NB mehrf., °OB, °OP vereinz.: °*da Bam is heia scho ganz botzat* Mauern FS.
6 in dichter Fülle, prall, °OB, °NB, °OP, °MF vereinz.: °*haia hänga di Knospm ganz bozat dra* Rettenbach WS; °*da Weizn hot botzate Ährn* Sallach MAL.
7 pickelig, fleckig, runzlig.– **7a** pickelig, °OB, °NB vereinz.: °*a botzats Gsicht* Hohenpolding ED.– **7b**: °*der hot a bozats Gsicht* „Muttermale im Gesicht" Rettenbach WS.– **7c**: °*a bouzats Gsicht* „voller Runzeln" Kastl NM.
8 dick, auftragend.– **8a** dick, unförmig, °NB, °OP vereinz.: °*bozate Wadl* Pemfling CHA; *bǫudsad* „aufgequollen, unförmig" nach DENZ Windisch-Eschenbach 109.– **8b** auftragend, unbequem, °OB, °NB, °OP vereinz.: °*dös Gwand is so boutzad, dös ziach i net o* „verschiebt sich an der Hüfte, wirft Falten" Langquaid ROL.
9 im Wachstum zurückgeblieben, °NB vereinz.: °*botserte Kinder* Simbach PAN.
10 schlampig, ungepflegt, °NB, °OP vereinz.: °*boutzat O'ndf* PAR.
11 unbeholfen, ungeschickt, °OP vereinz.: °*a bouzata Kerl* Tirschenrth.
12 ungezogen, zornig.– **12a** ungezogen, rüpelhaft, °NB, °OP vereinz.: °*benimm di net so boozat* Simbach EG; *a bouzada Ding* „ein patziger ... grober Mensch" KONRAD nördl.Opf. 6.–
12b zornig, aufbrausend, °OP vereinz.: °*sei niat sua bouzat* Erbendf NEW.
13 bäuchlings, °NB vereinz.: °*ich fahr bozötö åba* „mit dem Schlitten" Ruderting PA.
14 ein best. Maß übersteigend: „übermäßig = *bouzat*" BRUNNER Wdmünchen 407.– Ra. zu *b. sein / werden* u.ä. zu weit gehen / zu viel werden, NB, °OP, °OF vereinz.: °*jetz wird's ma z'bouzat* „zu bunt" Weiden; °*dös koama nird boutzet gnouch kumma* „nicht dick genug" Thiershm WUN; *Dös waa' ma z'bouzat, dearatweg'n vosag' i 's Dia* LAUTENBACHER Ged. 74.

SCHMELLER I,316.– BRAUN Gr.Wb. 59; DENZ Windisch-Eschenbach 109; KOLLMER II,69; KONRAD nördl.Opf. 6.– S-17C6, 85A34, W-40/19 f. M.S.

†**Bötzig, -ich**
N., Unrat, Abfall: *klobfe aus 3 Möser scheiten* [Messerscheiden] *das bözig herraus, gibs den vich ein* HÖFLER Sindelsdf.Hausmittelb. 40; *Essen ... die arme Tropffen ... allerhand genist* [Abfall]/ *oder bózich* MINDERER Med.milit. 117.

Etym.: Wohl Abl. von einer Spielf. von →*putzen*.
SCHMELLER I,417.– DWB II,281; Frühnhd.Wb. IV,879; LEXER HWb. II,289. M.S.

poussieren
Vb. **1** umschmeicheln, umwerben, °OB, NB vereinz.: °*pussiarn* „den Hof machen" Erling STA; „Er ... *Poussiert* die Kellnerinnen" THOMA Werke VIII,195.
2 küssen, OB, °NB, OP vereinz.: *wen oans in da Nochd ghäre bussird håud* Beilngries; *die jungen Leut ... san ganz zünftig ... und poussier'n tean s' unscheniert* Mchn.Stadtanz. 17 (1961) Nr. 39,6.

Etym.: Aus frz. *pousser* 'stoßen'; KLUGE-SEEBOLD 715f. Bed.2 mit volksetym. Anschluß an →*bussen* 'küssen'?
WBÖ III,1514 (puserieren); Schwäb.Wb. I,1558; Suddt. Wb. II,550.– Fremdwb. II,626f.; Frühnhd.Wb. IV,880.– DENZ Windisch-Eschenbach 119; MAAS Nürnbg.Wb. 93f.

Abl.: *Poussierer*. M.S.

Poussierer
M., Mann, der Frauen umschmeichelt, OB, OP vereinz.: *Pussierer* Wangen STA. M.S.

Bouteille
F., (große) Flasche, °OB mehrf., °NB, °OP vereinz.: *de Flåschn fir an Schnaps hoaßt Badöin* Hirnsbg RO; °*Bodäln* „Weinflasche, früher benutzt zum Heimtragen von Dreikönigs- und Osterwasser" Kchntumbach ESB; *Botelln ... Butelln* „eine Flasche (Wein)" BERTHOLD Fürther Wb. 27; *eine Bouteille rother Wein* SCHANDRI Rgbg.Kochb. 167; *der wein warr kostbar dan der Keiser hadt ... finf hundert Badellen aus Sbännien hollen lassen* Ried RO 1787 (Br.).

Etym.: Aus frz. *bouteille*; KLUGE-SEEBOLD 143.
WBÖ III,1526; Schwäb.Wb. I,1559; Schw.Id. IV,1908; Suddt.Wb. II,550.– Fremdwb. I,103.– BERTHOLD Fürther Wb. 27; SINGER Arzbg.Wb. 40.

Komp.: [**Essig**]b. Essigflasche, °OB, NB vereinz.: *då drom aufn Beagal då sched a Kapein, då rauffan zwoa Schneida um d'Össöbadein* „Schnaderhüpferl" Reisbach DGF.

†[**Maß**]b. Flasche mit Inhalt einer Maß: *j Maaß Boutaille* Tölz 1800 StA Mchn Briefprot. 11265, fol.1ʳ (Inv.).
WBÖ III,1526; Schwäb.Wb. VI,2534; Schw.Id. IV,1908.

[**Schnaps**]b. Schnapsflasche, °OB vereinz.: *Schnapsbadöin* Fischbachau MB; *šnapsbɑtöin* nach BRÜNNER Samerbg 128.– Im Vergleich: *Deà hǫd à Nǫsn wià-r-à Schnabbsbuddejn* „eine große rote Nase" KAPS Welt d.Bauern 60.
Schwäb.Wb. V,1032. M.S.

Boutique
F. **1** verrufenes Lokal, Kneipe, OB, °OP, OF, MF vereinz.: °*Budikn* Dietfurt RID; *Buudik'n* „anrüchige Gaststätte" BRAUN Gr.Wb. 72.
2 verrufene Gesellschaft: *Dös is da sura Bodiik!* SINGER Arzbg.Wb. 39.
3 Arbeitstisch des Schneiders, OB, NB vereinz.: *Budik* Mchn.

Etym.: Aus frz. *boutique* 'Kaufladen'; KLUGE-SEEBOLD 143.
WBÖ III,1526f.; Schwäb.Wb. I,1559; Schw.Id. IV,1916f.; Suddt.Wb. II,768.– ²Fremdwb. III,462–464; Frühnhd.Wb. IV,880.– BRAUN Gr.Wb. 72; SINGER Arzbg.Wb. 39.– M-79/26.

Komp.: [**Schnaps**]b. Schnapskneipe, OB, NB, MF vereinz.: *Schnapsbutik* Fürstenfeldbruck.
S-97F15. M.S.

Bouton, Butter
M., Ohrring, OB, °NB vereinz.: °*Buddonäl* Simbach PAN.

Etym.: Aus frz. *bouton* 'Knopf'; DUDEN Wb. 647.

Komp.: [**Ohren**]b. dass., °NB mehrf., OB, °OP, °SCH vereinz.: *Ournbouton* „schwere, tropfenartige Ohrringe" Erding; °*Ohrnbuttal* Neukchn a.Inn PA.
W-40/17. M.S.

Bovist →[*Fohen*]*fist*.

powelig, powerl, -ert
Adj. armselig, kümmerlich, °OB, °OP vereinz.: °*der kimmt powilig daher* Taching LF; °*dou is poberl zouganga* Aicha SUL.

Etym.: Aus frz. *pauvre* 'arm'; WBÖ III,685.
WBÖ III,685 (power); Schwäb.Wb. I,1330 (power); Schw. Id. IV,1945 (bäuʷelig); Suddt.Wb. II,550 (power).– DWB VII,2040 (pover).– W-40/22. M.S.

powidalen
Vb.: „*Powidaln* tun die Tschechen und Leute, die halb deutsch, halb tschechisch reden" ObG 10 (1921) 193.

Etym.: Aus tschech. *povídat* 'plaudern, erzählen'; WBÖ III,685.

WBÖ III,685; Suddt.Wb. II,551.– Braun Gr.Wb. 470.

Komp.: [**zu-sammen**]**p**.: „ein Wäldler, der undeutlich spricht, der *powidalt* was *zusammen*" ebd. M.S.

Powidl
M. **1** Zwetschgenmus, -marmelade: *Bowidl* Zwiesel REG; „im Wortschatz der *Hitterer* [Glasmacher] ... *bôwidl* für Zwetschgenmarmelade" Dürrschmidt Bröislboad 70.
2: „*der Bouwidl* = der eingekochte Saft der Wacholderbeere" Winkler Heimatspr. 174.

Etym.: Aus tschech. *povidla* Pl. 'Pflaumenmus'; WBÖ III,685.

Schmeller I,313.– WBÖ III,685; Suddt.Wb. II,551.– Braun Gr.Wb. 470.– S-86F39. M.S.

Powitschkerlein
N.: °*Powitzschgala*, *Powizla* „mit Zwetschgenmus gefüllte Teigtaschen" Erasbach BEI.

Etym.: Wohl aus →[*Powidl*]*datschker*. M.S.

Box, in Flüchen, →*Bock*³.

Boxel
M., Boxer, Hunderasse, OB, °OP vereinz.: °*der håt a Gsicht wia da Boksl* „Bulldogge" Rgbg; *Huhu, bellt der Boxl und springt um an Wag'n umadum* Stemplinger Obb.Märchen I,19.

Etym.: Weiterbildung zu →*Boxer*.
WBÖ III,686; Suddt.Wb. II,552. E.F.

boxen →*pochsen*.

Boxer
M., Boxer, Hunderasse: *Bogsa* Ingolstadt.

Etym.: Zu engl. *to box* 'mit der Hand schlagen'; vgl. Pfeifer Et.Wb. 163.
WBÖ III,686; Suddt.Wb. II,552. E.F.

Boxhamer, best. Zwiefacher, →*Bockshamer*.